JN441238

디지털정부론

정명주 · 김준형 · 최연태 · 성욱준 · 송석현
김경아 · 신영진 · 최한별 · 이향수 · 한세억

Preface

책 발간을 준비하면서 가장 먼저 고심했던 것이 책의 제목이었다. 그러다가 저자들의 의견을 모아 '디지털정부론'으로 정하였다. 디지털정부를 일컫는 말이 많다. 전자정부, 이(Electronic: E)정부, 유(Ubiquitous: U)정부, 엠(Mobile: M)정부, 스마트(Smart)정부, 디지털(Digital)정부 등이 그것들이다. 디지털정부론으로 정하게 된 결정적인 이유는 대한민국 디지털정부정책을 관할하는 행정안전부의 조직 명칭이 오랫동안 '전자정부국'을 유지하다가 2024년도에 '디지털정부혁신실'로 바뀐 것이 크다. 그럼에도 불구하고 책의 군데군데 위에서 언급한 명칭들이 언급된다. 그것은 그때그때 그 명칭이 쓰일 수밖에 없는 상황을 고려하고, 또 여전히 대한민국 디지털정부 정책의 기본법이라 할 수 있는 법률의 명칭이 '전자정부법'으로 존재하고 있기 때문이기도 하다. 결국 의미는 동일한 것이므로 양해를 바란다.

디지털정부라는 주제는 행정학, 정책학 중에서 학제적 특성이 강한 분야이다. 기술 분야와 정책 분야뿐만 아니라 기술 분야 내에서도 다양한 세부 기술적 요소 또한 존재한다. 이러한 학제적 성격의 책을 발간하는 데 특히 고려했던 요소가 두 가지였다. 첫째는 각 챕터의 주제를 가장 잘 대표하는 전문가들로 구성된 공저를 발간하는 것이 맞다는 생각이었다. 그래서 각 챕터마다 전문가를 섭외하고 구성하는 데 신중을 기하였다. 두 번째는 대학에서 오랫동안의 교육경험에 비추어볼 때 '디지털정부'라는 주제의 강좌를 수강하는 수강생들의 교육배경도 매우 다양하다는 것이었다. 사회과학뿐만 아니라 공과대학, 자연과학 수강생들도 다수 존재한다. 그러한 수강생들뿐만 아니라 디지털정부에 대해 관심을 갖는 일반 대중 독자들도 있다. 그들을 모두 만족시킬 수 있는 책을 구성하는 것은 쉬운 일이 아니다.

이 책은 우선은 대학에서 관련 과목을 수강하는 학생들을 대상으로 상정하고 집필

하였다. 그러나 현재 정보화로 인해 정부조직에서 일어나고 있는 변화에 대해 관심 있는 일반 독자들의 궁금증을 해결해 주는 데에도 충분한 길잡이가 될 수 있음을 자신한다.

필자는 정부 기관 산하의 한국지능정보사회진흥원에서 1995년부터 2004년까지 근무하고 2004년 대학으로 옮겨 지금까지 디지털정부론을 교육하고 연구하고 있다. 감히 우리나라 디지털정부 정책의 처음부터 목도해왔음에 긍지를 느낀다. 대학에 온 이후 책 발간에 대한 갈증을 항시 가지고 있었으나 기술의 발전과 정책의 변화를 저자의 집필 속도로는 따라잡기가 어려웠다. 지금에 이르러서야 디지털정부론을 출판하게 되어 감회가 깊다. 출판이 늦은 만큼 전자정부정책에 깊숙이 관여했던 저자의 경험과 참여관찰의 성과가 책에 고스란히 담겨지기를 바라는 마음뿐이다.

책의 구성은 정부의 핵심 기능에서 출발한다. 정부의 핵심 기능은 정책결정(Policy Making), 대국민 서비스전달(Service Delivery)이고, 그러한 두 가지 기능을 수행하기 위해 기본적으로 조직 관리(Management)를 해야 한다. 이렇게 3개의 핵심 기능 각각에 대해 정보화가 되었을 때를 상정하면 전자적 정책결정(e-policy making), 전자적 서비스 전달(e-service delivery), 그리고 전자적 행정(e-management)이 된다. 그래서 책의 구성은 이들 3개 부분을 상정하여 각각에 해당하는 세부 주제들을 포함시켰다.

먼저 첫 번째 전자적 정책결정 부분은 제3장, 제4장, 그리고 제5장이 해당된다. 제3장은 디지털정부가 되면서 정책 과정에 시민참여 부분이 어떤 방식으로 그리고 어느 정도 디지털정부가 되기 전과 비교했을 때 다른가를 보여준다. 핵심은 전자정부가 지향하는 민주성의 제고이다. 제4장은 디지털정부가 되면서 등장한 빅데이터와 그를 활용한 AI의 분석이 정책 과정에 적용되면서 어떤 변화가 초래되었는가를 다룬다. 여기서의 핵심은 정책 과정의 합리성 제고이다. 제5장은 정보공개, 데이터 제공 및 개방에 대해 살펴본다. 정보공개로 인한 투명성의 증가에 더하여 데이터 개방은 정부 조직 간, 정부와 민간 조직 간 상호 개방 등이 이루어지면서 조직 간 협업 그리고 민간에서의 공공데이터 활용 등이 그 핵심 내용이다.

두 번째 전자적 서비스전달 부분은 제6장과 제7장이 해당된다. 제6장에서 디지털정부가 되면서 과거 민원에서 시작된 정부의 대국민 서비스전달 방법과 내용이 어떻게 변화했는가를 보여준다. 통합 서비스, 선제적 서비스, 맞춤형 서비스 그리고 마이데이터 정책에서의 데이터 주권 등을 포함하고 있다. 제7장은 현재, 그리고 향후에도 가장 핵심적인 이슈가 될 인공지능(AI)을 활용한 정부공공 서비스에 대한 내용이 포함되었다.

세 번째 전자적 행정 부분은 제8장, 제9장 그리고 제10장이 해당된다. 제8장에서는 디지털정부가 되면서 정부 조직에 등장한 새로운 정보자원을 조달하고 관리하는 방식과 관련하여 클라우드 컴퓨팅 환경에 대한 내용이 포함되었다. 제9장에서는 디지털정부가 되면서 행정이 데이터에 기반한 과학적이고 체계적인 관리 방식으로 변화하고 있는 점에 주목하고 있다. 제10장에서는 디지털정부가 되면서 정부 조직 내 작동되는 다양한 행정정보 시스템에 대해서 핵심적인 시스템을 선정하여 설명한다.

그리고 마지막으로 제11장 결론에서는 디지털정부가 되면서 정부 조직 전반적으로 어떤 변화, 나아가 혁신이 이루어졌는가를 종합적으로 제시하였다. 협업과 소통의 증진, 그리고 산업 사회에서의 관료제 조직이 갖는 오래된 병폐가 어떻게 디지털정부가 되면서 점차 소멸해가고 있는가를 제시하였다.

대한민국의 디지털정부 수준은 가히 세계적이다. 여러 다양한 글로벌 지수에서 드러나고 있는 사실이다. 그런데 그래도 디지털라이제이션은 계속 진행 중이다. 많은 저술가들이 전자정부 발전 단계를 두고 최종단계로 트랜스포메이션(Transformation)을 든다. 그것이 요즘 자주 여러 방면에서 인구에 회자되는 디지털전환(dx)이다. 정부조직의 디지털전환의 종착역에 도착할 때까지 이 책의 저자들은 그 내용을 갱신하는 데 게을리 하지 않을 것을 약속한다.

마지막으로 필자가 서울대학교 관악캠퍼스에 재학 중일 때부터 출판에 몸담으시면서 '공부하라, 책 써라' 격려해주시던 대영문화사 임춘환 사장님께서 우리 책 발간을 위해 지금까지 기다려주시고 맡아주셔서 든든하고 감사할 따름이다.

2026년 3월

금정산 연구실에서 대표 저자 정명주 씀

Contents

Contents

Contents

Contents

Contents

CHAPTER 01

정보통신기술 혁명과 디지털정부

정명주

제1절 서론
제2절 한국 정보통신기술의 등장과 발전
제3절 국가정보화와 디지털정부 정책
제4절 소결

제1절 서론

본 장에서는 1960년대 후반 컴퓨터가 처음 도입되던 시기부터 지금까지의 정책을 중심으로 대한민국에서 정보화가 진행된 역사와 과정에 대해 살펴본다. 디지털정부 정책은 정보화가 진행되면서 시작되었고, 그러한 국가정보화가 진행되는 과정에서 디지털정부 정책은 어떤 의미와 위치를 차지하는지 살펴보고, 그 가운데 디지털정부 정책은 어떠한 과정을 통해 오늘에 이르렀는지 고찰한다.

이를 위해 제2절에서 먼저 산업 사회가 아닌 새로운 정보 사회를 열게 된 정보통신기술의 도입과 발전 과정에 대해 살펴본다. 그리고 이를 다시 네 개 시기로 구분하여 살펴보는데, 첫 번째 시기는 통신 혁명이 시작되고 디지털정부 정책의 시작이 되는 행정전산화 정책 시기이다. 두 번째 시기는 인터넷이 등장하고 국가기간전산망 정책이 추진된 시기이다. 그리고 세 번째 시기는 대한민국 전국에 초고속 정보통신망을 구축하는 정책이 추진된 시기이다. 마지막은 초고속 정보통신망이 구축되면서 국가적으로 정보화 정책이 본격적으로 추진되던 시기이다.

제3절은 디지털정부 정책에 초점을 맞추어 그 추진 역사와 추진 과정에 있어서 정책적 변동과 그 변동의 특징을 중심으로 살펴본다. 먼저 국가정보화 중에서 디지털정부가 차지하는 의미와 개념에 대해 정립한다. 그리고 디지털정부 정책 추진 시기를 여섯 개 시기로 구분하여 각 시기별 정책 변동 내용과 특징에 대해 살펴본다. 여섯 개 시기는 첫째 1998년 전자정부 종합실천계획이 수립된 시기, 둘째 전자정부 11대 중점 과제가 추진된 시기, 셋째 디지털정부 정책에 대한 관할 부처가 법제화된 시기, 넷째 정보화 정책과 디지털정부 정책 관할이 다시 통합된 시기, 다섯째 전자정부를 정부 혁신의 수단으로 추진한 정부3.0 정책 시기, 마지막은 지능정부가 처음 등장해서 지금까지의 시기로 구분하여 살펴본다.

제2절 한국 정보통신기술의 등장과 발전

1 통신 혁명의 시작과 행정전산화 정책

1967년, 한국에서는 최초로 정부 행정 조직인 경제기획원(지금의 기획재정부의 전신)에 컴퓨터(IBM1401)가 도입되었다. 이후 공공 기관을 비롯한 금융 기관들이 컴퓨터를 도입하기 시작하였다(정보통신부, 한국전산원, 2005: 16~17). 한국에 컴퓨터 자체가 얼마 없을 때인 1969년, 한국과학기술연구원(KIST)에 슈퍼컴퓨터가 도입되었고, 행정전산화에 활용되었다. 이후 1970년, 당시 과학기술처 산하에 중앙전자계산소(NCC)가 설립되어 정부 행정 기관의 전산화를 지원하는 역할을 수행하였다(송길영, 2009).[1]

이와 같이 행정 기관에서 컴퓨터를 활용하여 전산화 작업이 부분적으로 추진되던 가운데 행정의 능률화, 행정정보의 활용 합리화, 대민봉사의 향상, 과학적 행정관리 체제의 기반 구축이라는 목표를 내걸고 1978년 제1차 행정전산화 기본계획 수립을 시작으로 행정전산화 사업이 본격적으로 추진되었다(총무처, 1979: 7).

1) 한국 통신 혁명의 태동과 발전

1980년 당시 '제3의 물결'이라 불리는 새로운 흐름은 컴퓨터와 통신망의 결합으로 이루어지는 정보화 사회를 예견하고 있었다.[2] "산업 사회로의 진입이 늦었던 한국은 정보화 사회로의 진입 또한 늦어 또다시 강대국의 정보 예속국이 되어서는 안 된다." 우리나라 통신 혁명이 태동하는 시점, 그 주역이 되는 당시 청와대 수석비서관 김재익 경제학박사와 당시 청와대 비서관 오명 전자공학박사가 만난 자리에서 오명 박사가 한 말이다(이기열, 1995). 대한민국이 정보 강국으로서 발을 내딛는 순간, 정부 기관의 기술 관료가 주도하여 통신 혁명을 주도하게 되는 신호탄이었다.

---

1) 중앙전자계산소(National Computing Center: NCC)는 처음 당시 과학기술처 산하에 설치하였으나, 1974년도에 GCC(Government Computing Center)라는 명칭으로 변경하여 당시 총무처 산하로 이관되어 행정전산화 사업에 적극적으로 참여하면서 이후의 디지털정부 정책까지 그 역할을 수행하다가 2005년 대전 정부통합전산센터로 개칭하면서 이관되었고, 지금의 국가정보자원관리원에 이르게 되었다.

2) '제3의 물결(The Third Wave)'은 미국 미래학자 앨빈 토플러가 1980년에 발표한 책 이름

당시 오명 박사는 전화의 기계식 교환기를 전자식으로 교환하면서 통신 혁명을 이루어내야 한다고 주장하였고, 컴퓨터와 통신망의 결합을 통해 정보화, 정보 사회를 선도하여야 한다고 주장하였다. 이후 전화망 고도화가 빠르게 전개되었다. 1970년대까지 기계식 교환기를 이용하였으나 70년대 후반과 1980년에 걸쳐 전자식 교환기를 도입하여 교환 속도의 향상, 통화 품질 향상, 자동 통화 연결 등이 가능하게 되었다. 그리고 이 때 전화망 현대화 계획을 동시에 추진하였는데 농어촌 전화의 광역자동화 사업, 전국 자동즉시통화망 구축 사업 등이 이에 포함되었고, 이를 통해 1987년 100% 자동화, 전화회선 1천만 달성, 1가구 1전화를 확보하게 되었다(이기열, 1995).[3] 그러나 전화망은 그때까지 여전히 아날로그 교환기에 의한 전화전용망(Public Switched Telephone Network: PSTN)이었다.

이후 전화망은 집 전화와 이동식 전화로 이원화하여 계속 진화·발전한다. 이동식 전화기의 경우 교환기의 진화가 계속되어 1990년대 들어서면서 완전 디지털화하여 2000년대 이후에는 IP 교환기(VoIP)로 발전하였으며, 오늘날의 스마트폰 통신의 기반을 마련하였다. 한편 집전화의 경우에도 최근에는 전화전용망에서 인터넷망으로 변화해가고 있다.

한편 전화기와 전화망을 통한 통신은 음성부호를 그 컨텐츠로 하지만 데이터의 송수신에도 전화망을 이용하기에 이르렀다. 즉 전화망을 음성과 데이터를 송수신하는데 같이 활용하였다. 이 경우 모뎀을 통해 데이터를 전송하는데, 1982년부터는 전화선의 주파수 대역을 나누어서 음성과 데이터를 분리하여 전화선을 동시에 사용하는 것이 가능하게 되었다.[4] 이렇게 데이터 통신이 진화하면서 이후 급속하게 데이터 통신망의 발전이 이루어지고 인터넷 시대로 나아가게 된다.

2) 행정전산화사업

행정전산화사업은 1차, 2차로 구분하여 추진되었다. 1차 행정전산화사업은 1978

3) 1980년대 초반부터 통신 정책과 전기통신사업에 대한 철학이 확고했던 오명 박사와 김재익 박사의 견해가 통신 사업을 정부부처로부터 독립하여 별도의 공사를 설립하자는 데로 의견이 모아졌고 그 결실로 1981년 한국통신이 설립되어 전화망 혁신에 추진력을 더하였다.

4) 당시 전화망의 아날로그 장치와 데이터를 송수신하는 컴퓨터라는 디지털 장치 간에 데이터를 송수신하기 위해서 아날로그와 디지털을 오가며 그 데이터를 조절해주는 역할을 하는 것이 모뎀으로서 modulator의 mo와 demodulator의 dem을 합친 합성어이다.

년부터 1982년까지, 2차 행정전산화사업은 1983년부터 1987년까지 설정하고 계획을 수립하여 추진되었다.

사업 계획은 주요 업무개발, 전산통신망 구축, 행정정보 공동활용체제, 전산화의 여건조성 등으로 구분하여 구성되었다. 업무개발은 각 기관별로 소관 업무를 개발하되 국가적 주요 업무, 전략 업무를 우선적으로 개발한다는 원칙에서 추진되었다. 개발 업무는 정형 업무, 통계 업무, 정보 검색, 분석 예측 등을 중심으로 이루어졌다.

전산통신망 구축에서는 개발된 업무를 처리하기 위하여 전산통신망을 구성하되 기관 간 공동이용, 기관 내 공동이용, 선도통신망을 구성하는 것으로 하였다. 이에 대해 2차 계획에서는 기관별로 구성된 통신망을 통합하여 전 중앙행정 기관을 상호연결하고, 지방의 도 단위까지 연결하는 전국적 통합행정정보망을 구성하는 것으로 하였다. 뿐만 아니라 도전산센터와 시, 도를 연결하는 지방행정통신망을 구성하도록 하였다. 특히 행정정보 공동활용체제를 위해서는 인력, 산업무역, 각종 통계 등 주요 정책정보의 통합 처리를 목표로 추진하되 이 기간 중에는 기초 조사 및 관련되는 전문기술연구를 진행하는 것으로 하였다.

이렇게 추진되던 행정전산화사업은 1980년대 초까지 추진되었으나 통신망 정책이 활발히 전개되고 고도화되기 시작하면서 2단계 사업에서 멈추고, 고도화된 통신망을 기반으로 이후 국가기간전산망사업으로 발전한다.

2 인터넷의 등장과 국가기간전산망 정책의 추진

1) 한국 인터넷의 등장

1982년 서울대학교와 한국전자기술연구소 간에 컴퓨터를 연결하면서 국내 인터넷의 시초가 되는 SDN(System Development Network)이 연결되었고, 이때 연결된 컴퓨터들 사이의 통신 프로토콜이 현재 인터넷에서 사용되는 TCP/IP로서 국내 최초 인터넷 개통의 시대를 알렸다. 세계에서 두 번째 인터넷 개통이었다. 이것이 컴퓨터와 통신망의 결합으로 완성되는 정보화의 본격적 시작이다. 이후 인터넷 연결은 1985년에는 아·태지역 학술연구망 연결, 1990년에는 미국과 IP기반 인터넷이 연결되는 등 해외망으로 확대되어 나갔다(한국지능정보사회진흥원, 2023).

2) 국가기간전산망사업 추진

이와 같이 인터넷 연결이 이루어지면서 다른 한편에서는 행정전산화사업에서 보다 진전된 국가기간전산망사업에 대한 준비가 본격적으로 이루어졌다. 정책을 추진하는 조직 체계로서 국가기간전산망조정위원회를 구성하고, 1986년에는 근거 법으로서 '전산망 보급 확장과 이용 촉진에 관한 법률'을 제정하였다(이하 전산망법).[5] 이후 1987년 제1차 국가기간전산망사업 기본계획을 수립하면서 본격적으로 추진하게 되었다. 1차는 1987년부터 1991년까지, 그리고 2차는 1992년부터 1996년까지 설정하여 계획을 수립하였다.

국가기간전산망사업은 세부적으로 5대망으로 구분하여 행정전산망(정부, 투자기관), 금융전산망(은행, 보험, 증권기관), 교육 · 연구망(대학, 연구소), 국방전산망(국방관련기관), 공안전산망(공안관련기관) 등으로 나누어 추진하였다.

5대망 중에서도 행정전산망사업이 핵심이었는데, 1차에서는 주민등록 관리, 부동산 관리, 고용 관리, 통관 관리, 경제통계, 자동차 관리 등의 사업이 우선 추진 업무로 선정되어 추진되었다. 이들 사업들은 국가의 기본이 되는 주요 정보들로서 이러한 사업을 통해 민원 서비스의 개선, 행정 업무처리의 효율화와 같은 오늘날의 디지털정부 정책이 지향하는 가장 기본적인 효과가 점차 가시화되고 있었다. 그리고 제2차 계획에서는 국민복지 업무, 우체국 종합 서비스, 해상화물 관리, 지적재산권정보 관리, 기상정보 관리, 물품목록 관리, 어선 관리 등이 추가되었다. 또한 1차에서 추진된 사업에 대한 고도화사업으로서는 지방행정전산화를 추진하기 위하여 시군구 지방전산화 시범사업을 실시하였다. 그리고 주민등록전산망사업은 주민등록 전출입 일원화 시스템을 구축하여 완료하였고, 여권발급전산망을 구축하여 1995년부터 전국적인 서비스를 실시하기도 하였다. 1995년에는 토지종합정보망을 구축하여 토지실명제 등을 지원하였다. 여권 업무의 개선이나 토지정보망 구축 등은 행정 기관의 숙원 사업인 정보공동활용을 부분적으로나마 이루어냈다는 데 그 의의가 인정된다.

국가기간전산망사업에서 특징적인 점 중의 하나는 '선투자, 후정산'이라는 재원운용 방식이다. 한국정부의 예산운용 역사에서 전무후무한 방식으로서 일상적인 예산확보 방식이 아닌 먼저 사업을 추진하는 데 재원을 사용하고 사후에 정산하는 방식이었

---

5) 이 법은 이후 「정보통신망이용촉진 등에 관한 법률」로 개정되고, 다시 「정보통신망이용촉진 및 정보보호 등에 관한 법률」로 개정되어 오늘에 이른다.

다. 이러한 유연한 방식의 재원운용으로 인해 당시 국가적 사업인 전산망사업이 안정성 있게 추진될 수 있었던 것으로 평가되기도 한다. 또 한 가지 특징은 전산망조정위원회의 위상과 그에 따른 리더십이었다. 전산망조정위원회를 대통령실에 설치함으로써 국정최고책임자의 정책적 의지가 직접적으로 작용하도록 하고 강력한 리더십에 의한 정책 추동이 가능했다는 평가 또한 존재한다(정국환 외, 1997).[6]

국가기간전산망사업은 당시 통신망의 고도화에 따라 컴퓨터와 통신망의 결합으로 일컬어지는 본격적인 정보화 추진 시기에 추진된 사업으로서의 의의가 인정된다. 그

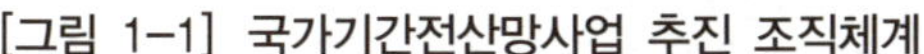
[그림 1-1] 국가기간전산망사업 추진 조직체계

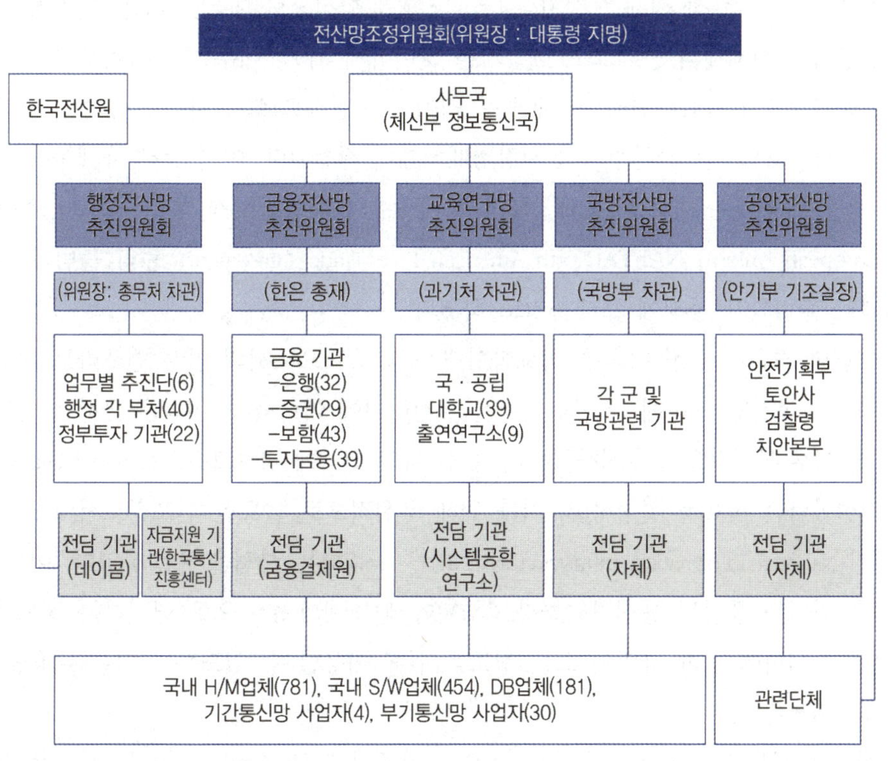

6) 전산망조정위원회의 구성과 설치는 2차 사업기간 중에는 당시 체신부로 이관됨에 따라 주관기관에 재량권이 많이 부여됨으로써 사업을 조정하고 우선순위를 판단하는 위원회의 기능이 다소 약화되는 등의 문제가 제기되기도 하였다. 또한 예산 방식도 1단계에서의 선투자 후정산 방식을 바꾸어 개별 부처별로 예산을 확보한 후 사업을 추진하도록 하는 방식이 채택됨으로써 예산 확보에도 어려움을 겪기도 하였다(보다 상세한 내용에 대해서는 정국환 외, 1997. 참고).

러나 사업을 추진하는 방식에서 5대 망으로 구분하여 추진함으로써 각 망별로 해당되는 기관 간 네트워킹에 대한 개념이 결여되어 있었고, 보다 고도화되어가는 통신망의 기술발전 속도를 고려할 때 보다 더 초고속망에 대한 고려 및 국가 단일망 구축에 대한 정책적 요구가 일게 되었다.

3 초고속정보통신망구축사업의 추진 및 고도화

1) 배경

1990년대 이후 전 세계는 정치, 경제, 사회, 문화적으로 대 변혁기를 맞는다. 정치적 상황이 냉전체제의 종식으로 해빙기를 맞이하게 되고, 대부분의 사회주의 국가들이 연방체제에서 독립하면서 전 세계는, 적어도 표면적으로는, 자유 민주주의를 표방하면서 경제적으로는 자본주의적 시장경제체제에 편입된다. 이를 통해 세계화라는 냉전체제를 대체하는 새로운 경제 · 문화적 패권주의를 양산하게 하는 도도한 흐름이 EU(European Union), NAFTA(North American Free Trade Agreement) 등의 출범과 함께 지역화 · 블럭화가 동시에 도래하기도 하였다.

이러한 가운데 선진 각국은 정보화시대 성장 동력으로서의 필수 인프라로 대두된 초고속정보통신망 구축에 국가적 역량을 결집하기에 이르렀다. 미국은 클린턴 정부가 들어선 이후 본격적으로 추진하였는데, 우선 국가 전역에 정보고속도로(Super Highway)를 건설한다는 목표를 설정하고, 이를 위해 우선적으로 필요한 인프라로서의 국가정보기반(National Information Infrastructure: NII)을 구축하는 사업을 추진하였다. 이는 전국토를 하나의 통합된 통신망(전화망, CATV망, 데이터망의 통합)으로 연결하는 정보고속도로를 건설하여 일반 국민이 모든 정보를 쉽게 이용할 수 있도록 한다는 내용을 포함하고 있었다.

한편 일본의 '신사회자본계획'의 내용은 기존의 도로, 항만, 공항 등과 같은 사회간접자본과 차별화하여 차세대통신망을 신사회간접자본으로 명명하고, 전국적인 광케이블망을 구축하고자 하였다.

그 외에도 싱가포르의 'IT-2000'은 싱가포르 전역을 광케이블로 연결하고 기반기술을 도입해서 이용 기술 및 응용 서비스를 개발하고자 하였다, 이를 통해 2000년까지 싱가포르를 지식과 정보의 세계적 중심지로 개발하고, 국민생활의 질적 향상과 국제 경쟁력 강화를 위해 정보통신기술을 활용하여 싱가포르 전역을 지능화된 도시로 구축하는 것을 목표로 하였다. 그리고 EU의 '초고속행정통신망' 정책은 회원국 상호 간 상품, 자본, 서비스 및 사람의 자유로운 이동을 촉진하고 환경 정책, 교육훈련 정책 등 공동체 관심 사항과 관련된 의사결정을 지원하기 위해 1997년까지 유럽연합행정기관 상호 간을 연결하는 초고속행정통신망을 구축하였다. 특히 각국 간 전산화 수준의 차이와 독자적으로 구축된 통신망 간 호환성을 확보하기 위해 전자메일이나 파일 전송 또는 데이터베이스에 접근을 용이하도록 하는 작업 등을 추진하기도 하였다(정보통신부, 한국전산원, 2003).

당시 우리나라는 앞서 살펴본 바와 같이 80년대 중반인 국가기간전산망사업 시기부터 본격적인 정보화사업이 시작되었다. 5대 망으로 구분된 사회 각 부문별로 정보시스템 구축을 통한 정보활용 및 서비스가 이루어질 수 있게 된 점은 그 성과로 볼 수 있다. 그러한 노력의 결과, 정보화 수준이 급격히 상승하면서 특히 정보화 성장률에 있어서는 괄목할만한 향상을 보였다. 그러나 그럼에도 불구하고 당시 우리나라의 정보화 지수에서 나타난 객관적인 정보화 수준은 여전히 다른 서구 선진국에 비해 낙후된 수준에 머물러 있었다.

당시 정보화 관련 가장 큰 문제점은 정보활용이 미흡하다는 점, 그리고 고도정보통신망의 기반이 미비하였다는 점 등이었다. 특히 행정부문에서의 정보활용 능력이 낮고 정보화 관련 예산에 있어서도 우선순위가 낮아 전반적으로 정보활용이 적극적

[표 1-1] 1991~1997 국가별 정보화 지수 비교

구분	한국	미국	일본	유럽	캐나다	싱가포르
1991	29.11	181.46	46.26	97.54	130.42	71.39
1993	54.07	267.63	75.35	155.71	193.91	133.55
1995	100.00	441.84	163.88	280.91	318.34	240.29
1997	204.46	675.70	373.65	436.58	460.39	456.02
1991~1997년 연평균 성장률	38%	24%	42%	28%	23%	36%
1995~1997년 연평균 성장률	43%	24%	51%	25%	20%	38%

자료: 한국전산원, 국가정보화백서(1999).
주: 1) 유럽은 영국, 독일, 프랑스, 노르웨이, 필란드의 형균 수치임
2) 1995년 한국의 정보화 수준을 100으로 볼 경우

으로 이루어지지 않고 있었다. 산업 부문에서도 일부 대기업을 제외하면 정보이용의 확산이 지연되고 있었고, 일반 국민들의 정보이용도 또한 다른 나라에 비해 크게 뒤떨어져 있어 정보통신 수요를 창출해내지 못하고 있었다.

또 하나의 문제점은 첫 번째 문제점과 밀접하게 관련된 것으로서, 정보통신인프라 자체가 고도화되어 있지 못하다는 것이었다. 우리의 통신인프라는 음성 위주의 유선 전화 시설 중심으로 발전하여 전화 시설 분야에서는 세계적으로 높은 수준을 차지하고 있었지만 컴퓨터통신, 무선통신, 위성통신 등 고도정보통신 기반은 크게 낙후되어있어서 고도의 정보통신 서비스를 실현하는 데 한계가 있다는 점이었다. 이러한 정보통신기반의 미비가 정보활용 저하의 원인으로 작용하기도 하여 정보통신기술과 수요는 상호작용하면서 발전 · 진화되어 간다는 주장에 비추어 볼 때 수요와 기술이 서로를 상호추동하는 기제가 작동하지 못하고 있었다.

2) 초고속정보통신망구축사업의 추진

앞에서 살펴본 바와 같이 당시까지 추진되던 전산망사업의 한계와 당시 정보통신 환경의 급격한 변화를 받아들이면서 추진한 사업이 '초고속정보통신망구축사업'이다. 초고속정보통신망이란 음성, 데이터, 영상 등 다양한 형태의 정보를 초고속으로 그리고 대용량으로 전송할 수 있는 '정보고속도로' 개념의 통신망을 일컫는다. 이러한 통신망을 전국에 구축하여 공공 부문에서는 각 기관 간 정보공유를 통한 효율성을 확보하고, 국민들에게 교육, 진료, 근무 등의 영역에서 정보기술을 활용함으로써 원격교육, 원격진료, 재택근무 등 보다 고도화된 보편적 정보통신 서비스를 제공하고자 하는 것을 정책 목표로 설정하였다.[7]

---

7) 초고속정보통신망구축사업은 1995년 3월 제1차 계획인 '초고속정보통신기반구축 종합추진계획'에서 목표 연도를 2015년도로 설정하였으나, 1단계 사업이 1995년부터 1997년까지에 걸쳐 완료됨에 따라 구축 목표 연도를 2010년도로 앞당겨 설정하면서 계획을 수정하여 1997년도에 '정보통신망고도화추진계획'을 발표하였다. 이후 2000년 말 전국 규모의 광케이블을 이용한 초고속정보통신망을 성공적으로 구축하여 전국 144개 지역 광전송망 구축을 완료함으로써 1, 2단계 사업을 성공적으로 완료하고, 세계 최고의 초고속인터넷보급율을 기록하면서 초고속정보통신망구축사업의 2010년 목표 연도를 2005년으로 다시 앞당기게 되었다. 이에 2001년 6월에 '초고속정보통신망 고도화 기본계획'을 수립하였고, 이에 따라 2002년 1월에 '고속정정보통신망 고도화 추진계획'을 수립하여 3단계 사업을 추진하여 2005년 고품질 인터넷의 전국망을 완성하고 초고속국가망사업을 완료하게 된다(보다 상세한 내용은 정보통신부, 1995; 정보통신부, 1997; 정보통신부, 2001; 정보통신부 · 한국전산원, 2003; 정보통신부 · 한국전산원, 2005. 참고).

[그림 1-2] 초고속정보통신망 구성 개념도

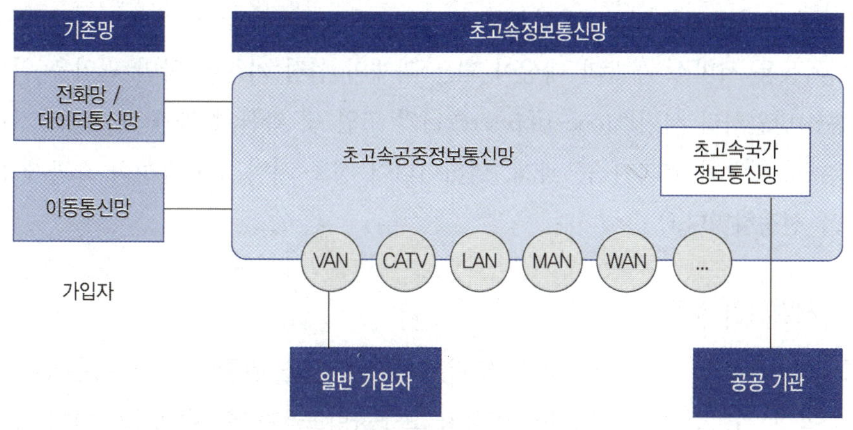

자료: 정보통신부, 한국전산원(2005).

초고속정보통신망은 크게 2개의 통신망으로 구분하여 추진하였는데, 하나는 초고속국가정보통신망(이하 초고속국가망)으로서 국가, 지방자치단체 등 공공 기관을 광케이블 중심으로 연결하는 사업이고, 또 하나는 산업체, 일반 가정 등을 광케이블 중심으로 연결하는 사업인 초고속공중정보통신망(이하 초고속공중망)이다.

고도화된 정보통신망을 구축하는 궁극적인 목적은, 정부는 효율적으로 업무를 수행하고 국민들은 정보화 이전의 서비스보다 훨씬 고도화된 공공 서비스를 누리기 위해서이다. 따라서 초고속정보통신망구축사업을 추진하는 데 있어서 주된 전략으로 향후 정부가 업무에 활용하게 될 각종 다양한 공공 응용 서비스를 개발하고 그 응용 서비스의 대상 과제를 발굴하였으며, 대국민 시범사업들을 발굴하여 추진하였다.

(1) 공공 응용 서비스 개발과[8] 대상 과제 발굴

초고속국가망의 정책 목표는 공공 기관 내 업무처리절차 간소화 등을 통해 정부 업무 및 대국민 서비스의 효율성을 향상시키는 것이다. 이를 위해 공공 부문 정보공동활용 및 공개를 촉진하여 정부 제공 민원 서비스를 획기적으로 개선하는 것이 가장

8) 공공 응용 서비스란 공공 기관이 공공의 이익 증진에 도움이 되는 서비스의 전달을 효율화, 자동화, 고도화할 목적으로 업무처리절차 또는 정보제공 체계를 전산화하는 데 필요한 각종 소프트웨어를 의미한다(정보통신부, 1996: 21).

시급한 과제로 부상하였다. 이와 같은 필요성에서 국가망사업에서 우선적으로 추진한 사업이 공공 응용 서비스 개발사업이다.

공공 응용 서비스 개발의 대상이 되는 과제의 선정 기준은 국민 편익을 위한 원스톱(통합)민원처리 서비스(one-stop service)의 도입 및 확산 효과가 큰 과제, 기관 간 정보교류의 활성화 효과가 큰 과제, 멀티미디어 정보 서비스의 활성화 효과가 큰 과제 등을 선정하였다.9)

(2) 시범사업 추진

통신망 구축만으로는 향후 서비스 운영체제 확립을 위한 준비가 미흡하다. 통신망을 활용한 서비스가 제공되어야 이용자 요구사항을 수렴할 수 있고, 이에 따른 기술개발에 대한 산업체 참여도 독려할 수 있다. 또한 서비스를 이용함으로써 초기 수요를 창출하고, 이용 행태에 대한 사회, 문화, 제도적인 검증이 가능하다. 이와 같은 배경에서 초고속정보통신망을 활용한 다양한 시범사업을 추진하게 된다.

정보화의 가장 핵심적인 효과는 시간적, 공간적 제약을 극복하는 서비스를 누리게 된다는 것이다. 이러한 효과를 반영한 시범사업이 원격시범사업이다. 원격사업은 서비스를 제공하는 기관에서 공간적으로 원격지에 해당하는 지역이나 기관을 실제 방문하지 않고 서비스를 제공함으로써 원격지가 초래하는 시공간적 요인에서 비롯되는 비용을 지불하지 않고도 서비스를 제공받을 수 있도록 한 사업이다. 당시 추진한 시범사업으로는 원격진료, 원격영농기술지도, 원격초등교육, 원격영상회의 등이 포함되었다.

9) 1차 계획에 포함된 당시 중점 개발 대상 분야 및 과제는 의료 분야의 원격진료, 의료정보 서비스, 응급정보 서비스 등, 환경 분야의 환경감시 서비스 환경민원행정자동화 등, 교육 분야의 원격교육, 사회교육프로그램 등, 문화 분야의 전자박물관, 전자미술관, 전자도서관 등, 산업 분야의 특허정보 서비스, 전자입찰 서비스 등, 교통물류 분야의 위치확인 서비스, 물류정보 서비스, 통관·관세정보 서비스 등, 과학기술 분야의 슈퍼컴퓨팅 서비스, 과학기술정정보 DB 서비스 등, 지역 분야의 지방행정종합 서비스, 지역정보 서비스 등, 노동 분야의 고용 및 산재보험관리 서비스 등, 방재 분야의 기상정보 서비스 등, 농수산 분야의 농·수·축산 유통정보 서비스 등, 지방행정 및 경찰 분야의 지방행정종합정보 서비스, 민원종합정보 서비스 등, 행정정보공동활용 분야의 공통 플랫폼 개발 등이 포함되었다(정보통신부, 1995).

4 국가정보화 정책의 본격적 추동

초고속정보통신망구축사업을 계획・추진하면서 국가사회 전체 정보화를 촉진함으로써 전 세계적인 정보 사회로의 전환 과정에 대응하고, 정보화를 국가 발전의 핵심 수단으로 이용하기 위해서 범정부적인 차원에서 정보화 추진 정책이 본격적으로 시작되었다.

1) 정보통신부의 발족에서 해체 전까지

초고속정보통신망을 성공적으로 구축하고 국가사회 정보화를 본격적으로 추진하기 위해서 1994년 12월에 정부조직법 개편을 통해 당시 체신부를 정보통신부로 확대, 출범시키게 되었다.[10] 정보통신부는 정보 사회를 견인하기 위해 정보화 정책을 전담하는 부처 수준의 정부 조직으로서 전 세계적으로 유례없는 행정 기관으로서의 위상을 확보하면서 출범하였다.

당시 정보화를 추진하는 데 관련되는 다양한 부처 간에 관할권 경쟁이 치열한 가운데 관할 영역을 규정하는 관련법을 정비하는 데는 오랜 시간에 걸쳐 다양한 논의와 협의를 필요로 하였다. 그런 가운데 정보통신부가 발족되고 당시 상공자원부, 공보처, 과학기술처의 정보통신 관련 일부 기능이 정보통신부로 이관되면서 관련 법안 제정 노력이 가속화되었다. 이에 1995년 1월 정보통신부에 정보화촉진 및 정보통신산업육성과 초고속정보통신기반구축을 위한 근거 법으로서의 「정보화촉진기본법」 제정 추진 노력의 결과 '정보촉진기본법안'은 관계 부처의 협의를 거쳐 그 해 8월 국회에서 공포되었다.

그리고 「정보화촉진기본법」을 통해 행정, 입법, 사법 등 국가사회 전 영역에 걸쳐

---

10) 통신망 발전의 시작은 전화망 고도화에서 비롯되었다. 전화망 관할은 당시 체신부가 담당하였다. 전화망 고도화사업과 전화망 현대화사업을 통해 통신 혁명이 촉발되었고 80년대 체신부차관과 장관을 거친 오명 박사는 청와대 비서관시절부터 컴퓨터와 통신의 결합으로 이루어지는 정보 사회에서는 통신을 관할하는 체신부가 핵심적인 역할을 수행해야 하고 새로운 기술발전을 주도해야 한다고 강조한 바 있다. 이러한 신념은 체신부 차관을 거쳐 장관이 되면서 더욱 강화되었고 1981년 설립된 한국통신을 집행 기관으로 활용하면서 체신부는 정보 사회를 준비하는 정책부처로서, 한국통신은 사업부서로의 역할 분담이 이루어지면서 당시 청와대 홍성원 경제비서관의 정책적 지원을 받으면서 정보 사회의 비전을 실천해나가고 있었다(보다 상세한 내용에 대해서는 이기열, 1995, 소리 없는 혁명, 서울: 전자신문사. 참고).

정보화 업무를 관장하는 정보화추진위원회를 설치하면서 국가사회 정보화의 추진 조직체계를 정비하였다.

[그림 1-3] 1995년 제정 「정보화촉진기본법」 주요 내용

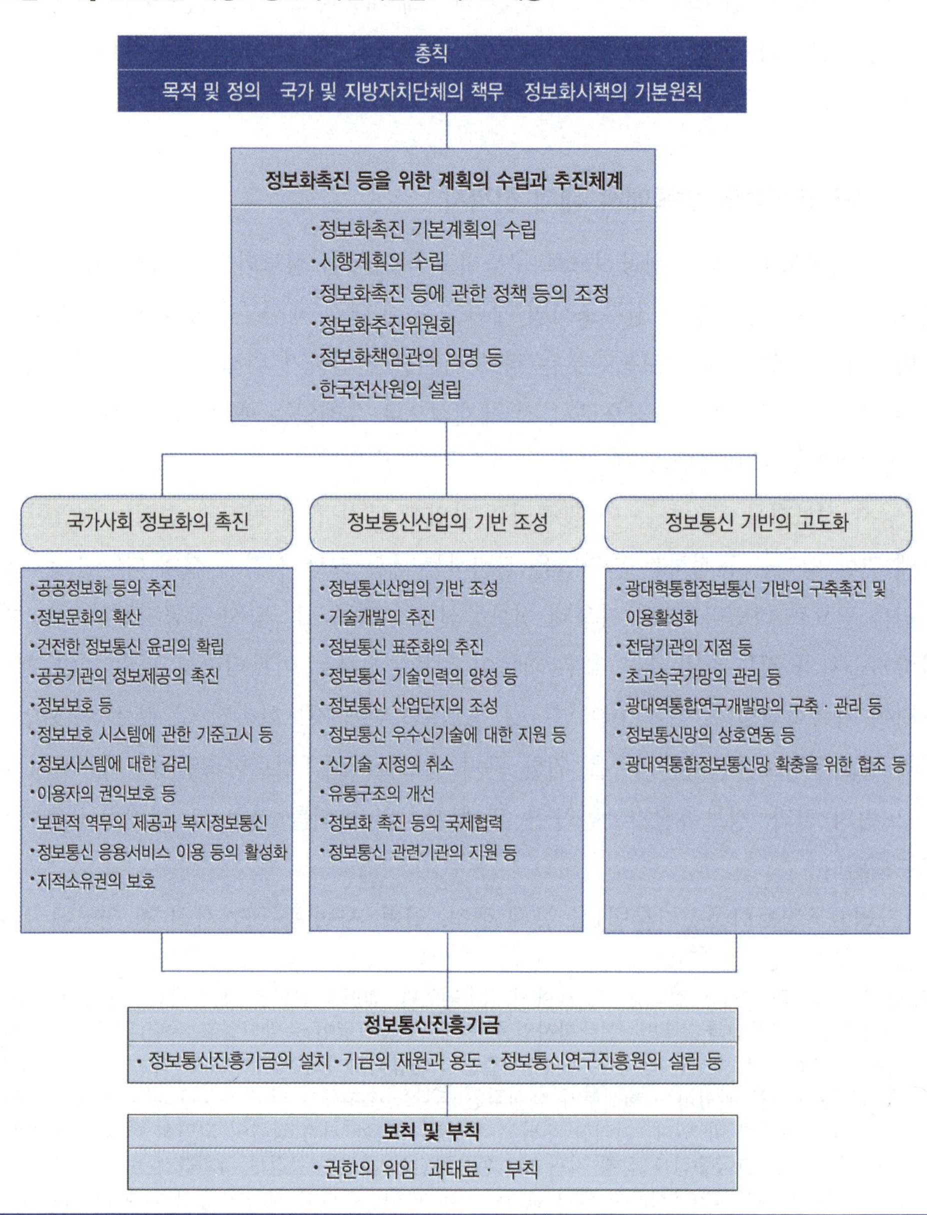

자료: 정보통신부, 한국전산원(2005).

정보화추진위원회는 국무총리를 위원장으로 하고 당시 재정경제원장관이 부위원장을 하였다. 위원은 국회사무총장, 법원행정처장 및 관계 행정 기관의 장 중에서 위원장이 위촉하는 자로 하였다. 정보화추진위원회의 주요 기능은 정보화촉진 등에 관한 정책이나 사업추진의 조정에 관한 사항과 정보화촉진기금의 운용방침에 관한 사항을 심의하는 것이었다. 정보화사업은 모든 행정 부처가 사업을 추진하고 더구나 다부처 관련 사업이 많다는 특성이 있다. 따라서 그 어떤 정책 분야 사업보다 사업 간, 조직 간 조정이 필요하다. 그러나 위원회는 정보화촉진기금의 운용에 대해 심의 기능만 있을 뿐, 실제적으로는 정보통신부가 기금을 관리하며 최종적으로는 당시 재정경제원의 통제를 받게 되어 있었다. 따라서 위원회가 기금에 관한 실질적인 통제권이 없어 기관 간, 사업 간 조정이나 리더십을 발휘하기 어려운 구조를 가지고 있었다.

정보통신부가 출범하고 기본법이 시행되면서 법에 의거하여 1996년 우리나라 최초 제1차 국가 정보화에 대한 기본계획으로서 '정보화촉진 기본계획'이 수립되었다. 계획의 주요 내용은 크게 3가지로 구분된다. 그 중 하나는 해당 기간 동안에 11개의 중점 과제를 선정하여 집중적으로 집행하겠다는 것이다.[11] 두 번째는 이 시기부터 시작된 초고속정보통신망에 대한 조기 구축이 포함되었다. 이에 대해서는 앞에서 살펴본 바와 같이 이 후 몇 번의 계획 수정을 통해 구축 기간이 앞당겨지면서 당초 2015년 설정된 목표 달성 시기가 2005년 전체 국가망사업이 완료되는 쾌거로 이어지기도 하였다. 나머지 하나는 정보통신산업에 대한 발전 계획이 포함되었다.

이후 1999년도에 제2차 기본계획으로서 'Cyber Korea 21'이, 3차 기본계획은 2002년도에 'e-KOREA VISION 2006'이 각각 수립되었고, 3차 계획이 2003년도에 'Broadband IT KOREA VISION 2007'로 수정되었다.

---

11) 11대 중점 과제는 ① 작지만 효율적인 전자정부 구현 ② 정보 사회 인재육성을 위한 교육정보화 기반구축 ③ 지식기반 고도화를 위한 학술 · 연구정보 이용 환경 조성 ④ 산업정보화 촉진을 통한 기업의 경쟁력 강화 ⑤ 정보화를 통한 사회간접자본 시설의 활용도 제고 ⑥ 지능형 교통시스템(ITS) 개발, 국가지리정보체계(GIS) 구축 ⑦ 지역균형발전을 위한 지역정보화 지원 ⑧ 정보기술을 활용한 의료서빗의 고도화 ⑨ 쾌적한 생활을 위한 환경 관리의 정보화 ⑩ 재난재해에 대비한 국가안전관리정보시스템 구축 ⑪ 선진 외교 · 국방체계 확립 등이다.

[표 1-1] 국가정보화 기본계획의 변동과 주요 내용(1996~2004)

구분	1996년 6월	1999년 3월	2002년 4월	2003년 12월
계획	정보화촉진 기본계획	Cyber Korea 21	e-Korea VISION 2006	Broadband IT Korea VISION 2007
기간	1996~2000년	1999~2002년	2002~2006년	2003~2007년
비전	2010년까지 세계최고 수준의 정보화 실현	창조적 지식기반 국가 건설	글로벌 리더 e-Korea 건설	Broadband IT Korea 건설
특징	고도 정보 사회의 기반조성을 위해 핵심적이고 시급한 정보화사업 중 파급효과가 큰 10대 중점과제를 선정하여 지원	IMF 시대 극복을 위해 정보화를 통해 새로운 일자리를 창출하고 경기 활성화에 기여	'Cyber Korea 21' 중 점목표의 조기 완료에 따라 새로운 정보화 비전 및 목표 설정	'전자정부 로드맵', 'BcN 기본계획', '정보보호중장기 기본계획' 등 각 분야별 핵심 계획을 반영

자료: 정보통신부, 한국전산원(2005).

2) 정보통신부 부재 시기

2008년도에 정보통신부가 해체되었다. 정보통신부가 해체된 배경에는 전자정부 정책을 중심으로 행정안전부와의 갈등 뿐만 아니라 산업 정책 등 다양한 영역에서 갈등이 빚어지고 있던 것에 연유한다. 그러한 정책 영역의 중복이나 중첩과 그에 따른 부처 간 갈등이 기술, 산업, 시장의 융·복합이 가속화되는 현실에서 장애가 된다는 인식이 대두되었다. 정보통신부가 발족되던 당시만 하더라도 전 세계 유일무이한 부처 차원의 IT 정책 전담 부처로서 법·제도적 기반을 갖추고 재정적 지원 하에[12] 대한민국 정보화를 견인하는 초고속정보통신망을 구축한다는 정책적 임무를 부여받은 조직으로서의 위상을 확립하였다. 이후 IT가 사회 전반에 확산되는 상황에서 전담 부처를 두기보다는 관련 기능을 기존의 부처 조직에 각각 분산시키는 것이 바람직하다는 입장이 대두되었던 것이다(홍성걸, 2009).

이에 따라 정보통신부는 해체되었고, 정보통신부가 수행하던 기능 중 정보통신산업 분야는 산업통상자원부로, 컨텐츠 분야는 문화체육관광부로, 통신 정책은 당시 신설된 방송통신위원회 등으로 각각 이관되었으며, 기타 나머지 정보통신부 정책은 전자정부 정책을 관할하던 행정안전부가 수행하는 것으로 정비되었다. 즉 그때부터 국

12) 1995년 정보화촉진기본법 제정 당시 정보화촉진기금으로서 2004년 12월 개정 시 정보통신진흥기금으로 변경.

가정보화 정책은 특정 부처에 전권이 주어져 통괄하는 체제가 아닌 분산체제로 변동된 것이었다.

그에 따라 법제도적 토대도 변동이 생겼다. 당시까지 국가정보화의 기본법이던 「정보화촉진기본법」이 전부 개정되어 「국가정보화기본법」이 되었고, 그 소관 부처는 정보통신부에서 행정안전부로 변경되었다.[13] 그리고 정보화촉진기본법에 토대를 둔 정보화추진위원회는 국가정보화전략위원회로 개칭되어 국무총리소속에서 대통령소속으로 이동되면서 정부기관 당연직 위원장과 더불어 민간인 출신 위원장이 공동으로 위원장을 맡는 민관합동위원회 형태로 변경되었다. 2008년도에는 제4차 기본계획으로서 '국가정보화 기본계획'이 수립되었다.

3) 새로운 국가정보화 정책 컨트롤타워 탄생부터 현재까지

2008년도에 정보통신부가 해체된 후, 사실상 국가정보화 정책에 대한 컨트롤타워 기능이 원활하게 작동되지 않았다. 이에 2013년도 새 정부가 들어서면서 조직개편을 단행하고 미래창조과학부가 출범한다. 미래창조과학부의 설치 목적은 '국가 성장동력의 양대 핵심축인 과학기술과 ICT를 창조경제의 원천으로 활용하여 일자리를 창출하고 미래의 먹거리를 적극적으로 발굴하는 전담 부처를 신설하기 위함'이었다(박수경, 이찬구, 2015). 이로써 미래창조과학부가 과거 정보통신부가 수행하던 국가정보화 정책에 대한 컨트롤타워의 기능을 수행하는 것으로 정비되었다. 제2차관이 ICT를 전담하게 되었고, 우정사업본부가 미래창조과학부 소관으로 이관되었다. 또한 기존의 국가정보화전략위원회는 폐지되었고 2014년 '정보통신 진흥 및 융합 활성화 등에 관한 특별법'이 시행됨에 따라 해당 법령에 근거하여 정보통신전략위원회를 신설하였다. 이어 2015년 6월 「국가정보화기본법」을 개정하여 국가정보화 기본계획을 정보통신전략위원회의 심의사항으로 포함하였다.[14] 그리고 2013년도에 '제5차 국가정보화 기본계획'이 수립되었다.

2017년도에 새 정부가 들어서면서 정부조직개편이 이루어졌다. 이때의 주요 이

13) 정보화촉진기본법이 전부 개정된 국가정보화기본법은 2020년에 다시 전부 개정되어 지능정보화기본법이 되어 오늘에 이르고 있다.

14) 미래창조과학부가 출범하면서 행정안전부가 관할하던 국가정보화기본법의 소관이 미래창조과학부로 이관되었다.

슈 중의 하나는 과학기술 정책과 ICT 정책에 대한 조직재편이었다. 당초에는 과학기술부를 부활하고 ICT 정책에 대해서는 산업통상자원부와 통합하는 안에 대해서도 고려되었으나 미래창조과학부를 소폭 개편하여 과학기술정보통신부를 출범시켜 오늘에

[표 1-3] 역대 국가정보화 기본계획

단계		구분	수립연도	계획명	기간	미래상(비전) 또는 목표
행정전산화		1차	1978.2	행정전산화 기본계획	1978~1982	• 전국을 단일 정보권으로 하는 행정정보 시스템 구축
		2차	1982.12	행정전산화 기본계획	1983~1986	
국가기간전산망		1차	1988.12	국가기간전산망 기본계획	1987~1991	• 1990년대 중반까지 국가기간전산망 완성
		2차	1992.2	국가기간전산망 기본계획	1992~1996	• 2000년대까지 선진국 수준의 정보사회 실현
국가사회 정보화 추진	기반 마련	1차	1996.6	정보화촉진 기본계획	1996~2000	• 2010년까지 세계 최고 수준의 정보화 실현
		2차	1999.3	정보화촉진 기본계획 Cyber Korea 21	1999~2002	• 창조적 지식 기반 국가 건설
	분야별 고도화	3차	2002.4	정보화촉진 기본계획 e-Korea VISION 2006	2002~2006	• 글로벌 리더 e-Korea 건설
		3차 (수정)	2003.12	Broadband IT Korea VISION 2007	2003~2007	• Broadband IT Korea 건설
		3차 (연동)	2006.5	u-Korea 기본계획	2006~2010	• 세계 최고 수준의 U-인프라 위에 세계 최초의 U-사회 실현을 통해 선진 한국 건설에 기여
	연계·통합	4차	2008.12	국가정보화 기본계획	2008~2012	• 창의와 신뢰의 선진 지식정보사회 구현
		4차 (수정)	2012.3			
	융합·확산	5차	2013.12	국가정보화 기본계획	2013~2017	• 국민 행복을 위한 디지털 창조 한국 실현
지능 정보화 발전	초연결 지능화	6차	2018.12	국가정보화 기본계획	2018~2022	• 지능화로 함께 잘 사는 대한민국
	디지털 혁신 전면화	7차	2022.11	지능정보사회 종합계획	2023~2025	• 국민과 함께 모범이 되는 디지털 대한민국
		7차 (수정)	2023.9			

자료: 대한민국정부, 정보화에 관한 연차보고서(2024).

까지 이르고 있다(박승정, 2017). 2018년도에는 '제6차 국가정보화 기본계획'이 수립되었다. 그리고 2020년에는 국가정보화기본법이 전부 개정되어 「지능정보화 기본법」이 확립되었다. 정부는 개정 이유에서 4차 산업혁명 지원을 위한 범국가적 추진체계를 마련함으로써 데이터·인공지능 등 핵심기술 기반과 산업생태계를 강화하기 위함이라 밝히고 있다. 그리고 「지능정보화 기본법」의 관할은 과학기술정보통신부가 출범하면서 담당하게 되었다. 2022년도에 새 정부가 출범하면서 제7차 국가정보화 기본계획으로 '지능정보사회 종합계획'이 수립되었다.

제3절 국가정보화와 디지털정부 정책

초기 전산화, 전산망 사업을 통한 행정기관정보화 정책의 한계를 고려하여 보다 적극적이고 능동적으로 정보사회에 대비한 디지털정부 정책을 추진하는 단계로 진입하게 된다. 이것은 통신망 고도화 수준과도 관련되는 것으로서 본격적인 전자정부 정책으로의 진입은 국가정보화 정책이 초고속망구축사업을 토대로 박차를 가하던 시기와 맞물려 이루어지게 된다.

이하에서는 디지털정부 정책이 본격화되면서 국가정보화에서 디지털정부 정책이 차지하는 의미를 먼저 고찰하고, 90년대 중반 초고속망구축 시기를 시작으로 이 후 전자정부 정책이 각 시기별로 어떤 환경 하에서 어떤 특징을 나타내며 추진되었는가를 구분하여 살펴본다.

1 디지털정부의 개념과 범위

디지털정부의 개념은 2001년에 제정된 전자정부법에서 규정하고 있다. 법 제2조에서 전자정부라 함은 정보기술을 활용하여 행정 기관 및 공공 기관의 업무를 전자화하여 행정 기관 등의 상호 간의 행정 업무 및 국민에 대한 행정 업무를 효율적으로 수행하는 정부라고 명시하고 있다.

정보기술이라 함은 광의의 의미로서 정보통신망, 각종 하드웨어, 운영 소프트웨어, 프로그램 소프트웨어, 응용 서비스, 데이터 등을 모두 포함하는 개념이다. 그리고 전자정부의 범위는 행정 기관 및 공공 기관이 주체가 되어 수행하는 사업이다. 따라서 민간 조직이 주체가 되거나 개인이 주체가 되는 사업은 해당되지 않는다. 그리고 전자정부사업의 대상은 정부, 민간기업, 국민 개인 모두 해당된다. 그리고 행정기관이나 공공기관의 업무는 기관 간 이루어지거나, 대국민 서비스 제공 형태로 이루어진다. 따라서 이러한 두 가지 형태의 업무를 전자화함으로써 이전보다 효율적으로 일하게 되는 정부를 일컫는다 하겠다.

그래서 디지털정부의 유형을 설정할 때 정부조직을 G(Government)로 설정하고, 민간기업을 B(Business), 그리고 개인을 P(People) 혹은 C(Customer)로 설정하여 정부와 정부 조직 간에, 정부와 국민 간에, 정부와 민간 조직 간에 이루어지는 상호작용업무를 전자화한 것으로서 다음 그림과 같이 설정할 수 있다. 그림에서 전자정부의 유형에는 G2G, G2B, G4C가 해당된다.

[그림 1-4] 디지털정부의 유형

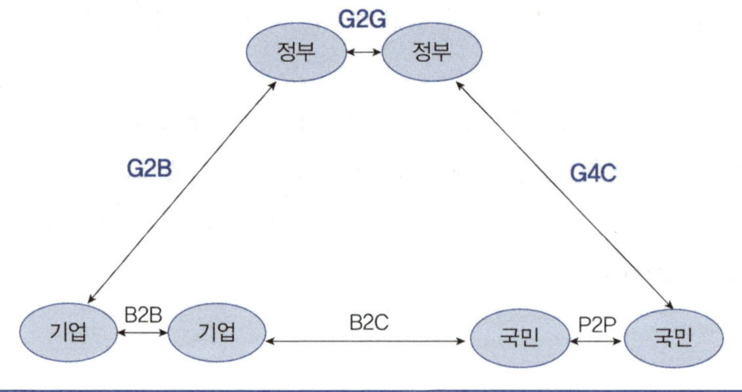

2 시기별 디지털정부 정책의 변동 과정과 특성

1) 1999년 전자정부 종합실천계획의 수립

초기 행정전산화를 추진하던 시기에는 행정 내부업무 효율성에 중점을 두어 추진하였는데 이를 고려해서 대국민 정부행정 서비스를 제공하는 영역과 관련한 정보화에 대한 정책 구상이 이루어지고 이를 반영하여 1999년도에 지금의 행정안전부는 전자정부 종합실천계획을 수립하게 된다.

본 계획은 공식적으로 전자정부에 대한 기본계획으로 공표된 계획은 아니어서 제1차 전자정부 기본계획으로 기록되어 있지는 않다. 다음에 이야기하겠지만 제1차 전자정부 기본계획은 2016년에 수립된다.

전자정부 종합실천계획에 포함된 주요 내용은 크게 세 가지 범주로 구분된다. 그 세 가지는 국민 지향적 행정 서비스 실현, 행정 업무의 생산성 향상, 그리고 행정정보 공동이용 활성화 등이다.

먼저 국민 지향적 행정 서비스 실현에 포함된 구체적인 시책에는 시군구 행정종합정보 시스템 구축, 민원처리정보 시스템 구축, 그리고 행정정보 공개 등이 포함되어 있다. 이 때 내세웠던 사업을 통한 목표가 원스톱/논스톱 서비스(one-stop/non stop)로서, 한 번의 방문으로 하나의 창구를 통해 민원 서비스가 해결되도록 하고, 24시간 멈추지 않는 서비스 등을 그 주요 내용으로 하고 있다. 이들 사업을 통해 구축한 시스템들은 이후에도 계속 추진하여 고도화 과정을 거쳐 오늘날까지도 사용하는 정부24 시스템이 된다.

다음 행정 업무의 생산성 향상에 포함된 주요 내용은 행정 업무절차의 재설계(Business Process Reengineering: BPR), 문서의 생산-유통-보존 과정의 전자화 등이 포함되었다. BPR은 업무재설계 혹은 업무재구축이라고도 일컫는데, 정보 시스템 도입을 통해 업무자동화를 추진하는 경우 기존의 업무절차나 과정을 그대로 둔 채 시스템만 들여오는 형식의 자동화가 이루어낼 수 있는 효과는 한정적이고 적절하지 못하므로 시스템 도입을 전제로, 업무절차에 대해 먼저 최선의 동선을 모색하여 재설계한 후, 그 절차에 맞춘 시스템을 도입함으로써 정보화, 자동화의 효과를 극대화하자는 개념이다. 그리고 문서처리에 있어서의 전 과정의 전자화와 관련해서는 전자정부에 있어서 가장 기본적인 요소이며 시작점에 해당한다. 정부 조직 내 업무는 문서로 시작해서 문서로 종료된다. 문서의 생산부터 보존까지 전 과정에 걸쳐 전자화하여 전자적 형태로 유통하는 과정이 이때부터 본격적으로 추진되는데 이후에도 계속 사업으로 추진되어 오늘날 정부 조직 내 모든 문서는 전자화되어 유통되고 있다.

그리고 행정정보 공동이용 사업의 경우, 민원인이 인・허가 등 각종 민원 신청 시에 필요한 구비 서류를 제출하지 않아도 민원담당자가 전산망으로 확인하여 민원을 처리하도록 하기 위해 정보공동이용센터를 구축하여 기관 간 중계 등의 서비스를 제공하는 개념이다(https://www.share.go.kr).

2) 전자정부 11대 중점 과제 구축

1999년도에 수립된 전자정부 종합실천계획 수립과 사업 추진은 행정전산망사업을 발전시킨 계획으로서의 의미는 갖지만, 전자정부라는 명칭을 사용하면서 전자정부 사업이 통치권자의 정책적 의지와 결합되면서 본격적으로 추진되기 시작한 것은 2001년부터 2002년까지에 걸친 기간 동안 전자정부특별위원회가 구성되고 운영되던 시기이다.

전자정부특별위원회는 대통령자문 정부혁신추진위원회의 특별위원회로서 설치되었으며, 민간위원장 하에 정부위원과 민간위원으로 구성되었다. 운영은 청와대 비서실정책기획수석을 통하여 대통령에게 직접 보고하는 방식으로 이루어졌다.

동 위원회의 가장 큰 성과는 그 위상을 활용하여 부처간 총괄 조정 기능을 통해 다부처 관련사업을 적극 발굴하여 추진하였고 그 결과 2001년부터 2002년에 걸친 약 2년간이라는 길지 않은 기간 동안 전자정부 주요 11대 과제를 선정하여 추진하였다는 점이다.

[표 1-4] 전자정부 11대 중점 과제

유형	사업	주요내용
프론트 오피스	민원서비스 혁신사업(G4C)	주민 등 5대 국가DB 공동활용체계 구축 등
	4대 사회보험정보 연계사업	4대 보험간 통합고지, 신상정보 연계 관리 등
	홈택스 서비스(HTS)	인터넷 기반 종합세무(전자신고 등)
	종합전자조달 시스템(G2B)	조달업체 등록, 입찰, 계약, 대금 지급 등
백 오피스	국가재정정보 시스템(NAFIS)	재정 관련 시스템간 정보공유 및 연계
	시·군·구 행정정보화	시·군·구 업무(21종)의 정보화
	교육행정 정보화(NEIS)	학교, 교육청, 교육부를 연계하는 학사 관리 등
	전자인사관리 시스템(PPSS)	종이 없는 인사행정 구현 및 인사정보 DB화
전자정부 기반조성	전자결재 및 전자문서 유통	문서업무의 전산화 및 실시간 공문서 유통
	전자서명 및 행정전자서명	범정부적 전자인증 시스템 구축 및 확산
	통합전산환경 구축	부처별로 분산된 정보자원의 통합 운영

11대 과제에 포함된 과제들은 부처 간 통합 및 연계를 지향하는 프로젝트로서 우선순위가 높은 사업, 다부처 관련사업, 공동활용극대화, 업무절차재구축(Business Process Reengineering: BPR)을 기반으로 한다는 등의 기준에 따라 선정 · 추진되었다. 그리고 이때 추진된 대부분의 전자정부 서비스들이 이후 계속 고도화되어 오늘날 '정부24'의 토대가 되었다.15)

또한 2001년도에는 전자정부법이 제정 · 시행되었다. 제정연도에는 「전자정부구현을 위한 행정업무 등의 전자화촉진에 관한 법률」이었는데 2007년 개정되면서 「전자정부법」으로 개칭되었다. 「전자정부법」에서 규정하고 있는 전자정부에서의 주요 추진 분야는 전자정부 서비스와 전자행정으로 구분하고 있다. 그리고 제4장에서는 행정 기관의 일하는 방식의 변화와 민원 서비스의 통합 서비스 제공을 실현하는 데 가장 중요한 행정정보의 공동이용에 대한 내용을 규정하고 있다. 그리고 제5장에서는 전자정부 운영 기반으로서 정보기술 아키텍처에 대한 규정과 정보자원의 통합관리와 정부클라우드에 대한 내용을 규정하고 있다.

[그림 1-5] 2001년 전자정부법 주요 내용

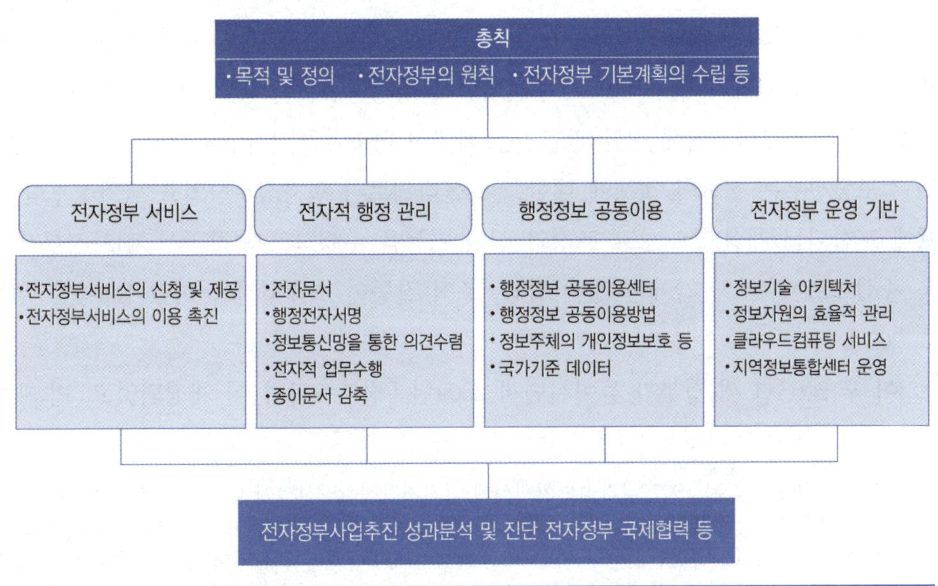

15) 정부24(plus.gov.kr)는 우리나라 전자정부 대표 포털사이트로서 각종 민원을 포함한 정부공공 서비스의 신청부터 처리까지 온라인으로 운영된다.

3) 디지털정부 정책 관할 부처의 법제화

행정전산화사업과 행정전산망사업은 행정안전부가 총괄하여 추진하였다. 그러던 중 초고속정보통신망구축사업이 등장하고 이를 토대로 국가정보화사업이 본격적으로 대두되면서 국가정보화에 대한 컨트롤타워로서 1995년 12월에 체신부가 확대・발전하여 정보통신부가 발족하였다.

정보통신부가 발족하면서 국가정보화 정책에 대한 추진체계를 정비하고 이를 규정하는 「정보화촉진기본법」이 제정・운영되었다는 것은 앞에서 살펴본 바와 같다.

정보통신부를 중심으로 국가정보화 정책에 대한 추진조직체계가 정비되면서 이전에 추진하던 국가기간전산망사업 중 행정전산망사업은 2단계 사업 완료시기까지 계속 진행되고 행정안전부가 총괄하여 추진하였다. 이후 국가기간전산망사업이 2단계 완료되면서 이후 행정기관의 정보화사업은 행정정보화사업이라는 명칭으로 행정안전부가 관할하면서 추진하였고, 이러한 행정정보화사업은 정보통신부가 컨트롤타워로 작동하는 국가정보화사업의 일환으로 포함되었다.[16)]

이와 같이 전체 국가정보화 정책에 대한 총괄은 정보통신부가 관할하고, 그 중 행정 기관의 정보화에 해당하는 행정정보화사업은 행정안전부가 관할하면서 국가정보화 정책에 포함되는 형태가 되었다. 이 후 2001년부터 2002년 말까지 추진된 전자정부 11대 중점 과제가 집중적으로 추진되면서 행정안전부는 '전자정부'라는 명칭으로 행정기관의 정보화사업에 대한 관할권을 확고히 하고자 하였고, 국가정보화를 총괄하는 정보통신부는 정보화 정책에 대한 컨트롤타워로서 전자정부사업을 국가정보화 정책에 포함되는 개념으로 보고 조정과 심의 기능을 수행하고자 하면서 '전자정부사업'을 중심으로 두 부처 간에는 정책 갈등, 조직 갈등이 초래되기도 하였다(유홍림・윤상오, 2006).

이 후 2003년 새 정부가 들어서면서 2004년 「정부조직법」이 개정되었고, 법 제33

16) 1997년 5월에 발간된 1997 국가정보화백서에 국가기간전산망사업에 대한 성과가 포함되면서 국가기간전산망사업은 마감하고, 이후 행정 기관의 정보화에 대해서는 '행정부처별 정보화'라고 분류하여 추진하였고, 행정안전부의 사업으로 '행정정보화'사업이 포함되어 추진되었다. 이후 전자정부특별위원회가 설치, 전자정부사업을 본격적으로 추동하면서 '전자정부사업'이라는 명칭이 전면에 드러나게 되었고, 행정안전부가 관할하면서 전자정부특별위원회가 심의, 조정하는 역할을 하였다(보다 상세한 내용은 한국전산원에서 발간한 국가정보화백서 1997년부터 2004년까지 참고).

조 1항, 당시 행정자치부의 기능을 규정하면서 '전자정부'를 포함하였다. 이로써 전자정부는 법률을 통해 공식적으로 행정안전부의 관할 영역이 되어 전자정부사업에 대해서는 행정안전부가 명확한 담당 부처가 되었다. 정보통신부 또한 이를 기점으로 전자정부사업에 대해서는 행정안전부 중심으로 법, 조직, 계획 등을 별도로 수립하고 추진하도록 하였다. 그리하여 이 시기부터 시작해서 2025년 현재까지 전자정부 정책에 대해서는 행정안전부가 관할하고 있다.

4) 정보화 정책과 디지털정부 정책의 관할 통합

앞서 살펴본 바와 같이 2009년 새 정부가 들어서면서 정보화 정책과 전자정부 정책에 변동이 생겼다. 먼저 국가정보화 정책을 총괄하는 정보통신부가 해체되었다. 정보통신부가 있을 때 행정안전부와의 역할 분담 하에 정보통신부 소관 「정보화촉진기본법」, 행정안전부 소관 「전자정부법」으로 관할하면서 각각 별도의 영역으로 독립적 위상을 보유하였으나, 정책변동으로 인해 행정안전부 소관 「국가정보화기본법」으로 개정되면서 행정안전부는 전자정부 정책 뿐만 아니라 국가정보화 정책에 대한 컨트롤타워 역할도 부여받게 되었다.

이와 같이 새롭게 정비된 조직체계에 따라 국가정보화 정책과 전자정부 정책에 대한 관할이 정립되었는데 이에 따라 2009년도에 행정안전부가 총괄하여 국가정보화 기본계획이 수립되었다. 그러나 전자정부 정책에 있어서는 1998년도에 전자정부 종합실천계획이 수립된 이래 2001년도에 '전자정부 11대 중점 과제'사업, 2003년도에 '31대 전자정부 로드맵 과제'사업 등이 기획·추진되기는 하였으나, 전자정부 정책에 대한 기본계획은 2009년 이후 조직체계가 정비된 이후에도 수립되지 않았다.

5) 정부3.0 정책의 추진

2013년 박근혜 정부가 수립된 이후 전자정부 정책에서 가장 주목할 만한 정책은 '정부3.0' 정책의 추진이다. 정부3.0은 웹1.0, 웹2.0을 거쳐 오면서 점차 진화된 개방, 소통, 참여의 정신을 더욱 더 발전시켜 정부 운영 전반에 적용하여 혁신하고자 한 전자정부를 토대로 한 정부 개혁의 청사진이다.

정부3.0은 공개, 공유, 소통, 협력을 정책방향으로 설정하고, 이를 전자정부를 통해 구현하고자 한 것이다. 이러한 네 가지 철학은 오래 전부터 정부 운영에 있어서 필요한 방향성이긴 하나 실제로 실현하기는 어려웠다.

산업 사회에서 막스 베버가 발전시킨 관료제 조직의 운영원리는 분업에 기초한다. 분업을 전제로 단위업무별 원자화된 부서별 업무수행은 계층제 조직을 양산하였고, 이렇게 만들어진 부서 간 장벽에 의해 순차적이고 직선적인 업무 흐름에 따라 복잡한 결재 단계에 의한 과도한 통제가 필요했으며, 책임과 권한은 최상층에 집중되었다. 그렇게 해서 산업 사회에서 요구하는 생산성을 획기적으로 향상시킬 수 있었다.

이와 같이 산업 사회에서 비롯된 관료제 조직의 구조와 운영 방식에서는 정부 기관이 정보를 공개해서 공유하고, 기관 간에 업무를 위한 소통이 일상화되고, 협업을 하는 것은 필요하지도, 가능하지도 않았다. 그러나 정보사회가 되고 전자정부가 구현되면서 분업이 아닌 정보통신망에 의한 '연계(네트워킹, Networking)'가 전제되면서 공개, 공유, 소통, 협력이 가능해졌고, 이를 통해 업무수행의 효율성, 대국민관계에서의 민주성, 정책 과정의 합리성 등을 실현하는 것, 그것이 정부3.0이 지향하는 정책 목표가 되었다.

이 시기에 행정안전부는 정부3.0 계획을 수립하여 계획에 포함된 과제들을 중심으로 전자정부 정책을 집중적으로 추진하였고, 해당 정권 동안 지속적으로 전국에 걸쳐 전 공공 기관 및 일부 민간 기관을 포함하여 정부3.0에 대한 교육을 시행하기도

[그림 1-6] 정부운영 패러다임의 변화

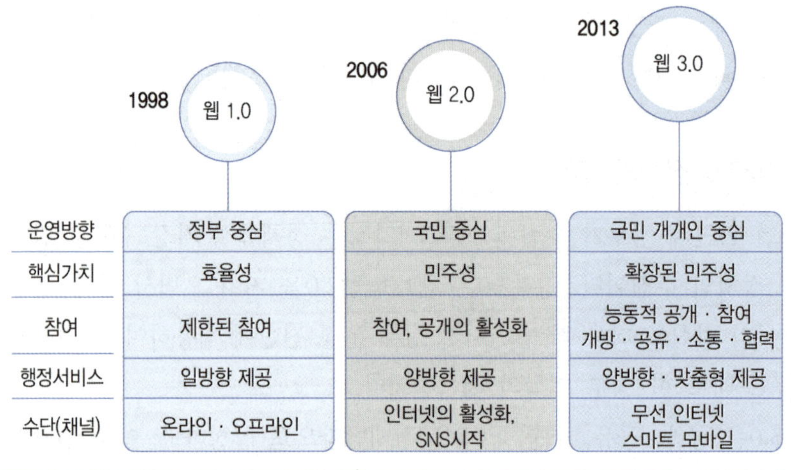

하였다.

6) 지능형정부로의 진화

전자정부에 대해 기본계획이라고 공식적으로 명칭이 붙여져 수립된 것은 2016년이 처음이다. 즉 2016년에 제1차 전자정부 기본계획이 수립되었다. 인터넷이 개통되고 정보화가 진행되면서 그 용어에 있어서도 진화를 거듭하는데 초기에는 '정보'라는 용어에서 '지식'으로 그리고 제1차 기본계획에서는 '지능'이란 용어가 처음 등장했다. 정보는 사실 관련 데이터를 정리하고 분석하여 의미를 부여한 것이라면, 지식은 그러한 여러 정보를 종합하여 만들어낸 원리나 이론이 된다. 그리고 지능은 그러한 지식을 활용해서 문제를 해결하고 새로운 것을 창안해내는 것까지 포함하는 개념이다. 그리하여 제1차 전자정부 기본계획에 처음으로 '지능'이라는 용어가 등장하게 된다. 앞에서 초기 「정보화촉진기본법」이 제정된 후 개정되면서 2020년에는 「지능정보화기본법」으로 전부 개정된 것으로도 알 수 있듯이 정보화가 진행되면서 정부가 추진하는 전자정부 정책도 그만큼 진화하고 있다는 것을 보여준다.

기본계획은 일반적으로 5년 단위의 중장기계획이다. 그리하여 제2차 전자정부 기본계획은 2021년에 수립되었다. 2차 전자정부 기본계획에는 1차에 이어 '지능형 서비스혁신' 과제가 포함되는 것과 더불어 '데이터 행정'의 개념이 포함되어 강조되고 있다. 정책 과정의 합리성을 저해하는 가장 기본적인 요인 중의 하나는 데이터의 부족과 오용이다. 디지털정부가 되면서 정확한 데이터를 실시간으로, 대량으로 활용가능하게 됨으로써 데이터 기반 행정이 가능하게 되었고, 정책 과정의 합리성이 제고될 수 있는 기반이 마련되었다.

2022년에는 제3차 전자정부 기본계획인 '디지털플랫폼정부 추진계획'이 수립되어 2025년 현재 추진 중이다. 2차에서 강조되었던 '데이터기반행정'에 더하여 공공 부문 클라우드를 정착하여 공공 데이터와 공공 서비스를 통합·관리하면서 민간에 개방하는 것을 목표로 내세우고 있다.

제4절 소결

본 장에서는 대한민국이 산업 사회에서 정보사회로의 패러다임이 전환되는 과정에서 디지털정부가 언제, 어떻게 등장하고 진화해왔는지를 살펴보았다.

증기의 발명으로 대표되는 1차 산업혁명, 전기 발명과 함께 시작된 2차 산업혁명에 대비해 3차 산업혁명과 4차 산업혁명은 컴퓨터와 통신망의 결합으로 이루어지는 정보기술이 가져다 준 혁명이라는 점에서 공통점을 갖는다. 그러나 4차 산업혁명은 3차에 비해 인공지능(Artificial Intelligence: AI), 빅데이터(Big Data), 사물인터넷(Internet of Things: IoT) 등 보다 지능적이고 고도화된 정보기술을 장착하고 고도 지능정보사회를 예견하고 있다.

대한민국에 컴퓨터가 들어오고 통신혁명이 이루어지면서 본격적으로 정보화의 개념이 등장한 시기는 1980년대부터이다. 이 때 정부 기관도 자동화, 전산화를 서둘러 추진하였고, 그 결과 행정전산화, 행정전산망사업이 추진되었으며 그것은 오늘날의 디지털정부 정책의 근간이 되었다. 이후 1990년대로 접어들면서 인터넷이 본격적으로 개통되고, 국내외 네트워크가 일상적으로 이루어지고 일반 대중을 상대로 인터넷 접근성이 향상되기 시작하였다. 더불어 당시의 개방화, 세계화 등 국내외 정치사회적 환경의 변화와 고도성장의 새로운 동력으로서의 계기를 마련하기 위해 정부는 초고속정보통신망을 구축하였다.

고도화된 통신망을 토대로 국가정보화 정책도 본격적으로 정부, 기업, 개인 등 모든 차원에서 추진되었고, 2000년대 접어들면서 디지털정부 정책도 정부 효율성 향상과 국민 삶의 질 향상을 목표로 맹렬하게 추진되었다. 전자정부법이 제정, 시행되고, 지금의 '정부24'의 토대가 된 다양한 전자정부 서비스사업들이 추진되었다.

디지털정부 정책이 추진되는 가운데 정책을 둘러싼 조직 간, 정책 간 갈등도 초래되었다. 국가정보화 정책을 전담하기 위해 1994년도에 출범한 정보통신부와 디지털정부 정책에 대한 전담 기관으로서의 행정안전부는 그 갈등의 중심에 있었다. 그러나 그러한 갈등이 항상 부정적 결과를 초래한 것은 아니었다. 때로는 상호간 정책적 경쟁을 통해 정책적 발전을 가져오기도 하였다. 그러한 가운데 정보화 정책 전담 기관인 정보통신부는 조직적 부침을 거듭하게 되는데, 2008년부터 5년간 부재기간을 거치게 되고 그 기간 동안 행정안전부가 디지털정부 정책과 더불어 국가정보화 정책에 대한 컨트롤타워 기능까지 수행하기도 하였다. 이후 2013년 미래창조과학부가 발족하면서 국가정보화 정책은 행정안전부에서 미래창조과학부로 넘어갔으나 소기의 성과를 거두지는 못한 채 다음 정부 하에서는 해체되고, 새로운 정보화 정책 컨트롤타워로서 과학기술정보통신부가 출범한다. 다만 디지털정부 정책에 대해서는 2004년 정부조직법 개편 이후 지금까지 일관되게 행정안전부가 총괄 기능을 유지하고 있다.

한편 행정안전부가 정보통신부 해체 이후 국가정보화 정책에 대해서 컨트롤타워 기능을 부여받기는 했으나 실질적으로 그 역할을 수행하지는 못했다. 그러한 가운데 디지털정부 정책 분야에 있어서 2001년부터 2002년까지 추진한 정부 11대 중점 과제 추진과, 2003년부터 추진한 전자정부 31대 로드맵 과제 외에는 공식적인 전자정부에 대한 기본계획도 수립되지 않은 채 박근혜 정부를 맞이하게 되었고, 전자정부를 활용한 정부개혁으로서의 정부3.0 정책을 매우 적극적으로 추진하였으며, 비로소 제1차 전자정부 기본계획이 산출되었다. 이후 2021년, 2022년 새로운 전자정부 기본계획이 산출되어 나왔고, 정보, 지식, 지능으로 나아가는 정보기술의 발전, 진화에 따라 디지털정부 정책도 현재 지능형정부로의 진화를 거듭하고 있다.

참고문헌

대한민국정부(2024). 정보화에 관한 연차보고서.

박승정(2017). 「대한민국 역대 정부의 ICT거버넌스결정과정 연구: 정책 네트워크 이론과 정책 선도자 개념을 중심으로」, 고려대학교 대학원 박사학위논문

송길영(2009). 행정전산화의 길을 열다, The e-Bridge 제4권(8~34), 한국정보처리학회

유홍림 · 윤상오(2006). 전자정부 추진과정에서 부처간 갈등 분석: 행자부와 정통ㅌ부간 갈등을 중심으로, 한국정책과학학회보 10(4) (397~420)

이기열(1995). 「소리없는 혁명-80년대 정보통신 비사」(서울: 전자신문사)

정국환 외(1997). 「2단계 국가기간전산망사업 종합평가」, 한국전산원

정보통신부(1995). 「초고속정보통신기반구축 종합추진계획」

정보통신부(1997). 「정보통신망 고도화 추진계획-초고속국가망 2단계 사업계획」

정보통신부, 한국전산원(2003). 「한국의 초고속정보통신망 발전사」

정보통신부, 한국전산원(2005). 「한국의 정보화정책 발전사」, 한국전산원

총무처(1979). 제1차 행정전산화 기본계획

한국전산원(1993~2006). 국가정보화백서

한국정보사회진흥원(2007~2020). 국가정보화백서

한국지능정보사회진흥원(2021~2024). 국가정보화백서

한국지능정보사회진흥원(2023). 국가정보화백서

홍성걸(2009). 이명박정부의 IT정책 추진체계-IT컨트롤타워 설치 필요성과 효율적 운영을 위한 제언, 정보화정책 제16권 제4호(27~48).

https://www.share.go.kr

plus.gov.kr

CHAPTER 02

한국 디지털정부 정책의 전개 과정과 특징

김준형

제1절 서론

본 장은 노무현 정부부터 윤석열 정부에 이르기까지 한국 디지털정부 정책의 전개 과정과 특징을 제시한다. 역대 정부는 범정부 차원의 디지털 기반 시설 구축·고도화를 통해 한편으로 첨단 디지털 기술의 순효과(예: 내부업무 효율성 향상, 대국민 행정서비스 편리성 개선, 행정·정책에 대한 국민 참여 증진)를 창출하기 위한 정책을 추진하였고, 다른 한편으로 첨단 디지털 기술의 역효과(예: 개인정보 유출로 인한 사이버 범죄, 알고리즘 편향으로 인한 의사결정 왜곡)를 방지하기 위한 정책을 추진하였다. 이러한 정책적 노력은 디지털 기반 시설 활용을 바탕으로 다차원적인 공공가치(예: 효율성, 민주성, 보안성)를 창출하는 요인으로 작용했다.

각 절은 역대 정부의 디지털정부 정책을 ① 추진배경, ② 전략체계, ③ 추진체계, ④ 특징, ⑤ 성과와 한계에 걸쳐 제시한다. 추진배경은 역대 정부가 첨단 디지털 기술의 등장과 확산에 따라 직면한 대내외적 도전들을 제시한다. 역대 정부는 국민의 새로운 경제적·사회적 수요에 대한 대응의 필요성 및 공공부문 성과 향상의 필요성과 같은 다양한 도전들에 직면하였고, 이러한 도전들에 대응하기 위해 종합적이고 체계적인 디지털정부 정책을 수립하였다. 본 장은 역대 정부에서 디지털정부 정책이 추진된 배경으로 작용한 대내외적 도전들을 살펴본다.

전략체계는 이러한 대내외적 도전들에 대응하기 위해 제시된 정책을 거시적인 차원(예: 비전, 원칙, 방향)과 미시적인 차원(예: 의제, 목표, 과제)에 걸쳐 종합적으로 설명한다. 역대 정부는 디지털정부의 종합적이고 포괄적인 추진을 위한 다수의 정책을 제시하였고, 이러한 정책은 거시적이고 일반적인 목표(예: 비전, 가치)부터 구체적이고 실행가능한 목표(예: 전략, 과제)가 조직적으로 조합된 체계이다. 본 장은 각각의 역대 정부에서 제시된 다수의 디지털정부 정책 중에서 대표적인 디지털정부 정책을 제시하고, 이러한 디지털정부 정책을 거시적인 차원과 미시적인 차원에 걸쳐 포괄적으로 설명한다.

추진체계는 전략체계를 현실에서 일관적이고 체계적으로 구현하기 위해 동원되었던 조직적·제도적 지원체계를 기술한다. 역대 정부는 디지털정부 정책의 효과적이고 안정적인 추진을 위해 조정기구(예: 대통령직속위원회), 집행기구(예: 중앙행정기관), 실행기구(예: 공공기관)로 구성된 추진체계를 운영하였고, 이러한 추진체계를 바탕으로 디지털정부 정책의 추진동력을 확보하였다. 본 장은 각각의 역대 정부에서 구성된 다수의 추진체계 중에서 대표적인 추진체계를 선정하고, 이러한 추진체계의 목적, 구성, 역할 및 기능을 기술한다.

특징은 역대 정부에서 역점을 두거나 타 정부의 디지털정부 정책과 차별화되는 기술적·정책적·조직적·제도적 특징을 분석하고, 성과와 한계는 역대 정부에 의해 추진된 디지털정부 정책의 결과에 대한 긍정적인 평가와 부정적인 평가를 제시한다. 역대 정부의 디지털정부 정책은 특수한 시대적 상황, 각 정부의 정치적·경제적·사회적 지향점에 따라 타 정부와 차별화되는 특징을 갖는다. 그리고 역대 정부의 디지털정부 정책의 결과에 대한 평가는 학자와 실무자에 따라 긍정적인 평가와 부정적인 평가로 구분된다. 본 장은 역대 정부에서 추진된 디지털정부 정책의 차별성과 시사점을 살펴보기 위해 특징을 분석하고 성과와 한계를 제시한다.

제2절 노무현 정부의 「전자정부」

1 추진배경

노무현 정부는 출범 당시 다양한 대내외적 도전들에 직면하였다. 먼저, 대외적 도전들은 다음과 같다(박민정, 2008; 정보통신부, 2003). 첫째, 인터넷 보급·활용이 확대되고 인터넷 기반 서비스가 국가·사회 전반에 걸쳐 활성화되면서, 고품질 행정 서비스에 대한 사회적 기대와 수요가 급격하게 증가하였다. 둘째, 인터넷을 통한 정보 접근·활용에 필요한 기술적 환경은 전반적으로 개선되었지만, 정보통신기술 도입·활용을 통해 국가경쟁력이 강화될 정도의 질적 고도화를 달성하지 못했다는 비판이 제기되었다.

다음으로, 대내적 도전들은 다음과 같다(정부혁신지방분권위원회, 2005). 첫째, 공공부문 정보통신기술 기반 구축을 위한 투자가 지속적으로 진행되었음에도 불구하고,

정부 기관 간 정보 공유 및 연계의 미흡으로 인해 정보의 효과적인 활용을 통한 실질적인 성과는 높지 않다는 비판이 제기되었다. 둘째, 노무현 정부가 정부 혁신을 대통령 의제로 설정하고 전자정부를 정부 혁신의 주요 수단으로 인식하면서, 김대중 정부에서 달성한 전자정부의 성과를 종합적이고 근본적인 관점에서 고도화해야 할 필요성이 증가하였다.

2 전략체계

노무현 정부는 대내외적 도전들에 대응하기 위해 '전자정부'라는 패러다임을 제시하면서 전자정부의 비전을 '세계 최고 수준의 열린 전자정부 구현'으로 설정하였다(정부혁신지방분권위원회, 2005). 전자정부의 비전을 구체화한 목표는 다음과 같다. 첫째, 네트워크정부는 서비스 전달의 혁신을 위한 목표로서 전자정부 서비스를 통한 각종 대국민 민원 서비스의 양적 확대와 질적 고도화를 지향한다. 둘째, 지식정부는 행정의

[그림 2-1] 노무현 정부의「전자정부」비전 및 모형

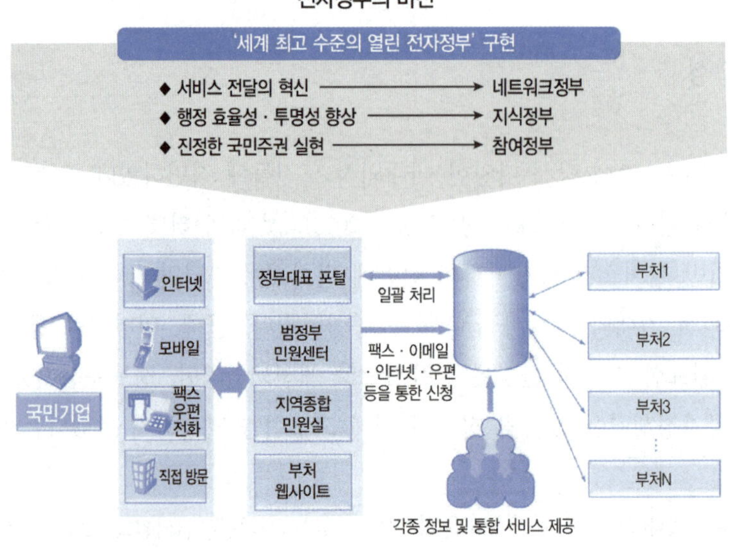

자료: IT DAILY(http://www.itdaily.kr/news/articleView.html?idxno=219151).

효율성·투명성 향상을 위한 목표로서 행정정보 공개·공유·공동활용 확대를 통한 투명성·책임성 제고와 정부 활동의 지적 수준 제고를 지향한다. 셋째, 참여정부는 진정한 국민 주권 실현을 위한 목표로서 전자정부를 통한 국민의 국정과정 전반의 참여 및 국민 주권 실현을 지향한다.

전자정부를 구성하는 분야별 의제와 과제는 다음과 같다. 첫째, 일하는 방식 혁신은 종이문서를 전자문서로 전환하고 부서별 업무처리방식을 서비스 흐름별 업무처리방식으로 전환하는 것을 지향한다. 둘째, 대국민 서비스 혁신은 기관별 창구방문·대면처리를 단일한 창구 및 무방문 온라인처리로 전환하여 대국민·대기업 서비스를 고도화하고 국민의 전자적 참여를 확대하는 것을 지향한다. 셋째, 정보자원관리 혁신은 기관별·업무별 정보자원관리를 범정부 통합 정보자원 관리로 전환하고 인적·물적 정보자원의 체계 및 전문성을 강화하는 것을 지향한다. 넷째, 법제 정비는 전자정부 관련 법령을 정비하여 일하는 방식 혁신, 대국민 서비스 혁신, 정보자원 관리 혁신을 효과적이고 안전하게 추진하는 것을 지향한다.

[표 2-1] 노무현 정부의 「전자정부」 전략체계: 전자정부 로드맵 31대 과제

<table>
<tr><th>분야</th><th>의제</th><th>과제</th></tr>
<tr><td rowspan="11">일하는 방식 혁신</td><td rowspan="9">1. 전자적 업무처리의 정착</td><td>1. 문서처리 전 과정의 전자화</td></tr>
<tr><td>2. 국가 및 지방재정 종합정보화</td></tr>
<tr><td>3. 전자지방정부 구현</td></tr>
<tr><td>4. 전자감사체계 구축</td></tr>
<tr><td>5. 전자국회 구현</td></tr>
<tr><td>6. 통합 형사사법 정보체계 구축</td></tr>
<tr><td>7. 인사행정 종합 정보화</td></tr>
<tr><td>8. 외교통상 정보화</td></tr>
<tr><td>9. 국정과제 실시간 처리</td></tr>
<tr><td>2. 행정정보 공동 이용</td><td>10. 행정정보공유 확대</td></tr>
<tr><td>3. 서비스 중심의 업무 재설계</td><td>11. 정부기능연계모델(BRM) 개발</td></tr>
<tr><td rowspan="5">대국민 서비스 혁신</td><td rowspan="5">4. 대국민 서비스 고도화</td><td>12. 인터넷 민원 서비스 고도화</td></tr>
<tr><td>13. 국가안전관리종합 서비스</td></tr>
<tr><td>14. 건축·토지·등기 연계 및 고도화</td></tr>
<tr><td>15. 종합국세 서비스 고도화</td></tr>
<tr><td>16. 국가복지종합 서비스</td></tr>
</table>

		17. 식·의약품 종합정보 서비스
		18. 고용·취업 종합정보 서비스
		19. 행정심판 인터넷 서비스
	5. 대기업 서비스 고도화	20. 기업지원단단일창구 서비스
		21. 국가물류종합정보 서비스
		22. 전자무역 서비스
		23. 외국인종합지원 서비스
		24. 전자정부 해외 진출 지원
	6. 전자적 국민참여 확대	25. 온라인 국민참여 확대
정보자원 관리 혁신	7. 정보자원의 통합 표준화	26. 범정부통합전산환경 구축
		27. 전자정부 통신망 고도화
		28. 범정부 정보기술아키텍처 적용
	8. 정보보호체계의 강화	29. 정보보호체계 구축
	9. 정보화 인력·조직 전문화	30. 정보화인력 및 운영조직 강화·정비
법제 정비	10. 전자정부 관련 법제 정비	31. 전자정부 구현 및 안전성 관련 법제 정비

자료: 행정안전부(2017).

3 추진체계

노무현 정부에서 전자정부 정책의 심의·조정을 위한 핵심적인 추진체계는 대통령자문 정부혁신지방분권위원회 산하 전자정부전문위원회(이하 전자정부전문위원회)와 전자정부특별위원회(이하 전자정부특별위원회)이다(엄석진 외, 2020; 한국정보사회진흥원, 2008; 정부혁신지방분권위원회, 2005). 전자정부전문위원회는 제1기 정부혁신지방분권위원회 산하 5개 전문위원회 중 하나로 설립되었다(위상: 실·국장급, 위원: 민간위원 및 정부위원 20인, 활동기간: 2003년 5월~2005년 5월). 전자정부전문위원회의 주요 역할 및 기능은 전자정부 관련 과제의 발굴·기획, 기관 간 이견 조정 및 역할 분담, 정책의 집행 점검·평가였다. 특히 전자정부전문위원회는 4개 분야, 10개 의제, 31개 과제로 구성된 전자정부 로드맵을 개발하였고, 각 중앙행정기관에 의한 전자정부 로드맵의 집행 과정을 점검·평가하였다.

전자정부특별위원회는 제2기 정부혁신지방분권위원회 산하 기획·평가 전문위원회와 상이한 특별위원회로 설립되었다(위상: 차관급, 위원: 민간위원 및 정부위원 18인, 활동

기간: 2005년 6월~2008년 2월). 제2기 정부혁신지방분권위원회 시기에는 확정된 전자정부 사업의 집행이 중요한 목표로 등장하면서, 대통령실에 전자정부와 정부혁신을 총괄하는 혁신관리수석실이 신설되었고, 전자정부 관련 정책의 본격적이고 체계적인 집행을 위해 전자정부 집행 관련 기능이 행정자치부로 일원화되었다. 이에 따라 제1기 정부혁신지방분권위원회 시기에는 전자정부전문위원회의 역할 및 기능의 초점이 전

[그림 2-2] 노무현 정부의 「전자정부」 추진체계

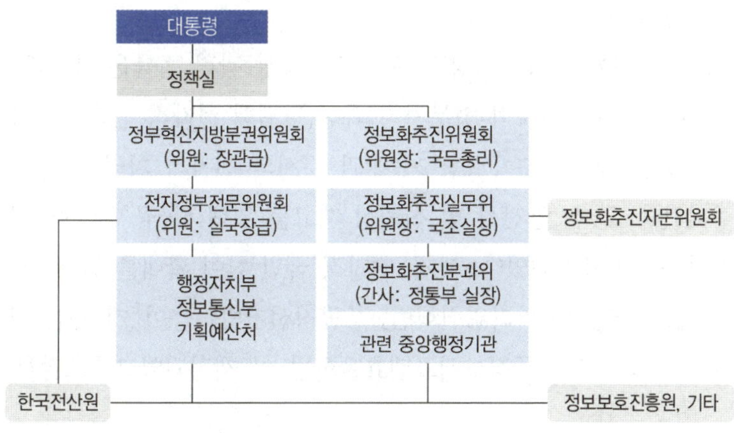

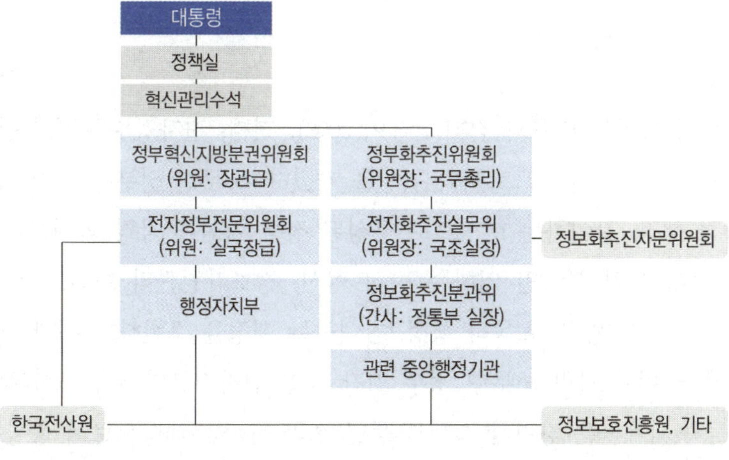

자료: 한국정보사회진흥원(2008).

자정부 관련 정책의 기획·조정에 있었던 반면, 제2기 정부혁신지방분권위원회 시기에는 전자정부특별위원회의 역할 및 기능의 초점이 전자정부 관련 정책의 자문·평가로 조정되었다.

노무현 정부에서 전자정부 정책의 집행·관리를 위한 핵심적인 주무부처는 당시 행정자치부이다. 특히 2004년 「정부조직법」 개정을 통해 전자정부가 행정자치부의 관할 업무로 포함되고, 2005년부터 전자정부 로드맵 31대 과제의 효율적인 집행과 관리의 필요성이 강조되면서, 정부 혁신과 연관된 전자정부 정책 관련 사업(예: 일하는 방식 혁신, 대국민 서비스 혁신 관련 사업)을 강력하게 추진할 수 있는 권한과 책임이 행정자치부에게 부여되었다.

노무현 정부 시기에 제정·개정된 주요 전자정부 관련 법률은 다음과 같다(한국정보사회진흥원, 2008). 첫째, 전자적 업무처리 촉진을 위해 전자적 민원처리에 관한 법령(법률 14개, 시행령 325개, 시행규칙 포함 263개)과 문서의 전자적 처리 원칙 확립을 위한 법령이 개정되었다. 둘째, 안전성 및 신뢰성 제고를 위해 「공공기관개인정보보호법」, 「정보통신망법」 등이 개정되었다. 셋째, 전자적 국민 참여 확대를 위해 「정보공개법」, 「공공기록물법」, 「국민고충처리위원회법」, 「공직선거법」 등이 개정되었다. 넷째, 전자정부 기반 고도화를 위해 「정보시스템효율화법」이 제정되었고 「조달사업법」이 개정되었다.

4 특징

전자정부의 특징은 다음과 같다(윤상오, 2008). 첫째, 전자정부는 대통령 의제(정부혁신)를 달성하기 위한 수단으로서의 위상을 가졌다. 노무현 정부는 출범 당시 투명한 행정, 효율적 행정, 참여하는 행정으로 구성된 정부 혁신을 국정 과제로 설정하였고, 전자정부의 3대 혁신 분야인 일하는 방식 혁신, 정보자원관리 혁신, 대국민 서비스 혁신은 각각 투명한 행정, 효율적 행정, 참여하는 행정을 구현하기 위한 핵심 수단으로 간주하였다. 이에 따라 노무현 정부 기간 동안 전자정부의 3대 혁신 분야를 구성하는 의제들과 과제들은 강력한 집행을 통한 성과 창출의 대상으로서 항상 높은 우선순위를 부여받았다.

둘째, 전자정부는 국제적 관점에서 한국의 디지털정부를 세계 최고의 디지털정부로 육성하기 위해 추진되었다(박민정, 2008). 노무현 정부 이전까지 역대 정부는 공공 부문 정보통신기술 도입·활용을 국내적 관점에서 접근하면서 시스템 구축 사업에 초점을 맞추었다. 하지만 노무현 정부는 전자정부의 비전을 '세계 최고 수준의 열린 전자정부'로 설정하고 공공 부문 정보통신기술 도입·활용을 국제적 관점에서 접근하면서 시스템 구축 그 자체 뿐만 아니라 시스템 활용을 통해 창출할 수 있는 국가·사회 차원의 순효과(예: 내부업무 효율성 향상, 대국민 행정 서비스 편리성 개선, 행정·정책에 대한 국민 참여 증진) 창출에 역점을 두었다.

5 성과와 한계

전자정부의 성과는 다음과 같다(김석주, 2007). 첫째, 행정정보 공동이용 확대 및 민원인 구비서류 감축을 통해 정부기관 간 실시간 정보교류와 고객지향적 행정절차가 고도화되었다. 둘째, 문서 제반 과정(예: 생산, 유통, 보존) 전자화를 통해 전자결재율과 전자문서유통율이 크게 증가하였다. 셋째, 국민들이 인터넷상에서 언제 어디서나 민원을 신청하고 서류를 열람·발급할 수 있는 민원 서비스가 고도화되면서 이용률이 대폭 증가하였다. 넷째, 정부 기관별로 운영하는 국민 참여 관련 온라인 서비스를 통합한 온라인 참여 포털(참여마당 신문고)을 통해 국민 제안 접수·채택 건수가 크게 증가하였다. 다섯째, 정부 기관별로 운영하는 전산 자원(예: 인력, 정보 시스템)을 통합한 범정부 통합 전산 환경이 구축되면서, 안정적·지속적 전자정부 서비스 제공 기반이 확립되었다.

전자정부의 한계는 다음과 같다(윤상오, 2008; 김석주, 2007). 첫째, 실질적인 전자정부 사업이 시스템 구축 사업 위주로 추진되면서, 전자정부와 정부 혁신(예: 일하는 방식 혁신, 대국민 서비스 혁신) 간의 연계성이 다소 약화되었다. 둘째, 범정부 연계·통합 시스템 구축 과정에서 집행기구(예: 행정자치부, 정보통신부) 간의 협력체계 미흡으로 인해 일부 시스템 운영 과정에서 시행착오가 발생하였다. 셋째, 구축된 전자정부 서비스에 대한 국민의 전반적인 이용률이 높지 않았다(2006년 기준 47%). 넷째, 전자정부 순기능 강화를 위한 진흥·육성 관련 사업에 비해 전자정부 역기능 대처를 위한 규제·보호 관련 사업(예: 정보의 보안성·신뢰성 확보 대책)이 미흡했다.

제3절 이명박 정부의 「스마트 전자정부」

1 추진배경

이명박 정부는 출범 당시 다양한 대내외적 도전들에 직면하였다(행정안전부, 2011). 먼저, 대외적 도전들은 다음과 같다. 첫째, 모바일 기술(예: 스마트폰, 태블릿PC)의 확산과 정보통신기술의 지능화에 따라, 융복합 기술 기반의 전자정부 선도 전략이 필요해졌다. 둘째, 저출산·고령화 및 기후 변화와 같은 미래 사회 변화에 대응하는 적극적인 정책이 시급해졌다. 셋째, 정보통신기술 수요가 인간·가치·감성 중심의 사회현안(예: 사회안전 증대, 배려·나눔 확산, 양극화 해소)을 해결하는 방향으로 확대되었다.

다음으로, 대내적 도전들은 다음과 같다. 첫째, 여전히 공급자 중심적인 행정 서비스로 인해 시간·장소·매체 측면에서 국민이 원하는 방식에 따른 행정 서비스가 미흡하였다. 둘째, 정보보안 사고(예: 디도스, 해킹) 발생 건수가 증가하였고, 새로운 정보통신기술 환경 속에서 정보화 역기능(예: 정보격차)이 지속적으로 발생하였다. 셋째, 중복투자로 인해 정보자원의 운영 효율성이 낮고, 대기업 편향 및 이해관계자 참여 부족 등으로 인해 건전한 정보통신기술 생태계가 미흡하다는 비판이 제기되었다.

2 전략체계

이명박 정부는 대내외적 도전들에 대응하기 위해 '스마트 전자정부'라는 패러다임을 제시하면서 스마트 전자정부의 비전을 '국민과 하나되는 세계 최고의 스마트 전자정부 구현'으로 설정하였다(행정안전부, 2011). 스마트 전자정부는 진화된 정보통신기술과 정부 서비스 간 융복합을 통해 언제 어디서나 매체에 관계없이 자유롭게 국민이 원하는 정부 서비스를 이용하고 참여·소통으로 진화하는 선진화된 정부를 의미한

[그림 2-3] 이명박 정부의 「스마트 전자정부」 지향점

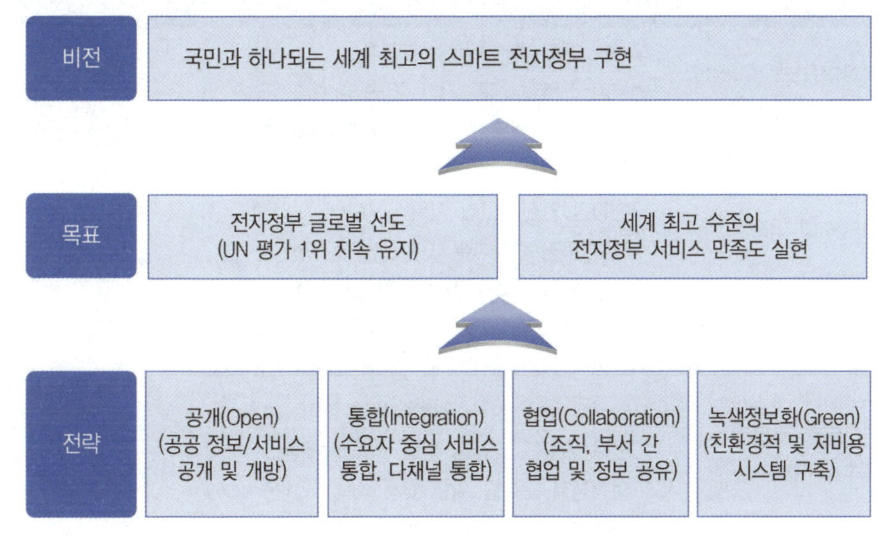

자료: 행정안전부(2011).

다. 스마트 전자정부의 목표는 전자정부를 국제적으로 선도하고 세계 최고 수준의 전자정부 서비스 만족도를 실현하는 것이다.

스마트 전자정부를 구성하는 의제와 과제는 다음과 같다. 첫째, 세계 최고의 모바일 전자정부 구현은 모바일 완결 서비스, 양방향 · 다채널 방식, 선제적 · 맞춤형 행정서비스, 전면적 공공 정보 · 서비스 공개를 지향한다. 둘째, 안전하고 따뜻한 사회 구현은 선제적 · 예방적 안전 관리, 통합적 범정부 안전 서비스, 수요자 중심의 효율적인 복지 서비스를 지향한다. 셋째, 일과 삶이 조화된 스마트워크 활성화는 위치에 관계없는 근무환경, 현장에서의 실시간 업무처리 · 기록, 기관 간 경계없는 전면적 업무협업을 지향한다. 넷째, 소통 기반의 맞춤형 서비스 제공은 개인과 기업에 대한 생애주기별 맞춤형 통합 서비스, 개인 중심의 소통 · 협업 서비스를 지향한다. 다섯째, 기초가 탄탄한 전자정부 인프라 구현은 전면적 · 보편적 전자정부 서비스, 공공 부문 클라우드 환경 확산, 유무선 통합 기반 정보보안 환경, 소프트웨어 중심 정보화 역량, 자발적인 참여로 발전하는 정보통신기술 생태계를 지향한다.

[표 2-2] 이명박 정부의 「스마트 전자정부」 전략체계

의제	과제
세계 최고의 모바일 전자정부 구현	모바일 전자정부 서비스 활성화
	범부처 모바일 공통 기반·인프라 확충
	공공 정보를 활용한 민간의 다양한 부가가치 창출 지원
안전하고 따뜻한 사회 구현	실시간 지능형 공공 안전망 서비스 제공
	국민건강 안전·안심 서비스 강화
	수요자 중심의 국가복지 시스템 선진화
일과 삶이 조화된 스마트워크 활성화	IT 기반 스마트워크 환경 구축 및 확산
	조직·인사·복무 등 스마트워크 기반 조성
	지식기반 기관 간 디지털 행정협업(융복합) 구축
소통 기반의 맞춤형 서비스 제공	투명하고 열린 정부 구현을 위한 참여·소통 확대
	국민이 원하는 맞춤형 통합 서비스 제공
	기업경쟁력 강화를 위한 맞춤 서비스 제공
기초가 탄탄한 전자정부 인프라 구현	보편적 전자정부 서비스 환경 구축
	국가정보자원 운영 효율화
	전자정부 해외진출 확대 및 정보화 역량 강화
	공공분야에 건전하고 공정한 ICT생태계 조성
	사이버 공격 대응 및 개인정보보호 강화

자료: 행정안전부(2008).

3 추진체계

이명박 정부에서 스마트 전자정부 정책의 심의·조정을 위한 핵심적인 추진체계는 대통령소속 국가정보화전략위원회(이하 국가정보화전략위원회), 전자정부전문위원회이다(행정안전부, 2011; 정충식, 2009). 국가정보화전략위원회는 위원장(국무총리 및 민간전문가), 위원(정부위원 및 민간위원), 간사(행정안전부 장관)로 구성되었다. 실질적인 업무 추진을 위해 설치된 국가정보화실무위원회는 행정안전부2차관과 민간전문가가 공동으로 수행하는 위원장, 각 중앙행정기관 실·국장과 민간위원이 수행하는 위원, 행정안전부 정보화기획관이 수행하는 간사로 구성되었다. 실무위원회의 효율적인 운영을 위해 분야별 전문위원회가 설치되었고 신축적으로 운영되었다. 전자정부전문위원회는 주로 전자정부 현안 및 추진방향 설정, 다부처 관련 전자정부 사업 및 이슈 조정을

담당하였다.

이명박 정부에서 스마트 전자정부 정책의 집행·관리를 위한 핵심적인 주무부처는 행정안전부이다. 행정안전부는 국가정보화전략위원회에서 심의·조정된 스마트 전자정부 정책 관련 사업의 집행·관리를 총괄하였다. 특히 이명박 정부 시기에는 국가정보화사업의 집행·관리를 총괄하였던 정보통신부가 해체되면서, 국가정보화사업의 집행·관리 업무가 행정안전부로 이관되었다. 이에 따라 행정안전부는 기존의 스마트 전자정부 정책 관련 사업의 집행·관리 총괄 업무에 더하여 국가정보화사업의 집행·관리 총괄 업무를 담당하였다.

이명박 정부 시기에 제정·개정된 주요 스마트 전자정부 관련 법률은 다음과 같다. 첫째, 「국가정보화기본법」이 제정되었다. 이명박 정부에 들어서 정보화정책 추진 조직체계와 관련하여 가장 큰 변화 중의 하나인 정보통신부의 해체는 앞서 제1장에서 살펴보았다. 정보통신부가 해체되면서 정보통신기능들이 당시의 지식경제부, 문화체육관광부 그리고 새로 신설된 방송통신위원회 등으로 이관되었고, 기타 정보화 정책의 많은 부분이 행정안전부로 이관되었다. 이에 따라 행정안전부가 국가정보화의 컨트롤타워 기능까지 부여받게 되었고 그리하여 정보통신부 관할의 「정보화촉진기본

[그림 2-4] 이명박 정부의 「스마트 전자정부」 추진체계

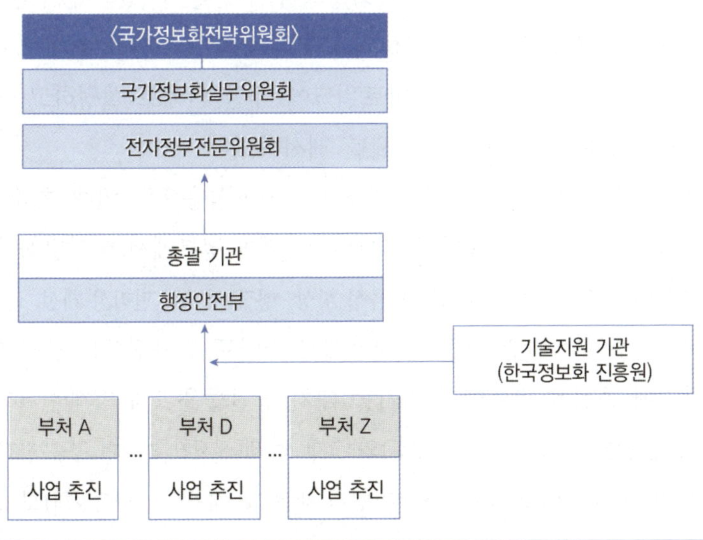

자료: 행정자치부(2011).

법」을 전면 개정하여 「국가정보화기본법」을 탄생시켰다. 따라서 새로 개정된 「국가정보화기본법」에서는 새롭게 국가정보화 정책의 수립과 추진체계를 마련하였다. 둘째, 「전자정부법」이 개정되었다. 정보통신부 해체 등 정부 조직 개편으로 분산되었던 전자정부 관련 기능을 통합하여 규정하고, 정보기술의 혁신 및 융합 등 정보 사회의 새로운 흐름을 반영하여 전자정부 구현체계를 새로이 확립하였다. 셋째, 「개인정보보호에 관한 법률」이 제정되었다. 「개인정보보호법」의 목적은 개인정보의 처리 및 보호에 관한 사항을 규정하여 개인의 자유와 권리를 보호하고 개인의 존엄과 가치를 구현하는 것이다. 「개인정보보호법」은 주로 국가정보화와 스마트 전자정부의 정보보안 인프라 및 역량 강화 관련 의제와 과제를 지원하기 위해 제정되었다.

4 특징

스마트 전자정부의 특징은 다음과 같다(명승환, 2023; 김구, 2020). 첫째, 스마트 전자정부는 언제 어디서나 막힘없고 경계없는 근무환경을 구축하기 위한 스마트워크의 도입·활용을 강조하였다. 스마트워크는 모든 조직구성원들이 시간과 장소에 구애받지 않고 현장에서 또는 원격으로 모든 업무를 실시간 처리·기록할 수 있는 근무환경과 기관 간에 경계없이 전면적으로 협업행정을 추진할 수 있는 근무환경의 조성에 초점을 맞추었다. 이명박 정부는 스마트워크의 본격적인 추진을 위해 스마트 전자정부의 5개 의제 중에서 1개 의제를 스마트워크에 대한 의제로 설정하고(일과 삶이 조화된 스마트워크 활성화) 이에 대한 3개 의제를 제시하였다.

둘째, 스마트 전자정부는 정보통신기술의 도입·활용으로 인해 초래되는 역기능에 대처하기 위한 방안들을 중요하게 다루었다. 역대 정부에서 디지털정부 정책은 첨단 디지털 기술의 순기능(예: 내부업무 효율성 향상, 행정 서비스 편리성 개선, 국민 참여 증진) 창출에 초점을 맞추었던 반면, 이명박 정부에서 스마트 전자정부는 첨단 디지털 기술의 역기능 방지에 초점을 맞추면서 역기능 대처 방안들을 2개 의제(안전하고 따뜻한 사회 구현, 기초가 탄탄한 전자정부 인프라 구현)와 3개 의제(실시간 지능형 공공 안전망 서비스 제공, 국민건강 안전·안심 서비스 강화, 사이버 공격 대응 및 개인정보보호 강화)로 포함하였다.

5 성과와 한계

스마트 전자정부의 성과는 다음과 같다(행정안전부, 2012, 정충식, 2009). 첫째, 한국 전자정부가 UN 전자정부 평가에서 2010년과 2012년에 걸쳐 세계 1위를 차지하였다. 다만 이명박 정부 시기에 달성한 UN 전자정부 세계 1위 성과는 이명박 정부에서의 스마트 전자정부 추진의 즉각적인 결과라기보다는 김대중 · 노무현 정부에서의 스마트 전자정부 추진의 시차적인 결과라는 시각이 있다. 둘째, 전자정부 시스템 · 서비스의 국외 수출과 중소기업의 정보통신기술 생산액이 증가하였다. 셋째, 취약계층 정보화지수가 상승하면서 취약계층 정보격차가 감소한 것으로 조사되었다. 넷째, 개인정보보호를 위한 정책의 결과로서 국제평가에서 한국의 보안서버보급률 순위가 상승하였다.

스마트 전자정부의 한계는 다음과 같다(엄석진 외, 2020; 이윤식, 2009). 첫째, 정보통신부가 해체되면서 행정안전부가 전자정부와 국가정보화를 모두 담당하였고, 이에 따라 전자정부 사업의 초점이 정부 혁신(예: 행정의 생산성 · 투명성 · 민주성 강화)보다는 정보 시스템 구축에 맞추어졌다. 둘째, 국가정보화전략위원회의 범정부 국가정보화 사업 총괄 · 조정을 위한 지원체계(예: 인력, 조직, 예산) 구성 및 운영이 지연되면서, 국가정보화전략위원회의 디지털정부 정책 컨트롤타워로서의 위상과 기능이 미흡하였다. 셋째, 각 정부 기관에 의해 기획된 정보 시스템 구축 사업이 중복되고 이에 대한 국가정보화전략위원회의 총괄 · 조정 기제가 작동하지 않으면서, 정보시스템 구축 사업에 대한 예산이 기획재정부에 의해 전액 삭감되는 사례가 발생하였다.

제4절 박근혜 정부의 「정부3.0」

1 추진배경

박근혜 정부는 출범 당시 다양한 대내외적 도전들에 직면하였다. 먼저, 대외적 도전들은 다음과 같다(관계부처 합동, 2013). 첫째, 고용률 정체와 양극화 심화를 초래하는 저성장 구조 속에서 경제부흥을 위한 신성장 동력 창출이 시급하게 필요하였다. 둘째, 기존 방식으로 해결하기 어렵기 때문에 국가·기관 간 협업이 필요한 사회적 난제들(예: 기후·환경 변화, 저출산·고령화)이 대두되었다. 셋째, 지식정보사회로의 전환에 따라 정부와 국민 간 관계가 일방향 관계에서 협력 관계로 변화하고 모바일 기술과 사회연결망 서비스가 확산하면서 정책에 대한 참여와 투명성 요구가 증대하였다. 넷째, 지식과 기술의 융복합이 가속화하면서 다양한 정책문제 해결 및 맞춤형 서비스 제공 수단으로서 정보통신기술 활용의 필요성이 제기되었다.

다음으로, 대내적 도전들은 다음과 같다. 첫째, 공공 정보에 대한 접근 제약으로 인한 정책의 투명성·수용성 저하가 우려되었다. 국제 투명성기구에 따르면, 한국의 부패인식지수 순위는 2008년 40위에서 2012년 45위로 하락하였고, 이는 정책의 투명성·수용성 위기를 시사한다. 둘째, 기관 간 칸막이로 인해 효과적인 정부 운영의 한계가 지적되었다. 국제경영개발원에 따르면, 한국의 국가경쟁력과 정부 효율성 순위가 각각 22위와 25위로 발표되었고, 이는 정부 역량 제고의 필요성을 시사한다. 셋째, 높아진 국격에도 불구하고 국민이 인식하는 만족감은 저조한 것으로 파악되었다. OECD에 따르면, 한국의 자살률·이혼율 순위는 OECD 국가들 중에서 1위로 발표되었고, 이는 국민행복 증진의 필요성을 시사한다.

2 전략체계

박근혜 정부는 대내외적 도전들에 대응하기 위해 '정부3.0'이라는 패러다임을 제시하면서 정부3.0의 비전을 '국민 모두가 행복한 대한민국'으로 설정하였다(관계부처 합동, 2013). 정부3.0은 공공 정보를 적극적으로 개방·공유하고 부처 간 칸막이를 제거하고 소통·협력함으로써, 국정과제에 대한 추진동력을 확보하고 국민 맞춤형 서비스를 제공함과 동시에 일자리 창출과 창조경제를 지원하는 새로운 정부 운영 패러다임을 의미한다. 정부3.0의 방향은 다음과 같다: ① 공공정보의 개방·공유 및 정부-국민 간 소통·협력 확대, ② 국민 개개인의 행복에 초점을 두는 맞춤형 서비스 제공, ③ 민간의 창의와 활력이 증진되는 혁신 생태계 조성, ④ 기관 간 칸막이를 초월

[표 2-3] 「정부3.0」과 정부 운영 패러다임 변화 방향

구분	정부1.0	정부2.0	정부3.0
운영방향	정부 중심	국민 중심	국민 개개인 중심
핵심가치	효율성	민주성	확장된 민주성
참여	관 주도·동원 방식	제한된 공개·참여	능동적 공개·참여 개방·공유·소통·협력
행정 서비스	일방향 제공	양방향 제공	양방향·맞춤형 제공
수단(채널)	직접 방문	인터넷	무선 인터넷 스마트 모바일

자료: 관계부처 합동(2013).

하는 통합형 정부 운영 지향, ⑤ 민간의 능동적 참여를 유도하는 플랫폼 정부.

정부3.0을 구성하는 전략과 과제는 다음과 같다. 첫째, 소통하는 투명한 정부는 정부의 모든 활동을 국민에게 공개·개방하는 정부로서 정보공개 확대를 통한 투명성·신뢰성 제고, 공공데이터를 활용한 새로운 일자리 창출, 국민과 함께 하는 민관협치 활성화를 지향한다. 둘째, 일 잘 하는 유능한 정부는 지식의 창조·축적·공유를 통해 미래를 선도하는 정부로서 정부 내 소통·협업 활성화, 정보 시스템을 통한 지식 기반 행정, 빅데이터를 활용한 과학적 행정 구현을 지향한다. 셋째, 국민 중심의 서비스정부는 국민에게 필요한 행정 서비스를 맞춤형으로 제공하고 국민에게 찾아가는 행정 서비스를 제공하는 정부로서 생애주기별 맞춤형 서비스 제공, 접근성 제고를 통한 서비스 사각지대 해소, 새로운 정보기술을 활용한 서비스 확대를 지향한다.

[표 2-4] 박근혜 정부의 「정부3.0」 전략체계

전략	과제	주요 세부 과제
소통하는 투명한 정부	공공 정보 적극 공개로 국민의 알권리 충족	국민 중심 정보공개로 패러다임 전환 정보공개 대상 기관 및 범위 대폭 확대
	공공 데이터의 민간 활용 활성화	공공데이터 활용을 통한 신성장동력 창출 공공데이터 개방·활용 인프라 구축
	민관 협치 강화	국민의 참여·소통 채널 다양화 및 참여 확대 온라인 민관 협업 공간 창출
일 잘 하는 유능한 정부	정부 내 칸막이 해소	정보공유·시스템연계 기반 국정 과제 지원 행정정보 공동이용 확대를 통한 협업 지원
	협업·소통 지원을 위한 정부운영 시스템 개선	디지털 협업 및 클라우드 컴퓨팅 시스템 구축 칸막이 해소를 위한 정부운영제도 혁신

	빅데이터를 활용한 과학적 행정 구현	데이터 기반 과학적 정책 수립 지원 공동 활용 빅데이터 기반 시스템 구축
국민 중심의 서비스 정부	수요자 맞춤형 서비스 통합 제공	생애주기별·개인유형별 맞춤형 서비스 제공 시스템 연계·통합을 통한 국민불편 해소
	창업 및 기업활동 원스톱 지원 강화	맞춤형 창업·기업활동 지원 강화 원스톱 기업민원 서비스 제공
	정보 취약계층의 서비스 접근성 제고	주민센터 등 최접점 민원창구 확대 장애인·고령자 등의 웹 접근성 제고
	새로운 정보기술을 활용한 맞춤형 서비스 창출	첨단 IT 기술을 활용한 행정 서비스 확대 모바일을 활용한 생활밀착형 서비스 제공

자료: 관계부처 합동(2013).

3 추진체계

박근혜 정부에서 디지털정부 정책의 심의·조정을 위한 핵심적인 추진체계는 국무총리소속 정부3.0추진위원회(이하 정부3.0추진위원회)이다(엄석진 외, 2020). 정부3.0추진위원회는 민간전문가가 수행하는 위원장, 정부위원과 민간위원이 수행하는 위원으로 구성되었다. 실질적인 업무 추진을 위해 설치된 전문위원회는 8개 전문분야(기획총괄, 맞춤형 서비스, 클라우드, 정보공유·협업, 빅데이터, 개방, 변화관리, 지방·공공기관)로 구성되었다. 정부3.0추진위원회는 주로 정부3.0 기본방향·세부계획의 수립 및 시행, 추진 실적의 점검 및 평가, 주요 정책에 관한 의견 수렴 및 반영, 법·제도 개선에 관한 사항의 심의를 담당하였다.

박근혜 정부에서 디지털정부 정책의 집행·관리를 위한 핵심적인 주무부처는 당시 안전행정부이다. 안전행정부는 정부3.0추진위원회에서 심의·조정된 디지털정부 정책 관련 사업의 집행·관리를 총괄하였다. 특히 박근혜 정부 시기에는 미래창조과학부가 신설되고 국가정보화사업의 집행·관리 총괄 업무가 미래창조과학부로 이관되었다. 이에 따라 이명박 정부 시기에 국가정보화사업과 디지털정부정책 관련 사업의 집행·관리 총괄 업무를 겸하고 있었던 안전행정부는 박근혜 정부 시기에 디지털정부 정책 관련 사업의 집행·관리 총괄 업무에 집중하였다.

[그림 2-5] 박근혜 정부의 「정부3.0」 추진체계

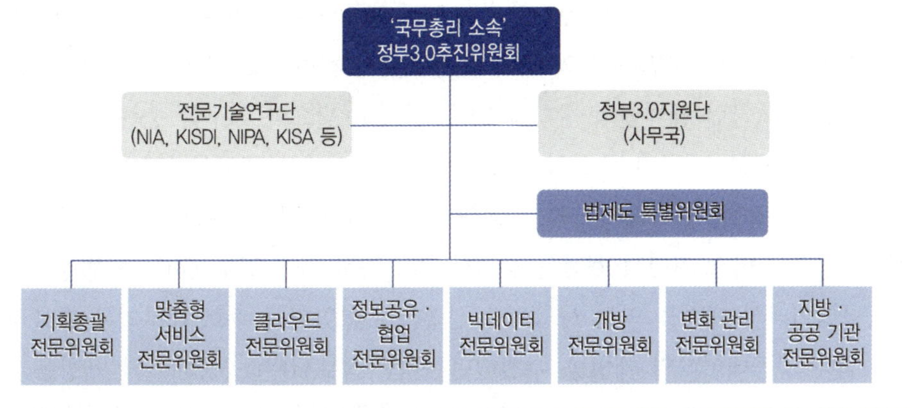

자료: 정부3.0추진위원회 홈페이지(http://www.gov30.go.kr/)

박근혜 정부 시기에 제정 · 개정된 주요 디지털정부 관련 법률은 다음과 같다. 첫째, 「공공데이터 제공 및 이용 활성화에 관한 법률(이하 공공데이터법)」이 제정되었다. 「공공데이터법」의 목적은 공공 기관 데이터의 제공 및 이용 활성화에 관한 사항을 규정하여 국민의 공공데이터에 대한 이용권을 보장하고 공공데이터의 민간 활용을 통한 삶의 질 향상과 국민경제 발전에 이바지하는 것이다. 「공공데이터법」은 주로 정부3.0의 3대 전략 중에서 '소통하는 투명한 정부'의 과제들을 지원하기 위하여 제정되었다. 둘째, 「클라우드컴퓨팅 발전 및 이용자 보호에 관한 법률(이하 클라우드컴퓨팅법)」이 제정되었다. 「클라우드컴퓨팅법」의 목적은 클라우드 컴퓨팅의 발전 및 이용을 촉진하고 클라우드 컴퓨팅 서비스를 안전하게 이용할 수 있는 환경을 조성하여 국민생활의 향상과 국민경제의 발전에 이바지하는 것이다. 「클라우드컴퓨팅법」은 주로 정부3.0의 3대 전략 중에서 '일 잘 하는 유능한 정부'의 과제들을 지원하기 위하여 제정되었다.

4 특징

정부3.0의 특징은 다음과 같다. 첫째, 정부3.0은 국민 개개인에게 맞춤화된 행정서비스를 강조하였다. 정부3.0은 과거 정부 운영 패러다임(정부1.0 및 정부2.0)과 미래

정부 운영 패러다임(정부3.0) 간 핵심 차이를 운영 방향(정부1.0: 정부 중심, 정부2.0: 집단으로서의 국민 중심, 정부3.0: 국민 개개인 중심)으로 간주하였다. 이에 따라 정부3.0은 3대 전략 중에서 하나를 '국민 중심의 서비스 정부'로 설정하였고, 행정 서비스의 내용 및 절차 측면에서 국민 개개인의 상황과 맥락, 그리고 필요와 요구를 충족시킬 수 있는 행정 서비스 제공을 '국민 중심의 서비스 정부'의 과제들로 구성하였다.

둘째, 정부3.0은 공공데이터의 개방과 공공 정보의 공개를 통한 내부업무 효율성 강화와 행정 서비스 편리성 개선을 강조하였다. 특히 역대 정부에서 디지털정부 정책은 공공데이터의 개방을 역점 사업으로 선정하지 않았거나 주로 내부업무 효율성 강화를 위해 공공데이터의 개방을 추진했던 반면, 정부3.0은 공공데이터 개방을 역점 사업으로 선정했을 뿐만 아니라 공공데이터를 신성장동력의 원천으로 간주하였다. 이에 따라 정부3.0은 조직 차원에서 공공데이터전략위원회를 통해 공공데이터의 개방을 중점적으로 수행했을 뿐만 아니라, 제도 차원에서 「공공데이터법」을 통해 공공데이터의 개방을 안정적이고 예측가능하게 추진하였다.

5 성과와 한계

정부3.0의 성과는 다음과 같다(정부3.0추진위원회, 2015; 행정자치부·한국디자인진흥원, 2015). 첫째, 칸막이 없는 협업 조직을 통해 국민의 필요와 요구 위주의 복지·안전 서비스를 제공하는 사례들(예: 고용복지플러스센터를 통해 고용·복지·금융 관련 민원의 통합 처리)이 증가하였다. 둘째, 행정 서비스를 국민의 생애주기에 따라 원스톱 맞춤형 서비스로 제공하는 사례들(예: 사망신고를 통한 사망자 재산 조회의 통합 신청)이 증가하였다. 셋째, 국가·지역 수준에서 국민이 정보통신기술을 활용하여 직접 정책을 설계하고 구현하는 사례들(예: 주민센터에서 한 번에 신청하는 에너지 복지요금)이 증가하였다.

정부3.0의 한계는 다음과 같다(Chung, 2017; 김유승, 2014). 첫째, 국민에게 개방된 공공 정보의 양은 증가했지만, 국민에게 실질적으로 필요한 공공 정보의 품질은 미흡하였다. 둘째, 국민에게 제공된 맞춤형 행정 서비스의 만족도와 효과성이 높지 않았기 때문에, 정부3.0 사업에 대한 국민의 체감도가 불충분하였고 정부3.0 사업이 국민의 생활에 실질적인 변화를 초래하지 못했다는 비판이 제기되었다. 셋째, 공공데이터 개방이 확대되면서 개인정보보호가 중요한 과제로 부각되었지만, 공공데이터 개방의 역기능(예: 프라이버시 침해)에 대한 심도 있는 논의가 전개되지 못했다.

제5절 문재인 정부의 「디지털정부혁신」

1 추진배경

문재인 정부는 출범 당시 다양한 대내외적 도전들에 직면하였다(관계부처 합동, 2020; 2019). 먼저, 대외적 도전들은 다음과 같다. 첫째, 인공지능 · 클라우드의 등장 및 확산과 함께 디지털 전환(Digital Transformation) 시대가 도래하면서, 기존 전자정부의 혁신적인 변화가 기술 · 정책 · 조직 · 제도 측면에서 요구되었다. 둘째, 그간의 대국민 온라인 행정 서비스 고도화 노력에도 불구하고, 온라인으로 신청할 수 있는 행정 서비스가 제한적이었고 수혜 자격이 있는 국민이 수혜 대상 행정 서비스를 파악하기 어려워 사각지대가 발생하였다. 셋째, 코로나19 대응 과정에서 전자정부 기반과 민관협력체계의 중요성이 부각되면서, 디지털 첨단기술 도입 · 활용을 통한 정부 혁신의 중요성에 대한 인식이 증대되었다.

다음으로, 대내적 도전들은 다음과 같다. 첫째, 기관별로 보유하고 있는 데이터의 기관 간 연계 · 활용이 미흡하였고, 기관별로 단절된 행정 서비스의 효율성 문제(예: 중복 및 낭비)와 효과성 문제(예: 국민 체감도 부족)가 제기되었다. 둘째, 장기간에 걸친 복잡한 용역개발 기반의 디지털 신기술 구축 방식은 혁신주기가 짧은 디지털 전환에 적합하지 않았고, 고정된 시간 · 장소 기반의 디지털 업무환경은 이동근무와 협업의 제약으로 작용하였다. 셋째, 디지털 전환의 세부전략과 컨트롤타워가 부재했기 때문에, 디지털 전환을 위한 응집적이고 체계적인 추진체계와 긴밀하고 유기적인 협업행정이 취약하였다.

2 전략체계

문재인 정부는 대내외적 도전들에 대응하기 위해 디지털정부혁신을 제시하면서 디지털정부혁신의 비전을 '디지털로 여는 세상'(부제: 대한민국이 먼저 갑니다)으로 설정하였다(관계부처 합동, 2019). 디지털정부혁신의 추진원칙은 ① 최종 이용자의 관점에서, ② 공공 서비스 수준 향상을 목표로, ③ 혁신 친화적인 방식으로, ④ 국민과 함께 하는 것이다. 디지털정부혁신의 지향점은 정부가 연계 · 공유 · 개방 친화적인 데이터, 효율적이고 유연한 시스템, 통합적 거버넌스를 기반으로 국민에게 편리한 맞춤형 서비스를 제공하는 것이다. 따라서 행정 서비스(Front-End)와 내부업무(Back-End) 측면에서 각각 추진과제와 세부과제가 설정되었다.

[그림 2-6] 문재인 정부의 「디지털정부혁신」 지향점

□ **비전** **디지털로 여는 좋은 세상**

※ **부제 : 대한민국이 먼저 갑니다.**

□ **추진원칙**

△ 최종 이용자의 관점
△ 공공 서비스 수준 향상을 목표
△ 혁신 친화적인 방식
△ 국민과 함께

□ **우선 추진 과제**

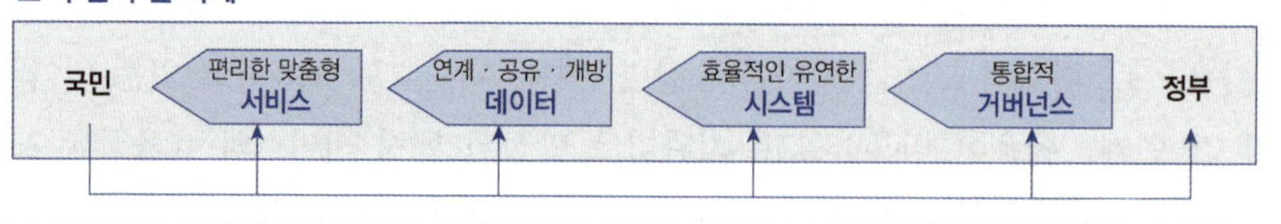

자료: 관계부처 합동(2019).

디지털정부혁신을 구성하는 분야별 추진과제와 세부과제는 다음과 같다. 첫째, 행정 서비스(Front-End) 분야의 과제는 국민의 생애주기에 따른 맞춤형 서비스를 사각지대 없이 제공하고, 국민들이 종이서류 제출없이 온라인으로 행정 서비스를 이용할 수 있는 여건을 조성하며, 국민의 의견을 더욱 면밀하게 청취하고 사회문제를 국민과 함께 해결하는 것을 지향한다. 둘째, 내부업무(Back-End) 분야의 과제는 정보통신기술을 활용하여 공무원들이 언제 어디서나 업무를 처리할 수 있는 환경을 조성하고,

클라우드 플랫폼을 구축하여 첨단 디지털 기술을 활용한 행정 서비스를 더욱 신속하고 효율적으로 개발하고, 공공 부문 데이터 · 서비스를 국민이 편리하게 이용할 수 있도록 개방하는 것이다.

[표 2-5] 문재인 정부의 「디지털정부혁신」 전략체계

분야	추진과제	세부과제
행정 서비스 (Front-End)	선제적 · 통합적 대국민 서비스 혁신	대국민 편익 서비스 맞춤형 안내
		생애주기 서비스 대폭 확대
		사각지대 예방을 위한 선제적 서비스 제공
		기존 한계를 뛰어넘는 공공 서비스 혁신사업 추진
		디지털 서비스 표준 마련 · 적용
	공공 부문 마이데이터 강화	민원사무에 대한 자기정보 활용
		스마트폰을 통한 전자증명서 발급 · 유통
		공공부문 자기정보 다운로드 서비스 개시
		모바일 신분증 도입
		디지털 고지 · 수납 활성화
	시민참여를 위한 플랫폼 고도화	국민의 소리 청취 · 분석 시스템 개선
		도전.한국 플랫폼 운영
		디지털 취약계층을 위한 지원
내부업무 (Back-End)	현장 중심 협업 지원 스마트 업무환경 구현	스마트 업무환경으로 단계적 전환
		모바일 행정 활성화
	클라우드와 디지털 서비스 이용 활성화	민간 클라우드 이용범위 대폭 확대
		개방형 전자정부 클라우드 플랫폼 구축
		디지털 서비스 전문계약 활성화
	개방형 데이터 · 서비스 생태계 구축	범정부 데이터 연계 · 활용 기반 강화
		국민에게 가치 있는 공공데이터 개방 확대
		Open API를 통한 공공 서비스 개방 추진

자료: 관계부처 합동(2019).

3 추진체계

문재인 정부에서 디지털정부 정책의 심의 · 조정을 위한 핵심적인 추진체계는 대통령소속 4차산업혁명위원회(이하 4차산업혁명위원회)이다(정충식, 2021; 김진영, 2018). 4차산업혁명위원회는 위원장 2인(국무총리, 민간전문가)을 포함한 40인 이내의 위원(민간위원 및 정부위원)으로 구성되었다. 4차산업혁명위원회 산하 혁신위원회는 각 국가기관의 혁신 정책 이행을 점검・평가하였고, 4차산업혁명위원회 산하 특별위원회는 각 국가 기관의 혁신 정책 방향을 공유 및 심의・조정하였다. 4차산업혁명위원회는 주로 4차산업혁명 관련 기본・세부 정책의 수립 및 조정(예: 국가전략・실행계획 수립, 정책 조율 및 성과 점검), 정책 추진 지원(예: 법・제도 및 규제 개선)을 담당하였다.

문재인 정부에서 디지털정부정책의 집행・관리를 위한 핵심적인 주무부처는 행정안전부이다. 행정안전부는 디지털정부정책의 심의・조정을 위한 추진체계(예: 4차산업혁명위원회, 한국판 뉴딜 전략회의, 디지털정부혁신 TF)에 의해 심의・조정된 디지털정부 정책 관련 사업의 집행・관리를 총괄하였다. 행정안전부는 디지털정부혁신에 제시된 디지털정부 정책 관련 사업 뿐만 아니라 '인공지능 국가전략' 및 '한국판 뉴딜'에 제시된 디지털정부 정책 관련 사업의 주관부처로 선정되었고, 해당 사업에 대한 집행・관리 업무를 담당하였다.

문재인 정부 시기에 제정・개정된 주요 디지털정부 관련 법률은 「데이터기반행정 활성화에 관한 법률(이하 데이터기반행정법)」이다. 「데이터기반행정법」의 목적은 데이터

[그림 2-7] 문재인 정부의 「디지털정부혁신」 추진체계

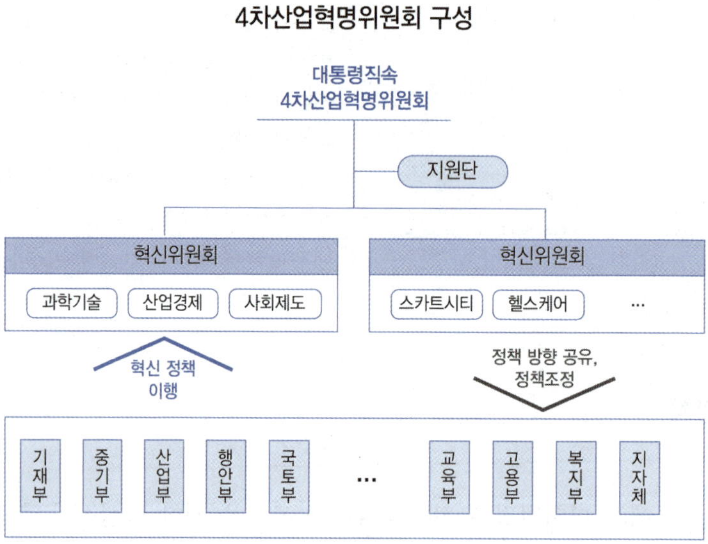

4차산업혁명위원회 구성

대통령직속
4차산업혁명위원회

지원단

혁신위원회		
과학기술	산업경제	사회제도

혁신위원회		
스카트시티	헬스케어	…

혁신 정책 이행

정책 방향 공유, 정책조정

기재부	중기부	산업부	행안부	국토부	…	교육부	고용부	복지부	지자체

자료: ZDNET Korea(https://zdnet.co.kr/view/?no=20190412184400)

를 기반으로 한 행정의 활성화에 필요한 사항을 규정함으로써 객관적이고 과학적인 행정을 통해 공공 기관의 책임성, 대응성, 신뢰성을 높이고 국민의 삶의 질을 향상시키는 것이다. 「데이터기반행정법」은 공공 부문 내에서 데이터 기반의 과학적인 행정을 일상적이고 보편적인 업무처리 방식으로 안착시키기 위해 제정되었다. 특히 「데이터기반행정법」은 디지털정부혁신의 내부업무(Front-End) 관련 과제들을 수행하기 위해 필요한 제도적 지원체계로서의 역할을 담당하도록 제정되었다.

4 특징

디지털정부혁신의 특징은 다음과 같다(관계부처 합동, 2020). 첫째, 국민 맞춤형 행정 서비스 제공과 막힘없는 내부업무 환경 조성을 위한 첨단 디지털 기술의 도입·활용을 강조하였다. 디지털정부혁신은 인공지능·클라우드의 전면적인 도입·활용에 초점을 맞추었고, 인공지능·클라우드의 전면적인 도입·활용의 목적은 외부적으로는 국민 맞춤형 행정 서비스의 실질화 및 내실화 수준을 향상시키고, 내부적으로는 언제 어디서나 행정을 처리할 수 있는 환경을 조성하는 것이었다. 문재인 정부 당시에 민간 부문에서도 인공지능·클라우드가 도입 초기 단계에 있었다는 사실을 고려하면, 인공지능·클라우드의 공공 부문에 대한 전면적인 도입·활용은 선제적이고 적극적인 조치로 간주된다.

둘째, 디지털정부가 단일한 정책이 아닌 다양한 정책을 통해 추진되었다. 디지털정부에 관한 정책(예: 공공부문 디지털 기반시설 구축·고도화, 내부업무 효율성 강화, 대국민 행정 서비스 편리성 개선, 행정·정책에 대한 국민 참여 촉진을 위한 정책)은 주로 '디지털정부혁신 추진계획'에 포함되었다. 하지만 '인공지능 국가전략' 및 '한국판 뉴딜'과 같은 정책에도 디지털정부에 관한 정책(예: 인공지능 관련 기반시설 구축·고도화, 지능형 정부 구현)이 포함되었다. 이는 한편으로 다양한 경로를 통한 디지털정부 정책 추진으로 인한 정책의 다양성 확보라는 점에서 긍정적인 평가를 초래하였지만, 다른 한편으로 개별적이고 분산적인 정책에 대한 우려를 초래하였다.

5 성과와 한계

디지털정부혁신의 성과는 다음과 같다(한국행정연구원, 2020b). 첫째, 코로나19 대처를 위한 데이터·시스템 연계와 민관협업이 신속하고 광범위하게 전개되면서, 디지털정부의 역량과 자원이 코로나19 위기 극복을 위한 시스템·서비스(예: 시스템 연계 기반 중복구매확인시스템을 통한 마스크 대란 극복)의 개발·운영에 효과적으로 작용하였다. 둘째, 국민참여 전용 플랫폼(광화문 1번가)을 통해 국민참여의 통로를 다양화하였고, 일정 조건을 갖춘 국민 의견(30일 이내 20만명 이상의 동의를 받은 안건)에 대하여 청와대 관계자가 직접 답변을 하는 제도가 도입되면서 국민참여의 효능감을 개선하였다.

디지털정부혁신의 한계는 다음과 같다(한국행정연구원, 2020a; 김진영, 2018). 첫째, 디지털정부 정책이 '디지털정부혁신 추진계획' 뿐만 아니라 '인공지능 국가전략' 및 '한국판 뉴딜'을 포함하는 타 정책에 포함되면서, 응집적이고 체계적인 디지털정부 정책보다는 개별적이고 분산적인 디지털정부 정책이 수립되었다는 비판이 제기되었다. 둘째, 제도적 근거의 부재로 인해 4차산업혁명위원회의 역할이 디지털정부 정책의 총괄·조정보다는 심의·자문으로 제한되었고, 디지털정부 구현에 필요한 다양한 분야의 공공·민간 전문가들이 4차산업혁명위원회에 충분히 충원되지 않았다는 지적으로 인해 추진체계의 전문성에 대한 비판이 제기되었다.

제6절 윤석열 정부의 「디지털플랫폼정부」

1 추진배경

윤석열 정부는 출범 당시 다양한 대내외적 도전들에 직면하였다. 먼저, 대외적 도전들은 다음과 같다(디지털플랫폼정부위원회, 2025; 2023). 첫째, 인공지능과 같은 혁신 기술이 경제·사회 전반을 재편하고 근본 질서를 형성하는 디지털 심화 시대가 도래하면서, 데이터의 막힘없는 흐름을 보장하는 국가의 전면적인 혁신이 필요해졌다. 둘째,

민간 기관의 편리하고 혁신적인 디지털 서비스에 익숙해진 국민들이 공공 기관의 행정 서비스에 대해서도 민간 기관 수준의 디지털 서비스를 요구하였다. 셋째, 기관별 자체 정보화 시스템 구축 위주의 정보화 투자는 클라우드와 같은 소프트웨어의 국제 산업 발전 추세를 따라가지 못하는 결과를 초래하였다.

다음으로, 대내적 도전들은 다음과 같다. 첫째, 데이터 개방·공유를 제약하는 법령과 데이터 관련 법령에 대한 소극적인 해석, 정부 업무의 전문화·분업화 논리 아래 진행된 기관별 자체 정보화 시스템 구축은 데이터·시스템 칸막이를 초래하였고, 이는 인공지능시대 데이터 융합을 통한 혁신의 장애물로 작용하였다. 둘째, 복잡해지고 심화되는 사회 현안에 대응하기 위해 정부 주도 문제해결 방식에서 탈피하여 국민·기업과 함께 해결책을 모색해야 할 필요성이 증대하였다. 셋째, 정부의 디지털화 노력에도 불구하고, 오프라인·아날로그 중심의 제도·절차로 인해 국민의 편리성 증진을 위한 디지털 원스톱 서비스가 충분하게 구현되지 않았다.

2 전략체계

윤석열 정부는 대내외적 도전들에 대응하기 위해 '디지털플랫폼정부'라는 패러다임을 제시하면서 디지털플랫폼정부의 비전을 '인공지능·데이터로 만드는 세계 최고의 디지털플랫폼정부'로 설정하였다(디지털플랫폼정부위원회, 2023). 디지털플랫폼정부는 모든 데이터가 융합되는 디지털 플랫폼 위에서 국민·기업·정부가 함께 사회문제를 해결하고 새로운 가치를 창출하는 정부를 의미한다. 디지털플랫폼정부의 목표는 정부 기관 간 칸막이, 공공 부문과 민간 부문 간 칸막이, 디지털 기술과 아날로그 제도 간 장벽을 제거하여, 국민에게는 초개인화된 맞춤형 서비스를 제공하고, 기업에게는 민관협업 기반의 새로운 도약과 성장의 공간을 제공하며, 정부에게는 모든 기관들이 함께 똑똑하게 일하는 정부로 혁신하는 기회를 제공하는 것이다.

디지털플랫폼정부를 구성하는 각각의 전략과 과제는 다음과 같다. 첫째, '하나의 정부'는 정부 내부 및 정부와 민간 간의 칸막이를 제거하기 위한 방안으로서 데이터 칸막이 해소, 인공지능·데이터 기반 과학적 행정, 원팀 정부를 위한 혁신 인프라 구현을 지향한다. 둘째, '똑똑한 나의 정부'는 국민의 소소한 일상부터 특별한 순간까지

[그림 2-8] 윤석열 정부의「디지털플랫폼정부」지향점

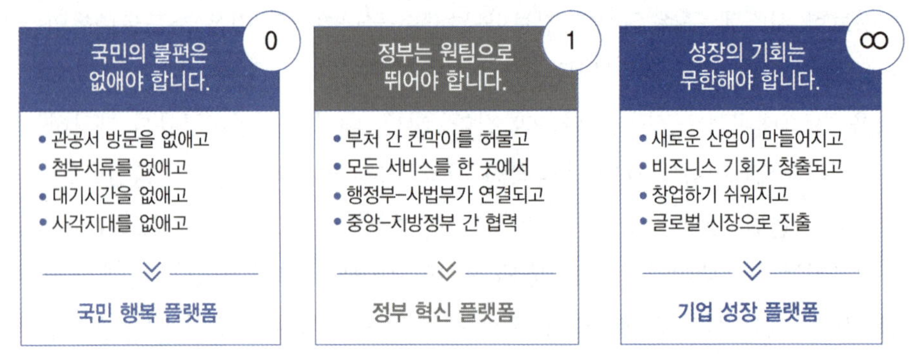

자료: 디지털플랫폼정부위원회(2025).

챙기기 위한 방안으로서 모든 서비스를 한 곳에서 제공하는 통합 서비스, 알아서 챙겨주는 맞춤형 서비스, 사회 현안 해결을 위한 국민 체감형 과제 추진을 지향한다. 셋째, '민관이 함께 하는 성장플랫폼'은 디지털플랫폼정부를 전략산업으로 만들기 위한 방안으로서 인공지능·데이터의 국가전략산업화, 정부 서비스를 혁신하는 GovTech 산업 육성, 디지털플랫폼정부 혁신역량의 지역 확산을 지향한다. 넷째, '신뢰하고 안심할 수 있는 디지털플랫폼정부 구현'은 국민의 데이터를 안전하게 활용하고 관리하기 위한 방안으로서 개인정보에 대한 국민 권리 강화, 새로운 환경에 부합하는 신(新) 안보체계 도입, 보안산업의 글로벌 경쟁력 확보를 지향한다.

[표 2-6] 윤석열 정부의「디지털플랫폼정부」전략체계

전략	과제
하나의 정부	디지털을 기반으로 행정체계 전반 혁신(Digital by Design)
	데이터 칸막이의 근원적 해소
	디지털플랫폼정부 혁신 인프라 구현
똑똑한 나의 정부	한 곳에서, 한 번의 신청으로 끝나는 통합 서비스
	요구하지 않아도 알아서 챙겨주는 초개인화 서비스
	국민 누구나 혜택을 누리는 환경 조성
	인공지능·데이터 기반의 과학적 행정 일상화
	투명하고 공정한 디지털 민주주의 실현
	디지털플랫폼 기반 지역 혁신

민관이 함께 하는 성장플랫폼	민관이 함께 사회문제를 발굴 · 해결하는 협업플랫폼 구축
	민간의 공공데이터 · 서비스 융합 · 활용 촉진
	디지털 트윈을 통한 AI · 데이터 산업 퀀텀 점프
	GovTech 기업 성장 지원 강화
	공공분야에 민간의 최신 AI기술 적극 활용
신뢰하고 안심할 수 있는 디지털플랫폼정부 구현	개인정보에 대한 정보주체, 국민의 권리 강화
	디지털플랫폼정부 안전을 보장하는 보안 체계 구축

자료: 디지털플랫폼정부위원회(2023).

3 추진체계

윤석열 정부에서 디지털정부 정책의 심의 · 조정을 위한 핵심적인 추진체계는 대통령직속 디지털플랫폼정부위원회(이하 디지털플랫폼정부위원회)이다(디지털플랫폼정부위원회, 2005). 디지털플랫폼정부위원회는 위원장(1인)과 부위원장(3인 이내) 아래 분야별 정책 · 사업을 전문적으로 입안 · 심의 · 조정하기 위해 6개 분과위원회(AI · 데이터, 일하는 방식 혁신, 산업생태계, 인프라, 서비스, 정보보호)를 구성 · 운영하였다. 이후 디지털플랫폼정부위원회는 6개 분과위원회를 17개 태스크포스(Task Force: TF)로 전환하면서 주로 기본 · 세부 정책의 총괄 · 조정(예: 국가전략 수립 및 시행, 민간 · 정부 협업 활성화), 행정자원의 조성 · 지원(예: 규제 혁신, 법령 제정 · 개정)을 담당하였다.

윤석열 정부에서 디지털정부 정책의 집행 · 관리를 위한 핵심적인 주무부처는 행정안전부이다. 행정안전부는 디지털플랫폼정부위원회에 의해 심의 · 조정된 디지털정부 정책 관련 사업의 집행 · 관리를 총괄하였다. 특히 행정안전부는 디지털플랫폼정부 전략체계 중에서 내부 업무 효율성 향상과 연관된 '하나의 정부'와 행정 서비스 편리성 개선과 연관된 '똑똑한 나의 정부'를 구성하는 대부분의 사업에 대한 주관부처로 선정되었고, 해당 사업에 대한 집행 · 관리 업무를 담당하였다.

윤석열 정부 시기에 제정 · 개정된 주요 디지털정부 관련 법률은 「인공지능 발전과 신뢰 기반 조성 등에 관한 기본법(이하 인공지능기본법)」이다. 「인공지능기본법」의 목적은 인공지능의 건전한 발전과 신뢰 기반 조성에 필요한 기본적인 사항을 규정하여 국민의 권익과 존엄성을 보호하고 국민의 삶의 질 향상과 국가경쟁력을 강화하는 데 이바지하는 것이다. 「인공지능기본법」은 국가 · 사회 전반의 인공지능 대전환을 위한

[그림 2-9] 윤석열 정부의 「디지털플랫폼정부」 추진체계

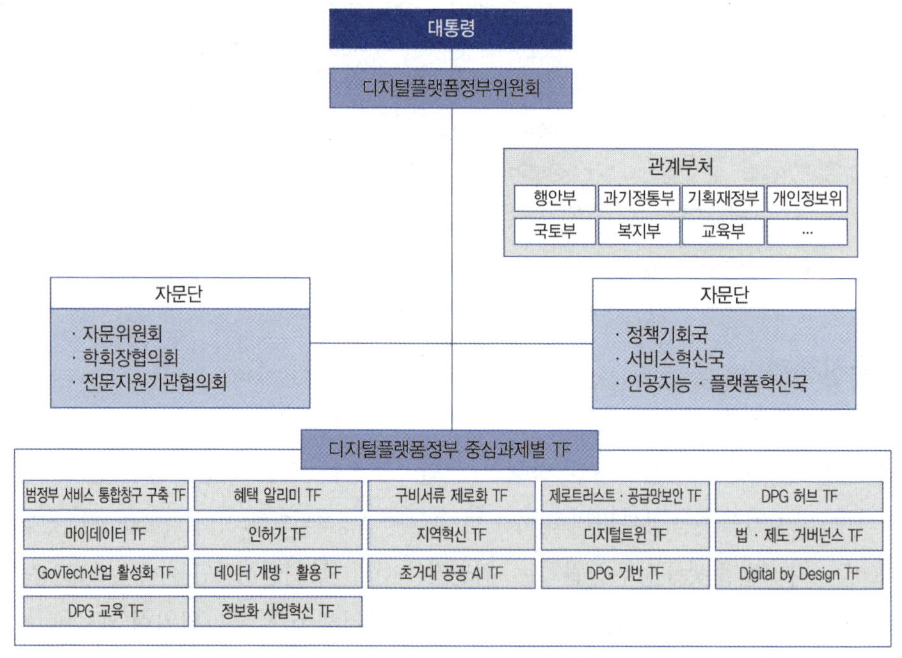

자료: 디지털플랫폼정부위원회(2025).

정책 일반을 지원하기 위해 제정되었을 뿐만 아니라, '디지털플랫폼정부 실현계획'에서 인공지능에 관한 과제들(예: 인공지능 · 데이터 기반의 과학적 행정 일상화, 공공분야에 민간의 최신 AI 기술 적극 활용)을 지원하기 위해 제정되었다.

4 특징

디지털플랫폼정부의 특징은 다음과 같다(한국지능정보사회진흥원, 2022). 첫째, 디지털플랫폼정부는 디지털정부정책에서의 '플랫폼'으로서의 정부를 강조하면서 선도자로서의 정부가 아니라 매개자로서의 정부를 부각시켰다. 역대 정부에서 디지털정부 정책은 데이터 · 시스템의 연계 · 통합을 바탕으로 국민 · 기업에 맞춤화된 행정 서비스를 제공하는 선도적인 정부의 역할에 초점을 맞추었다. 하지만 디지털플랫폼정부는 플랫폼을 모든 데이터가 연결되고 국민 · 기업 · 정부가 함께 상호작용하면서 사회문

제를 해결하는 장(場)으로 정의하고, 정부를 플랫폼에 참여하는 다양한 행위자들 중의 하나로 규정하면서, 데이터 · 시스템의 연결성과 국민 · 기업 · 정부로 대표되는 다양한 행위자들 간의 상호작용성에 주목했다.

둘째, 윤석열 정부는 '디지털정부 실현계획'의 일관적이고 체계적인 집행을 위한 총괄 · 조정 기구로서 디지털플랫폼정부위원회의 법적 권한과 위상을 확보하고자 시도하였다(디지털플랫폼정부위원회, 2025). 역대 정부에서 핵심적인 추진체계는 제도적 근거의 부재로 인해 강력한 컨트롤타워로서 기능하기에 한계가 있었고, 법적 구속력의 부재로 추진체계에 의해 수행된 계획과 조정은 대부분의 경우 권고에 그치거나 명목적인 수준에서 현장에 반영되었다. 윤석열 정부는 디지털플랫폼정부위원회의 법적 권한과 위상을 확보하는 법률(가칭 「디지털플랫폼정부특별법」)의 제정을 고려하면서 디지털플랫폼정부위원회가 디지털플랫폼정부의 컨트롤타워로서 실질적으로 각 정부 기관의 총괄 · 조정 기구로서 기능할 수 있는 방안을 모색하였다.

5 성과와 한계

디지털플랫폼정부의 성과는 다음과 같다(디지털플랫폼정부위원회, 2025). 첫째, 공공부문의 인공지능 전환을 위한 신기술 활용 서비스 개발 및 개념실증 지원을 통해 정부 전용의 초거대 인공지능 공통기반 플랫폼의 추진 기반이 조성되었다. 둘째, 국민이 정부 민원 서비스를 단일 창구에서 이용할 수 있도록 범정부 서비스 통합 창구가 구축되었고, 통합 인증체계와 공통 UI/UX를 통해 통일성 있는 이용 경험이 제공되었다. 셋째, 신산업 육성 및 지원에 관한 전략 및 정책(예: GovTech 기업 수출 지원, 디지털트윈 육성) 수립에 대한 지원이 이루어졌고, 공장 인허가와 같은 업무가 맞춤형 원스톱 서비스로 개선되었다.

디지털플랫폼정부의 한계는 다음과 같다(디지털플랫폼정부위원회, 2025). 첫째, 각 정부 기관, 공공 기관의 고유 업무에 따라 데이터 · 서비스의 개방 · 공유에 관한 법률적 권한이 규정되어 있는 상황에서 '디지털플랫폼정부 허브'에 데이터 · 서비스를 연결하기 위한 협의가 지연되거나 교착되었다. 둘째, 제도적 근거의 부재로 인해 디지털플랫폼정부위원회가 디지털정부정책의 일관적이고 체계적인 컨트롤타워로서 기능하기에 한계가 있었고, 법적 구속력의 부재로 인해 디지털플랫폼정부위원회의 계획(예: 공공부문 초거대 AI 도입·활용 가이드라인)은 사실상 권고에 그쳤다. 셋째, 정보화 사업의 절차 간소화 및 품질 개선을 위한 다양한 방안들이 경직된 규제, 법적 권한을 가지고 있는 정부 기관 간 협의 지연 등으로 인해 실제로 구현되지 못했다.

제7절 소결

한국 디지털정부 정책은 노무현 정부부터 윤석열 정부에 이르기까지 기반시설 구축·고도화, 내부업무 효율성 향상, 행정 서비스 편리성 개선, 국민참여 촉진 측면에서 소기의 성과를 창출하였다. 한편으로, 한국 디지털정부 정책은 기반시설 구축·고도화 측면에서 각종 정보화 사업에 대한 대규모 투자를 통해 시대별로 등장한 첨단 디지털 기술을 공공 부문으로 내재화하였다. 다른 한편으로, 한국 디지털정부 정책은 내부업무 효율성 측면에서 언제 어디서나 막힘없는 행정을 구현하기 위한 기술적·조직적·제도적 환경을 조성하였고, 행정 서비스 편리성 측면에서 국민 개개인에게 맞춤화된 행정 서비스를 시의적절하게 제공하였고, 국민참여 측면에서 행정·정책에 대한 국민참여를 촉진하기 위한 국민참여 플랫폼을 고도화하였다.

향후 한국 디지털정부 정책은 정보, 기술, 정책, 조직, 제도 차원에서 디지털정부의 양적 확대와 질적 고도화를 위한 과제들을 고려할 필요가 있다. 정보 차원에서, 공공데이터 품질 개선과 공공데이터 연계·통합 강화가 필요하다. 공공데이터 개방을 통한 양적 확대는 최근 역대 정부에서 한국 디지털정부 정책의 핵심적인 과제로 등장했고 긍정적인 성과로 이어졌다. 하지만 개방된 공공데이터의 품질 향상 방안과 공공데이터 표준화를 통한 연계·통합 강화 방안은 아직까지 높은 수준의 가시적인 성과로 이어지지 않고 있다. 따라서 향후 한국 디지털정부 정책은 공공데이터의 양적 확대와 함께 공공데이터 품질 개선 방안(예: 정확성 검증 방안)과 공공데이터 연계·통합 강화 방안(예: 메타데이터 구축 방안)을 추진할 필요가 있다.

기술 차원에서, 첨단 디지털 기술의 효과적인 도입·활용이 필요하다. 최근 인공지능 기반 시스템·서비스가 국가와 사회 전반에 걸쳐 광범위하게 도입·활용되면서, 세계 주요국들은 인공지능을 차세대 핵심 첨단 기술로 인식하고 고품질 인공지능 기술 개발·도입·활용을 통한 국가경쟁력 강화 방안을 강력하게 추진하고 있다. 향후 한국 디지털정부 정책도 인공지능을 차세대 핵심 첨단 기술로 인식하고, 인공지능이 국가와 사회 전반에 미칠 수 있는 파급효과를 면밀하게 분석하면서, 인공지능 관련 기반시설 구축·고도화를 바탕으로 한 내부업무 효율성 향상, 행정 서비스 편리성 개선, 국민참여 촉진 방안을 마련할 필요가 있다.

정책 차원에서, 디지털정부 정책의 순효과를 창출하기 위한 진흥·육성 정책과 역효과를 방지하기 위한 규제·보호 정책 간의 균형이 필요하다. 한국 디지털정부 정책은 그동안 첨단 디지털 기술을 통한 공공가치 창출(예: 내부업무 효율성 향상, 행정 서비스 편리성 개선, 국민 참여 증진)을 위해 진흥·육성 정책에 초점을 맞추었다. 하지만 최근 첨단 디지털 기술의 등장과 확산으로 인한 국가적·사회적 부작용(예: 개인정보 유출로 인한 사이버 범죄, 허위정보 배포로 인한 의사결정 왜곡)은 규제·보호 정책 강화의 필요성을 보여준다. 따라서 향후 디지털정부 정책은 진흥·육성 정책과 규제·보호 정책 간의 균형과 조화를 바탕으로 추진될 필요가 있다.

조직 차원에서, 다양한 행위자(예: 개인·부서·기관) 수준에서의 협업행정 활성화를 통한 칸막이 해소가 필요하다. 개인·부서·기관 간 협업 강화와 칸막이 해소를 통한 막힘없는 내부업무 처리와 수요자 지향적인 행정 서비스 제공은 역대 정부에서 항상 한국 디지털정부 정책의 핵심적인 과제로 등장했다. 물론 그간의 기술·조직·제도 차원의 대책을 통해 협업행정의 대상이 확대되고 협업행정의 수준이 높아지고 있지만, 여전히 개인·부서·기관 간 경계를 초월하는 업무처리 방식은 공공 부문 내에 일상적이고 보편적인 업무처리 방식으로 간주되고 있지 않다. 따라서 향후 디지털정부 정책은 협업행정의 실질화 및 내실화를 통해 협업행정이 일상적이고 보편적인 업무 처리 방식으로 자리잡도록 유도할 필요가 있다.

제도 차원에서, 핵심 추진체계의 실효적인 총괄·조정 역할 수행이 필요하다. 역대 정부에서 한국 디지털정부 정책의 총괄·조정을 위해 설치된 핵심 추진체계(예: 4차산업혁명위원회, 디지털플랫폼정부위원회)는 범정부 차원의 디지털정부 정책의 일관적이고 체계적인 컨트롤타워로 기능하기에 한계가 있었다. 각 정부 기관과 공공 기관의 고유 업무에 따라 디지털정부 정책에 관한 제도적 권한이 규정되어 있는 상황에서, 핵심 추진체계에 의해 마련된 계획은 권고에 그쳤고 형식적인 수준에서 현장에 적용되었다. 따라서 향후 디지털정부 정책은 핵심 추진체계의 역할과 기능에 관한 법적 권한과 위상을 확보하는 제도를 통해 핵심 추진체계가 컨트롤타워로서 실질적으로 각 정부 기관의 총괄·조정 기구로 기능할 수 있는 방안을 모색할 필요가 있다.

참고문헌

관계부처 합동(2013). 「정부3.0」 추진 기본계획.

관계부처 합동(2019). 「디지털정부혁신」 추진계획.

관계부처 합동(2020). 포스트 코로나 시대의 디지털정부혁신 발전계획.

김구(2020). 전자정부론. 윤성사.

김석주(2007). 참여정부의 전자정부 추진성과와 향후 과제. 한국지역정보화학회지, 10(4): 111-134.

김유승(2014). 알권리 시대, 정부3.0의 위험과 과제. 한국기록관리학회지, 14(4): 37-62.

김진영(2018). 4차산업혁명위원회 법적쟁점과 개선방안 고찰: 조직 및 운영에 관한 사항을 중심으로. 법조, 67(1): 299-338.

디지털플랫폼정부위원회(2023). 디지털플랫폼정부 실현계획.

디지털플랫폼정부위원회(2025). 디지털플랫폼정부위원회 백서.

명승환(2023). 스마트 전자정부론. 윤성사.

박민정(2008). 전자정부사업 추진체계와 전략에 관한 평가: 참여정부를 중심으로. 한국공공관리학보, 22(1): 199-240.

엄석진 · 김준형 · 최낙범 · 황한찬 · 정희정 · 서교리(2020). 정부의 디지털 혁신. 문우사.

윤상오(2008). 참여정부의 전자정부 추진정책 평가. 한국공공관리학보, 22(2): 89-123.

이윤식(2009). 이명박 정부의 국가정보화 기본계획 및 실행계획에 관한 비판적 검토. 한국지역정보화학회지, 12(4): 1-38.

정보통신부(2003). Broadband IT Korea Vision 2007.

정부혁신지방분권위원회(2005). 참여정부의 전자정부: 정부혁신지방분권위원회 백서.

정부3.0추진위원회(2015). 정부3.0으로 새롭게 달라진 대한민국. 보도자료.

정충식(2021). 우리나라 정보화 및 전자정부 정책 30년의 변화. 지능정보기술동향.

정충식(2009). 2009 전자정부론. 서울경제경영.

한국정보사회진흥원(2008). 전자정부사업백서 2003~2007.

한국지능정보사회진흥원(2022). 디지털플랫폼정부의 개념과 특징. IT & Future Strategy.

한국행정연구원(2020a). 정부혁신 성과와 개선방향: 문재인 정부를 중심으로. 수시과제.

한국행정연구원(2020b). COVID-19 이후 국가 · 사회 회복력(Resilience) 향상을 위한 정부혁신의 방향. 이슈페이퍼.

행정안전부(2011). 국민과 하나되는 세계 최고의 전자정부 구현을 위한 스마트 전자정부(Smart Gov) 추진 계획(안).

행정안전부(2012). 지식정보사회의 국가발전 연구.

행정안전부(2017). 전자정부 50년 1967~2017: 대한민국 역사상 가장 위대한 도약.
행정자치부 · 한국디자인진흥원(2015). 국민이 디자인한 정책 22선 성과사례집.
Chung, C.(2017). Critical Review of Government3.0 in KOREA. *International Journal of Advanced Culture Technology*, 5(3): 56-66.

CHAPTER 03

정책 과정의 시민참여

최연태

제1절 서론

정보통신기술의 급속한 발전은 행정의 구조와 운영 방식을 근본적으로 변화시켰다. 20세기 후반 산업 사회에서 중시되던 관료적 행정과 위계적 의사결정은 디지털 기술의 확산과 함께 새로운 전환점을 맞이하였다. 정부가 단순히 서비스를 제공하는 주체에서 벗어나, 시민과 함께 정책을 설계하고 집행하는 협력적 거버넌스(Cooperative Governance) 체계로 나아가고 있다. 이러한 변화의 핵심에는 정보통신기술을 매개로 한 시민참여(Civic Participation)가 존재한다. 즉, 디지털 전환은 행정의 효율성을 높이는 기술적 진보를 넘어, 시민이 정책 과정의 적극적 행위자로 참여하는 참여 민주주의(Participatory Democracy)의 새로운 장을 열고 있다.

과거 전자정부(e-Government)는 행정 효율성 제고를 목표로 정보화 기반을 구축하는 데 초점을 맞추었다. 그러나 2000년대 이후 인터넷과 모바일 기술의 확산은 정부와 시민의 관계를 근본적으로 재구성하였다. 행정정보의 공개, 온라인 민원 및 전자청원, 국민참여예산제 등은 시민이 정부 정책결정 과정에 직접 목소리를 낼 수 있는 제도적 통로를 마련하였다. 이러한 현상은 전통적 정부 중심의 '통치(Government)'가 시민 사회, 기업, 지역공동체가 함께 참여하는 '거버넌스(Governance)'로 전환되는 흐름을 상징한다. 오늘날 공공 정책은 더 이상 정부만의 권한이 아니라, 다양한 행위자들이 협력과 숙의를 통해 공동으로 형성하는 사회적 과정으로 이해되고 있다.

디지털 전환은 시민참여의 양상 또한 변화시켰다. SNS와 모바일플랫폼의 확산은 참여의 시공간적 제약을 해소하고, 개인화된 참여를 가능하게 했다. 시민은 이제 단순한 투표나 청원에 머물지 않고, 온라인 네트워크를 통해 공공 문제에 대한 의견을 교환하며, 때로는 사회적 운동과 정책 의제 설정의 주체로 등장하고 있다. 이는 과거의 집단 중심 정치참여에서 벗어나, 개인의 관심과 가치에 따라 유연하게 결합하고 해체되는 개인화된 정치(Personalized Politics)로의 전환을 의미한다. SNS 기반의 참여는 낮은 비용으로도 대규모 동원을 가능케 하며, 정책 과정에서 시민의 영향력을 실질적으로 확대시켰다.

이와 같은 디지털 시대의 시민참여 확대는 민주주의의 질적 발전과 직결된다. 정보통신기술은 참여의 문턱을 낮추어 더 많은 시민이 정책 과정에 접근하도록 하는 한편, 정부의 투명성과 책임성을 강화한다. 예를 들어, '국민신문고', '광화문1번가', '국민참여예산제' 등은 시민이 제안한 의견이 실제 정책으로 반영되는 절차를 제도화하였다. 나아가 이러한 참여는 시민의 정치효능감(Political Efficacy)을 높이고, 민주주의의 지속가능성을 강화하는 순환구조를 형성한다. 시민이 자신의 참여가 사회적 변화를 이끌어낸다는 경험을 축적할수록, 참여는 일시적 행위가 아닌 일상적 시민성(Civic Citizenship)의 일부로 자리 잡게 된다.

그러나 정보기술이 모든 시민에게 동일한 참여의 기회를 제공하는 것은 아니다. 디지털 격차(Digital Divide)와 정보활용 역량의 불평등은 오히려 기존의 사회적 불평등을 심화시킬 수 있다. 즉, 정보통신기술은 참여를 확장하는 동시에, 특정 집단에게만 유리한 구조를 만들 수도 있다. 따라서 전자적 시민참여(e-Participation)의 성공은 단순한 기술의 보급이 아니라, 시민의 디지털 역량 강화, 포용적 참여 설계, 숙의 중심의 제도 운영 등과 같은 사회적 조건이 함께 충족될 때 가능하다. 기술의 민주화만으로는 민주주의의 질적 심화를 담보할 수 없으며, 참여의 질을 높이기 위한 숙의(Deliberation)와 피드백 체계가 필요하다.

이러한 맥락에서 전자정부는 단순히 '행정의 전자화'를 넘어서 민주적 거버넌스의 실현 도구로 진화하고 있다. 정부와 시민이 상호작용하며 공공의 문제를 논의하는 디지털 공론장(Digital Public Sphere)은 민주주의의 새로운 공간으로 부상하고 있다. 전자적 시민참여는 효율적 서비스 전달의 수단이 아니라, 시민의 자율성과 공공성을 실현하는 참여기반의 전자거버넌스(Participatory e-Governance)로 발전해야 한다. 본 장에서는 이러한 문제의식 속에서, 정보통신기술이 어떻게 시민참여를 확장시키고, 나아가 숙의 민주주의(Deliberative Democracy)로 발전하는지를 다각도로 살펴본다. 특히 e-거버넌스와 참여 민주주의의 관계, SNS를 통한 새로운 시민참여 형태, 전자적 시민참여의 국내외 사례, 그리고 거래비용과 정치효능감의 변화 등 구체적 분석을 통해 디지털 전환시대의 시민참여가 갖는 의미와 과제를 체계적으로 논의할 것이다.

제2절 디지털 전환과 시민참여의 확산

1 e-거버넌스와 참여 민주주의

전자거버넌스(e-Governance)는 정보기술을 활용하여 정부, 시민, 민간이 상호작용하는 새로운 형태의 민주적 통치체계를 말한다. 이는 1990년대 후반 이후 각국에서 전자정부(e-Government)가 본격적으로 추진되면서 등장한 개념이다. 초기 전자정부는 주로 행정 업무의 전자화와 서비스 효율성 제고에 초점을 맞추었으나, 시간이 흐르면서 정보기술을 통해 시민이 정책결정 과정에 직접 참여할 수 있는 통치 메커니즘으로 발전하였다.

이러한 변화는 전통적인 '정부(Government)' 개념에서 '거버넌스(Governance)'로의 전환을 의미한다. 정부 중심의 위로부터의 통치(Top-down Government) 방식에서 벗어나, 시민 사회, 시장, 지역공동체 등 다양한 행위자들이 공공 문제해결에 공동으로 참여하는 수평적 통치(Horizontal Governance)로 바뀐 것이다. 즉, 이제 공공 의사결정은 정부만의 권한이 아니라, 사회의 여러 주체들이 함께 협력하는 과정으로 이해된다.

참여 민주주의(Participatory Democracy)는 시민이 정치적 의사결정 과정에 직접 개입하여 공공 정책의 형성과 집행에 영향을 미치는 민주주의 형태를 말한다. 이는 단순히 대표를 선출하는 대의 민주주의(Representative Democracy)를 보완하기 위한 이론적 시도로, 시민의 자율성과 공공적 책임을 중시한다. 참여 민주주의의 핵심 가치는 '참여', '개방', '책임성'으로 요약된다.

전자거버넌스(e-거버넌스)와 참여 민주주의는 서로 보완적 관계를 이룬다. 참여 민주주의가 시민의 직접 참여와 공론을 강조하는 이념적 토대라면, e-거버넌스는 이를 기술적으로 구현하는 제도적 장치이다. e-거버넌스는 참여 민주주의의 가치를 기술적으로 구현함으로써, 시민이 정책결정 과정에 실질적으로 접근할 수 있는 통로를 열어주는 역할을 한다. 온라인 정책제안, 전자청원, 국민참여예산제 등은 모두 e-거버넌스를 통한 참여 민주주의의 구체적 사례라 할 수 있다.

구분	참여 민주주의	전자거버넌스
핵심가치	시민의 직접 참여와 숙의	정보 개방, 투명성, 상호작용
주체	시민, 공동체, 사회운동	정부, 시민, 민간, NGO 등 다중 행위자
매개수단	제도적 참여·공론장	디지털 네트워크와 플랫폼
목표	민주적 정당성 강화	효율성과 참여의 결합
결과	시민권의 확장, 민주주의의 질 향상	정책의 수용성·책임성 제고

요컨대, e-거버넌스는 참여 민주주의를 디지털 기술을 통해 구체화한 체계이며, 참여 민주주의는 e-거버넌스의 가치적·이념적 기반이라 할 수 있다. 두 개념의 결합은 21세기 디지털 사회에서 민주주의의 폭과 깊이를 동시에 확장시키는 핵심 동력으로 작용하고 있다.

2 SNS와 시민참여

참여, 공유, 개방을 모토로 하는 웹2.0 시대의 도래와 모바일통신기술의 발달로 인해 SNS(Social Network Servics)가 전세계적으로 급속히 확산되었고, 이러한 SNS의 공적 이용은 개인화된(Individualized), 하지만 네트워크화된(Networked) 정치를 촉진시켰다. 즉, 개인화된 통신기술과 급속히 확산된 SNS의 이용 덕분에 참여에 있어 개인들의 역량과 자율성이 강화되었고, 라이프 스타일 정치(Life Style Politics)와 같은 개인적 행동 프레임(Personal Action Frame)이 대중적 공감 확산을 용이케 하여 대규모의 개인화된 집단행동(Individualized Collective Action)을 가능하게 한다. SNS 이용이 '개인화', '네트워크화'로 특징되는 새로운 시민참여 형태의 등장을 기술적으로 뒷받침하고 있다고 볼 수 있다.

1) 전자적 시민참여의 발전 과정

전자적 시민참여(e-Participation)는 정보기술을 매개로 시민이 정책 과정에 참여하는 활동을 의미한다. 이는 단순히 의견을 표현하거나 정보를 제공받는 것을 넘어, 정책 형성·집행·평가의 전 과정에 시민이 주체로 참여할 수 있는 제도적 틀을 마련한다는 점에서 중요하다. 전자적 시민참여는 기존의 대면 참여가 지닌 시공간적 제약을 극복하고, 보다 많은 시민이 행정 과정에 접근할 수 있는 가능성을 열었다. 특히 디지털 네이티브 세대가 정치적 표현과 사회참여를 온라인을 통해 실천하기 시작하면서, 정부의 정책 과정은 더 이상 관료와 전문가만의 영역이 아니다.

한국은 1990년대 후반 전자정부 구축을 통해 행정의 효율성을 제고하는 단계에서 출발했으나, 2000년대 중반 이후 시민참여를 핵심 가치로 하는 참여형 전자정부(Participatory e-Government)로 진화·발전해 왔다.

(1) 초기 단계: 전자민원과 정보공개 중심(1990년대 후반~2000년대 초)

'정부민원포털 민원24(현 정부24)'와 '정보공개 시스템(open.go.kr)'이 대표적이다. 이는 시민이 정부정보를 검색·열람할 수 있는 기반을 제공했으며, 행정의 투명성과 책임성을 높였다.

(2) 정책소통 확산 단계(2000년대 중반~2010년대 초)

새 정부가 들어서고, 전자정부를 통한 국민의 국정과정에의 참여를 주요 전략으로 정립하였고, 2005년에는 '국민신문고(e-People)'가 개통되어 국민의 민원, 제안, 청원을 온라인으로 접수하고 부처 간 협업으로 처리하는 체계가 구축되었다. 2010년대에는 SNS를 활용한 정부 소통이 확대되면서 국민과의 쌍방향 커뮤니케이션이 정착되었다.

(3) 정책참여 제도화 단계(2017년 이후)

2017년 5월 '광화문1번가' 국민소통플랫폼이 개설되었고, 국민이 정책 아이디어를 제안하고 토론에 참여할 수 있는 온라인 공론장이 마련되었다. 또한 '국민참여예산제도'가 도입되어, 예산 편성 단계부터 시민이 직접 의견을 제시할 수 있게 되었다. 이는 전자적 시민참여가 단순한 의견수렴을 넘어 제도화된 참여 민주주의로 발전했음을 보여준다.

(4) 데이터 기반 참여의 확산(2020년대 이후)

최근에는 인공지능, 빅데이터, 오픈데이터 플랫폼을 활용하여 시민의 참여가 보다 정교하게 반영되고 있다. 예컨대 '정부데이터포털(data.go.kr)'은 공공데이터를 개방하여 시민, 기업, 연구자가 정책분석과 서비스 개발에 참여할 수 있도록 한다. 이는 '참여의 확장'에서 나아가 '지식공유형 거버넌스(Knowledge-sharing Governance)'로 발전하는 흐름이라 할 수 있다.

2) 국내 주요 사례

(1) 광화문1번가 국민소통플랫폼

2017년 행정안전부가 개설한 광화문1번가는 "국민의 목소리가 정책이 되는 공간"을 표방한다. 국민은 정책 아이디어를 제안하고, 공감이나 토론을 통해 다른 시민들과 의견을 나눌 수 있다. 정부는 우수 제안을 정책 과제로 채택하여 부처에 이송하고, 처리 결과를 공개한다. 예를 들어 '학교폭력 예방을 위한 신고체계 개선' 제안은 실제 교육부 정책 개선으로 이어졌다. 이 사례는 시민의 제안 → 공론화 → 정책반영 → 피드백으로 이어지는 전자적 숙의 절차가 구현된 대표적 사례이다.

(2) 국민신문고(e-People)

2005년 도입된 국민신문고는 행정 기관에 대한 민원, 제안, 질의, 부패신고를 온라인으로 통합, 처리하는 창구이다. 연간 약 1000만 건의 민원이 접수되며, 처리결과의 투명한 공개로 행정 신뢰 제고에 기여하고 있다. 또한 데이터 분석을 통해 반복 민원을 파악하고, 정책 개선에 반영하는 '민원 빅데이터 분석 시스템'이 운영되고 있다.

(3) 국민참여예산제도

기획재정부가 운영하는 이 제도는 예산 편성 과정에서 국민이 직접 의견을 제시하는 시스템이다. 온라인 플랫폼(budget.go.kr)을 통해 시민이 사업 아이디어를 제출하고, 전문가 검토 및 국민투표를 거쳐 일부 제안이 실제 정부 예산사업으로 반영된다. 이는 '참여적 예산(Participatory Budgeting)'의 디지털 버전으로, 전자정부를 통한 재정 민주주의(Fiscal Democracy) 구현 사례라 할 수 있다.

(4) 지방자치단체의 전자참여 플랫폼

서울특별시의 '민주주의 서울', 부산시의 '부산시민제안', 경남도의 '도민제안 한마당' 등은 지역 단위의 전자적 참여를 활성화시키고 있다. 특히 서울시의 '민주주의 서울'은 시민의 제안을 온라인 토론을 통해 발전시키고, 500명 이상의 공감을 얻은 제안을 정책으로 검토하는 방식의 집단지성 기반 숙의 시스템을 운영 중이다.

3) 해외 주요 사례

(1) 에스토니아: 디지털 공화국(Digital Republic)

에스토니아는 세계에서 가장 발전된 전자정부를 구축한 국가 중의 하나로, 'e-Residency', 'e-Voting', 'e-Tax', 'e-Health' 등 모든 행정 서비스를 온라인으로 제공한다. 특히 2005년부터 전자투표(e-Voting)를 도입하여 국민이 인터넷을 통해 투표할 수 있게 되었으며, 선거 참여율이 안정적으로 유지되고 있다. 또한, 'Rahvaalgatus.ee'라는 온라인 시민제안 플랫폼을 통해 국민이 직접 법률 제정을 청원할 수 있다. 이는 전자거버넌스가 실질적인 정치참여의 제도적 수단으로 정착된 대표적인 사례이다.

(2) 아이슬란드: 온라인 헌법제정 프로젝트

2010년 금융위기 이후, 아이슬란드는 새로운 헌법 초안을 마련하기 위해 온라인 플랫폼을 통해 국민 의견을 수렴하였다. 시민들은 페이스북, 트위터, 유튜브 등을 통해 헌법 초안에 대한 의견을 실시간으로 제시하고 토론하였으며, 헌법위원회는 이러한 의견을 반영해 수정안을 공개했다. 비록 최종 채택에는 이르지 못했지만, 온라인을 통한 집단지성 기반의 공론장이라는 점에서 전자적 숙의 민주주의의 가능성을 보여준 사례로 평가된다.

(3) 영국: GOV.UK와 오픈데이터를 통한 참여

영국은 2012년 중앙정부의 모든 정보를 통합한 'GOV.UK'를 개설하고, 정책제안 · 설문 · 공개토론 등 다양한 참여 기능을 포함시켰다. 또한 'data.gov.uk'를 통해 정부데이터를 공개함으로써 시민과 민간이 공공데이터를 활용해 정책 분석, 사회문제 해결, 새로운 서비스 창출에 참여할 수 있도록 했다. 이는 참여형 오픈데이터 거버넌스(Open Data Governance)의 선도적 모델로 꼽힌다.

(4) 미국: 'We the People' 플랫폼과 Participatory Budgeting NYC

미국 백악관은 2011년 'We the People'이라는 온라인 청원 플랫폼을 개설하여,

10만 명 이상이 서명한 청원에 대해서는 행정부가 공식적으로 답변하도록 하였다. 이는 디지털 시대의 청원제도로서 시민과 정부의 직접적 연결 통로가 되었다. 또한 뉴욕시를 비롯한 여러 지방정부는 참여예산제도(Participatory Budgeting)를 온라인 투표 방식으로 운영하며, 시민이 지역 예산 사용 우선순위를 결정하는 데 직접 참여하도록 하고 있다.

4) 국내외 사례 비교 및 시사점

전자적 시민참여의 성공 요인은 단순한 기술 도입이 아니라 신뢰와 투명성에 기반한 참여 구조의 제도화에 있다. 한국과 주요 선진국의 사례는 모두 '시민의 참여가 정부의 개혁을 견인한다'는 공통된 방향성을 지닌다.

한국의 사례는 정부 주도의 플랫폼 구축과 참여제도화에 강점을 가지지만, 시민의 숙의 과정과 참여의 질을 높이는 측면에서는 여전히 개선의 여지가 있다. 반면, 에스토니아와 아이슬란드는 시민 자율성과 토론 중심의 접근으로 참여의 심화(Qualitative Deepening)를 실현하고 있다.

향후 전자정부의 발전은 시민참여를 제도적으로 보장하는 참여형 e-거버넌스(Participatory e-Governance)로의 진화를 요구한다. 이를 위해서는 기술 인프라의 고도화뿐만 아니라, 시민의 디지털 역량 강화, 참여 과정의 피드백 제도화, 그리고 정부의 신뢰성 있는 응답체계 구축이 필수적이다. 결국, 전자적 시민참여는 '정부를 위한 기술'이 아니라 '시민에 의한 민주주의'를 실현하는 디지털 공공 영역(Digital Public Sphere)의 토대라 할 수 있다.

3 전자적 시민참여에 따른 새로운 참여 동인

1) 거래비용(Transaction Costs)의 감소

(1) 거래비용의 개념

'거래비용'은 경제학자 로널드 코스(Ronald Coase)가 제시한 개념으로, 개인이나 조직이 어떤 교환이나 협력을 수행할 때 드는 비용을 의미한다. 예를 들어, 정보를 탐색하고, 협상하며, 계약을 이행하고, 상대방의 행동을 감시하는 데 드는 시간과 노력이 모두 거래비용에 해당한다.

정치·행정의 영역에서도 거래비용 개념은 유용하게 적용된다. 시민이 정치참여를 시도할 때 정보 탐색, 의견 전달, 정책토론, 투표행동 등 일련의 과정에서 발생하는 시간적·심리적·경제적 부담은 일종의 정치적 거래비용이다. 이러한 비용이 높을수록 시민은 참여를 꺼리게 되며, 반대로 비용이 낮아질수록 참여 가능성이 높아진다.

(2) 정보기술과 거래비용의 감소

정보기술의 발전은 정치적 거래비용을 급격히 낮추었다. 과거에는 정책정보를 얻기 위해 공청회에 직접 참석하거나, 관공서를 방문해야 했다. 그러나 오늘날에는 인터넷 검색, 온라인 행정포털, SNS를 통해 손쉽게 정보를 획득할 수 있다. 또한, 전자적 참여 플랫폼(e-Participation Platforms)은 참여 절차를 간소화하고 시간적 제약을 최소화한다. 예를 들어, 국민신문고나 광화문1번가에 접속하면 몇 분 만에 정책 제안이나 민원을 제출할 수 있다. 이는 물리적 이동과 대기시간, 문서작성 등 기존 참여에서 요구되던 비용을 사실상 '제로(Zero)'에 가깝게 만든다. 더 나아가, 정보통신기술은 집단행동의 조직화 비용(Collective Action Cost)도 감소시킨다. SNS나 온라인 커뮤니티를 통해 시민들이 동일한 관심사를 중심으로 신속히 연결되고, 공동의 의견을 형성할 수 있기 때문이다. 예컨대, 환경 보호, 젠더 이슈, 교통 정책 등에 대한 온라인 청원이나 해시태그 캠페인은 조직적 동원 없이도 대규모 참여를 이끌어낸다. 이는 맨큐어 올슨(Mancur Olson)이 제기한 '집단행동의 딜레마'를 정보통신기술의 활용을 통해 극복한 사례로 볼 수 있다.

(3) 거래비용 감소가 시민참여에 미치는 영향

정보기술에 의한 거래비용의 감소는 정치참여의 형태와 범위를 크게 확장시켰다.

첫째, 참여의 접근성이 향상되었다. 과거에는 정치참여가 주로 대도시 거주자나 고학력층에 제한되었으나, 온라인 참여는 지역·연령·직업에 상관없이 가능하다. 둘째, 참여의 빈도와 속도가 증가하였다. SNS를 통한 즉각적 반응, 온라인 설문, 전자투표 등은 참여를 일상화시켰다. 셋째, 정책참여의 다양성이 확대되었다. 단순 투표행위에서 벗어나, 정책 아이디어 제안, 예산 편성, 공공데이터 분석 등 다층적 참여가 가능해졌다.

이처럼 정보기술은 시민참여의 거래비용을 획기적으로 낮춤으로써 참여의 문턱을 낮추고 민주주의의 저변을 확대하는 촉매 역할을 하고 있다.

(4) 한계와 비판

그러나 거래비용의 감소가 곧 민주적 참여의 질적 향상을 보장하는 것은 아니다. 오히려 낮은 참여비용이 '가벼운 참여(Slim Participation)'나 '클릭 민주주의(Click Democracy)'로 이어질 위험도 있다. 예를 들어, SNS에서의 단순 '좋아요' 클릭이나 서명운동은 실제 정책 변화로 이어지지 않는 경우가 많다. 따라서 거래비용의 감소는 참여의 양적 확산에는 기여하지만, 질적 심화로 이어지기 위해서는 숙의(Deliberation), 책임(Accountability), 정책 피드백(Feedback) 등의 제도적 장치가 함께 마련되어야 한다.

2) 정치효능감(Political Efficacy)의 제고

(1) 정치효능감의 개념

정치효능감이란 개념은 캠벨(Angus Campbell)을 비롯한 미시간 학파에 의해 처음 도입되었고 개인의 정치적 행동이 정치 과정에 영향을 미치거나 미칠 수 있다는 감정을 의미한다(Campbell et al. 1954). 이 감정은 원래 하나의 차원으로 측정되다가 1970년대 이후부터 '정치영역에서 갖는 한 개인의 효능감'과 '정치 시스템의 반응성에 대한 평가' 두 차원으로 구분되기 시작했다(Converse 1972). 두 차원 중 내적 정치효능감은 개인의 정치적 행동이 정치 과정에 영향력을 미칠 수 있다는 자기주도적 감정이며, 외적 정치효능감은 정치가나 관료와 같은 권위 있는 정치 주체들이 자신의 요구에 반응할 것이라는 기대적 감정으로 정의된다. 이처럼 정치효능감은 서로 상이한 성격을 가진 두 가지 개념으로 구성된 복합적인 개념이다.

(2) 정보통신기술이 정치효능감에 미치는 영향

정보통신기술은 시민의 정치효능감을 크게 향상시킨다.

첫째, 정보 접근성의 제고를 통해 시민은 자신이 정책을 이해하고 비판할 능력이 있다고 느끼게 된다. 온라인 자료, 정책 데이터베이스, 오픈데이터 포털은 시민이 스스로 판단할 근거를 제공한다. 이는 내적 효능감을 강화한다.

둘째, 정부의 응답성과 투명성이 높아지면 시민은 자신의 참여가 실제 변화를 만든다고 느낀다. 국민신문고, 청와대 국민청원, 광화문1번가 등에서 정부가 시민의 제안에 공개적으로 답변하는 과정은 외적 효능감을 높인다.

셋째, 온라인 공동체의 지지와 상호인정은 시민에게 '참여의 의미'를 확신시킨다. 자신의 의견이 다른 시민들에게 공감을 얻고 확산되는 경험은 개인의 정치적 자존감을 고양시킨다.

즉, 정보통신기술은 시민의 참여를 단순히 촉진하는 수준을 넘어, 참여의 긍정적 경험을 제공함으로써 정치효능감을 강화한다.

(3) 전자적 시민참여와 정치효능감의 선순환 구조

전자적 시민참여는 정치효능감의 원인이자 결과로 작용한다. 정보통신기술을 통해 시민이 참여에 나서면, 그 결과 정부가 응답하고 정책이 개선되며, 시민은 자신의 행동이 실제 영향을 미쳤다는 '효능감'을 느끼고, 이는 다시 더 많은 참여로 이어진다. 이러한 선순환 구조는 민주주의의 지속가능성을 높이는 중요한 기제이다.

예를 들어, 국민참여예산제에서 자신의 제안이 실제 사업으로 채택된 경험을 한 시민은 이후 다른 정책참여에도 적극적인 태도를 띠게 된다. 이러한 반복적 경험은 '참여의 학습효과'로 축적되어, 사회 전반의 정치효능감을 향상시킨다.

(4) 정치효능감 제고의 한계

정치효능감의 제고 역시 단순한 기술적 장치만으로는 충분하지 않다. 정부가 시민의 참여 결과를 형식적으로만 수용하거나, 실제 정책반영이 미미할 경우, 오히려 실망감과 냉소주의가 확대될 수 있다. 또한, 온라인 참여가 익명성과 감정적 표현에 치우칠 경우, 시민 간 신뢰와 상호존중이 약화되어 숙의의 질이 저하될 우려도 있다. 따라서 전자적 시민참여가 진정한 정치효능감 향상으로 이어지기 위해서는 참여의 결과가 정책에 실질적으로 반영되는 투명한 피드백 구조가 필수적이다.

3) 정책적 시사점

거래비용의 감소와 정치효능감의 제고는 정보통신기술이 시민참여를 확장시키는 두 축이라 할 수 있다. 거래비용의 감소는 참여의 문턱을 낮추어 참여 인구를 확대시키는 양적 효과를, 정치효능감의 제고는 시민이 지속적으로 참여하도록 만드는 질적 효과를 제공한다.

결국, 정보통신기술은 참여의 문을 열어주는 도구이자 참여를 지속시키는 신뢰의 기반으로 작용한다. 거래비용이 낮고 효능감이 높은 사회일수록 시민참여는 일상화되고, 민주주의는 더욱 견고해진다. 전자정부의 발전은 이러한 구조를 제도적으로 뒷받침함으로써 시민참여의 새로운 시대를 열어가고 있다.

제3절 디지털 전환시대 시민참여를 바라보는 이론적 틀

정보통신기술의 발전은 시민참여의 양상과 범위를 근본적으로 변화시켰다. 그러나 모든 시민이 동일하게 참여의 기회를 얻는 것은 아니며, 정보통신기술의 확산이 참여를 확대하기도 하고 오히려 기존의 격차를 강화하기도 한다. 이러한 상반된 현상을 설명하기 위해 학계에서는 '동원 이론(Mobilization Theory)'과 '강화 이론(Reinforcement Theory)'이라는 두 가지 대표적인 이론적 틀을 제시해 왔다.

두 이론은 모두 정보통신기술이 시민참여에 어떤 영향을 미치는가에 대한 설명이지만, 하나는 '확대 효과(Expansion Effect)', 다른 하나는 '심화된 불평등(Deepened Inequality)'에 초점을 둔다.

1 동원 이론(Mobilization Theory)

동원 이론은 정보통신기술이 새로운 시민들을 정치참여로 '동원(Mobilize)'한다는 가설에 기반한다. 즉, 인터넷과 디지털 플랫폼이 기존에 정치에 무관심하거나 소외되었던 사람들에게 참여의 기회를 제공함으로써, 민주주의를 더욱 활성화시킨다는 주장이다. 이 이론은 정치참여의 비용(Cost)을 낮추고, 효능감(Efficacy)을 높이는 정보통신기술의 기능에 주목한다. 인터넷은 정보 접근성을 높여 시민이 정책 과정을 쉽게 이해하게 하고, 참여 절차를 간소화하여 누구나 쉽게 의견을 개진할 수 있도록 한다는 것이다.

동원 이론은 1990년대 말에서 2000년대 초 정보 사회 초기 연구에서 활발히 논의되었다. 특히 피파 노리스(Pippa Norris, 2001)는 인터넷이 시민참여의 새로운 장을 열고 있다고 주장하면서 인터넷이 '정보 부족(Information Poverty)'을 완화하여 정치적 자원이 부족한 계층을 참여의 장으로 이끈다고 주장하였다. 또한 러셀 달턴(Russell Dalton, 2008)은 젊은 세대가 기존 제도정치보다 자발적이고 이슈 중심의 참여를 선호한다고 보았다. 정보통신기술은 이러한 참여 방식(예: 온라인 청원, 캠페인, 해시태그 운동)을 가능하게 하여, 전통적 정치참여의 대안을 제공한다고 보았다.

동원 이론의 핵심은 '접근성의 민주화(Democratization of Access)'로 정보통신기술은 참여의 문턱을 낮추어 더 많은 시민이 정치에 접근하게 한다는 것이다. 온라인 네트워크는 조직적 자원이 부족한 시민에게도 동원 수단을 제공하며, SNS와 온라인 커뮤니티를 통한 정보 확산은 정치적 의제 설정(Agenda-setting)을 다변화시켜, 소수 의견도 사회적 공론장에 진입할 수 있게 한다는 것이다. 예를 들어, 환경운동이나 지역생활문제 등 일상적 의제가 온라인 커뮤니티를 통해 빠르게 확산되고, 정치적 압력으로 전환되는 현상은 동원 이론이 설명하는 대표적 사례이다.

한국의 '청와대 국민청원'은 동원 이론을 입증하는 사례로 자주 언급된다. 일정 인원 이상의 동의를 얻은 청원에 대해 정부가 공식 답변을 하면서, 사회적 이슈가 온라인을 통해 정치적 의제로 발전하는 과정이 실시간으로 이루어졌다. 이러한 구조는 시민이 스스로 의제를 설정하고 정부를 동원하는 '역동원(Reverse Mobilization)'의 형태이기도 하다. 해외에서는 미국의 'MoveOn.org', 영국의 '38 Degrees', 독일의 'Change.org' 등이 대표적이다. 이들 플랫폼은 특정 정치 이슈에 대한 시민 동원을 온라인상에서 대규모로 조직해 내며, 정치행동의 새로운 장을 열었다.

동원 이론에 대한 주요 비판은 낙관주의적 접근이라는 점이다. 모든 시민이 정보기술의 혜택을 동등하게 누리는 것은 아니며, 디지털 접근성과 정치적 관심의 차이는 여전히 존재한다. 또한 온라인에서의 낮은 참여비용이 '가벼운 참여(Light Participation)'로 이어져, 실제 정책 변화로 이어지지 않는 경우가 많다. 따라서 동원 이론은 참여의 양적 확대를 설명하는 데 강점을 가지지만, 참여의 질적 심화를 설명하기에는 한계가 있다는 평가를 받는다.

2 강화 이론(Reinforcement Theory)

강화 이론은 정보통신기술이 시민참여를 확대하기보다는, 기존의 참여 격차를 강화한다는 입장이다. 즉, 정보기술은 이미 정치적으로 활발하고 자원이 풍부한 집단에게 더 많은 기회를 제공하며, 정치적 관심이 낮은 집단은 여전히 소외된다는 것이다. 이 이론의 기본 전제는 '디지털 격차(Digital Divide)'와 '자원 불평등(Resource Inequality)'이다. 기술이 보급되더라도 이를 활용할 수 있는 정보역량, 사회적 네트워크, 교육 수준의 차이가 존재하기 때문에, 정보기술은 오히려 사회적 불평등을 재생산할 수 있다는 주장이다.

2000년대 이후 반 다이크(Van Dijk), 버바(Verba) 등은 인터넷이 새로운 사회적 배제(Social Exclusion)를 낳을 수 있다고 경고하였다. 특히 반 다이크(Van Dijk, 2005)는 디지털 격차를 단순한 접근(Access) 문제로 보지 않고, 기술사용 능력(Skills)과 이용목적(Usage Purpose)의 차이로 확장해 이해해야 한다고 강조했다.

강화 이론에 따르면 정보통신기술은 중립적이지 않으며, 접근할 수 있는 능력과 자원을 가진 사람만이 그 혜택을 누릴 수 있다. 즉, 정치적 관심이 높은 사람일수록 정보통신기술을 적극 활용하므로 기존의 '참여자(Engaged)'와 '비참여자(Disengaged)'의 격차는 더 커진다는 것이다. 그리고 알고리즘 기반의 뉴스피드나 추천 시스템은 유사한 의견만을 강화하여 '필터 버블(Filter Bubble)'[1]과 '에코 체임버(Echo Chamber)'[2] 현상을 낳아 정보의 과잉과 편향된 네트워크는 오히려 시민의 균형적 판단을 저해할 수 있다고 본다.

한국에서도 온라인 참여가 세대, 학력, 소득에 따라 불균등하게 나타난다는 연구결과가 다수 존재한다. 고령층이나 농촌 지역 주민은 디지털 접근성이 낮고, 정보 활용 능력도 제한적이기 때문에, 전자적 시민참여에서 상대적으로 배제된다. 반면, 20~40대 고학력·도시 거주자는 온라인 정치참여에 적극적인바 이는 '참여의 디지털 계층화(Digital Stratification of Participation)' 현상이라 할 수 있다.

---

1) 엘리 프레이저(Eli Pariser)가 그의 저서 'The Filter Bibble'에서 처음 제시한 개념으로서 , 알고리즘이 사용자의 성향을 분석해 좋아하는 정보만 제공함으로써 사용자가 자신만의 정보울타리에 갇히는 현상을 일컫는다.

2) 비슷한 생각을 가진 사람들끼리만 소통한 결과, 자신의 신념이 메아리처럼 되돌아와 확신이 더욱 강해지는 현상을 일컫는다.

미국의 경우 인터넷 정치참여의 약 60%가 대학졸업자와 고소득층에 집중되어 있는 반면 저소득층은 온라인 참여보다 오프라인 불만 표출에 의존하는 경향이 강한 것으로 나타났는데 이러한 통계는 강화이론의 경험적 근거로 자주 인용된다(Pew Research Center, 2020).

강화 이론에 따르면 기술은 참여의 도구일 뿐, 그 자체가 평등을 보장하지는 않고 전자적 시민참여가 민주주의의 질적 향상으로 자동 연결되는 것은 아니다. 따라서 정부는 단순한 플랫폼 구축을 넘어, 디지털 포용(Digital Inclusion)과 시민 역량 강화(Citizen Capacity Building)를 병행해야 한다.

3 두 이론의 비교와 통합적 시사점

전자적 시민 참여의 효과를 둘러싼 논의는 다음과 같이 요약할 수 있다.

구분	동원 이론(Mobilization)	강화 이론(Reinforcement)
기본 전제	정보기술은 참여 확대를 이끈다	정보기술은 격차를 심화시킨다
참여 효과	새로운 참여자 등장, 민주주의 확장	기존 참여자 중심의 편중
강조 요소	접근성, 네트워크, 참여 촉진	자원 불평등, 기술역량 격차
주요 위험	피상적 참여, 여론 왜곡	디지털 배제, 사회적 불평등
정책 방향	개방형 플랫폼, 참여 활성화	디지털 교육, 포용적 제도 설계

현대의 전자정부는 이 두 이론이 상호 배타적이지 않음을 인식해야 한다. 실제로 정보기술은 참여를 확산시키는 동시에, 특정 계층의 참여만을 강화할 수도 있다. 따라서 중요한 것은 '기술의 효과'가 아니라 '어떻게 설계하고 운영하느냐'이다.

전자적 시민참여가 민주주의를 심화시키기 위해서는 포용적 접근성 확보(디지털 격차 해소), 참여의 질 제고(숙의 중심의 플랫폼 설계), 정책반영의 투명성 보장(참여-피드백 루프 강화)과 같은 조건들이 동시에 충족되어야 한다.

동원 이론과 강화 이론은 정보통신기술이 민주주의에 미치는 영향에 대해 상반된 시각을 제공하지만, 두 이론 모두 전자적 시민참여의 발전에 중요한 통찰을 제공한다. 동원 이론은 '참여의 가능성'을, 강화 이론은 '참여의 불평등'을 강조한다. 따라서 오늘날 전자정부의 과제는 기술을 통해 시민참여를 확대하되, 그 과정에서 발생할 수 있는 사회적 격차를 최소화하는 것이다. 결국, 정보통신기술은 민주주의의 방향을 결정짓는 힘이 아니라 그 방향을 강화하는 도구로서, 참여적 민주주의의 성패는 기술 그 자체가 아니라 기술을 활용하는 정부의 의지, 시민의 역량, 그리고 사회적 신뢰에 달려 있다. 전자정부의 목표는 단순히 '디지털 참여'가 아니라, '포용적 · 숙의적 · 지속가능한 참여 민주주의'를 구현하는 것이다.

제4절 전자 민주주의와 숙의 민주주의

1 전자 민주주의의 개념과 특징

1) 전자 민주주의의 등장 배경

정보통신기술의 발전은 민주주의의 운영 방식에 근본적인 변화를 가져왔다. 과거의 민주주의가 물리적 회의장과 인쇄매체에 기반한 오프라인 제도였다면, 오늘날의 민주주의는 온라인 네트워크를 매개로 한 디지털 민주주의(Digital Democracy) 또는 전자 민주주의(e-Democracy)로 진화하고 있다.

전자 민주주의란 정보통신기술(ICT)을 활용하여 시민이 정치 · 행정 과정에 직접 참여하고, 정부의 투명성을 제고하며, 공공의사결정을 공동으로 수행하는 민주주의의 새로운 형태를 말한다. 이는 단순히 기술적 도구의 활용을 넘어, 정치적 의사소통의 방식과 민주주의의 구조 자체를 재구성하는 변혁적 개념이다.

전자 민주주의는 1990년대 인터넷 보급 이후 '사이버 민주주의(Cyber Democracy)'라는 이름으로 처음 논의되었다. 이후 정부, 시민 사회, 학계의 논의를 거치며, 전자투표(e-Voting), 전자청원(e-Petition), 온라인 공청회(e-Hearing) 등 구체적 제도로 확산되었다.

2) 전자 민주주의의 주요 특징

전자 민주주의는 다음의 네 가지 측면에서 기존 민주주의와 구별된다.

① **시공간의 초월성**: 온라인 환경은 물리적 제약을 극복하고 언제, 어디서나 참여를 가능하게 한다. 이는 특히 지방 거주자, 장애인, 직장인 등 기존 참여가 어려웠던 집단의 정치 접근성을 높여준다.

② **정보의 개방성과 투명성**: 정부의 데이터와 의사결정 과정이 실시간으로 공개되어 시민이 직접 감시와 평가에 참여할 수 있다.

③ **참여의 다층성**: 단순한 투표나 의견표명에 그치지 않고, 정책제안, 예산심의, 토론참여 등 다양한 형태의 참여가 가능하다.

④ **쌍방향 소통**: 정부와 시민 간의 상호작용이 강화되어 일방적 홍보 중심의 행정 소통에서 벗어나, 협력적 의사결정이 가능해진다.

이러한 특징은 민주주의의 본질적 가치인 평등성, 투명성, 참여성, 응답성을 기술적으로 구현할 수 있게 하며, 정치적 거리감을 줄여 시민을 '정책의 소비자'에서 '정책의 공동생산자(Co-producer)'로 변화시킨다.

3) 전자 민주주의의 발전 단계

전자 민주주의는 발전 수준에 따라 세 단계로 구분할 수 있다.

단계	주요 형태	특징
1단계: 정보제공형	전자공보, 정부홈페이지	시민이 정보 수동 수용
2단계: 상호작용형	온라인 설문, 전자청원	시민과 정부의 쌍방향 소통
3단계: 참여·숙의형	온라인 토론, 전자투표, 시민의회	시민이 직접 의사결정에 참여

대한민국의 경우 2000년대 초반 1단계에서 시작하여, '국민신문고'(2단계), '광화문 1번가' 및 '국민참여예산제'(3단계)를 거치며 점차 숙의 중심의 전자 민주주의로 발전하고 있다.

2 숙의 민주주의의 이론과 실제

1) 숙의 민주주의의 개념

숙의 민주주의(Deliberative Democracy)는 시민이 공공의 문제에 대해 충분한 토론과 논의를 거쳐 합리적 결정을 내리는 민주주의의 한 형태이다. 단순히 다수결의 원리를 따르는 것이 아니라, 이성적 담론(Reasoned Discourse)과 공공선(Common Good)에 기반하여 사회적 합의를 도출하는 과정을 중시한다.

숙의 민주주의의 기초는 하버마스(Jürgen Habermas)의 의사소통행위 이론(Theory of Communicative Action)에 있다. 하버마스는 합리적 담론이 이루어지는 공론장(Public Sphere)에서 시민들이 자유롭고 평등하게 의견을 교환할 때, 민주주의는 정당성을 획득한다고 보았다.

2) 숙의 민주주의의 핵심 요소

숙의 민주주의의 실천적 구성 요소는 다음과 같다.

① **정보의 충분성(Informed Discussion)**: 시민이 합리적으로 판단할 수 있도록 관련 정보가 공개되고 이해될 수 있어야 한다.

② **다양성의 존중(Pluralism)**: 서로 다른 가치와 의견이 배제되지 않고, 공정한 절차 속에서 논의되어야 한다.

③ **이성적 논증(Reason-giving)**: 주장은 감정이 아닌 논리적 근거에 의해 제시되어야 한다.

④ **상호 존중(Mutual Respect)**: 참여자들은 상대방의 의견을 존중하며, 설득과 이해를 목표로 해야 한다.

⑤ **정책반영(Reflection)**: 숙의 결과는 단순한 의견표명이 아니라, 실제 정책결정 과정에 반영될 수 있어야 한다.

이러한 조건이 충족될 때 숙의 민주주의는 단순한 토론이 아니라 공동의 의사형성과 사회적 학습의 장으로 기능하게 된다.

3) 숙의 민주주의의 실제 사례

(1) 영국의 시민의회(Citizens' Assembly)

영국은 다양한 정책 이슈(예: 선거제 개혁, 기후 변화)에 대해 시민을 무작위로 선발하여 심층 토론을 진행하는 시민의회를 운영한다. 온라인 자료 제공과 전문가 브리핑, 그룹 토론을 거쳐 시민이 합의안을 제시하는 구조이다.

(2) 대한민국의 공론화위원회(2017)

신고리 5·6호기 건설 중단 여부를 둘러싼 사회적 갈등을 해결하기 위해 정부는 시민참여단을 구성하고 숙의형 토론을 진행했다. 참가자들은 정보 학습, 전문가 의견 청취, 토론 과정을 거쳐 정책 방향에 대한 합의에 도달했다. 이는 오프라인 중심이었으나, 온라인 자료공유와 설문이 병행된 하이브리드형 숙의의 사례이다.

(3) 아이슬란드의 온라인 헌법 숙의(2010)

시민들이 온라인을 통해 헌법 초안에 대해 의견을 제시하고, 헌법위원회가 이를 반영한 사례로, 전자적 숙의 민주주의의 상징적 시도로 평가된다.

(4) 벨기에 브뤼셀의 '숙의위원회(Deliberative Committees)'

벨기에 브뤼셀 수도권(Brussels-Capital Region)은 대표 민주주의와 숙의 민주주의를 결합하기 위해 '숙의위원회(Deliberative Committees)' 제도를 운영하고 있다. 이 제도는 무작위로 선정된 시민과 지역의회 의원이 함께 주요 정책 의제를 논의하고, 그 결과를 정책 권고안 형태로 제시하는 제도적 장치이다. 만 16세 이상 브뤼셀 시민이면 참여할 수 있으며, 참여자는 대표성을 갖도록 성별·연령·언어·교육수준·지역 등을 고려해 구성된다. 위원회는 일반적으로 시민 45명과 의원 15명으로 이루어지며, 회의를 통해 토론과 숙의를 거쳐 정책 권고안을 채택한다. 숙의 결과는 시민이 비밀투표로, 의원이 공개투표로 결정하며, 의회는 채택된 권고안에 대해 6개월 이내에 후속조치 결과를 보고해야 한다. 이러한 절차는 시민참여의 상징적 의미를 넘어, 실제 정책결정 과정과 연계되도록 설계된 점에서 의미가 크다. 다만, 최종 결정권이 여전히 의회에 있고, 사회적 약자나 이민자 등 참여가 어려운 집단의 포용성 문제가 과제로 지적된다. 그럼에도 불구하고 브뤼셀의 숙의위원회는 숙의 민주주의를 제도화한 모범적 사례로 평가된다. 이는 전자정부 시대에 디지털 기술을 활용한 시민참여 확대, 투명한 정책소통, 협치형 거버넌스 구현을 위한 유용한 모델로서, 향후 한국의 전자정부에서도 참고할 만한 중요한 사례이다.

3 전자적 숙의 과정의 성과와 한계

1) 전자적 숙의의 의의

전자적 숙의(e-Deliberation)는 숙의 민주주의와 정보통신기술이 결합된 형태로, 온라인 공간에서 시민들이 공공 문제를 논의하고 의견을 조정하는 과정을 말한다. 이는 오프라인 숙의의 한계를 보완하면서, 보다 많은 시민이 참여할 수 있는 개방형 공론장을 형성한다. 전자적 숙의의 주요 성과는 다음과 같다.

① **참여의 확장성**: 온라인 토론은 지역과 계층의 한계를 넘어서 다양한 시민을 포용한다.

② **의사결정의 효율성**: 비동시적(Asynchronous) 토론이 가능하여, 참여자들이 자신의 속도에 맞추어 의견을 숙고할 수 있다.

③ **정보의 축적과 공유**: 온라인 플랫폼은 토론 내용을 기록·분석하여 정책자료로 활용할 수 있다.

④ **투명성**: 공개된 토론 기록은 정부의 책임성과 신뢰성을 높인다.

이러한 특징은 전자 민주주의의 실질적 발전을 가능하게 하며, 숙의의 민주적 가치를 디지털 환경에서 재현하는 기반이 된다.

2) 전자적 숙의의 한계

① **참여의 불균형**: 디지털 접근성이 높은 특정 계층이 토론을 주도할 위험이 있다.

② **숙의의 피상화**: 온라인 토론은 대면 토론에 비해 감정적 교류가 부족하고, 익명성이 숙의의 진정성을 약화시킬 수 있다.

③ **정보의 과잉**: 참여자들이 방대한 자료를 모두 이해하기 어려워, 오히려 단순한

여론조사 수준으로 전락할 가능성도 있다.

④ **정책반영의 불투명성**: 숙의 결과가 실제 정책결정에 반영되지 않으면 시민의 신뢰가 약화된다.

이러한 한계를 극복하기 위해서는 기술적 장치뿐 아니라, 토론의 절차적 공정성, 정보의 질 관리를 통한 신뢰성 확보, 참여자의 다양성과 대표성 확보, 피드백 시스템을 통한 결과의 제도적 반영 등의 제도적 보완이 필요하다.

전자 민주주의와 숙의 민주주의는 모두 시민참여를 강화하고 민주주의의 질을 제고하기 위한 현대적 시도이다. 전자 민주주의가 참여의 폭(Width)을 넓히는 데 중점을 둔다면, 숙의 민주주의는 참여의 깊이(Depth)를 더한다. 두 접근이 결합될 때, 민주주의는 기술적 효율성과 시민적 정당성을 동시에 확보할 수 있다. 즉, 전자 민주주의(e-Democracy)는 시민에게 참여의 통로를 열어주고, 숙의 민주주의(Deliberative Democracy)는 그 통로 안에서 이성적 대화와 합의를 이끌어낸다. 이러한 결합은 21세기 디지털 시대의 새로운 민주주의 모델인 '숙의적 전자 민주주의(Deliberative e-Democracy)'로 발전할 가능성을 보여준다. 따라서 전자정부의 궁극적 목표는 단순히 기술적 행정 혁신이 아니라, 시민이 주체가 되는 참여적·숙의적 거버넌스(Participatory and Deliberative Governance)를 실현하는 것이다. 정부는 기술을 민주주의의 '도구'로만 보지 말고, 민주주의의 '공간'으로 인식해야 한다. 이러한 인식 전환이 이루어질 때, 전자정부는 진정한 의미의 시민 중심 정부로 완성될 것이다.

제5절 소결

정보통신기술의 급속한 발전은 행정의 효율성을 넘어 민주적 거버넌스의 패러다임을 근본적으로 변화시켰다. 디지털 전환은 정부 중심의 일방향적 정책결정 구조를 시민이 주체적으로 참여하는 다층적 네트워크체계로 전환시켰으며, 전자적 시민참여(e-Participation)는 이러한 변화의 핵심적 동력으로 작용하였다. 본 장에서는 e-거버넌스와 참여 민주주의의 결합, SNS 기반의 새로운 시민참여, 거래비용의 감소와 정치효능감 제고, 그리고 동원 이론과 강화 이론을 중심으로 한 이론적 틀을 검토하였다. 이러한 논의를 종합하면 다음과 같은 결론과 정책적 시사점을 도출할 수 있다.

첫째, 전자거버넌스(e-Governance)는 단순히 행정 서비스의 전자화를 넘어 시민이 정책결정 과정에 직접 참여할 수 있는 민주적 통치체계로 발전하였다. 참여 민주주의는 이념적 기반을, 전자거버넌스는 그 기술적·제도적 수단을 제공함으로써 두 체계는 상호보완적으로 작동한다. '국민신문고', '광화문1번가', '국민참여예산제'와 같은 제도들은 이러한 융합의 구체적 성과로, 시민의 의견이 정부 의사결정에 제도적으로 반영되는 통로를 마련하였다. 이는 대의 민주주의의 한계를 보완하며, 시민이 정책의 수용자에서 공동생산자(Co-producer)로 전환되는 과정을 보여준다.

둘째, SNS와 모바일 플랫폼의 확산은 정치참여의 시공간적 제약을 해소하여 참여의 접근성을 획기적으로 높였다. 전통적인 정당·노조 중심의 집단행동에서 벗어나, 개인의 가치와 관심에 따라 자율적으로 결합하고 해체되는 '개인화된 정치(Personalized Politics)'가 등장하였다. 이러한 참여는 낮은 거래비용(Transaction Costs)으로 대규모 동원을 가능하게 하고, 네트워크를 통한 집단행동의 활성화를 촉진하였다. 그러나 동시에 클릭 중심의 피상적 참여나 여론의 편향이라는 부작용도 내포한다. 따라서 SNS 기반 참여의 양적 확대가 민주주의의 질적 향상으로 이어지기 위해서는 숙의(Deliberation)와 신뢰 구축이 필수적이다.

셋째, 정보통신기술은 시민참여의 비용을 크게 낮추는 한편, 정치효능감(Political Efficacy)을 강화하였다. 참여 절차의 간소화와 정보 접근성의 제고는 시민이 자신의 의견이 정책에 영향을 미칠 수 있다는 인식을 높였으며, 정부의 신속한 피드백은 참여의 지속성을 담보하였다. 거래비용의 감소가 참여의 양적 확대를, 정치효능감의 제고가 참여의 질적 심화를 이끄는 선순환 구조가 형성된 것이다. 그러나 형식적 피드백이나 상징적 참여에 머물 경우, 이러한 선순환은 쉽게 단절될 수 있다. 따라서 전자적 시민참여가 실질적 효능감으로 이어지도록 투명한 응답 시스템과 결과 공개, 그리고 학습형 참여설계와 같은 제도적 장치가 필요하다.

넷째, 정보기술의 민주주의적 효과에 대해서는 낙관적 동원 이론(Mobilization Theory)과 비판적 강화 이론(Reinforcement Theory)이 공존한다. 전자는 ICT가 참여의 문턱을 낮추어 새로운 참여자를 동원한다고 보며, 후자는 기술이 오히려 기존의 참여 격차를 심화시킨다고 본다. 실제로 디지털 전환은 두 효과를 동시에 수반한다. 따라서 전자정부의 설계는 기술 접근성의 확대뿐 아니라 디지털 포용(Digital Inclusion)과 시민 역량 강화(Citizen Capacity Building)에 중점을 두어야 한다. 민주적 참여의 심화는 기술 그 자체가 아니라, 정부의 응답성, 사회적 신뢰, 시민의 역량이 결합될 때 비로소 실현된다.

다섯째, 전자 민주주의(e-Democracy)는 시민이 온라인을 통해 정보에 접근하고 의견을 개진하는 참여의 양적 확대를 가능케 했으나, 궁극적으로는 숙의 민주주의(Deliberative Democracy)와 결합될 때 그 가치가 완성된다. 브뤼셀 시민의회나 대한민국의 공론화위원회와 같은 사례는 무작위로 선발된 시민이 공정한 절차 속에서 토론과 합의를 이끌어내는 숙의적 참여의 모범을 제시한다. 앞으로의 전자정부는 '정보제공형' 단계를 넘어 '참여 · 숙의형' 단계로의 이행을 가속화해야 한다. 이는 단순한 의견 수렴이 아닌, 공동의 학습과 합의를 통해 사회적 신뢰를 재구축하는 과정이다.

디지털 전환시대의 시민참여는 민주주의의 확장이라는 긍정적 잠재력과 함께, 사회적 양극화 및 정보 불평등이라는 새로운 도전을 내포한다. 따라서 향후 정책과제는 디지털 격차 해소와 시민역량 강화, 숙의 중심의 참여 플랫폼 설계, 참여결과의 정책 반영과 피드백 제도화, 공공데이터 기반의 개방형 거버넌스 구축으로 요약된다. 특히 전자정부는 시민의 참여를 일시적 이벤트가 아니라 행정의 일상적 과정으로 내재화해야 한다. 기술이 민주주의의 목적이 아니라 수단이 되도록, 정부는 '시민 중심의 디지털 공공영역'을 제도적으로 보장해야 한다.

결론적으로, 디지털 전환은 단순한 행정 혁신의 수단을 넘어, 시민참여의 공간과 방식을 근본적으로 재구성하였다. 전자적 시민참여는 민주주의의 새로운 진화단계이며, 기술적 진보와 사회적 신뢰가 결합될 때 '포용적 · 숙의적 · 지속가능한 참여 민주주의'로 발전할 수 있다. 앞으로의 전자정부는 효율성과 편의성을 넘어, 시민이 함께 정책을 만들어가는 협력적 거버넌스의 장으로 나아가야 한다.

참고문헌

김한나(2016). 정치참여의 다양성과 조건: 정치효능감과 정부신뢰를 중심으로. 한국정치연구, 25(1), 81-110.

이근 · 김상배 · 김준연 · 임지선 · 최준용 · 이주호 · 박태영 · 오철(2019) 디지털 사회 2.0(분권화 트렌드와 미래 한국), 21세기북스

정정길 · 이시원 · 정준금 · 김재훈 · 권혁주 · 문명재 · 김두래(2017) 새로운 패러다임 행정학, 대명출판사

Campbell, A., Gurin, D., and Miller, W. E.(1954). *The Voter Decides*. pp. xiii, 242. Evanston, Illinois: Row, Peterson and Company. New York.

Choi, YT., Kwon, G. H.(2019). New forms of citizen participation using SNS: an empirical approach. *Qual Quant* 53, 1-17.

Converse, P. E.(1972). Change in the American electorate. In A. Campbell & P. E. Converse(Eds.), *The human meaning of social change*(pp. 263-337). New York: Russell Sage Foundation.

Dalton, R. J.(2008). Citizenship Norms and the Expansion of Political Participation. *Political Studies*, 56(1), 76-98.

Habermas, J.(1984). *The theory of communicative action*. Vol. 1: Reason and the rationalization of society (T. McCarthy, Trans.). Boston, MA: Beacon Press.

Norris, P.(ed.)(1999). *Critical Citizens: Global Support for Democratic Government*. Oxford: Oxford University Press.

Olson, M.(1965). *The logic of collective action: Public goods and the theory of groups*. Cambridge, MA: Harvard University Press.

Pew Research Center.(2020). The Political Environment in the Age of Digital Media.

Van Dijk, J. A. G. M.(2005). *The deepening divide: Inequality in the information society*. London, UK: Sage.

Verba, S. and N. Nie.(1972). *Participation in America: Political Democracy and Social Equality*. New York: Harper and Row.

CHAPTER 04

빅데이터 기반 정책결정

성욱준

제1절 서론

오늘날 행정과 정책의 환경은 급격한 변화를 겪고 있다. 특히 정보통신기술의 발전과 데이터 기반 사회로의 이행은 정책결정의 방식에 근본적인 전환을 요구하고 있다. 과거에는 경험과 직관, 정치적 협의를 중심으로 이루어졌던 정책결정이 이제는 실시간 데이터, 인공지능, 알고리즘 등을 활용한 과학적·분석적 방식의 강조로 이동하고 있다. 이와 같은 흐름은 정책의 정당성, 효과성, 수용성을 높이는 데 기여할 수 있는 가능성을 보여주는 동시에, 기술 의존에 따른 새로운 쟁점과 책임의 문제를 동시에 제기하고 있다.

본 장은 이러한 문제의식을 바탕으로 총 다섯 절에 걸쳐 구성된다. 먼저, 제2절에서는 전통적인 정책결정 모형－합리적 모형, 제한적 합리성, 비합리성 모형 등－을 검토하며, 이들 이론이 오늘날의 정책 환경에서 지니는 의의와 한계를 분석한다. 이어지는 제3절에서는 데이터 시대의 도래가 갖는 의미와 함께, 빅데이터의 개념·특징과 분석상의 쟁점을 살펴보고, 데이터 기반 의사결정이 정책 설계 및 집행에 어떤 방식으로 영향을 미치고 있는 지를 고찰한다. 제4절에서는 의사결정 관련 빅데이터 기반 분석 사례들을 소개한다. 구글 트렌드를 활용한 감염병 감시, 빅데이터와 표본 분석이 경합한 선거 예측, 그리고 서울시의 상권분석 서비스나 스마트시티 구축 등 실제 행정 현장에서 데이터가 정책결정에 어떻게 적용되고 있는 지를 다룬다. 이러한 사례들을 바탕으로, 제5절에서는 인공지능과 알고리즘 기반의 의사결정이 제기하는 구조적·윤리적 쟁점을 심층적으로 분석한다. AI의 역할, 인간과의 협업 관계, 책임 소재, 데이터 거버넌스, 국제적 기준 형성 등의 논점을 통해 향후 의사결정 체계의 변화 방향을 성찰한다. 마지막으로, 제6절에서는 데이터 기반 정책결정의 제도화와 현실 적용을 위해 필요한 조건들을 제언한다. 신뢰할 수 있는 AI 시스템 구축, 공무원 역량 강화, 현장 기반의 피드백 체계, 협력적 거버넌스 구현, 난제 대응과 공공성 강화, 정부 혁신 등 여섯 가지 핵심 과제를 중심으로, 기술과 행정이 조화롭게 결합하기 위한 전략적 방향을 제시한다.

제2절 전통적 정책결정 모형과 합리성: 의의와 한계

1 합리적 의사결정: 지향점으로서의 이상형

현대 정책학은 정책결정 과정의 합리성을 추구하려는 시도에서 비롯되었다. 20세기 중반 이후, 특히 행정학과 정책학이 독립적인 학문 분야로 자리 잡으면서, 정책결정의 합리적 모형은 정책분석과 설계의 기준점으로 기능해왔다. 이러한 모형들은 현실에서 완전하게 구현되기보다는, 이론적 이상형으로 작동하며 정책결정의 지향점이자 나침반 역할을 수행해 왔다(Simon, 1947; Lindblom, 1959).

합리적 정책결정 모형은 의사결정자가 명확한 목표를 설정하고, 가능한 모든 대안을 체계적으로 탐색하며, 이를 평가한 후 가장 최적의 대안을 선택한다는 가정을 전제로 한다. 이 과정은 일반적으로 다음과 같은 절차로 구성된다. ① 문제 정의, ② 목표 설정, ③ 대안 탐색, ④ 평가 기준 설정, ⑤ 대안의 비교 평가, ⑥ 최적 대안의 선택(Simon, 1976). 이는 절차적 합리성(Procedural Rationality)의 이상적 형태로, 정책분석의 논리적 구조를 제공한다. 합리적 의사결정 모형에서 강조되는 것은 단지 결과의 효율성만이 아니라, 의사결정 과정의 체계성과 정당성, 즉 실체적 합리성(Substantive Rationality)과 절차적 합리성 모두이다. 합리적 의사결정 모형에서 강조하는 합리성의 실체가 무엇인가에 대해서는 정책이 지향하는 가치(Value)들을 함께 고려해야 한다. 또한 현실의 행정 환경은 정보 부족, 시간 제약, 정치적 압력 등의 제약 요인들로 인해 완벽한 합리성을 달성하기에는 한계가 있다. 그럼에도 불구하고 합리성 모형은 여전히 정책결정에 있어 지향점으로써 역할하며, 이상과 현실 간의 괴리를 줄이기 위한 기준점으로 작용한다(Simon, 1957; Parsons, 1995). 따라서 합리적 정책결정은 현실적 한계를 전제하면서도, 정책설계의 기준점으로서 지속적인 개선과 성찰을 유도하는 이론적 장치로 이해되어야 한다.

2 제한적 합리성: 현실을 반영한 수정 모형

합리적 모형은 이상적이지만 현실의 정책결정이 합리적 모형에 의해 이루어지는가에 대한 고민이 제한적 합리성을 고려하도록 하였다. 이에 인간의 정보처리 능력과 현실적 제약 등에 근거한 제한적 합리성(Bounded Rationality) 개념이 제시되었다. 사이몬(Simon, 1957)에 따르면, 인간은 모든 대안을 파악하고 비교할 수 있는 존재가 아니며, 따라서 만족할만한(Satisficing) 수준의 대안을 선택하는 경향이 있으며, 이에 정책결정을 최적화(Optimization)가 아닌 만족화(Satisficing)라는 실천적 선택 행태로 설명한다. 이러한 관점은 린드블롬의 점증 모형(Incrementalism)에 대한 논의로 이어졌다(Lindblom, 1959). 림드블롬은 정책결정 과정을 이상적인 분석을 통해 이루어지기보다는, 기존 정책에서 작은 조정을 반복하는 '점진적' 변화의 연속 과정(Muddling Through)으로 보았다. 이외에도 에치오니(Etzioni, 1967)는 합리적 결정과 점증적 접근을 통합한 혼합 스캐닝(Mixed Scanning) 모형을 제안하였다. 이는 전략적 결정에는 합리적 계획이, 일상적·전술적 판단에는 점증적 접근이 적합하다는 점에서, 실제 정책결정자의 판단 메커니즘에 근접한 모형으로 받아들여지고 있다.

3 비합리성 모형: 정책결정의 조직적·심리적 복잡성

현실에서 이루어지는 정책 과정들이 합리적으로 이루어지는지에 대한 고민은 정책의 과정을 결과를 현실적인 모형으로 설명하려는 다양한 시도로 이어졌다. 즉, 정책결정이 단지 제한된 합리성으로 설명될 수 없고, 때로는 비합리적인 요소들에 의해 좌우되기도 한다는 것이다. 한 예로 쓰레기통 모형(Garbage Can Model)은 조직 내 정책결정이 문제(Problem), 해결책(Solution), 참여자(Participants), 기회(Choice Opportunity) 등이 우연히 '쓰레기통'처럼 모였을 때 이루어진다고 설명한다(Cohen, March, & Olsen, 1972). 이 모형은 특히 목표가 모호하고 참여자가 유동적인 조직(예: 대학, 관료제 등)에서 정책결정이 어떻게 발생하는 지를 설명하는 데 유용하다. 한편, 사이버네틱스(Cybernetics) 모형은 조직이 정보를 수용하고 피드백을 통해 자기 조정한다는 시스템적 접근을 제공한다(Deutsch, 1963). 이는 정책결정이 동적인 환경과 상호작용 과정으로 이해되며, 반복적 조정과 학습의 중요성을 강조한다.

의사결정 과정에서 합리적 선택의 한계를 지적하며 심리적 · 인지적 요인을 강조한 이론으로 행동경제학(Behavioral Economics)이 있다. 인간은 논리적 분석에 따라 행동하지 않으며, 다양한 편향(Bias)과 휴리스틱(Heuristics)에 영향을 받는다(Kahneman & Tversky, 1979). 예컨대 '몬티홀 딜레마(Monty Hall Dilemma)'는 인간이 확률과 조건부 정보를 어떻게 잘못 이해하는지를 보여주며, 프레이밍 효과(Framing Effect)는 동일한 정보라도 제시 방식에 따라 판단이 달라질 수 있음을 시사한다. 또한, 프로스펙트 이론(Prospect Theory)은 손실 회피 성향(Loss Aversion)을 설명하며, 인간이 기대값이 동일하더라도 위험을 선택하는 방식에 있어 비대칭적이라는 점을 보여준다. 이러한 접근은 정책 수용성, 정책 프레이밍, 공공 커뮤니케이션 전략 수립에 유용한 시사점을 제공한다. 최근에는 프라이버시 역설(Privacy Paradox)처럼, 사람들이 정보보호를 중시하면서도 실제로는 자신의 데이터를 쉽게 제공하는 모순적 행태도 주목받고 있다(Acquisti et al., 2015).

4 전통적 정책결정 모형의 의의와 한계

이상의 전통적 정책결정 모형은 이론적으로 다양한 유형과 접근을 발전시켜 왔지만, 실제 정책결정 과정과의 괴리는 여전히 존재한다. 정책분석의 과정은 정책목표의 설정, 정책대안의 탐색 및 개발, 대안선택 기준 설정, 대안의 결과 예측, 대안의 가치 평가 및 선택의 단계로 이루어지나(남궁근, 2006), 실제 행정현장에서는 이러한 과정이 불완전한 정보, 정치적 타협, 시간 압박, 제도적 제약 속에서 단축되거나 생략되는 경우가 많다.

한편, 정책결정에서 현실적 제약에서도 대안의 합리성과 타당성을 확보하기 위한 노력은 증거기반 정책(Evidence-based Policy)으로 이어져 왔다. 이는 경험과 직관보다는 실증적 자료와 분석을 바탕으로 정책을 설계하고 평가하자는 주장으로, 의료, 교육, 복지 분야에서 활발히 적용되고 있다(Nutley et al., 2007). 하지만, 증거기반 정책조차도 '어떤 증거를 선택하고 해석할 것인가'라는 해석의 문제, 현장의 맥락을 반영하지 못하는 한계 등이 존재한다(Sanderson, 2002).

이러한 맥락에서, 최근에는 빅데이터와 인공지능의 활용을 통해 정책결정의 효율성과 합리성을 보완하려는 시도가 등장하였다. 인간의 인지적 한계와 정책 환경의 시간·정보 제약으로 인해 제한된 대안 탐색만 가능했던 과거와 달리, 디지털 기술은 대안의 실시간 생성, 시뮬레이션, 효과 예측 등을 가능하게 할 수 있다(Kitchin, 2014). 다만, 이러한 빅데이터 시대에도 정책분석의 속도, 범위, 정밀도를 확대하지만, 동시에 투명성과 책임성, 신뢰성 등의 새로운 문제가 여전히 존재한다.

결국, 전통적 정책결정 모형은 이론적으로 중요한 토대를 제공하지만, 현실과의 간극을 줄이기 위해서는 기술, 윤리, 제도, 사회적 합의 등 다차원적인 고려가 병행되어야 한다. 특히, 디지털 기술의 도입은 단순한 도구적 진보가 아니라, 정책의 정당성과 신뢰성을 재구성하는 문제로 이해되어야 한다.

제3절 데이터 시대의 도래와 의미

1 빅데이터의 개요: 개념, 요소, 특징

21세기 들어 정보통신기술의 급속한 발전은 사회 전반에 걸쳐 데이터의 생산, 수집, 유통 방식을 근본적으로 변화시켰다. 특히 스마트폰, 사물인터넷(IoT), 유무선 통신망의 통합, 소셜네트워크서비스(SNS) 등의 확산은 기존의 행정정보 시스템으로는 감당할 수 없을 정도의 방대한 데이터를 실시간으로 생성하고 있다. 이처럼 기하급수적으로 증가하는 데이터를 총칭하여 '빅데이터(Big Data)'라 하기도 한다. 다만, 빅데이터는 단순히 데이터의 '양'이 많은 것을 의미하지 않는다. 통상적으로 빅데이터에 대한 설명을 위해 핵심적인 속성으로 Volume(규모), Velocity(속도), Variety(다양성)의 3V 혹은 Veracity(정확성), Value(가치)를 포함한 5V가 함께 논의된다. 빅데이터는 유형별로는 정형 데이터(Structured Data)와 비정형 데이터(Unstructured Data)로 구분되기도 한다. 전자는 기존의 관계형 데이터베이스(RDB)에 쉽게 저장가능한 숫자, 표, 코드 등의 형태이며, 후자는 텍스트, 이미지, 영상, 음성, 센서 정보 등 복잡하고 예측 불가능한 형태의 데이터를 포함한다(Mayer-Schönberger & Cukier, 2013). 최근 행정에서는 비정형 데이터가 특히 중요해지고 있는데, 이는 민원 게시글, SNS 여론, CCTV 영상, 교통 및 기상센서 데이터처럼 시민과 환경으로부터 실시간으로 생성되는 데이터가 정책 수립과 집행에 직접적인 영향을 미치기 때문이다. 이처럼 빅데이터는 양적인 차원뿐 아니라 구조적 복잡성과 분석 가능성이라는 질적인 차원에서도 기존 데이터 개념과 본질적으로 구분된다.

2 빅데이터 분석의 쟁점: 의의와 한계

빅데이터 분석은 전통적인 통계 분석과 몇 가지 중요한 점에서 구별된다. 우선 분석 범위에서 전수조사(Full Data)에 가깝다는 점이 중요한 차별점이다. 기존 통계학은 전체 모집단의 일부를 표본으로 추출하고, 이에 기반하여 일반화된 결론을 도출하였다. 그러나 빅데이터는 이론적으로는 전체 데이터를 수집·분석할 수 있기 때문에 표본추출 과정에서의 대표성 문제, 편향 문제 등을 일정 부분 회피할 수 있다(Connelly et al., 2016). 또한 빅데이터 분석은 가설 수립 이전에 패턴을 발견할 수 있는 탐색적 분석(Exploratory Analysis)을 가능하게 한다. 전통적인 사회과학 연구가 이론→가설→데이터 수집→검증이라는 순차적 접근을 취했다면, 빅데이터 분석은 데이터 자체에서 규칙성을 추출하고, 이를 바탕으로 이론을 구성하는 귀납적 분석 방식을 지향하는 경향이 있다(Gandomi & Haider, 2015). 이러한 빅데이터는 개인 맞춤형 서비스의 기초가 되며, 정책결정에서도 예측, 조기경보, 최적화된 자원 배분 등에 활용되고 있다. 예컨대, 특정 지역의 실시간 교통량, 날씨, SNS 반응을 종합적으로 분석하여 대중교통 노선을 조정하거나 긴급 대응 시스템을 가동할 수 있는 근거를 제공한다.

그러나 이러한 가능성에도 불구하고, 빅데이터 분석은 몇 가지 본질적인 한계를 안고 있다. 첫째, 개인정보보호 문제이다. 수많은 행태 정보가 위치정보, 검색기록, 소비패턴 등과 결합되면서 개인 식별이 매우 쉬워졌으며, 사생활 침해의 위험이 심각하게 제기되고 있다(Zuboff, 2019). 둘째, 분석이 의도하지 않은 방식으로 개인의 취향이나 성향을 노출시킬 수 있으며, 이는 알고리즘에 의해 자동화된 분류와 예측이 차별적 결과를 초래할 수 있다는 점에서 정책적으로 민감한 문제가 된다(O'Neil, 2016). 셋째, 빅데이터의 양적 확대가 항상 의미 있는 통찰(Insight)로 이어지지는 않는다는 비판도 있다. 분석의 정밀도는 높아졌지만, 그것이 '왜 그런 결과가 나왔는가'를 설명하는 인과적 해석이 부족하다는 점에서 설명의 한계가 존재한다(Boyd & Crawford, 2012). 따라서 사회과학의 이론적 틀 없이 데이터에만 의존할 경우, 정책의 정당성과 설득력을 확보하는 데 어려움이 따를 수 있다.

3 빅데이터 시대의 의사결정: 데이터 기반 정책의 지평

빅데이터는 단순한 기술 변화가 아니라, 정책결정 방식의 근본적 전환을 유도하고 있다. 기존의 정책결정이 경험, 직관, 정치적 협의에 크게 의존했다면, 이제는 데이터에 기반한 객관적 판단이 핵심 원리로 자리 잡고 있다. 이는 정책결정의 정당성 확보와 성과 향상, 그리고 시민의 신뢰 제고라는 측면에서 중요한 전환이다. 이러한 흐름에서 볼 때 빅데이터 시대 의사결정은 증거기반 정책(Evidence-based Policy)의 연장선에 있다. 과거에는 주로 학술 연구나 시범사업의 결과가 정책근거로 사용되었지만, 빅데이터는 일상적 정책환경에서 발생하는 실시간 데이터를 정책자원으로 전환할 수 있는 가능성을 제시한다(Margetts & Sutcliffe, 2013). 예컨대 시민의 민원 데이터를 분석하여 행정 서비스의 문제점이나 병목을 찾아내고, 이를 개선하는 방식의 정책 피드백 루프가 실현되고 있다. 또한, 데이터 기반 정책은 선제적(Preemptive)이고 적응적(Adaptive)인 정책결정을 가능하게 한다. 전통적인 정책은 문제가 발생한 후 대응하는 사후적(Post Hoc) 방식이었다면, 데이터 분석을 통해 문제 발생을 예측하고 사전에 대응하는 형태로 전환되고 있는 것이다. 예를 들어, 보건 분야에서 감염병 발생 패턴을 실시간으로 감지하여 예방접종, 격리, 정보 제공 등으로 이어지는 일련의 자동화된 정책 대응이 가능해지고 있다.

다만, 데이터 기반 정책이 정책 전환의 만능열쇠는 아니다. 기술에 대한 과신은 정책결정 과정에서의 시민참여, 공공성, 책임성을 약화시킬 위험이 있다. 알고리즘에 의해 제시된 대안이 실제로 타당하고 공정한 것인지, 그리고 그 과정에서 누가 책임을 질 것인지에 대한 논의가 병행되지 않으면, 데이터 기반 정책은 오히려 합리적 통제에서 벗어난 임의적 결정 메커니즘으로 전락할 수 있다(Mayer-Schönberger & Cukier,

2013; Kitchin, 2016). 이런 의미에서 데이터 시대의 정책결정은 효율성과 정당성, 기술성과 윤리성, 자동성(Automation)과 숙고(Deliberation) 사이의 균형 위에서 그 방법을 모색해야 한다.

제4절 빅데이터 기반 분석 사례

1 구글 트렌드를 활용한 질병 감시: Google Flu Trends

빅데이터 기반 분석의 대표적인 초기 사례로 Google Flu Trends(GFT)가 자주 언급된다. GFT는 2008년부터 2015년까지 운영된 프로젝트로, 구글 검색 데이터를 활용해 특정 지역에서 '감기', '열', '두통' 등 독감 관련 키워드의 검색 빈도를 실시간으로 추적함으로써 인플루엔자 유행을 조기에 탐지하려는 시도였다(Ginsberg et al., 2009). 이는 질병관리청과 같은 공식 통계보다 1~2주 빠르게 독감 확산을 감지할 수 있다는 점에서 주목을 받았고, 일종의 디지털 파수꾼(Digital Sentinel)으로 평가받기도 했다.

그러나 시간이 지나면서 GFT의 예측력의 과대평가로 인해 비판받기도 하였다. 특히 2012~2013년 겨울 시즌에는 실제 독감 환자 수보다 2배 가까이 과잉 예측하고 있음이 연구에서 밝혀지기도 하였다. 이는 알고리즘이 검색 트렌드의 외부 요인(언론 보도, 계절 광고 등)에 영향을 지나치게 받은 결과이기도 하다(Lazer et al., 2014). 이 사건은 빅데이터의 규모와 속도에만 의존할 경우 예측이 왜곡될 수 있으며, 공식 통계 및 전문가 지식과의 결합이 필수적이라는 점을 보여준다.

2 선거 예측에서 빅데이터와 표본 기반 분석의 경합

정치에서 선거 예측을 둘러싼 논의는 현실에서 데이터 분석에 관한 몇 가지 중요한 전환점을 가져다주었다. 먼저, 1936년 미국 대선에서 일어난 표본의 수와 대표성을 둘러싼 논쟁이다. 당시 리터러리 다이제스트(Literary Digest)는 약 1000만 명에게 설문지를 발송했고, 그중 240만 명의 응답을 바탕으로 공화당의 알프레드 랜던(Alfred Landon) 후보의 승리를 예측했다. 반면, 조지 갤럽(George Gallup)은 무작위 표본추출(Random Sampling) 방식으로 5만 명을 조사하여 민주당의 프랭클린 루스벨트(Franklin D. Roosevelt) 대통령의 승리를 정확히 예측했다(Gosnell, 1937). 이 사건은 표본의 수보다 대표성이 여론조사의 신뢰성을 좌우한다는 점을 입증하며, 이후 수십 년 간 여론조사의 패러다임을 형성하였다.

1930년대 이후로 샘플 중심의 예측은 통계학적 엄밀성을 기반으로 한 정책 및 정치 분석의 표준으로 자리잡았다. 특히 갤럽식 무작위 표본조사는 장기간 선거 결과를 비교적 정확히 예측하며, 사회과학적 조사기법의 대표 사례로 간주되어 왔다. 하지만 21세기에 들어, 통신환경의 변화와 SNS 기반 정보 유통의 급증, 비표본 응답자의 다양성 증가 등으로 인해 전통적인 여론조사 방식의 한계가 점차 부각되고 있다. 특히 '샤이 유권자(Shy Voter)' 현상처럼 응답을 기피하거나 속마음을 밝히지 않는 계층의 존재는 샘플링 기반 조사만으로는 파악하기 어렵다는 평가를 낳고 있다.

이러한 문제 제기와 함께, 최근에는 빅데이터를 기반으로 한 선거 예측 시도가 활발히 이루어지고 있다. 대표적인 예는 SNS 데이터를 활용한 감성 분석(Sentiment Analysis)과 토픽 모델링(Topic Modeling) 등이다. 유권자의 정치 성향, 이슈에 대한 반응, 특정 후보에 대한 언급량 등을 파악하여 여론 흐름을 실시간으로 관측하려는 시도이다. 이 방식은 표본을 필요로 하지 않으며, 전수에 가까운 관찰과 실시간 데이터 확보가 가능하다는 점에서 기존 여론조사와는 다른 분석 가능성을 제시한다.

그러나 빅데이터 기반 예측이 샘플 방식의 한계를 극복할 수 있느냐는 별개의 문제이다. 실제로 SNS 데이터를 활용한 예측은 다음과 같은 구조적 제약을 지닌다. 첫째, SNS 이용자의 인구학적 특성은 전체 유권자를 대표하지 않으며, 특정 연령대와 계층에 편중되는 경향이 있다. 둘째, 온라인의 '소리 큰 소수(Loud Minority)'가 실제 영향력을 과대 대표하는 경우가 있으며, 실제 투표행위는 공개된 발화와 다르게 작동할 수 있다. 셋째, 감정 표현과 실제 행동 사이의 간극은 여전히 존재한다. 예컨대, 2016년 미국 대선에서는 온라인상에서 힐러리 클린턴 지지 여론이 우세한 것으로 나타났지만, 실제 결과는 도널드 트럼프의 승리였다. 이는 단순히 온라인에서의 언급량이나 호감도 지수만으로는 정교한 투표 동기나 참여율의 지역별 편차를 설명하기 어렵다는 점을 보여준다. 결국, 선거 예측은 단순히 데이터의 양이나 속도가 아닌, 데이터의 질과 해석의 맥락적 정합성이 핵심이라는 사실을 다시금 확인시켜준다.

이처럼 전통적인 샘플 기반의 예측이 일정 부분 한계를 드러내는 동시에, 빅데이터 기반 분석 역시 아직은 보완적 대안에 머무르고 있다는 점에서, 미래의 선거 예측은 두 방식을 어떻게 결합하고 보완할 것인가의 문제로 전환되고 있다. 표본 기반 분석의 신뢰성과 빅데이터 분석의 확장성을 상호보완적으로 활용할 수 있는 혼합형 접근(Hybrid Approach)이 요구되는 시점이다.

3 국내 공공 분야의 빅데이터 기반 정책 분석: 언론, 상권, 교통, 도시

한국에서도 공공 기관 중심으로 빅데이터를 정책에 활용하려는 시도가 지속적으로 전개되어 왔다. 미디어 빅데이터 분석의 대표적인 사례는 빅카인즈(BigKinds)를 통한 언론 데이터 분석이다. 이는 한국언론진흥재단이 제공하는 뉴스 빅데이터 분석 시스템으로, 1990년대 이후의 국내 언론 기사 약 5,000만 건 이상을 검색, 시각화, 텍스트 분석할 수 있게 지원한다. 정책 이슈에 대한 보도량, 프레임 변화, 감성 추이 등을 분석함으로써 사회적 여론과 이슈의 흐름을 정량적으로 추적할 수 있는 도구로 활용된다(https://www.bigkinds.or.kr).

또 다른 사례로는 서울시의 '상권분석 서비스'와 '올빼미버스 노선 설계' 등이 있다. 서울시는 서울시의 심야노선 버스의 경로를 설계하는 과정에서 교통카드 데이터와 유동인구 데이터를 기반으로 심야 시간대에 실제 이동 수요가 높은 지역을 분석하고, 기존 버스 노선이 닿지 않는 구간에 맞춤형 심야 버스를 배치했다. 이때 사용된 데이터는 T머니 결제 내역, 시간대별 승하차 정보, 위치 기반 서비스 데이터 등이며, 해당 서비스는 이후 민간 앱(카카오맵 등)과의 연계를 통해 대중교통 정보에 반영되었다. 또 하나 서울시의 상권분석 서비스 역시 공공과 민간의 협업을 통해 구축된 빅데이터 기반 정책 도구라 할 수 있다. 이 서비스는 상점 매출정보, 유동인구, 인근 경쟁업체 현황, 소비 패턴 등을 종합하여 자영업자, 예비 창업자에게 맞춤형 상권 데이터를 제공함으로써, 창업 성공률을 높이고 상권의 과밀·과소 문제를 줄이는 데 기여하고 있다. 해당 서비스는 소상공인시장진흥공단, 통계청, 통신사 데이터 등 다양한 출처를 연계한 통합형 시스템이며, 온라인에서 누구나 접근할 수 있도록 제공된다(https://

golmok.seoul.go.kr).

디지털 기술에 기반한 지방정부의 정책 전환을 대표하는 스마트시티 정책은 빅데이터와 AI 기술을 도시 운영에 통합하려는 대표적인 거버넌스 모델이다. 교통, 에너지, 환경, 재난, 복지 등 도시 인프라 전반에 실시간 센서 데이터를 수집 · 분석하여, 상황별 대응 시스템을 자동화하거나, 시민 맞춤형 서비스를 제공하는 것이 목적이다. 세종시, 부산시 등은 스마트시티 선도 사업을 통해 데이터 기반 행정의 실험장을 운영 중이며, 행정 내부의 의사결정뿐 아니라 시민 참여형 데이터 거버넌스를 도입하려는 시도도 병행되고 있다.

제5절 데이터와 알고리즘 기반의 의사결정

1 AI 시대의 도래와 의사결정

인공지능(Artificial Intelligence: AI)은 단순히 기술적 유행을 넘어 정책결정 환경 자체를 다시 설계할 수 있는 구조적 변화를 예고하고 있다. AI 시스템은 대량의 데이터를 수집 · 처리 · 학습하고, 패턴을 식별하여 예측하거나 판단을 지원하는 알고리즘을 중심으로 작동한다. 정책결정 맥락에서 이 변화는 다음과 같은 의미를 갖는다. 첫째, 전통적 의사결정이 인간 전문가의 직관 · 경험 · 토론에 의존했던 반면, 이제는 알고리즘이 생성한 분석결과가 의사결정의 입력값 중 하나가 된다. 둘째, 정책결정 과정이 더 이상 정성적 논의에만 머무르지 않고, 데이터의 실시간 흐름과 알고리즘의 예측력에 의해 사전조정(Pre Emptive) 및 적응적(Adaptive)으로 설계될 가능성이 커졌다. 이와 같은 변화는 단순히 기술 변화가 아니라, 거버넌스(Governance)의 재구성, 즉 정책설계 · 집행 · 평가의 삼단을 알고리즘 기반으로 재편할 수 있다는 가능성을 던진다. 따라서 인공지능 도입은 단지 도구의 교체가 아니며, 의사결정 주체, 절차, 책임의 구조까지 함께 변화를 요구한다.

2 AI 기반 의사결정: 누가 결정할 것인가?

정책학에서는 전통적으로 '누가 결정하는가'라는 질문, 즉 정책결정의 행위자(Actor)에 주목해왔다. 엘리트론(Elitism), 다원론(Pluralism), 조합주의(Corporatism) 등의 이론은 정책결정 권한이 누구에게 집중되어 있는지를 설명하는 권력 모형으로 소개되어 왔다. 그러나 AI 기반 의사결정의 확산은 인간 행위자뿐 아니라, 기계와 알고리즘도 정책결정 주체가 될 수 있는가라는 새로운 질문을 제기하고 있다.

보다 구체적으로, AI 시스템은 다음과 같은 선택지를 인간에게 되돌려준다. 첫째, AI는 단순히 보조 수단(Tool)으로 기능할 것인가? 둘째, 아니면, 전문가를 대신하는 분석가(Analyst)로 역할을 수행할 것인가? 셋째, 조언자(Advisor)를 넘어 실제 결정자(Decision Maker)로서 권한을 가질 수 있는가? 이러한 역할과 관련된 논의는 인간과 AI의 관계를 기술 보조 중심의 구조로 유지할 것인지, 아니면 의사결정의 일부를 위임하는 방향으로 확장할 것인지를 결정짓는 기준이 된다. 예를 들어, 일선관료가 AI가 제시한 분석 결과와 '최적 대안'을 검토하고 정책 결정을 내리는 구조는 인간과 AI 간의 협업(Collaboration) 모델에 해당한다. 반면, AI가 독립적으로 자원 배분이나 정책 우선순위를 결정하고, 인간은 그 결과만을 사후적으로 모니터링하는 방식이라면, 이는 탈인간화된 결정구조(Post-human Decision Structure)로 간주될 수 있다.

이러한 상황에서 가장 핵심적인 문제 중 하나는 책임성(Accountability)이다. 만약 인공지능의 분석 또는 결정에 오류가 발생했을 경우, 책임은 누구에게 있는가? 인간 정책결정자인가, 알고리즘을 개발·운영한 기관인가, 아니면 시스템 자체인가? 이처럼 '누가 결정하는가'라는 물음은 단순한 기술적 선택을 넘어, 정책결정의 정당성(Legitimacy), 책임성(Responsibility), 투명성(Transparency)과 같은 민주적 가치의 재구성을 요구하는 근본적 쟁점으로 확장되고 있다.

3 AI 기반 의사결정과 윤리: 효율성과 신뢰성/책임성의 상충성

AI 기반 의사결정은 분명히 전통적 모델 대비 여러 개선 가능성을 보여준다. 대량의 데이터를 신속히 처리하고, 복잡한 패턴을 인식하며, 수많은 대안을 탐색할 수 있다는 점에서, 이상적인 합리성에 한발 더 다가갈 수 있다는 기대를 가지게 한다. 그러나 이러한 효율성의 개선은 동시에 신뢰성(Trust) 및 책임성(Responsibility)의 함정을 내포한다. 알고리즘이 복잡해질수록 그 작동 방식이 불투명해지는 '블랙박스(Black Box)' 현상이 생기기 쉽다. 예컨대 고위험 정책결정 맥락에서 알고리즘 기반 리스크 평가가 인간의 판단 방식을 변화시키고, 오히려 불공정성(Bias)을 심화시킨다는 연구 결과도 있다(Green & Chen, 2020). 또한 이러한 경로에서 알고리즘이 오류를 유발했을 때 책임소재가 불분명해지는 문제가 현실로 드러나기도 한다(Alrawahna et al., 2025). 따라서 AI 기반 정책결정체계는 단순히 자동화된 결정으로서 이해되기 보다는 설명가능성, 공정성, 책임 구조 등을 설계 단계부터 포함하는 것이 필요하다. 즉, 기술적 효율성과 더불어 거버넌스적 정당성의 확보가 함께 이루어져야 하는 것이다.

4 AI 기반 의사결정의 쟁점

AI 기반 의사결정이 공공 영역에서 자리잡는 과정에서, 단기적인 기술 도입을 넘어, 보다 중장기적인 시각에서 제도적·사회적 쟁점들을 함께 검토할 필요가 있다. 이 과정에서 특히 다음과 같은 네 가지 추가적인 쟁점이 함께 고려되어야 한다.

첫째, 약인공지능(ANI)과 강인공지능(AGI)의 구분은 향후 의사결정 주체에 대한 근본적 재논의를 불러올 수 있다. 현재의 대부분 인공지능 시스템은 특정 목적에 맞게 설계된 좁은 영역의 인공지능, 즉 약인공지능(Artificial Narrow Intelligence)이다. 그러나 향후 인간 수준의 범용적 인지 능력과 추론 능력을 갖춘 강인공지능(Artificial General Intelligence)이 등장할 경우, 인간 정책결정자의 지위와 역할은 본질적으로 재조정될 수밖에 없다. 단순한 보조도구의 차원을 넘어, 정책 판단을 내리는 존재로서 인공지능의 권한과 책임을 어디까지 인정할 것인가에 대한 논의가 불가피하다.

둘째, 일자리 구조와 행정 조직의 변화에 대한 문제이다. 인공지능이 정책 분석 및 결정 기능을 점차 대체하거나 확장하게 되면, 전통적인 관료제 내 역할 배분 역시 달라질 가능성이 높다. 반복적이고 규칙 기반의 업무는 자동화될 수 있으며, 이에 따라 공무원에게는 기술적 역량뿐만 아니라, 데이터 해석 능력과 정책 판단에 대한 통합적 사고가 요구된다. 결과적으로 행정 조직은 전문성과 유연성을 동시에 갖춘 학습

조직으로의 보다 적극적 전환이 필요할 수 있다.

셋째, 인간과 AI 간의 협업 범위와 방식도 중요한 고려 대상이다. 현재 AI는 주로 정보 제공이나 예측을 담당하는 보조적 역할에 머무르지만, 일부 분야에서는 AI가 자율적 의사결정 주체로 기능하는 사례도 등장하고 있다. 이처럼 지원-결정의 스펙트럼 속에서, 어느 단계에서 인간이 개입하고 판단해야 하는지, 그리고 인간의 개입이 형식적 절차인지 실질적 통제인지에 대한 기준 설정이 필요하다. 아울러, 인간의 판단이 AI에 피드백으로 반영되는 반복적 루프(Feedback Loop)를 어떻게 설계할 것인가도 향후 정책 설계에서 중요한 과제가 될 것이다.

마지막으로, 데이터 거버넌스(Data Governance)와 국제적 책임 체계 형성 역시 간과할 수 없는 이슈다. 알고리즘 기반의 의사결정이 글로벌 플랫폼과 시스템을 통해 확산됨에 따라, 한 국가의 정책결정이 타국의 데이터 또는 기술에 의존하는 현상도 증가하고 있다. 이에 따라 국경을 넘는 알고리즘 책임성에 대한 국제적 논의와 협력 체계 구축이 요구된다. 동시에, 알고리즘이 갖는 편향(Bias)의 문제는 기술적 오류를 넘어, 정책결정의 불공정성과 사회적 불평등을 심화시킬 수 있는 잠재적 위험 요소다. 따라서 인공지능의 의사결정 참여는 기술적 진보의 문제가 아니라, 정책의 공정성과 민주성, 그리고 사회적 수용성의 문제로 다루어져야 한다.

이처럼 AI 기반 정책결정은 단순히 기술을 도입하는 문제가 아니라, 제도·조직·윤리·글로벌 협력을 포괄하는 복합적인 과제이며, 이에 대한 선제적이고 체계적인 대응이 요구된다.

제6절 소결

데이터와 인공지능 기술이 정책결정에 점점 깊숙이 관여하게 되면서, 단순히 기술을 보유하는 것을 넘어 그것을 어떻게 설계하고 운영할 것인가에 대한 제도적, 윤리적, 실천적 고민이 중요해지고 있다. 데이터 기반 정책결정이 공공 영역에서 효과적으로 기능하기 위해서는 다음과 같은 여섯 가지 측면에서의 보완과 준비가 필요하다.

① 신뢰할 수 있는 인공지능 시스템의 구축이다. 데이터 기반 정책이 실질적 효능을 갖기 위해서는 기술적으로 뛰어난 시스템을 넘어서, 사회적으로 신뢰할 수 있는 인공지능 시스템이어야 한다. 이를 위해서는 다음의 다섯 가지 인공지능 관련 윤리가 고려되어야 한다. 첫째, 투명성(Transparency)으로 데이터의 수집 경로와 알고리즘의 작동 원리가 공개 가능해야 한다. 이는 정책결정 과정의 정당성을 확보하는 전제가 된다. 둘째, 책임성(Accountability)이다. 알고리즘의 오류나 오작동으로 인한 결과에 대해 누구에게, 어떻게 책임을 물을 것인지에 대한 명확한 체계가 필요하다. 셋째, 신뢰성(Reliability)이다. 시스템이 예측과 분석을 일관되게 수행하고, 결과가 반복 가능한 수준의 안정성을 확보해야 한다. 넷째, 수용성(Acceptability)이다. 이것은 인공지능 기반 분석의 과정과 결과에 대한 기술적 타당성뿐만 아니라, 시민과 이해관계자가 해당 정책결정 과정을 수용할 수 있어야 한다는 것을 의미한다. 다섯째, 정보보안 및 개인정보보호이다. 개인정보 및 행태 데이터를 활용할 경우에는 시민의 동의를 전제로,데이터 최소화와 익명화 등 프라이버시 보호조치가 반드시 병행되어야 한다. 이러한 인공지능에 요구되는 윤리(Ethics)가 충족되지 않을 경우, 아무리 정교한 기술이라 해도 도입이 거부되거나 정책 전반에 대한 신뢰를 약화시킬 수 있다(Nutley et al., 2007; Margetts & Dorobantu, 2019).

② 현장 기반의 증거 확보와 연속성 확보이다. 데이터나 인공지능 기반의 정책결정으로 전환은 일회적인 의사결정의 단선적 집행이나 단시간 내 전적인 전환보다는 실제에 있어 실행, 피드백, 재조정의 정책 순환 구조를 전제로 정책결정의 과정에 수용되어야 한다. 이를 위해 정책 실험(Pilot Policy), 조기경보 시스템, 현장 관찰 및 데이터 수집체계 등이 마련되어야 하며, 분석 모델이 예측한 결과와 현실에서 발생한 결과 사이의 차이를 실증적으로 검증할 수 있어야 한다. 이러한 차이를 파악하고 보완하는 구조적 루프는, 데이터 기반 정책결정이 실질적인 효과성을 확보하는 데 핵심적인 장치가 된다.

③ 공무원의 역량 증진과 기술과 도메인의 유기적 결합이다. 정책결정에서 데이터를 효과적으로 활용하기 위해서는 공무원 및 정책담당자의 역량 강화가 전제되어야 한다. 단순히 데이터 분석 기술(Data Literacy)만으로는 충분하지 않으며, 해당 정책 영역에 대한 깊이 있는 이해와 통합적으로 사고할 수 있는 능력이 병행되어야 한다. 이를테면 교통 정책을 분석할 때, 교통 시스템과 인프라, 시민 행동의 특성을 이해하

지 못한다면 분석 결과를 실질적 정책으로 연결하기 어렵다. 이러한 이유로 기술(Technology)-도메인(Domain) 간 교차 역량 교육, 순환 근무제, 민관 협업 체계 구축 등의 제도화 과정이 필요하다.

④ 협력적 거버넌스의 실현과 제도적 정비가 필요하다. 데이터 기반 정책은 한 기관이 단독으로 수행할 수 없다. 민간 플랫폼 기업, 데이터 기업, 시민사회, 학계 등과의 협력적 거버넌스(Collaborative Governance) 체계를 통해 다양한 데이터를 공유하고, 분석의 질을 높여야 한다. 그러나 현실에서는 데이터 사일로, 민관 간 권한·책임 불균형, 시민참여의 제도적 제약 등 다양한 한계가 존재한다. 이러한 문제를 극복하기 위해서는 법제도 개선, 공공데이터 공유 인프라, 그리고 중립적 중재 메커니즘의 설계가 필요하다.

⑤ 데이터 시대의 난제(Wicked Problems)와 공공의 역할에 대한 재정의가 필요할 수 있다. 기후 변화, 감염병 대응, 도시재생 등 최근의 공공 문제는 단일한 해답이 없고, 다양한 이해관계자와 복잡성이 얽힌 난제(Wicked Problems)로 특징지어진다. 데이터는 이러한 문제를 분석하는 데 유용한 도구이지만, 해답 자체는 아니다. 공공 기관은 데이터를 해석하는 기술적 역량뿐만 아니라, 가치 판단, 갈등 조정, 시민참여 촉진, 책임 있는 결정의 주체로서 역할을 수행해야 한다. 따라서 공공 부문은 단순한 데이터 관리자가 아니라, 데이터를 통해 공공가치를 실현하는 중재자(Mediator)로서 기능할 수 있도록 재정의되어야 한다.

⑥ 데이터 기반 정책결정을 통한 정부 혁신의 실현이다. 데이터 기반 정책은 정부 혁신의 핵심 동력이다. 이는 단지 기술의 도입을 넘어, 디지털 전환(Digital Transformation), 데이터 거버넌스 아키텍처, 정책 실험실(Policy Labs), 시민참여형 플랫폼 구축 등과 연결된다. 이는 궁극적으로는 민첩하고 학습하는 정부(Agile & Learning Government)로의 전환을 지향한다. 이 과정에서 가장 핵심적인 과제는 조직문화의 변화이며, 데이터를 다루는 태도와 알고리즘을 이해하고 활용할 수 있는 인재를 확보·유지하는 것이 필수적이다.

빅데이터와 인공지능 기술의 등장이 자동적으로 정책의 장미빛 미래를 보장하지 않는다. 기술은 어디까지나 도구이며, 그 효과는 어떻게 설계되고 활용되는가에 달라질 수 있다. 알고리즘이 아무리 정교해도, 시민의 삶과 사회적 맥락에 부합하지 않으면 그 결정은 받아들여지기 어렵다. 따라서 이러한 변화는 종결점이 아니라, 정책결정의 새로운 패러다임이 시작되고 있음을 알리는 신호다. 인간과 인공지능이 경쟁하는 관계가 아니라, 협업하는 관계로 자리매김하는 과정이 시작된 것이다. 이 전환기에 정부는 끊임없이 학습하고 실험하며, 새로운 거버넌스 구조를 설계해 나가야 한다. 결국, 데이터 기반 정책결정은 기술의 문제가 아니라, 인간과 기술이 함께 만들어가는 협력의 방식이며, 이는 향후 정책 환경이 경험과 학습의 시대로 진입하고 있음을 의미한다.

참고문헌

남궁근(2006). 『정책학원론』. 서울: 다산출판사.

Acquisti, A., Brandimarte, L., & Loewenstein, G.(2015). Privacy and human behavior in the age of information. *Science*, 347(6221), 509-514.

Alrawahna, A., Alzghoul, A., & Awad, H.(2025). The impact of artificial intelligence on public sector decision-making: Benefits, challenges, and policy implications. *International Review of Management and Marketing*, 15(5), 125-138.

Boyd, D., & Crawford, K. (2012). Critical questions for big data: Provocations for a cultural, technological, and scholarly phenomenon. *Information, Communication & Society, 15*(5), 662-679.

Cohen, M. D., March, J. G., & Olsen, J. P.(1972). A garbage can model of organizational choice. *Administrative Science Quarterly*, 17(1), 1-25.

Connelly, R., Playford, C. J., Gayle, V., & Dibben, C.(2016). The role of administrative data in the big data revolution in social science research. *Social Science Research*, 59, 1-12.

Deutsch, K. W.(1963). *The nerves of government: Models of political communication and control*. Free Press.

Engin, Z., Crowcroft, J., Hand, D., & Treleaven, P.(2025). *The Algorithmic State Architecture (ASA): An integrated framework for AI-enabled government*. arXiv preprint.

Etzioni, A.(1967). Mixed-scanning: A "third" approach to decision-making. *Public Administration Review*, 27(5), 385-392.

Gandomi, A., & Haider, M.(2015). Beyond the hype: Big data concepts, methods, and analytics. *International Journal of Information Management*, 35(2), 137-144.

Ginsberg, J., et al.(2009). Detecting influenza epidemics using search engine query data. *Nature*, 457(7232), 1012-1014.

Gosnell, H. F.(1937). Predicting Elections. University of Chicago Press.

Green, B., & Chen, Y.(2020). *Algorithmic risk assessments can alter human decision-making processes in high-stakes government contexts*. Proceedings of the ACM.

Hossin, M. A.(2023). Big data-driven public policy decisions: Transformation or continuity? *Journal of Ambient Intelligence and Humanized Computing*.

Jungherr, A.(2016). Twitter use in election campaigns: A literature review. *Online Information*

Review, 40(5), 634-652.

Kahneman, D., & Tversky, A.(1979). Prospect theory: An analysis of decision under risk. *Econometrica*, 47(2), 263-291.

Kitchin, R.(2014). *The data revolution: Big data, open data, data infrastructures and their consequences*. Sage.

Kitchin, R.(2016). Thinking critically about and researching algorithms. Information, *Communication & Society*, 20(1), 14-29.

Lazer, D., et al.(2014). The parable of Google Flu: Traps in big data analysis. *Science*, 343(6176), 1203-1205.

Lindblom, C. E.(1959). The science of "muddling through". *Public Administration Review*, 19(2), 79-88.

Margetts, H., & Dorobantu, C.(2019). Rethinking public policy in the era of AI: From digital ethics to algorithmic accountability. *Philosophical Transactions of the Royal Society A*, 376(2133), 20180083.

Margetts, H., & Sutcliffe, D.(2013). Addressing the policy challenges and opportunities of "big data". *Policy Paper*, Oxford Internet Institute.

Mayer-Schönberger, V., & Cukier, K.(2013). *Big data: A revolution that will transform how we live, work, and think*. Houghton Mifflin Harcourt.

Nutley, S. M., Walter, I., & Davies, H. T. O.(2007). *Using evidence: How research can inform public services*. Policy Press.

O'Neil, C.(2016). *Weapons of math destruction: How big data increases inequality and threatens democracy*. Crown Publishing.

Parsons, W.(1995). *Public policy: An introduction to the theory and practice of policy analysis*. Edward Elgar.

Sanderson, I.(2002). Evaluation, policy learning and evidence-based policy making. *Public Administration*, 80(1), 1-22.

Simon, H. A.(1947). *Administrative Behavior*. Free Press.

Simon, H. A.(1957). *Models of Man: Social and Rational*. Wiley.

Simon, H. A.(1976). *Administrative Behavior*(3rd ed.). Free Press.

Supriyanto, E. E., & Saputra, J.(2022). Big data and artificial intelligence in policy making: A mini-review approach. International *Journal of Advances in Social Sciences and Humanities*, 1(2), 58-65.

Zuboff, S.(2019). *The age of surveillance capitalism: The fight for a human future at the new frontier of power*. PublicAffairs.

서울시 열린데이터광장: https://data.seoul.go.kr
서울시 상권분석서비스: https://golmok.seoul.go.kr
한국언론진흥재단 BIG Kinds: https://www.bigkinds.or.kr
국토교통부 스마트시티 포털: https://smartcity.go.kr

CHAPTER 05

공공데이터 개방 및 이용 활성화

송석현

제1절 서론

공공데이터 개방 및 이용활성화 정책은 4차산업혁명, 인공지능 시대에 없어서는 안 되는 중요한 정책 중에 하나라고 할 수 있다. 인공지능 등 첨단기술은 데이터가 없어서는 안 되는 기술로서 좋은 데이터를 학습 및 활용하여 지능화된 서비스를 제공하기 때문이다. 공공데이터 개방 정책은 정부가 보유한 데이터를 개방 가능한 범위에서 국민과 기업에게 제공함으로써 정부의 투명성은 물론 기업의 비즈니스를 창출하는 데 기여를 한다. 단순 정보공개를 넘어 활용이 가능하도록 하는 정책으로서 2010년대부터 전세계 모두가 국가의 경쟁력으로 여길만큼 중요한 아젠다이다. 이와 관련한 내용을 본 장에서 다루고자 한다. 본 장은 크게 7개의 절로 되어 있다. 공공데이터의 태동부터 공공데이터의 개념, 법제도, 공공데이터 관리 품질 및 표준화, 이용활성화 및 기대효과에 이르기까지 다루며, 정책을 입안하고 실제 담당하면서 느꼈던 소회도 함께 기술하였다.

제2절 데이터 개방의 의의

1 한국의 공공데이터 개방 철학

공공데이터 개방을 이해하려면, 공개와 개방을 먼저 이해해야 한다. 공개는 말 그대로 Read Only, 즉 단순 읽기를 말한다. 반면에 개방은 '우리가 문호를 개방한다'처럼 개방된 내용은 누구나가 마음대로 가져다 쓰고 이용한다는 것이다. 공공데이터 개방도 마찬가지이다. 다음 [그림 5-1]을 보면 4개의 그림이 있다. 첫 번째는 우리가 흔히 볼 수 있는 한강에 있는 공용화장실이다. 공용화장실은 사람이면 누구나 이용할 수 있다. 대통령이든, 범죄자든 관계가 없다. 다만, 남자는 남자화장실을 여자는 여자화장실을 이용해야 한다. 공용화장실을 이용하는 데 비용을 낼 필요가 없다. 몇 번 이용해도 그러하다. 다만 화장실 기물을 손상할 경우에는 제재를 받게 된다. 즉, 개방된 데이터는 국민이면 누구나 평등하게 함께 이용할 수 있다는 것이다. 이용하는 데 관여하면 안 된다. 개방하는 대상도 한정을 두면 안 된다. 국민이 선택하는 것이며, 네거티브 방식의 정책이 되어야 한다는 것이다. 두 번째 그림은 국공립 도서관이다. 누가 도서관을 이용하는 데 제재를 받는가? 아무도 그렇지 않다. 거기서 잠을 자든, 책을 읽든, 숙제를 하든, 심지어 만화책을 보든 이용자의 마음이다. 다만, 책을 빌려가서 제 날짜에 반납하지 않는다든지, 책을 파손한다든지 하는 경우에는 제재를 받게 된다. 세 번째 그림은 보건소이다. 보건소 서비스 역시 공공성을 중요시 한다. 모든 국민들은 보건소 이용이 가능하며, 남녀노소 차별없이 누구나 언제든지 이용할 수 있는 공공서비스라고 볼 수 있다. 네 번째 그림은 공용주차장이다. 공용주차장도 이용자의 차량, 이용자 직위 등에 관계없이 누구나 평등하게 시간당 동일금액으로 이용할 수 있다. 다만, 그림과 같이 정해져 있는 지정주차구역을 지키지 않고 마음대로 주차를 한다면, 과태료 등 법적제재와 국민으로부터 사회적 지탄을 받게 된다. 이처럼, 공공데이터 개방은 철학을 가지고 탄생하였다.

[그림 5-1] 공공데이터 개방 철학

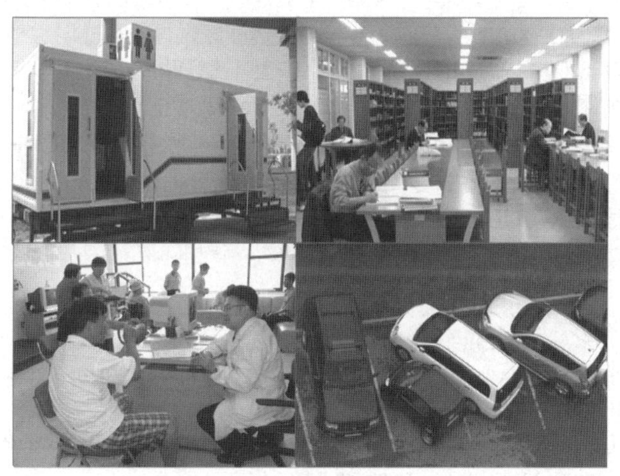

2 해외 주요국 사례

미국, 영국, 유럽 등에서의 공공데이터 정책은 우리나라보다 먼저 활발히 시작되었다. 국가원수는 물론, 학자 및 OECD 등 국제기구에서는 오픈데이터 정책을 통한 국가경쟁력을 강화하기 위하여 데이터 정책을 수립하고 있다.[1] 공공데이터와 오픈데이터에 대한 다수의 개념과 정의가 있으나, 대부분 쉽게 말해 공공데이터는 정부가 보유한 데이터 중에서 민간에게 개방이 가능한 데이터를 말한다.

민간단체인 Open Knowledge에서는 "최소한, 속성을 부여하고 공유할 것을 요구하는 누구나 자유롭게 사용, 재사용 및 재배포 할 수 있는 데이터"로 정의한다.[2] 오픈데이터는 목적을 불문하고 누구나 어디서나 자유롭게 접근 및 공유·활용할 수 있는 데이터를 의미하며, 기계적으로 생성, 수집, 처리, 배포, 폐기가 가능한 정보 일체를 누구나 비용 없이 쉽게 사용할 수 있도록 공개하는 것으로 정의한다. 데이터의 접근성(Accessible),[3] 기계판독성(Machine-readable),[4] 재활용성(Re-usable)[5]을 의미하는

[표 5-1] 주요국의 공공데이터 정의

구분	정의
Web Foundation	① 온라인상 제공되어 ② 자유롭게 재사용할 수 있으며(Open license) ③데이터를 효율적으로 분석할 수 있는 기계판독 가능한(Machine-readable) 포맷으로 ④ 대량의 데이터를 하나의 데이터셋으로 다운로드하여 활용할 수 있으며 ⑤ 무료로 사용 가능
OECD	① 정부가 생성하거나 권한을 갖는 데이터 및 정보이며, ② 누구에게나 무료로 제공, 재사용, 분배되고, ③ 사용자가 활용하여 자신의 창작물을 만들 수 있는 데이터
한국	「공공데이터의 제공 및 이용 활성화에 관한 법률」에서 '데이터베이스, 전자화된 파일 등 공공 기관이 법령 등에서 정하는 목적을 위하여 생성 또는 취득하여 관리하는 광(光) 또는 전자적 방식으로 처리된 자료 또는 정보'로 정의

1) (미국) 오픈데이터 정책(2013), (영국) 오픈데이터 전략(2014), (프랑스) 투명하고 협업적인 행정을 위한 국가계획(2018), (캐나다) 캐나다 열린정부 행동계획안(2016), (일본) 세계 최첨단 ICT 국가 창조선언(2013)
2) OpenKnowledge International. Open Data Handbook. What is Open Data?. (http://opendatahandbook.org/guide/en/what-is-open-data/)
3) 주도적으로 게시되고(Proactively Published) 무료로 이용할 수 있다.
4) 컴퓨터가 쉽게 분류, 필터링, 콘텐츠 검색을 할 수 있도록 데이터를 추출하고 처리하게 하는 파일 포맷과 구조로 게시된다.
5) 데이터 이용에 대해 최소한의 제한을 두는 명시적 조건이나 법제 하에서 이용이 가능하다. 대부분 게시자는 출처에 대한 표시 방식을 지정할 수 있다.

것으로6) 경제적 효과를 제공하는 것 뿐만 아니라 정부 투명성과 신뢰성을 향상시킴과 동시에 행정의 효율성을 제고한다는 관점에서 이용되는 데이터를 말한다.

제3절 인공지능(AI) · 디지털대전환 시대, 공공데이터 개방 정책의 태동

1 공공데이터 개방과 데이터 경제

공공데이터 개방은 어떻게 데이터 경제라고 할 수 있는가? [그림 5-2]를 보자. 왼쪽 그림은 흔히 볼 수 있는 버스정류장에 있는 버스 도착현황을 알려주는 현황판이다. 5531번은 12분 후에 도착하고, 곧 도착하는 505번은 좌석현황이 보통임을 알려주고 있다. 이 현황은 버스정류장에 오면 볼 수 있으나, 멀리 다른 곳에서는 알 수가 없는 정보이다. 또, 이런 정보는 서울시에서 소유하고 관리하고 있다. 만일 이 정보를 보여주는 것만 가능하다면, 이 서비스는 정보 공개에 해당한다고 볼 수 있다. 그러나, 서울 버스정보를 민간에 개방하면, [그림 5-2]의 오른쪽과 같이 서울버스앱이 탄생하

[그림 5-2] 공공데이터 개방과 데이터 경제와의 관계

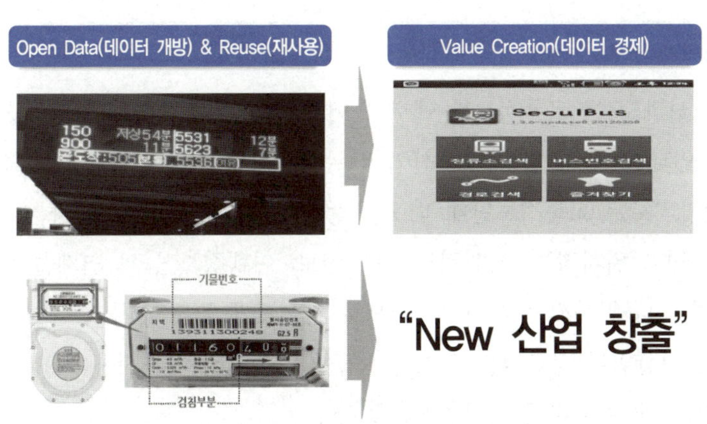

6) World Wide Web Foundation(2015). Open Data Barometer Global Report, Second Edition.

게 되며, 이를 통해 민간은 정부를 대신해서 공공 서비스를 국민에게 제공함은 물론이고, 앱을 통한 수익도 창출하게 되는 것이다. 이런 방식이 21세기 데이터 시대, 4차 산업혁명 시대에는 신(新)경제로 볼 수 있으며, 데이터 경제라고 일컫는다. 이처럼 전기검침 데이터 등 각종 정부 시스템에 마치 고여있는 물과 같은 데이터를 민간에 적극 개방한다면 새로운 산업이 창출되는 것이다.

[그림 5-3] 공공데이터 재사용(reuse)은 신산업 창출과 연계

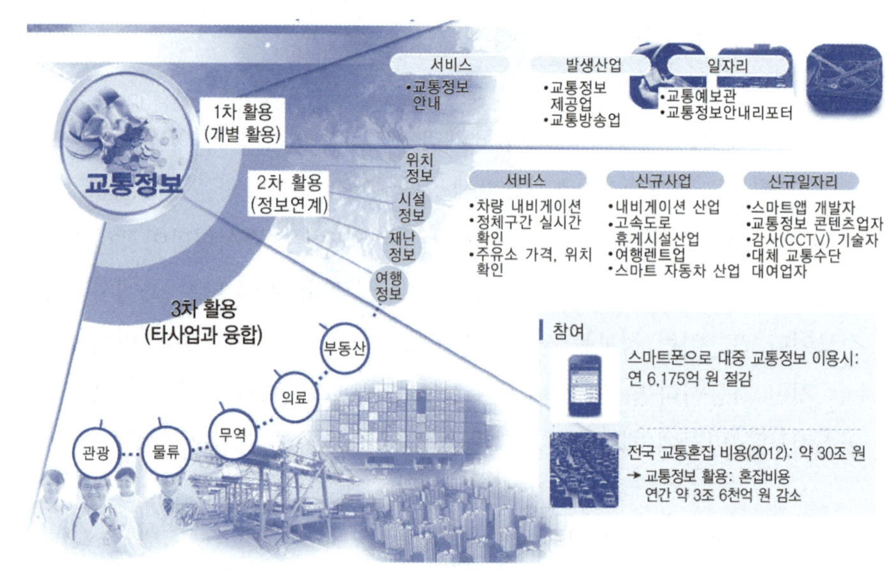

[그림 5-3]과 같이 교통정보를 예로 들어보자. 교통정보는 그 자체로만 활용하면 교통정보를 안내할 수 있다. 발생 산업으로는 교통정보 제공업, 교통방송업이 있을 수 있다. 일자리로는 교통정보안내 리포터 등이 있다. 하지만, 2차 다른 정보와 연계한다면 달라진다. 위치정보, 시설정보, 재난정보, 여행정보 등과 연계를 한다면, 서비스, 신규사업, 신규일자리는 기하급수적으로 늘어나게 된다. 3차 타산업과 융합을 한다면 더욱더 신산업이 창출되는 것이다. 즉, 공공데이터는 재사용(Reuse)하면 할수록 닳아 없어지는 게 아니라 빛을 발하게 된다.

2 공공데이터 개방으로 국민 삶의 질 변화

과거에는 아침 출근시간에 버스를 타기 위해 버스정류장에서 한바탕 전투를 벌이곤 했다. [그림 5-4]를 보면, 과거에는 비가오나 눈이오나 내가 타고자 하는 버스를 타기 위해 버스정류장을 이용했다. 때론 많은 사람으로 인해 여러 버스를 놓치는 경우가 허다했다. 하지만, 지금은 어떠한가? 지금은 버스앱이 만들어져서 버스정류장을 나설 때 버스앱을 이용하지 않고 나서는 사람은 거의 없다. 내가 오는 버스를 미리 예상하고 또 가장 효율적인 시간에 맞춰 이용을 하게 된 것이다. 이런 현상은 정부가 데이터를 국민에게 개방을 한 것의 효과이다. 국민의 세금으로 만든 공공데이터를 정부가 무료로 국민 및 기업에 개방함으로써 이런 서비스의 발달은 과거 버스운전사 등 공급자 중심에서 국민, 즉 서비스 이용자 중심으로 사회의 문화가 전환된 것이다.

[그림 5-4] 공공데이터 개방으로 인한 혁신 변화

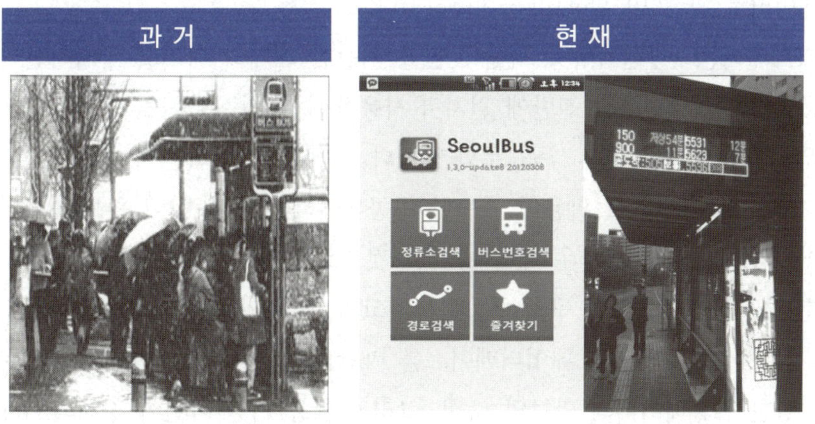

3 열린 정부와 공공데이터 개방 정책의 대두

공공데이터 개방(Open Government Data)은 일반 국민이 정부의 데이터를 누구나 무료로 자유롭게 이용할 수 있는 정책이다(Vileneuve, 2014). 유럽에서는 오픈데이터라고도 부른다. 공공데이터 개방은 4차산업혁명 시대, 디지털 전환 시대에 만들어졌다.

정부의 투명성, 국민의 알권리에 기반한 행정정보공개와는 달리 공공정보의 개방은 민간에 의한 공공데이터의 재이용이라는 개념으로 새롭게 발생하였으며, 행정정보공개보다 훨씬 확장 및 발전하였다고 볼 수 있다.

[표 5-2] 데이터의 정의 및 비교

구분	내용
데이터	컴퓨터가 처리할 수 있는 문자, 숫자, 소리, 그림 따위의 형태로 된 정보
지능	새로운 대상이나 상황에 부딪혀 그 의미를 이해하고 합리적인 적용 방법을 알아내는 지적 활동의 능력
정보	어떤 자료나 소식을 통하여 얻는 지식이나 상태의 총량, 정보 원천에서 발생하며 구체적인 양, 즉 정보량으로 측정할 수 있다. 자동화 부문이나 응용 언어학 분야에서도 쓰임
지식	인식에 의하여 얻어진 성과, 사물에 대한 단편적인 사실적 · 경험적 인식을 말하며, 객관적 타당성을 요구할 수 있는 판단의 체계를 말함

4차산업혁명 및 경제 사회 패러다임이 급속도로 변화함에 따라 정보, 지식, 지능에서 데이터로 관심 및 활용이 급변화하였다.

공공데이터는 4차산업혁명 시대에 활용 가능한 최대의 디지털 국가자산이다. 특히 공공데이터는 국민생활 전반에 걸쳐서 사용할 수 있다. 예를 들면, 경제, 지리, 조세, 치안, 교통, 기상, 환경, 식품, 문화가 있다. 특히, 우리나라는 수십 년동안 전자정부, 국가정보화 추진으로 활용이 가능한 공공데이터를 매우 많이 확보해 놓고 있을 뿐만 아니라, 그 종류와 양은 계속 증가할 것으로 본다.

또한 초고속정보통신망 구축 등 세계 최고의 통신 인프라를 확보하고 있는 우리나라로서는 각종 시스템과 데이터베이스를 바탕으로 한 유통, 활용할 수 있는 가치 있는 다양한 공공데이터의 확보와 축적, 그리고 활용 기반 마련이 정책의 주된 관심사가 되었다(한국지능정보사회진흥원, 2010).

제4절 공공데이터 개방 정책의 발전과 진화

1 4차산업혁명의 등장과 행정정보공개의 한계

4차산업혁명의 등장은 전세계에서 21세기의 원유, 즉 데이터를 모든 산업의 원료로 인식하며 다양한 산업에 활용하는 붐이 일어났다. 이런 상황에서 행정정보공개 정책은 한계가 존재하였다. 행정정보 공개 정책은 「공공기관의 정보공개에 관한 법률」에 근거하고 있으며, 목적은 국민의 알권리 보장과 국정운영의 투명성 확보를 위한 것이다. 공개 범주는 전자적, 비전자적 자료 또는 정보에 해당하며, 제공형태는 특정한 공개 형태를 정하지 않았으나 대부분 읽기 수준의 형태로 제공한다. 특히, 미국 오마바 정부, 영국 팀버너스리 등을 중심으로 Raw Data Now, 원데이터 개방 등 정부, 산업을 넘어 학계 및 비영리단체 등까지 모두 데이터의 공개를 넘어 활용을 요구하기 시작하였다.

2 공공데이터 개방 및 이용 활성화

우리나라의 공공데이터 정책은 2013년 7월, 「공공데이터의 제공 및 이용 활성화에 관한 법률」(이하 「공공데이터법」)이 국회를 통과하면서 본격 시작되었다. 그리고, 정책의 성과를 조기에 이루고자 같은 해 11월에 「공공데이터법」을 시행하였다.

공공데이터 정책은 초기단계에는 개방을 위한 기반조성에 초점을 두었다. 국민이 원하는 공공데이터를 개방하고자, 국민의 의견을 듣는 국가오픈데이터포럼을 필두로, 개방 가능한 공공데이터에 대해 최초로 공공 기관 전체를 대상으로 공공데이터 실태조사를 실시하였다. 공공데이터 개방 로드맵을 마련하였으며, 총리와 민간전문가를 공동위원장으로 하는 공공데이터전략위원회, 공공데이터활용지원센터(현, 한국지능정보사회진흥원 소속), 공공데이터 분쟁을 조정하기 위한 공공데이터제공분쟁조정위원회도 설립하였다. 전 부처 및 지자체, 공공 기관에 공공데이터를 책임지는 공공데이터책임관도 임명하는 등 국가 공공데이터 거버넌스를 구축하였다.

정책 중기에는 고품질, 고수요 공공데이터를 발굴 · 개방하기 위한 국가중점데이터 프로젝트를 추진하였으며, 민간의 비즈니스 창출을 돕고자 정부는 공공데이터를 개방만 하고 민간이 개방된 데이터를 활용하는 민간침해 공공 서비스 중복 정책도 추진하였다. 또한, 개방된 데이터를 활용하기 위한 아이디어 발굴부터 창업, 비즈니스화까지 창업의 전 단계를 원스톱으로 지원하기 위해 오픈스퀘어-D라는 창업공간도 설치 · 운영하게 되었다.

최근에는 인공지능(AI), 빅데이터, 자율주행차 등 4차산업혁명 및 인공지능 시대 도래에 따른 공공데이터 수요가 급증함에 따라, 공공데이터 정책은 개방은 물론 공유 · 분석 및 활용에 대한 정책으로 확대발전하고 있다. 특히, 디지털정부 혁신 전략 등 국가전반의 혁신에 공공데이터를 활용하는 다양한 정책을 시도 중이다.

제5절 공공데이터 개방관련 법 · 제도

1 공공데이터 개방법 추진 경과

박근혜 정부 시절, 정쟁과 여러 가지 이유로 박근혜 정부의 마지막 제정법은 국회를 통과한 「공공데이터의 제공 및 이용 활성화에 관한 법률」(이하 「공공데이터법」이라 함)이다. 동법은 공공데이터의 민간 활용을 촉진시키기 위한 거버넌스를 구축하기 위해 마련된 것으로 공공 기관에 공공데이터 제공의무를 부과하여 공공데이터의 민간 제공과 이용 활성화를 지원할 수 있는 법적 근거를 부여하는 것을 주된 내용으로 삼고 있다.

2013년 「공공데이터법」 제정 이후 여러 차례 법 개정이 있었다. ① 「전자정부법」에 따른 행정정보, 「국가정보화기본법」에 따른 정보 중 공공 기관이 생산한 정보, 「공공기록물 관리에 관한 법률」에 따른 전자기록물 중 대통령령으로 정하는 전자기록물 등을 공공데이터의 개념에 포함시킴으로써 공공데이터의 개념을 구체화시키고(「공공데이터법」 제2조 제2호), ② 공공데이터를 활용한 창업을 촉진하기 위한 정부의 지원 근거를 신설하며(법 제14조 제2항 및 제3항), ③ 공공 기관이 민간기업에서 개발한 서비스와 중복되거나 유사한 서비스를 개발·제공하는 것을 금지하여 시장의 왜곡을 막고(법 제15조의2) 이를 담보하기 위해 주기적으로 점검하고 권고조치(법 제15조의3)를 할 수 있는 법적 근거가 마련되었다.

2 공공데이터 개방법 주요내용

1) 제공 원칙

OECD Open Data Charter(https://opendatacharter.net)에 따르면 6개의 원칙이 있다. ① 원칙적 개방(Open by Default), ② 적시성과 포괄성(Timely and Comprehensive), ③ 접근성과 활용성(Accessible and Usable), ④ 비교가능성과 상호운용성(Comparable and Interoperable), ⑤ 거버넌스와 시민참여 개선(For Improved Governance and Citizen Engagement), ⑥ 개발과 혁신(For Inclusive Development and Innovation) 등이 그것이다.

「공공데이터법」은 공공데이터의 이용권 보장과 민간 활용 촉진을 위한 거버넌스를 규율하기 위한 것으로 공공데이터의 민간제공 기준과 절차, 방법 등을 규정하고 있다. 이에 따라 공공 기관[7]은 원칙적으로 보유·관리하고 있는 공공데이터를 민간에게 제공하여야 한다(법 제17조 제1항 본문). 공공 기관의 공공데이터 제공의무는 공공데이터법의 골간을 이루는 것으로 「공공데이터법」은 이와 관련하여 공공 기관과 이용자에게 각각 일정한 의무를 부과하고 있다.

먼저, '공공 기관'은 누구든지 공공데이터를 편리하게 이용할 수 있도록 노력함과 동시에 이용권의 보편적 확대를 위하여 필요한 조치를 취할 의무가 있고(법 제3조 제1항), 공공데이터에 관한 국민의 접근과 이용에 있어서 평등의 원칙을 보장하여야 하며(법 제3조 제2항), 공개된 공공데이터의 이용을 저해하지 않아야 한다(법 제3조 제3항). 또한 공공데이터의 민간 활용을 적극적으로 촉진하기 위한 법의 도입취지를 고려하여 특별히 공공데이터의 영리적 이용을 금지하거나 제한하는 것을 명문으로 금지하고 있다(법 제3조 제4항). 이와 함께 공공 기관이 개방에 따른 사후책임을 염려하여 데이터 제공 요구에 소극적으로 대처하는 것을 막기 위해서 공공데이터의 제공 직무를

7) 국가 기관, 지방자치단체 및 「국가정보화기본법」 제3조 제10호에 따른 공공 기관(예: 「공공기관 운영에 관한 법률」에 따른 공공기관, 지방공기업, 각급 학교 등)을 말한다(법 제2조).

성실히 수행한 공무원 및 공공 기관의 임직원에 대해 데이터의 품질, 목록의 제외 등으로 발생한 손해에 대하여 민・형사상의 책임을 지지 않도록 제도적으로 보장하고 있다(법 제36조 제1항).

다음으로, '이용자'는 공공데이터의 이용에 있어서 국가안전보장 등 공익이나 타인의 권리를 침해하지 않도록 법령이나 이용조건 등에 따른 의무 준수와 신의성실의 의무를 진다(법 제3조 제5항). 특히 공공 기관은 공공데이터의 제공에 드는 필요 최소

[표 5-3] 공공데이터법의 주요내용

구분		내용
총칙	목적・정의	– 목적: 공공데이터에 대한 국민의 이용권 보장 – 제공: 기계판독이 가능한 형태로 전달 또는 접근 허용 – 기계판독이 가능한 형태: 소프트웨어로 공공데이터의 내용을 수정, 변환, 추출 등 가공할 수 있는 상태
	기본 원칙	– 공공 기관은 공공데이터 이용권의 보편적 확대를 위하여 필요한 조치를 수행하고 공공데이터의 상업적 활용을 보장하여야 함
정책 수립	공공데이터 전략위원회	– 주요 정책심의 등을 위한 총리실 산하 위원회 설치・기본계획 수립・변경, 제공대상 범위 심의・의결 등
	기본계획 시행 및 운영실태 평가	– 공공데이터 제공・이용 활성화 기본계획 수립(3년 주기, 행안부) 시행계획 수립(매년, 중앙・지자체의 장) – 공공기관의 공공데이터 제공 운영실태 평가(행안부)
	제공책임관 및 활용지원센터	– 각급 기관 업무 총괄을 위한 담당자 임명 – 업무 지원을 위한 센터 설치
기반 조성	제공대상 공공데이터 등	– 제공대상: 소관데이터(단, 비공개/저작권 정보 제외) – 심의(전략위): 제공 대상 데이터 목록 심의・의결 – 데이터 등록: 공공데이터포털(공공 기관) – 제공기반 구축: 기계적 판독이 가능한 형태의 데이터정비 및 다양한 형태의 제공방법 강구 등(공공 기관) – 기반지원: 포털운영, 품질관리・표준화, 데이터 정비 지원(행안부)
데이터 제공	데이터제공・공공데이터분쟁조정위원회	– 제공방법: 직접 또는 포털 – 데이터 제공 거부・중단시 분쟁조정을 위한 위원회 설치
보칙	면책	– 데이터 제공 중단 등에 따른 이용자의 손해에 대한 공무원의 민・형사상 책임 면제

자료: 안전행정부(2013.10.31). "공공정보의 개방과 공유–일자리는 늘고 생활은 편리해집니다", p.3의 표를 일부 수정.

한의 비용에 대해서는 이를 이용자에게 부담시킬 수 있다(법 제35조 제1항).[8] 여기서 말하는 필요최소비용은 평균 비용적인 개념이 아니라 한계 비용적인 개념으로 이해하여야 하므로 이용비용 산정시 공공데이터 생성·보관에 드는 비용이 아니라 민간에 공공데이터를 제공하게 되어 추가적으로 소요되는 비용 중 최소한의 비용을 청구할 수 있는 것으로 이해하는 것이 바람직하다(김제원 외, 2014). 공공데이터의 생성 등은 공공 기관의 고유 업무에 해당하는 것으로 이를 이용자에게 전가하는 것은 바람직하지 않기 때문이다.

2) 제공대상

(1) 공공데이터의 의의

'공공데이터'란 데이터베이스, 전자화된 파일 등 공공 기관이 법령 등에서 정하는 목적을 위하여 생성 또는 취득하여 관리하고 있는 광(光) 또는 전자적 방식으로 처리된 자료 또는 정보를 말한다. 여기에는 「전자정부법」에 따른 행정정보, 「국가정보화 기본법」에 따른 정보 중 공공 기관이 생산한 정보, 「공공기록물 관리에 관한 법률」에 따른 전자기록물 중 대통령령으로 정하는 전자기록물 등이 포함된다(법 제2조 제2호).

개방되는 공공데이터의 대표적인 형태는 '데이터베이스'와 '전자화된 파일'을 꼽을 수 있다. 데이터베이스(DB)란 각 기관이 생성·취득한 텍스트, 수치, 이미지, 동영상, 오디오 등 다양한 형태의 데이터를 테이블(Table) 형식으로 구조화하여 데이터베이스 시스템(Database Management System)으로 관리하는 것을 말한다. 버스운행정보 DB, 기상관측 DB, 공간정보 DB 등이 대표적 형태다(최환용, 2015). 공공 기관이 공공 정보를 토대로 공공데이터베이스를 구축하고 이를 관리한다는 점에서 민간제공의 대상은 개별적인 공공 정보가 아니라 공공데이터베이스라고 할 수 있다(국회 안전행정위원회, 2013). 한편 전자화된 파일이란 공공 기관이 생성·취득한 다양한 형태의 데이터를 데이터베이스 형태가 아닌 개별 파일 형태로 관리하는 것으로 연구보고서, 연도별 백서·통계연보, 지하철운행시간표 등이 여기 해당한다.

---

8) 「공공데이터법」 시행령은 공공데이터의 제공에 드는 전자기록매체비용 등 일반 경비, 공공데이터의 제공을 위하여 필요한 정보시스템 및 네트워크 증설·유지보수 비용, 제3자 권리정보가 포함된 공공데이터의 제공에 대한 정당한 권리이용비용 등을 비용산정시 고려하는 요소로 보고 있다(법 시행령 제28조 제1항).

(2) 공공데이터의 범위

① **원칙**

「공공데이터법」은 공공 기관이 임의로 민간의 접근을 제한하는 것을 막고 정보통신망을 통하여 일반에게 공개된 공공데이터의 이용을 보장하기 위하여 원칙적으로 이용자의 신청이 있는 경우, 공공 기관이 보유·관리하는 모든 공공데이터를 제공할 것을 요구한다(법 제17조 제1항). 아울러 공공데이터의 체계적인 관리와 민간제공 정책의 효율적인 집행을 위하여 공공 기관 장에게 소관 공공데이터 목록의 등록의무를 규정하고 있으며(법 제18조 제1항) 누락이 있는 경우, 행정안전부장관이 별도로 공공데이터 목록의 등록을 요청할 수 있도록 규정함으로써(법 제18조 제2항) 공공 기관이 의도적으로 등록대상목록을 축소하는 것을 막고 있다.

② **예외**

「공공기관의 정보공개에 관한 법률」상 비공개대상정보[9]이거나 「저작권법」 및 그 밖의 다른 법령에서 보호하고 있는 제3자의 권리가 포함된 것으로 해당 법령에 따른 정당한 이용허락을 받지 않은 정보에 한해 예외적으로 제공대상에서 제외된다(법 제17조 제1항 각호). 다만, 「공공데이터법」은 공공데이터의 관리 등에 대하여 특별법이 있는 경우 그에 따르도록 규정하고 있기 때문에(법 제4조) 장래에 법률의 신설 내지 변경에 따라 예외사유가 추가될 여지는 있다.

예외적으로 제공대상에서 제외된 공공데이터라고 하더라도 「공공데이터법」은 적극적으로 민간의 공공데이터 이용을 보장하는 방안을 마련하고 있다. 이에 따르면 예외사유에 해당하는 비공개사유를 기술적으로 분리할 수 있다면 해당 공공 기관 장은 이를 제외한 뒤 공개하여야 한다(법 제17조 제2항).[10] 제3자의 권리가 포함되었다는 이유로 제공대상에서 제외된 공공데이터의 경우에도 행정안전부장관이 정당한 이용허락을 확보하기 위한 방안을 제시할 수 있고, 공공 기관 장에게 이에 따른 조치의무를 부과함으로써(법 제17조 제3항) 공공데이터의 제공을 최대한 진작하고자 한다.

9) 성명·주민등록번호 등 개인에 관한 사항, 국가안전보장·국방·통일·외교관계 등에 관한 사항, 국민의 생명·신체 및 재산의 보호에 현저한 지장을 초래할 우려가 있다고 인정되는 정보 등
10) 다만, 기술적 분리가능성에 대한 판단을 이유로 사실상 정보를 보유한 기관이 제공여부를 결정할 여지가 있다는 지적이 있다(국회 안전행정위원회, 2013: 24).

(3) 제공대상 공공데이터 목록

① 제공목록 확정 절차

공공 기관 장이 소관 공공데이터 목록을 행정안전부에 등록하면, ① 행정안전부 장관은 공공데이터전략위원회(이하 '전략위원회')의 심의 · 의결을 거쳐 제공목록을 선별하여 그 목록과 이용조건을 공표하고, ② 해당 공공 기관 장은 이용자가 알기 쉽게 그 기관의 홈페이지와 공공데이터 포털(data.go.kr)에 이를 공개하여야 한다(법 제18조 및 제19조).

② 제공목록의 제외

공공 기관의 장은 예외적으로 특정 공공데이터를 제공목록에서 제외해 줄 것을 요청할 수 있다. 즉, 공공데이터를 생성 · 관리하는 정보 시스템 또는 업무가 폐지되거나 법률의 제 · 개정으로 공개대상 공공데이터의 범위에 속하지 않게 된 정보를 포함하는 경우, 기타 필요하다고 판단하는 경우에는 공공데이터 목록에서 제외해 줄 것을 행정안전부장관에게 요청할 수 있다(법 제20조 제1항 본문 및 각호). 제외여부는 최종적으로 전략위원회의 심의 · 의결에 따른다(법 제20조 제2항). 다만, 제공대상 목록에서 제외된 공공데이터라고 하더라도 이용자가 별도로 신청할 수 있는 절차가 마련되어 있다(법 제27조 제1항, 같은 법 시행령 제21조).

공공 기관 장의 재량으로 공공데이터를 제공목록에서 제외시킬 것을 요청할 수 있지만 정작 제외의 필요성에 대한 판단기준이 제도적으로 마련되어 있지 않을 뿐만 아니라(최유 · 차현숙, 2016), 목록에서 제외된 공공데이터를 추가로 제공할지 여부를 결정하는 권한도 해당 공공 기관 장에게 주어져 있다는 점(법 제27조 제1항, 법 제27조 제3항 내지 제6항)에서 공공데이터의 국민의 이용권 보장에 여전히 미흡한 측면이 있다는 지적이 있다(김제원 외 2014: 17).

(4) 공공데이터의 제공과 중단

① 공공데이터의 제공

「공공데이터법」은 공공데이터를 '제공'할 것을 요구한다(법 제17조 제1항). 이는 신청을 받아서 소극적으로 '공개'하는 것에 그치지 않고 적극적으로 공공데이터를 제공함으로써 공공데이터의 민간 활용도를 높이려는 것이다. 「공공데이터법」은 공공 기관이 이용자로 하여금 기계판독이 가능한 형태의 공공데이터에 접근할 수 있게 하거나 이를 다양한 방식으로 전달하는 것을 '제공'으로 정의한다. 이때 '기계판독이 가능한 형태'는 소프트웨어로 데이터의 개별 내용 또는 내부구조를 확인하거나 수정・변환・추출 등 가공할 수 있는 상태를 말한다(법 제2조 제3호 및 제4호). 따라서 「공공데이터법」에 따라 외부에 제공되는 공공데이터는 반드시 기계판독이 가능한 형태여야 한다.

결국, '제공'이란 공공 기관이 이용자로 하여금 소프트웨어(예: 아래아한글, MS Excel 등)로 데이터의 개별 내용 또는 내부 구조를 확인하거나 수정・변환・추출 등 가공할 수 있는 상태로 보유・관리하는 데이터에 접근할 수 있게 하거나 이를 다양한 방식으로 전달하는 것을 의미한다(최환용, 2015). 그 결과 pdf와 같이 자유롭게 수정, 변환이 불가능한 포맷은 기계판독 가능성 요건을 충족하지 못하였으므로 공공데이터 포털에 등록할 수 없다.

나아가 공공데이터의 영리적 이용 제한을 금지하는 「공공데이터법」의 취지상 제공의 기능적 의미는 공공 기관이 이용자에게 ① 데이터를 자유롭게 재활용(Re-use)할 수 있도록 제공하는 것뿐만 아니라, ② 제공받은 데이터를 상업적・비상업적으로 이용할 권한을 부여하는 것으로 포괄적으로 이해할 수 있다(행정안전부, 2019).

② 제공 방식과 절차

제공대상 공공데이터는 별도의 신청절차 없이도 해당 공공 기관이나 공공데이터 포털(data.go.kr)을 통해서 제공받을 수 있다. 다만, 공공데이터 중 공표되지 않은 데이터는 해당 공공 기관의 장 또는 공공데이터활용지원센터에 별도의 신청절차를 거쳐야 한다(법 제27조). 이때 해당 기관이 보유・관리하고 있는 형태 그대로를 제공하면 충분하며 데이터 제공자가 추가적으로 공공데이터를 생성하거나 변형 또는 가공, 요약, 발췌하여 데이터를 제공하여야 하는 것은 아니다(법 제26조 제3항).

③ 제공 중단과 재개

「공공데이터법」은 국민의 공공데이터 이용권을 보장하면서도 공공 기관의 본래의 업무수행에 상당한 지장을 초래할 경우 등과 같이 공공 기관의 공익적 역할수행에 장애를 가져올 위험이 있는 경우에 한하여 공공데이터의 제공을 중단할 수 있도록 규정한다. 다시 말해서, 이용자가 공표된 공공데이터의 이용조건을 위반하여 공공 기관

본래 업무수행에 상당한 지장을 초래할 우려가 있거나 공공데이터의 이용이 제3자의 권리를 현저하게 침해하는 경우, 공공데이터를 범죄 등 불법행위에 악용하는 경우, 그밖에 공공데이터제공분쟁조정위원회(이하 '분쟁조정위원회')가 공공데이터의 관리 및 이용에 적합하지 않다고 결정하는 경우에는 공공데이터의 제공을 중단할 수 있다(법 제28조 제1항).

④ 분쟁조정절차와 법적 효력

공공데이터의 제공 거부 또는 중단을 받는 자는 처분일로부터 60일 이내에 행정안전부장관 소속의 분쟁조정위원회에 분쟁조정을 신청할 수 있다(법 제31조 제1항).[11] 다만, 조정절차가 진행되는 중에 한쪽 당사자가 소를 제기하면 그 조정의 처리는 중지된다(법 제33조 제2항).

분쟁조정위원회는 조정신청을 받은 날로부터 30일 이내에 조정안을 작성하여 각 당사자에게 제공하되 조정안을 제공받은 당사자가 15일 이내에 수락여부를 알리지 않으면 조정을 거부한 것으로 본다(법 제32조). 다만, 조정의 실효성을 높이기 위하여 공공기관의 장은 특별한 사유가 없으면 분쟁조정위원회의 조정안을 따라야 하고 이로 인하여 징계처분 또는 불이익한 처분을 받지 않도록 규정하고 있다(법 제32조 제7항). 당사자가 수락한 조정안은 재판상 화해와 동일한 효력을 갖게 된다(법 제32조 제9항).

(5) 공공 기관의 유사·중복 서비스 개발·제공 금지

① 개요

정부가 민간과 유사한 서비스를 직접 제공함으로써 기업의 창업의욕을 저해하고 창업기업의 성장을 막는 지적에 따라 지난 2016년 「공공데이터법」을 개정하였다. 이에 따라 공공 기관의 민간 유사·중복 서비스 개발금지 근거가 마련되었고 운영 기관의 책임관리가 강화되었다. 그 결과 정부는 원천 데이터를 제공하고 민간이 창업과 서비스를 개발하는 것으로 각자의 역할이 명확히 구분되었고(법 제15조의2) 행정안전부장관이 주기적인 실태조사를 실시한 후, 조사결과에 대한 전략위원회의 개선·시정 의결사항을 권고하도록 규정함으로써 민간 유사·중복 서비스 정비가 정례화 되

11) 법문에는 '제공거부 및 제공중단'을 받는 것으로 분쟁조정신청요건을 규정하고 있으나 양자는 별개의 개념이어서 제공거부 '또는' 제공중단으로 규정하는 것이 바람직하다

었다(법 제15조의 3).

② **정비기준**

정비기준 마련을 포함한 정비의무의 주체는 해당 공공 기관이며 이를 통해 분야별 특수성을 반영한 서비스를 제공할 수 있을 것으로 기대되고 있다(법 제15조의2). 이에 따라 해당 공공 기관의 장은 민간 유사·중복 서비스의 개발·제공을 방지하기 위한 지침을 마련하고 새로운 서비스를 개발하는 경우, 사전에 유사·중복 투자 여부를 점검하여야 한다(법 제15조의2 제2항).

한편 민간 유사·중복 서비스 정비기준은 원칙적으로 공공 기관에서 제공하는 서비스의 공공데이터 활용 여부, 서비스의 공공성, 민간 서비스와의 중복·유사성, 민간 대체성 등을 종합적으로 고려하되 1차적으로 공공데이터 활용여부, 서비스의 공공성 여부 등을 우선적으로 반영하고, 2차적으로 중복유사성, 민간 서비스 대체 가능성 및 기존 정비 선례 기준 등을 참작하여 정하게 된다. 다만, 공공데이터를 활용하지 않는 경우, 다른 법령에 명백한 서비스 제공 규정이 존재하는 경우, 국가안보·외교·국방 등 민간이 제공할 수 없는 정부 고유 서비스인 경우, 민간이 제공하는 것이 부적절한 공공 서비스에 해당하는 경우 등은 정비대상에서 제외된다(행정안전부, 2019).

③ **정비절차**

공공 기관의 민간 유사·중복 서비스 정비는 행정안전부장관의 주기적인 통제대상이다. 행정안전부장관은 원칙적으로 공공 기관이 운영 중인 공공 서비스에 대한 조사를 연 1회 실시하되 창업 촉진 및 창업자의 성장 및 발전을 위한 정책 수립과 집행에 필요한 경우에는 수시조사도 할 수 있다(법 제15조의3, 같은 법 시행령 제14조의 3).

행정안전부장관은 전략위원회의 심의 결과에 따라 공공 기관 장에게 개선 및 시정을 권고할 수 있으며(법 제15조의3 제2항) 해당 공공 기관 장은 90일 이내에 행정안전부장관에게 이행계획을 통보하거나 불가사유를 알리는 방식으로 권고 수용여부를 결정한다(법 제15조의3 제3항). 이와 관련하여 「공공데이터법」 시행령은 공공 기관이 그 개선·시정권고에 반대하는 경우라고 하더라도 전략위원회가 다시 개선 및 시정을 권고하는 경우에는 해당 공공기관이 재권고 사항을 성실하게 이행할 의무를 지는 것으로 규정한다(같은 법 시행령 제14조의4 제2항).

3) 공공데이터 개방법 추진체계

「공공데이터법」은 전략위원회를 중심으로 공공데이터 정책을 수립하도록 하고 개별 공공 기관에 공공데이터제공책임관을 두어 정책의 실질적 수행을 담보하며 이를 한국지능정보사회진흥원의 '공공데이터활용지원센터'와 '분쟁조정위원회'가 지원하는 형태로 공공데이터 정책 추진체계를 마련해 두고 있다.

먼저, 전략위원회는 공공데이터에 관한 정부의 주요 정책을 심의 · 의결하고 추진사항을 점검 · 평가하기 위해 마련된 범정부적 데이터 거버넌스(Data Governance)로서 국무총리와 민간전문가를 공동위원장으로 하고 폭넓은 민간 의견수렴을 위해 전체 위원 중 과반수 이상을 민간위원으로 구성한다(법 제5조).

다음으로 공공데이터 정책의 이행을 실질적으로 담보하기 위하여 공공기관의 장은 해당 기관의 공공데이터 제공 및 이용 활성화에 관한 업무를 총괄하는 책임관(이하 '공공데이터제공책임관')과 실무담당자를 임명한다(법 제12조 제1항). 아울러 공공데이터의 제공 및 이용 활성화를 위하여 공공데이터활용지원센터를 한국지능정보사회진흥원에 설치하여 이 법에 따른 각종 정책추진을 지원하고 있다(법 제13조).

제6절 공공데이터 개방 정책의 추진체계

1 공공데이터 개방 추진체계 개요

일반적으로 '정책 추진체계'는 정책 단계별 주체와 역할로 요약할 수 있다. 법률이 정하거나 최고정책결정자가 설정한 정책의 방향이 일선에서 정책 대상자에게 집행될 수 있도록 구체화하고, 자원을 배분하고, 이해관계를 조정하고, 실제 행동이나 문서 등으로 집행하는 절차의 구성과 역할의 분담을 의미한다. 이러한 과정은 하나의 기관에서 전담하는 것이 아니라 집행 단계별로 수준을 나누어서 이루어지는 것이 일반적이다. 정책의 세부 내용을 결정하는 의사결정 단계, 결정된 내용을 집행하는 데 필요한 자원을 확보하는 단계, 그리고 실제 집행조직을 통해 집행되는 단계로 구분할 수 있는데, 이를 통상적으로 정책·지원·집행이라고 한다. 이러한 구분은 일방향적, 혹은 하향적으로만 이루어지는 것이 아니라 양방향적이고 상호 조정형인 경우가 많다.

이러한 측면에서 공공데이터 추진체계는 공공데이터 정책을 구체화하고, 공공데이터 수요자들에게 정책적 영향을 미치는 데까지 관여하는 모든 주체들을 포괄하는 것으로 볼 수 있다. 추진체계는 대부분 제도화되어 있는데, 「공공데이터법」과 하위법령에 제시된 추진체계의 내용은 다음과 같다. 다만, 행정안전부의 기능은 「정부조직법」 및 「행정안전부와 그 소속기관 직제」에 규정되어 있다.

[표 5-4] 공공데이터 추진체계의 주요 기능

단계	담당	주요기능
정책	공공데이터 전략위원회	공공데이터에 관한 정부의 주요 정책과 계획을 심의·조정하고 그 추진사항을 점검·평가
	행정안전부	공공데이터의 관리·공유·개방·활용 등에 관한 업무 전반
지원	공공데이터 활용지원센터	공공데이터의 효율적인 제공 및 이용 활성화 지원
	공공데이터제공 분쟁조정위원회	공공기관의 공공데이터 제공 거부 및 제공 중단에 관한 분쟁조정
집행	공공데이터제공 책임관	기관의 공공데이터 제공 및 이용 활성화에 관한 업무를 총괄

2 공공데이터 개방 추진 주체별 주요 내용 및 기능

1) 공공데이터전략위원회

공공데이터전략위원회는 「공공데이터법」 제5조에 따라 국무총리 소속으로 설치된 공공데이터 정책의 총괄 컨트롤타워이다. 전략위원회는 위원장 2명, 간사 1명을 포함하여 35명 이내의 정부위원, 공공기관위원, 민간위원으로 구성된다. 위원장은 국무총리와 민간위원 중 한 명이 공동위원장을 맡으며 간사는 행정안전부장관이다.

전략위원회의 주요 기능은 공공데이터에 관한 정부의 주요 정책과 계획을 심의·조정하고 그 추진사항을 점검 및 평가하는 것이다. 따라서 「정부조직법」 제5조의 합의제행정기관(행정위원회)이 아니라 공공데이터 정책결정을 지원하는 자문·심의위원회 성격이 강하다. 전략위원회의 세부적인 심의 대상은 공공데이터의 제공 및 이용 활성화에 관한 기본계획 및 시행계획의 수립과 변경에 관한 사항, 부문계획의 작성 지침에 관한 사항, 실태조사 결과에 대한 개선 또는 시정 권고에 관한 사항, 제공대상 공공데이터 목록의 심의 · 의결 및 목록 공표에 관한 사항, 공공데이터 목록의 제외에 관한 사항, 공공데이터의 제공 및 이용과 관련된 정책 및 제도 개선에 관한 사항, 기본계획 및 시행계획의 주요 시책에 대한 집행실적의 평가 및 점검에 관한 사항 등이다.

전략위원회에 상정할 안건을 미리 검토하고 위원회가 위임한 안건을 심의하기 위하여 전략위원회 산하에 공공데이터전략실무위원회를 두며, 실무위원회 소속으로 안건 심의 등을 지원하기 위하여 분야별 전문위원회를 둘 수 있다. 실무위원회는 행정안전부차관과 민간위원 중 한 명이 공동위원장을 맡고, 간사는 행정안전부에서 공공데이터 정책을 관장하는 고위공무원단 소속 공무원이다. 실무위원회는 민간 전문가를 포함한 25명 이내의 실무위원으로 구성되며, 그 소속에 두는 분야별 전문위원회는 위원장 1명을 포함하여 10명 이내의 위원으로 구성한다

2) 행정안전부

행정안전부는 공공데이터에 관한 세부 정책을 수립하고 집행한다. 이를 위해 「공공데이터법」 및 하위법령에 따라 전략위원회 간사로 행정안전부장관을 두고, 실무위원회의 공동위원장은 행정안전부차관으로 간사는 행안부 고공단을 두었다.

「행정안전부와 그 소속기관 직제」 제12조에 따르면 정부혁신조직실의 주요 기능으로 공공데이터의 관리 · 공유 · 개방 · 활용 등에 관한 제도 · 정책의 연구 · 개선 및 기본계획의 수립 · 집행 · 총괄 · 조정, 공공데이터 구축 및 품질관리 · 표준화에 관한 사항, 공공데이터전략위원회 및 공공데이터제공분쟁조정위원회의 운영에 관한 사항, 공공데이터 개방 · 활용 및 이용 관련 기반 조성에 관한 사항 등을 규정하고 있다. 직제 시행규칙 제9조에 따라서 이러한 기능은 공공데이터 정책과의 사무로 분장되었다. 공공데이터 정책과의 주요 기능은 공공데이터의 제공 및 이용 활성화에 관한 제도 · 정책의 연구 · 개선, 기본계획 및 시행계획 수립, 공공데이터전략위원회 및 실무위원회 운영 · 지원, 공공데이터 관련 현황 조사 및 범정부데이터관리체계에 관한 사항, 공공데이터 관련 운영실태 조사 및 평가, 공공데이터 품질 관리 및 진단, 공공데이터

표준화 정책 및 관련 표준의 제정·보급에 관한 사항, 공공데이터활용지원센터의 설치 및 운영에 관한 사항, 공공데이터 포털의 구축 운영 및 활용촉진에 관한 사항, 공공데이터제공분쟁조정위원회의 운영에 관한 사항, 공공데이터를 활용한 창업 촉진 및 창업자의 성장·발전 지원, 공공데이터 관련 교육·훈련 및 민간협력에 관한 사항, 공공데이터 시책사업의 성과관리에 관한 사항 등이다.

3) 공공데이터활용지원센터

공공데이터의 효율적인 제공 및 이용 활성화 지원을 위하여 「공공데이터법」 제13조에 따라 한국지능정보사회진흥원에 공공데이터활용지원센터를 설치·운영하고 있다. 활용지원센터는 공공데이터전략위원회의 심의와 행정안전부의 정책 기능을 실질적으로 지원하는 역할을 수행하며 민간 부문의 공공데이터 활용도 지원한다.

활용지원센터의 구체적인 기능은 공공데이터의 제공 및 이용을 위한 정책 및 제도의 조사·연구, 공공데이터의 제공 및 이용과 관련한 통계의 조사·분석, 제공을 위한 공공데이터 가공 등 관리 지원, 기본계획 및 시행계획의 수립·시행 지원, 공공데이터 이용 홍보 및 창업 지원, 공공데이터 민간협력 및 국제협력 지원, 공공데이터 목록의 등록 및 등록정보의 관리 지원, 공공데이터 포털의 구축·관리 및 활용 촉진, 공공데이터의 품질진단·평가 및 개선의 지원, 공공데이터의 표준화 지원, 공공데이터 관련 교육·훈련, 공공데이터제공분쟁조정위원회 운영 지원 등이다. 결국 활용지원센터에 대한 적절한 임무와 자원의 배분이 공공데이터 정책을 성공으로 견인하기 위한 핵심 사항이 될 것이다.

4) 공공데이터제공분쟁조정위원회

공공 기관의 공공데이터 제공 거부 및 제공 중단에 관한 분쟁조정을 위하여 「공공데이터법」 제29조에 따라 행정안전부장관 소속으로 공공데이터제공분쟁조정위원회를 둔다. 분쟁조정의 절차를 둔 배경은 공공데이터의 제공 거부나 중단이 발생한 경우 국민들이 복잡한 행정쟁송을 하지 않고 간단한 분쟁조정 절차만으로 데이터 이용 권리를 보장받기 위함이다. 분쟁조정위원회는 민간위원장 1명을 포함하여 공공데이터의 제공 및 이용 등에 관한 중앙행정기관의 고위공무원단에 속하는 공무원, 판사 · 검사 · 변호사 등 법조인, 대학교수 및 연구자, 그 밖의 전문가 25명 이내의 위원으로 구성하며, 그 중 1명은 상임위원으로 한다.

분쟁조정위원회는 효율적인 분쟁조정을 위하여 필요한 경우 5명 이상 7명 이하의 조정부를 구성하여 운영할 수 있다. 이 경우 조정부가 분쟁조정위원회에서 위임받아 의결한 사항은 분쟁조정위원회에서 의결한 것으로 본다. 또한 분쟁조정위원회의 업무를 지원하기 위하여 활용지원센터에 사무국을 둔다. 분쟁조정위원회의 조정 신청과 처리 기간 등의 세부사항은 앞 장의 법제도를 참고하면 된다

5) 집행조직

공공기관의 장은 「공공데이터법」 제12조에 따라 해당 기관의 공공데이터 제공 및 이용 활성화에 관한 업무를 총괄하는 책임관(이하 '공공데이터제공책임관'이라 한다) 및 실무담당자를 임명하고 이를 이용자가 알기 쉽게 해당 기관의 인터넷 홈페이지를 통하여 공표하여야 한다. 예를 들어 국토교통부의 공공데이터제공책임관은 기획조정실 정책기획관이 맡는다. 공공데이터제공책임관 및 실무담당자는 해당 기관의 공공데이터 시책의 총괄조정 및 지원, 공공데이터 시책과 기관 내 다른 정책 · 계획 등과의 연계 · 조정, 공공데이터의 관리 · 제공 · 이용 관련 업무총괄 및 지원, 공공데이터의 품질관리 등을 수행한다.

제7절 공공데이터 개방 정책의 관리체계

1 공공데이터 제공 관리 절차

공공데이터 제공은 [그림 5-5]와 같이 생성 수집, 처리 운영, 등록 관리, 제공, 사후 관리 등 5단계 절차로 이루어진다. 생성 수집단계는 각 기관이 생성하거나 또는 외부에서 수집한 공공데이터의 저작권이나 비공개 정보 포함 여부 등 개방대상을 검

[그림 5-5] 공공데이터 제공 5단계 절차

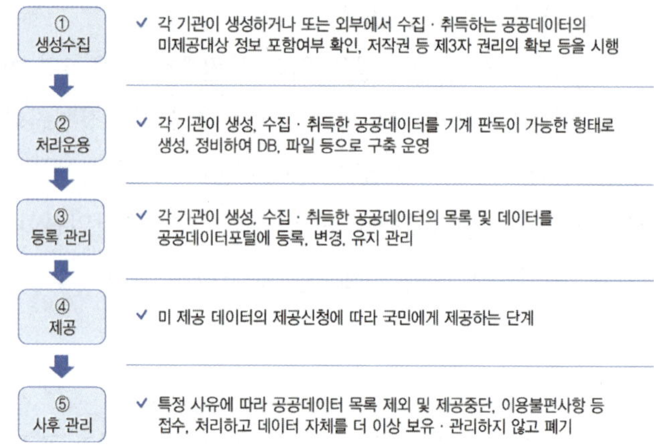

토한다. 처리 운영 단계는 수집된 공공데이터를 기계 판독이 가능한 형태로 정비하여 DB(데이터베이스) 등으로 구축한다. 등록관리 단계는 공공데이터 포털에 데이터를 등록하고 관리하는 것을 의미하며, 제공 단계는 공공데이터 포털을 통해 제공하는 것으로써 분쟁 조정 등도 제공 단계에서 이루어진다. 사후 관리는 데이터 제공의 중단, 오류 내용의 접수, 데이터를 더 이상 보유하지 않는 경우에 해당되는 폐기 등이다.

데이터의 수집 · 생성과 처리운영은 기관 내부 시스템 영역에서 이루어지며, 데이터 등록관리 · 제공 · 사후관리 단계는 외부 민간 인터넷과의 접점인 기관 외부 시스템 영역에서 처리되어 민간에 개방되고 활용된다. 이는 각 기관의 데이터 보안을 위한 준수사항이다.

품질진단 개선은 원천 데이터의 내용, 데이터 값 · 형식 등에 대한 오류 진단과 개선을 수행하며, 개방 DB의 구축은 원천 시스템 분석 결과를 바탕으로 개인 · 민감정보의 제거와 개방 DB의 설계를 추진한다. 또 데이터 제공을 위한 시스템(HW, SW 등)을 구축하고, 외부 개방을 위해 기관의 인터넷 영역에 있는 시스템에 별도의 개방 DB를 구축한다. 민간 시스템에서 오픈 API 방식으로 접근 · 활용할 수 있도록 개방할 경우에는 오픈 API의 설계와 개발을 추진하고, 인터페이스를 위한 API 가이드를 제작하여, 공공데이터포털 시스템에 이를 등록한다.

[그림 5-6] 비개방 정보의 포함여부 확인절차

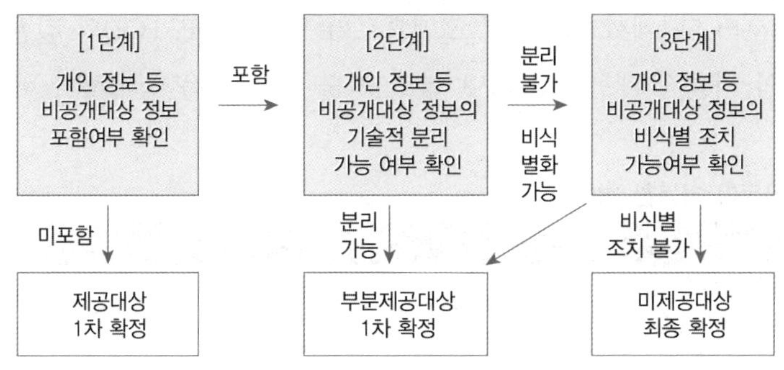

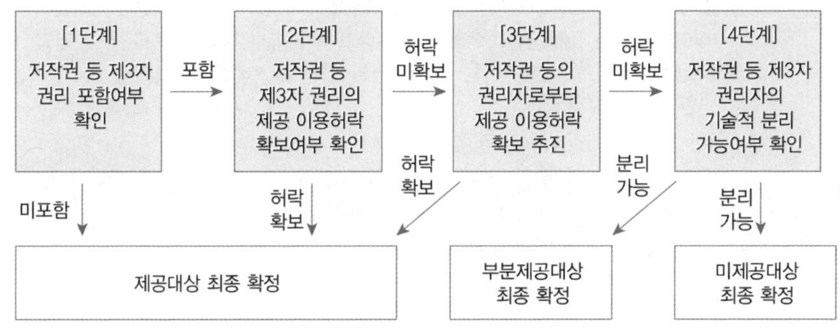

1) 공공데이터 생성 및 수집

공공데이터가 민간 등에서 보편적으로 이용될 수 있도록 DB를 설계해야 한다. 정보시스템을 신규 구축하거나 고도화시에도 데이터가 지속적으로 개방될 수 있도록 조치 해야 하며, 공공 기관이 생성 · 취득한 공공데이터에 제공대상이 아닌 정보가 포함(개인정보, 저작권 등)된 경우에는 반드시 [그림 5-6]과 같이 분리하여 제공될 수 있도록 구축 운영한다.

2) 기계판독 가능 형태의 데이터 포맷

개방될 데이터는 소프트웨어 프로그래밍 등에 의해 데이터의 일부 내용이나 구조를 확인하고 수정 · 추출 등 가공할 수 있는 기계판독이 가능한 형태로 제작되어야 한다. [표 5-5]는 총 5단계별로 기계판독이 가능한 형태를 구분하였다.

1단계는 PDF 형태로서 특정 소프트웨어에서만 읽을 수 있는 데이터 형태를 말한다. 2단계는 HWP, JPG 등 특정 소프트웨어에서 읽고 수정・변환까지 가능한 형태를 말하며, 3단계부터 5단계까지는 오픈 포맷으로써 XML, RDF, LOD와 같은 기술적 방식이다. 이들의 기술적 개념은 인터넷 별도 기술 자료 등을 참고하기 바란다.

[표 5-5] 기계판독이 가능한 형태

구분	1단계	2단계	3단계	4단계	5단계
기계판독이 가능한 형태	미충족 포맷 (포털등록불가)	최소충족 포맷	오픈 포맷		
특징	특정 소프트웨어에서 읽을 수만 있는 데이터로 자유로운 수정, 변환 불가	특정 소프트웨어에서 읽어 수정, 변환 가능	모든 소프트웨어에서 읽고 수정, 변환 가능	URI를 기반으로 데이터 속성 특성 관계를 기술하고 있는 데이터 구조	웹상의 다른 데이터와 연결, 공유 가능
예시	PDF	HWP, XLS, JPG, PNG, WMV, MPEG, MP3, SWF	CSV, JSON, XML	RDF	LOD

3) 공공데이터 제공 방식

공공데이터를 제공하는 방식은 크게 데이터의 다운로드 방식, 오픈 API 방식, LOD 방식 등으로 구분된다. 오픈 API는 업데이트가 빈번한 대용량의 동적(Dynamic) 데이터일 경우 유용하며 기상 데이터가 그 대표적인 사례다. LOD는 인물, 지명 등 데이터의 변동가능성이 적은 정적(Static) 데이터로서 서로 연관성이 높은 데이터가 많은 경우에 적합하다.

〈표 5-6〉 공공데이터 제공 방식

공공데이터 특성	제공방식	예시
업데이트가 빈번한 대용량 데이터	오픈 API	버스운행 데이터, 기상 데이터 등
주기적으로 업데이트 되는 파일 형태의 데이터	포털 다운로드 (Download)	수출입통계, 범죄통계 등 수치, 통계 자료
정적 데이터 형태로 연관성이 높은 데이터가 많은 경우	LOD 등	인물, 지명, 도서 데이터 등

4) 공공데이터 등록 · 제공 유형

공공데이터의 등록과 제공 유형은 저작권법에서 구분한 다음 표의 4가지 유형을 따른다. 국가 · 지자체가 업무상 작성하여 공표한 저작물이나 계약에 따라 지적재산권 전부를 보유한 저작물은 별도의 이용허락 없이 자유 이용이 가능한데, 한국저작권위원회는 공공기관이 생성한 데이터는 가능한 제1유형으로 민간에 개방할 것을 권고하고 있다.

[표 5-7] 공공데이터 제공 유형

이용허락 유형	표시 마크	이용허락범위
[제1유형]	OPEN 출처표시 공공누리 공공저작물 자유이용허락	출처표시 상업적, 비상업적 이용가능 변형 등 2차적 저작물 작성 가능
[제2유형] 출처표시 + 상업적 이용금지	OPEN 출처표시 상업용금지 공공누리 공공저작물 자유이용허락	출처표시 비상업적 이용만 가능 변형 등 2차적 저작물 작성 가능
[제3유형] 출처표시+변경금지	OPEN 출처표시 변경금지 공공누리 공공저작물 자유이용허락	출처표시 상업적, 비상업적 이용가능 변형 등 2차적 저작물 작성 금지
[제4유형] 출처표시 + 상업적 이용금지+변경금지	OPEN 출처표시 상업용금지 변경금지 공공누리 공공저작물 자유이용허락	출처표시 비상업적 이용만 가능 변형 등 2차적 저작물 작성 금지

5) 공공데이터 목록/데이터 등록 및 관리

공공 기관이 생성 · 수집하여 관리하고 있는 데이터는 공공데이터포털(data.go.kr)에 등록하도록 하고 있으며, 포털에 등록하고 개방한 데이터는 양질의 최신데이터 제공을 위해 주기적인 관리가 필수다. 따라서, 데이터의 주기적인 관리가 가능한 경우 심의를 거쳐 개방토록 하고 있고, 제공대상 여부와 관계없이 기관에서 보유하고 있는 모든 공공데이터는 목록에 등록하도록 유도하고 있다.

[그림 5-7] 공공데이터의 등록 · 개방 절차

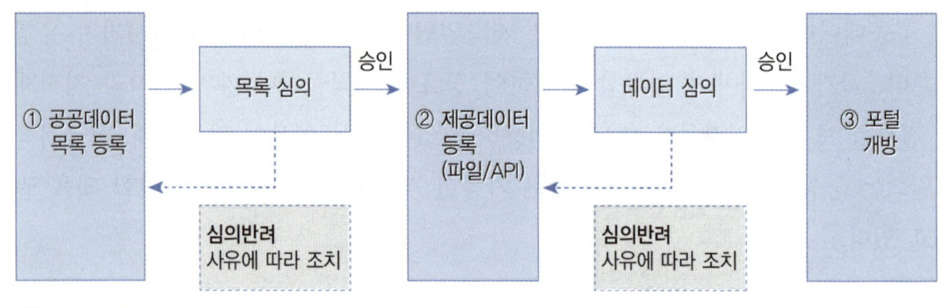

2 공공데이터 품질 관리

공공기관이 생성 또는 수집하여 관리하는 DB의 적정 수준 품질 유지를 위해, DB의 라이프사이클(Life-cycle)을 고려하여 계획→구축→운영→활용의 단계별 품질 관리 활동을 수행하는 데 그 세부 내용은 [그림 5-8]과 같다.

[그림 5-8] 공공데이터의 품질 관리 절차

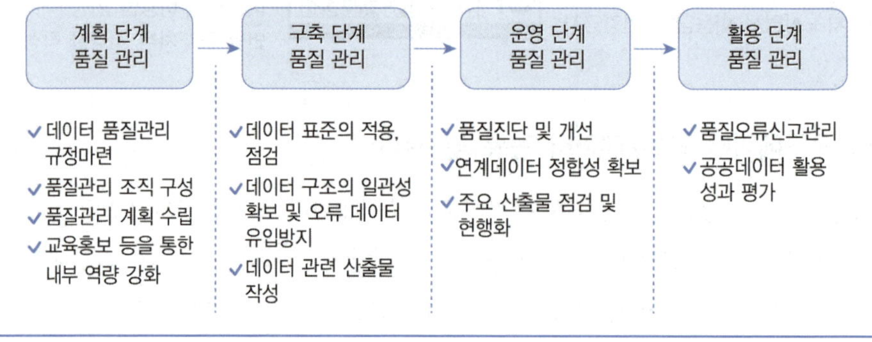

데이터의 품질을 강화하기 위하여, 정책수립 · 계획 단계에서는 내부규정과 수행 인력 · 조직, DB의 구축 · 운영 · 활용 프로세스를 위한 계획을 수립하고, 실제 구축단계에서는 데이터 표준의 적용, 데이터구조의 일관성 확보, 오류 데이터의 유입 방지 등을 추진하고, 운영 단계에서는 품질진단과 개선을, 활용단계에서는 오류 신고관리 및 평가에 따른 조치를 수행한다. 각급 기관의 데이터 품질관리 수준평가가 실시되고

[그림 5-9] 공공데이터의 품질 관리 수준평가 모델

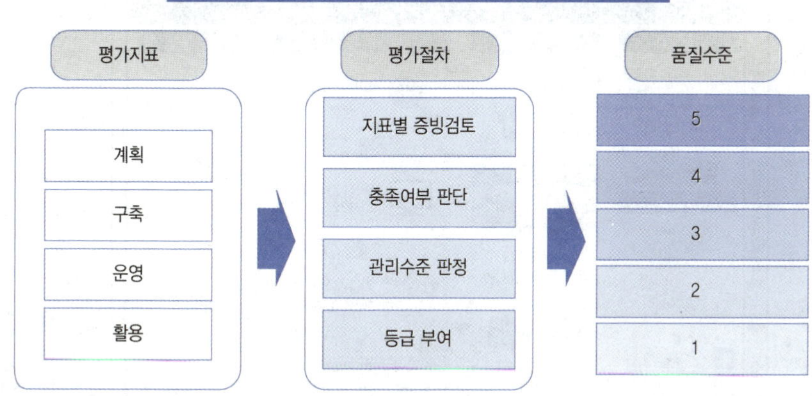

있는데, 관련 모델은 [그림 5-9]에서 볼 수 있듯이 4개 영역, 9개 평가지표로 구성되어 있으며, 평가등급은 총 5등급으로 구분된다.

3 공공데이터 포털과 범정부데이터 플랫폼

데이터에 있어 민간의 활용(수요)과 공공기관의 개방(공급)이 만나는 접점이 포털이다. 이를 위해 포털시스템(data.go.kr)을 운영하고 있으며(주요 기능 등은 [그림 5-11] 참고), 아울러, 중앙행정기관 · 지방자치단체 · 공공 기관의 데이터 생성부터 활용까지 전 과정을 관리하기 위한 플랫폼([그림 5-10] 참고)도 구축 · 운영하고 있다. 플랫폼에서는 국가 차원의 데이터 소재지와 연관정보를 파악할 수 있는 국가데이터맵 서비스를 제공하고 있으며, 일반 국민을 위한 데이터활용 시각화 서비스와 개발자를 위한 개발자 지원도구 서비스가 있다.

[그림 5-10] 공공데이터 플랫폼

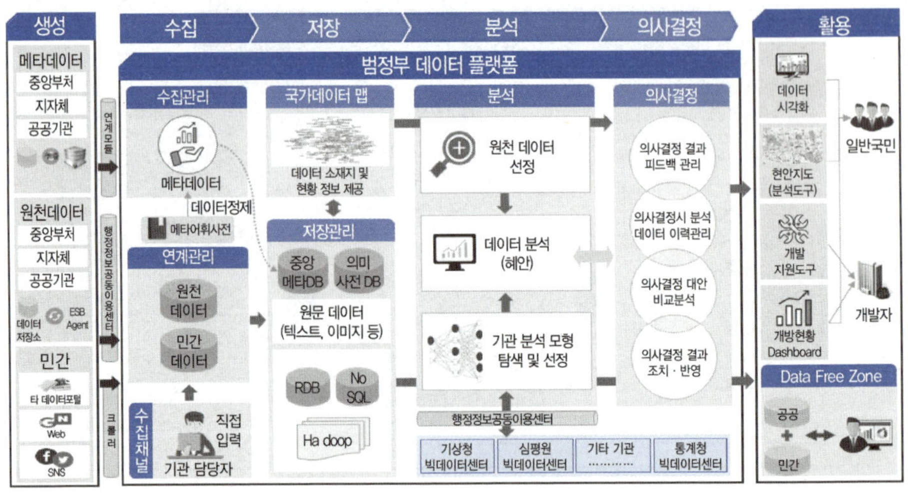

[그림 5-11] 공공데이터포털

제8절 소결

공공데이터 개방은 정부, 국민, 기업에게 21세기에 새로운 기회의 장을 제공한다. 첫째, 정부에게는 대국민 신뢰와 투명성을 향상시킨다. 민관협력 간 창의 서비스를 개발하며, 정부가 만들 앱과 웹을 민간이 대신 개발하고 국민에게 서비스를 제공함으로써 국가 예산의 절감 효과를 가져온다. 둘째, 국민에게는 국민생활 서비스의 큰 변화를 가져온다. 앞에 예를 들었지만, 버스앱, 지하철앱 등으로 국민의 생활 서비스를 상당히 윤택하게 만든다. 이를 통해 생활에 편리성은 물론이며 국민의 삶의 질도 높아진다. 공공데이터를 생산할 때부터 국민이 직접 정책 개발에 참여함으로써 국민의 정부 정책 참여도가 높아지고 좋아진다. 셋째, 기업에게는 신산업과 신시장 창출의 기회를 제공한다. 일자리 창출은 물론 1인 스타트업, 기업 성장이 가능하다. 고부가가치 비즈니스를 창출하며, 기업은 효율성이 좋아지고 경제 성장을 이룰 수 있다.

[그림 5-12] 공공데이터 개방 기대효과

정부	국민	기업
• 대국민 신뢰와 투명성 향상 • 민관협력 창의 서비스 개발 • 민간의 서비스 개발로 예산 절감 • 정책 결정의 효율화 제고	• 국민 생활 서비스의 변화 • 생활 편리성 및 삶의 질 제고 • 개인이 직접 서비스 생산 • 정책 개발에 직접 참여	• 신사업 및 시장 창출 • 일자리 창출, 1인 기업 성장 • 고부가가치 비즈니스 창출 • 기업효율화 및 경제성장

참고문헌

행정안전부(2013). 공공데이터의 제공 및 이용 활성화에 관한 법률. 국가법령정보센터.
국회 안전행정위원회(2013). 공공데이터의 제공 및 이용 활성화에 관한 법률안 심사보고서
행정안전부. 공공데이터포털. (www.data.go.kr).
행정안전부(2019). "공공데이터 관리지침"(행정안전부 고시 제2019-71호, 2019.9.3. 개정)
한국지능정보사회진흥원(2010). 국가DB 구축 10년: 주요성과와 의미, 한국지능정보사회진흥원.
한국지능정보사회진흥원(2015). 한국의 데이터 활용기업 발굴 및 글로벌 홍보 연구.
최환용(2013). 정부3.0 구현을 위한 국가정보관련 법제 정비방안 연구, 한국법제연구원
최유 · 차현숙(2016). 정보법제에 대한 사후적 입법평가-공공테이터의 제공 및 이용 활성화에 관한 법률, 한국법제연구원
김제원 외(2014). 공공데이터 민간 활용에 관한 몇 가지 법적 쟁점, 법조협회.

World Wide Web Foundation.(2015). *Open Data Barometer Global Report*, Second Edition.
Vileneuve, J.(2014). "Transparency of transparency: The pro-active disclosure of the rules governing access to information as a gauge of organisational cultural transformation. The case of the Swiss transparency regime.", *Government Information Quarterly*. pp.556-562.
OpenKnowledge International.(2016). Open Data Handbook. What is Open Data.

CHAPTER 06

통합 · 선제적 맞춤 서비스와 마이데이터

김경아

제1절 서론

과거 국민이 행정 서비스를 이용하기 위해서는, 예를 들어 필요한 서류를 발급받기 위해 여러 관공서를 직접 방문하고 장시간 대기해야 하는 불편함이 존재했다. 반면, 현재는 컴퓨터나 스마트폰을 이용해 시공간의 제약 없이 필요한 민원을 처리하고 정보를 획득할 수 있게 되었다. 이는 전자정부가 구현한 가장 가시적인 변화라 할 수 있다.

전자정부의 발전은 정부가 국민을 바라보는 관점, 즉 행정 패러다임의 근본적인 변화를 견인했다. 과거의 행정은 '정부 중심(Government-centric)' 또는 '공급자 중심'의 특징을 보였다. 이는 정부 조직과 법령의 편의에 따라 서비스가 분절적으로 제공되었음을 의미한다. 일례로, '이사'라는 국민 생활의 단일 이벤트를 처리하기 위해 국민은 직접 주민센터(전입신고), 우체국(주소 이전), 학교(전학), 한국전력(요금 정산) 등 다수의 기관을 개별적으로 방문해야 했다.

그러나 전자정부가 고도화됨에 따라 행정의 중심은 '국민 중심(Citizen-centric)' 또는 '수요자 중심'으로 이동하고 있다(행정안전부, 2023). 이는 국민의 입장에서 서비스가 어떻게 제공되는지를 최우선으로 고려함을 의미한다. 국민 개개인의 관점에서 정부 부처의 조직 구성은 중요하지 않으며, 이사, 출생, 사망과 같은 개인의 생애주기 이벤트를 중심으로 관련된 모든 서비스가 단일화된 창구를 통해 일괄 처리되기를 기대한다.

이러한 국민 중심 행정으로의 패러다임 전환은 정부 서비스가 '기관별 칸막이'의 한계를 넘어 '통합'되고, 나아가 국민 개개인의 상황에 부합하는 '맞춤형' 서비스로 진화하는 핵심적인 원동력으로 작용하였다.

본 장에서는 이러한 국민 중심의 전자정부 서비스가 어떠한 과정을 거쳐 발전해 왔는지 그 '진화 과정'을 분석한다. 제2절에서는 행정 서비스가 단순 정보제공에서 '통합 서비스'를 거쳐 '맞춤형 · 선제적 서비스'로 나아가는 진화 과정과 그 핵심 유형들을 살펴본다. 제3절에서는 이러한 지능형 서비스를 구현하는 핵심 자원인 데이터의 개념을 정의하고, '좋은 데이터'를 확보 · 관리하기 위한 '데이터 거버넌스' 체계를 심층적으로 분석한다. 제4절에서는 데이터 활용의 정점이자 '정보 주권'의 실현인 '마이데이터(MyData)'의 이론과 쟁점을 분석하고, 이러한 흐름이 지향하는 '디지털플랫폼정부(DPG)'의 미래상을 조망한다. 마지막으로 제5절에서는 기술 발전의 과정에서 수반되는 '신뢰'와 '공공가치'의 문제를 고찰하며 본 장을 마무리한다.

제2절 지능형정부 서비스의 진화와 유형

전자정부 서비스는 기술의 발전 및 국민의 요구 수준 향상에 따라 지속적으로 진화해왔다. 이는 단순한 기능 개선이 아닌, 정부가 국민을 대하는 방식의 근본적인 변화를 의미한다.

1 대국민 서비스의 5단계 진화

서비스의 발전 과정을 5단계로 구분하여 분석하면 그 흐름을 명확히 이해할 수 있다(정보통신정책연구원, 2021).

1) 1단계: 정보제공(단방향 홈페이지)

1990년대 후반에서 2000년대 초는 '전자정부'라는 용어가 보급되던 시기이다. 이 단계의 핵심 기능은 '정보의 공개'였다. 각 정부 부처와 지방자치단체는 기관 소개, 법령 정보, 공지사항 등을 게시하는 홈페이지를 개설했다. 이는 국민이 관공서를 직접 방문하지 않아도 인터넷을 통해 정부 정보를 획득할 수 있게 되었다는 점에서 진일보한 형태였으나, 본질적으로는 오프라인의 게시판을 온라인 환경으로 이식한 수준에 머물렀다.

서비스는 정부가 일방적으로 정보를 제공하는 '단방향(One-way)' 방식이었으며, 국민은 정보를 수동적으로 '검색'하고 '열람'하는 주체로 한정되었다.

2) 2단계: 온라인 민원처리(분절된 양방향 서비스)

2000년대 중반, 민원24(현 정부24)나 홈택스(국세청)와 같은 시스템이 등장하면서 본격적인 '양방향(Two-way)' 서비스가 시작되었다. 국민은 더 이상 정보를 보기만 하는 것이 아니라, 온라인으로 주민등록등본을 발급받고 세금을 신고하는 등 실제 민원 업무를 처리할 수 있게 되었다.

이 단계에서 '행정정보 공동이용'의 개념이 싹트기 시작했다. 국민이 A 기관에 민원을 신청할 때 필요한 B 기관의 서류(예: 등본)를 민원 담당자가 전산망을 통해 직접 확인할 수 있게 되면서, 구비서류가 점차 줄어들기 시작했다. 하지만 이는 주로 행정 내부의 효율화를 위한 것이었고, 국민이 체감하기에 서비스는 여전히 기관별로 '분절(Siloed)'되어 있었다. 세금은 홈택스, 민원은 민원24, 복지는 복지로 등 각각의 웹사이트에 접속해야 했다.

3) 3단계: 원스톱(통합) 서비스(One-Stop 창구)

분절된 서비스의 불편함을 해소하기 위해 '통합(Integration)'의 개념이 등장했다. 여러 기관에 흩어져 있던 서비스들을 '하나의 창구(Single Window)'로 모아 제공하는 '원스톱(One-Stop) 서비스'가 본격화되었다. 2017년 민원24, 정부대표포털, 알려드림e 등이 '정부24'로 통합된 것이 대표적인 사례이다.

국민은 이제 정부24 한 곳에 접속하면 대부분의 민원 신청, 정보 열람, 정책 확인이 가능해졌다. 이 단계는 국민의 편의성을 극대화했으며, 서비스의 중심이 '기관'에서 '국민'으로 이동하는 중요한 전환점이 되었다.

4) 4단계: 맞춤형 서비스(Push 알림)

통합 서비스가 '하나의 창구'를 만드는 데 집중했다면, 4단계는 그 창구에서 '국민 개개인에게 필요한 정보'를 알아서 제공하는 '맞춤형(Personalized)' 서비스로 진화한다.

이는 정부가 보유한 국민의 행정정보(예: 연령, 소득, 주소, 가족관계)를 분석하여, 해당 국민이 받을 수 있는 혜택이나 필요한 정보를 '알아서 추천' 해주는 방식이다. 과거에는 국민이 직접 수백 가지 복지 혜택을 일일이 찾아봐야 했다면(정보의 'Pull'), 이제는 정부가 "당신은 ○○○ 장학금 대상자입니다"라고 알려주는(정보의 'Push') 시대로 변모했다. 보조금24, 국민비서 서비스가 이에 해당한다.

5) 5단계: 선제적 서비스(Zero-Touch 행정)

가장 진화된 5단계는 '선제적(Proactive)' 서비스이다. 이는 맞춤형 서비스에서 한 발 더 나아가, 국민이 '신청'조차 하지 않아도 정부가 먼저 서비스를 제공하는 '제로터치(Zero-Touch) 행정'을 의미한다.

국민의 특정 '생애 이벤트(Life Event)'(예: 출생, 사망, 취업)가 발생하면, 이와 관련된 여러 기관의 서비스가 '자동으로' 연계되어 처리되는 방식이다. 예를 들어, 병원에서 출생 신고만 하면, 양육수당, 아동수당, 출산가구 전기료 감면 등이 한 번에 신청되거나 자동으로 처리된다. 이는 국민이 행정 서비스를 이용한다는 사실조차 인지하지 못하는 단계, 즉 '보이지 않는 정부(Invisible Government)'를 지향한다(한국지능정보사회진흥원, 2022).

2 [유형 1] 경계를 허무는 서비스: 통합 서비스

서비스 진화의 3단계에 해당하는 '통합 서비스'는 기관별 칸막이를 허물고 국민 중심 서비스를 구현한 첫 번째 핵심 단계이다.[1]

[표 6-1] 행정정보 공동이용과 공공데이터 연계/개방

구분	행정정보 공동이용 (Joint Utilization)	공공데이터 연계 및 개방 (Data Linkage & Opening)
주요 목적	G2G / G4C(정부 내 업무 효율화, 민원 구비서류 감축)	G2B / G4C(민간 산업 육성, 새로운 비즈니스 창출, 투명성)
주요 대상	행정 기관, 공공 기관, 지방자치단체 (주로 내부망)	민간 기업, 개발자, 국민 누구나 (주로 인터넷망)
주요 기반	행정정보공동이용센터(보안성이 높은 행정전산망 기반)	공공데이터포털(data.go.kr), 디지털서비스 개방(open.go.kr)
주요 사례	주민센터에서 등초본 발급 없이 행정 처리, 정부24 민원	네이버/카카오 지도 앱(국토부 교통 정보), 날씨 앱(기상청 정보)
법적 근거	전자정부법	공공데이터의 제공 및 이용 활성화에 관한 법률

1) '행정정보 공동이용 및 연계 API 개념도'는 대한민국 디지털플랫폼정부의 핵심 인프라이다. 데이터의 물리적 통합(Integration) 없이 각 기관이 보유한 데이터를 API(Application Programming

1) 통합 서비스의 개념과 필요성

통합 서비스(Integrated Service)란, 국민의 입장에서 하나의 주제나 목적을 달성하기 위해 필요한 여러 기관의 서비스를 '하나의 창구'에서 '연속적'이고 '일관되게' 제공하는 방식을 말한다(행정안전부, 2023). 이는 2단계 전자정부의 '기관별 분절' 문제를 해결하기 위해 등장했다.

국민은 정부 조직도에 관심이 없다. 단지 자신의 일이 막힘없이 처리되기를 원한다. 예를 들어 창업을 하려는 국민은 사업자 등록(국세청), 4대 보험 가입(근로복지공단 등), 법인 등기(법원), 정책 자금 신청(중소벤처기업부) 등 수많은 기관과 얽힌 업무를 처리해야 한다. 통합 서비스는 이러한 복잡한 과정을 하나의 웹사이트나 창구에서 안내하고 처리할 수 있도록 지원한다.

2) 추진 절차 및 시스템 구성

통합 서비스가 매끄럽게 작동하기 위해서는 눈에 보이는 '앞단(Front-end)'과 보이지 않는 '뒷단(Back-end)'이 유기적으로 연결되어야 한다.

- 앞단(Front-end)—통합 포털(Portal): 국민이 접속하는 '단일 창구'이다. 정부24나 복지로와 같은 웹사이트 및 모바일 앱이 이에 해당한다. 국민은 이곳에서 원하는 서비스를 신청하고 처리 결과를 확인한다.
- 뒷단(Back-end)—데이터 연계(Data Linkage): 통합 서비스의 핵심이다. 국민이 앞단에서 '신청' 버튼을 한 번 눌렀을 때, 뒷단에서는 수많은 기관의 시스템이 데이터를 주고받아야 한다. 예를 들어, 전입신고 하나를 처리하기 위해 행정안전부(주소 변경), 우정사업본부(주소 이전), 교육부(학군 배정), 건강보험공단(고지서 발송) 등의 시스템이 서로 연결되어야 한다.

이러한 '뒷단'의 연계를 가능하게 하는 핵심 기술 기반이 바로 '행정정보 공동이용 시스템(Public Information Sharing System)'과 'API(Application Programming Interface)'이다.

Interface)를 통해 실시간으로 안전하게 요청하고 활용하는 '연계(Federation)' 방식의 아키텍처를 의미한다. 두 시스템 모두 API Gateway를 통해 데이터를 연계한다는 기술적 공통점을 가지나, 위와 같이 목적, 대상, 법적 근거가 명확히 분리된다.

• 행정정보 공동이용: A 기관이 B 기관의 정보를 법적 근거 하에 실시간으로 조회 혹은 유통할 수 있는 시스템이다(제3절에서 상세히 다룸)

• API: '응용 프로그램 프로그래밍 인터페이스'라는 어려운 용어 대신 '시스템 간의 소통 창구' 또는 '메뉴판'으로 이해할 수 있다. A 기관이 B 기관의 특정 데이터(예: 날씨 정보)를 원할 때, API라는 정해진 규격(메뉴)을 통해 요청하고 데이터를 받아온다. API 방식은 시스템을 직접 연결하는 것보다 훨씬 유연하고 표준화되어 있어, 복잡한 통합 서비스 구현에 필수적이다(한국지능정보사회진흥원, 2023).

[표 6-2] 통합 서비스의 사례

[사례 1] 정부24 (단일창구 구현)	정부24(www.gov.kr)는 대한민국 통합 서비스의 상징이다. 2017년 기존의 민원24(민원 발급), 정부대표포털(정책 정보), 알려드림e(정보공개) 등 여러 사이트를 하나로 합쳐 탄생했다. 국민은 정부24를 통해 주민등록등본 등 1,000여 종의 민원을 신청·발급받을 수 있고, 중앙부처와 지자체의 정책 정보, 보조금 정보 등을 한곳에서 확인할 수 있다. 이는 국민에게 '정부'라는 하나의 실체를 대표하는 단일 접점을 제공했다는 점에서 큰 의미가 있다(행정안전부, 2023).
[사례 2] 복지로 및 행복출산 원스톱 서비스	복지로(www.bokjiro.go.kr)는 보건복지 분야의 통합 서비스 포털이다. 중앙부처, 지자체, 공공 기관, 민간 기관이 제공하는 수천 가지의 복지 서비스를 한곳에 모아 정보를 제공하고 신청을 받는다. 특히 '행복출산 원스톱 서비스'는 통합 서비스의 좋은 예시이다. 과거에는 출생신고(주민센터), 양육수당(주민센터), 아동수당(주민센터), 출산가구 전기료 감면(한전), 다자녀 가스요금 감면(도시가스) 등을 부모가 각각 신청해야 했다. 하지만 이제 주민센터에서 출생신고 시 '행복출산 원스톱 서비스' 신청서 한 장만 작성하면, 이 모든 서비스가 일괄적으로 연계되어 처리된다. 이는 서비스를 기관 중심이 아닌 '국민의 생애 이벤트' 중심으로 재편한 것이다.

3) 통합 서비스의 효과와 한계

통합 서비스는 국민의 시간과 비용을 획기적으로 절감시키고 행정의 투명성을 높이는 데 크게 기여했다. 국민은 더 이상 필요한 서비스를 찾아 여러 기관을 다닐 필요가 없어졌으며, 행정 기관은 불필요한 서류 접수와 안내 업무를 줄여 효율성을 높일 수 있었다. 하지만 통합 서비스에도 한계는 존재한다.

첫째, 통합의 수준이 정보 안내나 신청 접수에 머무는 경우가 많다. 즉, 앞단(포털)

은 하나로 합쳐졌지만, 뒷단(데이터 연계)은 여전히 복잡하게 얽혀있거나 표준화되지 않아, 실제 처리 과정에서 완벽한 연계가 이루어지지 않기도 한다(김성태, 2021).

둘째, '통합'은 되었지만, 여전히 국민이 '내가 필요한 서비스가 무엇인지 알고 있어야' 신청할 수 있다는 근본적인 한계가 있다. 이러한 한계를 극복하기 위한 노력이 바로 다음 단계인 '맞춤형 서비스'이다.

3 [유형 2] '나'를 알아보는 서비스: 맞춤형 및 선제적 서비스

서비스 진화의 4, 5단계에 해당하는 '맞춤형 · 선제적 서비스'는 정부가 국민 개개인의 상황을 인지하고 능동적으로 대응하는 지능형 정부의 핵심이다.

1) 맞춤형 서비스: 'Pull'에서 'Push'로의 전환

맞춤형 서비스(Personalized Service)란, 정부가 보유한 국민 개개인의 정보를 분석하여, 그 사람에게 가장 필요하고 적합한 서비스를 '적극적으로 제안하고 추천'하는 서비스이다(정충근 & 오강탁, 2020). 3단계 통합 서비스가 국민이 원하는 것을 '쉽게 찾도록' 도와주는 것이라면(Pull), 4단계 맞춤형 서비스는 국민이 '원할 것'을 정부가 '먼저 알려주는'(Push) 방식이다. 이는 서비스 패러다임의 중대한 전환을 의미한다.

이를 위해 정부는 국민의 동의를 받아 행정안전부(주소, 연령), 국세청(소득), 건강보험공단(건강 상태), 근로복지공단(고용 상태) 등이 보유한 데이터를 분석한다. 그리고 이 분석 결과를 바탕으로 "○○○님은 현재 소득 수준과 연령을 기준으로 '청년희망적금' 가입 대상입니다" 또는 "최근 1년간 병원 이용 내역을 보니 '본인부담금 상한제' 환급 대상입니다"와 같이 구체적인 혜택을 알려준다.

2) 선제적 서비스: 제로터치 행정의 개념

선제적 서비스(Proactive Service)는 4단계 맞춤형 서비스에서 한 걸음 더 나아간, 5단계 진화의 최종 형태로 볼 수 있다. 이는 국민이 '알림'을 받고 '신청'하는 행위조차 필요 없이, 정부가 국민의 특정 상황(생애 이벤트)을 인지하여 '자동으로' 서비스를 제공하는 '제로터치(Zero-Touch) 행정'을 의미한다(한국지능정보사회진흥원, 2022). 예를 들어, 현재는 '맞춤형 서비스'를 통해 "당신은 근로장려금 대상자입니다. 신청하세요"라고 알림을 받는다. 하지만 '선제적 서비스'가 구현되면, 정부가 국세청 소득 정보를 기준으로 대상자를 자동 확정하고, 별도 신청 없이 근로장려금을 개인 계좌로 입금해준다(물론, 지급 거부나 정보 수정 등 최소한의 확인 절차는 필요할 수 있다).

이러한 선제적 서비스를 구현하기 위해서는 AI(인공지능)를 통한 정확한 대상자 예측, 복잡한 법·제도의 정비, 그리고 무엇보다 국민의 데이터를 정부가 적극적으로 활용해도 좋다는 '사회적 합의'와 '강력한 개인정보보호 체계'가 전제되어야 한다.

[표 6-3] 맞춤형 서비스, 선제적 서비스 사례

① 보조금24(맞춤형)
정부24 내의 핵심 서비스로, 중앙부처, 지자체, 공공기관, 교육청이 제공하는 약 1만여 개의 수혜성 서비스(보조금, 현물, 교육 등) 중에서 '내가 받을 수 있는 혜택' 목록을 한눈에 보여준다. 과거에는 흩어져 있던 정보를 국민이 직접 찾아야 했지만, 보조금24는 정부가 가진 나의 정보를 바탕으로 수혜 가능한 목록을 '추천'해준다는 점에서 4단계 맞춤형 서비스의 대표 주자이다(행정안전부, 2023).

② 국민비서(맞춤형/Push)
국민에게 필요한 행정 정보를 '내가 원하는 앱'(카카오톡, 네이버, 토스 등 민간 앱)으로 알려주는 '알림' 서비스이다. 건강검진일, 운전면허 갱신, 세금 납부, 예방접종일 등 놓치기 쉬운 정보들을 '미리' 알려준다. 이는 정부가 정보를 '푸시(Push)'한다는 점에서 맞춤형 서비스의 성격을 가지며, 민간의 플랫폼을 적극 활용한다는 특징이 있다.

③ 안심상속 원스톱 서비스(통합/선제적)
3단계 통합 서비스와 5단계 선제적 서비스의 성격을 모두 가진다. 사망자의 상속인(가족)이 주민센터에 '사망신고'만 하면, 사망자의 금융(예금, 빚), 토지, 자동차, 세금(미납액), 연금 가입 유무 등을 '한 번에' 조회할 수 있다. 이는 여러 기관의 서비스를 '통합'한 것이며, 동시에 '사망'이라는 이벤트를 기점으로 상속인이 별도로 요청하지 않아도 관련 정보를 '선제적으로' 제공한다는 특징을 갖는다.

3) 기대 효과와 과제

맞춤형·선제적 서비스는 '정보 비대칭' 문제를 획기적으로 해결할 수 있다. 즉, '몰라서 못 받는' 혜택을 없애고, 행정 서비스의 사각지대를 해소하여 '포용적 정부'를 구현하는 데 핵심적인 역할을 한다(정충근 & 오강탁, 2020). 특히 정보 접근에 취약한 노인, 장애인, 저소득층에게 더욱 큰 도움이 될 수 있다. 하지만 막대한 양의 개인정보를 정부가 수집하고 분석하는 과정에서 발생하는 '과제' 또한 명확하다.

[표 6-4] 윤리적 쟁점: 프라이버시와 행정효율의 균형

맞춤형 · 선제적 서비스가 고도화될수록, 정부는 국민 개개인의 민감한 정보를 더 많이 수집하고 분석해야 한다. 이는 조지 오웰의 소설 〈1984〉에 등장하는 '빅 브라더(Big Brother)'의 출현, 즉 '전자 감시 사회'에 대한 우려를 낳는다.

정부가 나의 소득, 질병, 위치, 가족관계를 모두 분석하여 '편리한 서비스'를 제공하는 것과, 그 과정에서 나의 '프라이버시(Privacy)'가 침해될 수 있는 위험 사이에는 아슬아슬한 긴장 관계가 존재한다(Zuboff, 2019).

① 효율성 vs. 프라이버시: "나는 숨길 것이 없으니, 정부가 내 정보를 활용해 혜택을 더 많이 줬으면 좋겠다"는 입장과, "정부가 나도 모르는 사이에 내 정보를 수집하고 분류하여 나를 통제하려 할 수 있다"는 입장이 충돌한다.
② 알고리즘의 공정성: AI가 데이터를 분석하여 복지 혜택 대상자를 '선별'할 때, 그 알고리즘이 특정 집단(예: 특정 지역, 특정 연령대)에 불리하게 작동할 위험은 없는가? 알고리즘의 편향성(Bias) 문제는 매우 중요한 윤리적 쟁점이다.

따라서 이러한 지능형 서비스를 추진할 때는, '어떤 데이터를', '누가', '어떤 목적으로', '언제까지' 활용할 것인지에 대한 '투명한 공개'와 '국민의 명확한 동의'가 반드시 전제되어야 한다. 또한, 알고리즘의 결정 과정을 설명할 수 있어야 하며(설명가능한 AI: XAI), 데이터의 오남용을 막기 위한 강력한 '보안' 및 '감독 체계'가 필수적이다.

제3절 지능형정부 서비스의 핵심 기반: 데이터의 이해와 관리

제2절에서 살펴본 '통합 서비스'와 '맞춤형 · 선제적 서비스'는 결코 저절로 만들어지지 않는다. 이러한 지능형 서비스를 구현하고 구동하는 핵심적인 '연료(Fuel)'는 바로 '데이터(Data)'이다. 오늘날 데이터는 '21세기의 원유'라 불리며 국가와 기업의 핵심 자산으로 인식되고 있다. 따라서 지능형 정부를 이해하기 위해서는 데이터의 개념과 유형, 그리고 데이터가 '자산'으로서 어떻게 관리(Governance)되는지 파악하는 것이 필수적이다.

1 전자정부 데이터의 개념과 유형

1) 데이터의 정의와 중요성

전자정부에서 '데이터'란, 정부가 행정 업무를 수행하거나 공공 서비스를 제공하는 과정에서 '생산(Created)', '수집(Collected)', '저장(Stored)'하는 모든 정보의 기록이다. 이는 단순한 숫자나 글자의 나열이 아니라, '국민의 삶'과 '사회의 모습', '국가의 현황'을 반영하는 구체적인 사실의 객관적 집합이다(행정안전부, 2023).

[표 6-5] 데이터의 정의

구분	내용
개인 데이터 (Personal Data)	개인을 식별할 수 있는 정보.
	[예] 성명, 주민등록번호, 주소(행정안전부), 가족관계(대법원), 소득 신고 내역(국세청), 건강검진 결과(건보공단), 운전면허 정보(경찰청) 등.
공공정보 데이터 (Public Information Data)	사회 운영에 필요한 비(非)개인 정보.
	[예] 날씨 정보(기상청), 버스 도착 시간(지자체), 부동산 실거래가(국토교통부), 기업 재무 정보(공정위), 법령 정보(법제처) 등.

이러한 데이터는 그 자체로 존재하는 것이 아니라, 분석과 활용을 통해 '정보(Information)', '지식(Knowledge)', 그리고 '지혜(Wisdom)'로 발전하는 '데이터-정보-지식-지혜(DIKW) 피라미드'의 가장 근간이 된다. 즉, 지능형정부가 '현명한(Wisdom)' 의사결정을 내리기 위해서는 가장 기초가 되는 '데이터'가 정확하고 풍부해야 한다.

2) 데이터의 유형: 정형, 비정형, 반정형 데이터

공공 부문이 다루는 데이터는 그 형태에 따라 다음과 같이 분류할 수 있다.

과거의 전자정부가 주로 '정형 데이터'를 관리하는 데 집중했다면, 현대의 지능형 정부는 '비정형 데이터'에서 국민의 요구와 사회 현상을 파악하고, '반정형 데이터'를 통해 시스템을 유연하게 연계하는 방향으로 나아가고 있다.

[표 6-6] 데이터의 유형

구분	설명
정형 데이터 (Structured Data)	가장 전통적인 데이터 형태로, 사전에 정의된 '틀(Schema)'에 맞게 고정된 필드에 저장된다. 관계형데이터베이스(RDBMS)의 '표(Table)' 형태가 대표적이다.
	[예] 주민등록등본의 '성명', '주소', '생년월일' 필드에 저장된 값. 정형 데이터는 처리가 용이하고 분석이 명확하지만, 규격화된 정보만 담을 수 있다는 한계가 있다.
비정형 데이터 (Unstructured Data)	정해진 구조나 규칙 없이 생성되는 데이터이다. 오늘날 생성되는 데이터의 80% 이상을 차지한다.
	[예] '국민신문고'에 접수된 장문의 '민원 텍스트', 콜센터의 '음성 상담 녹취', 지자체 CCTV의 '영상', 기관의 '업무보고서(HWP, PDF)', 소셜미디어의 '여론' 등. 비정형 데이터는 그 안에 풍부한 맥락과 통찰을 담고 있으나, AI나 텍스트 마이닝 같은 고급 기술 없이는 분석이 어렵다.
반정형 데이터 (Semi-structured Data)	정형 데이터와 비정형 데이터의 중간 형태로, 데이터 내에 '태그(Tag)'나 '키(Key)' 등을 통해 데이터의 구조와 의미를 설명하는 정보를 포함한다.
	[예] XML, JSON 파일. 이러한 형식은 특히 제2절에서 배운 'API'를 통해 시스템 간 데이터를 주고받을 때 표준 규격으로 널리 사용된다.

3) 공공 빅데이터(Big Data)의 등장

'빅데이터'는 단순히 데이터의 양이 많은 것을 넘어, 기존의 데이터 처리 방식으로는 수집·저장·관리·분석하기 어려운 대규모 데이터를 의미한다. 빅데이터는 3가지 특징(3V)을 갖는다.

[표 6-7] 공공 빅데이터의 3가지 특징(3V)

특징	설명
양(Volume)	데이터의 물리적인 크기 (테라바이트, 페타바이트 수준).
속도(Velocity)	데이터가 생성되고 처리되는 속도 (실시간 스트리밍).
다양성(Variety)	정형, 비정형, 반정형을 모두 포함하는 데이터 형식의 다양성.

공공 부문에서도 빅데이터의 활용은 폭발적으로 증가하고 있다. 국세청의 차세대 조세 시스템 'K-Eunjo'는 수십억 건의 과세 자료를 실시간으로 분석하여 탈세 위험을 예측한다(Velocity, Volume). 스마트시티에서는 도시 전역의 CCTV, IoT 센서, 교통카드 데이터를 융합하여 재난이나 교통 체증을 예측한다(Variety, Velocity). 이처럼 빅데이터 분석은 과거에는 불가능했던 '예측 행정'을 가능하게 하는 핵심 기술이다.

2 데이터의 흐름과 활용

데이터는 한곳에 고여 있는 것이 아니라 '흐름(Flow)'을 가질 때 가치가 극대화된다. 데이터의 흐름은 크게 세 가지 방향으로 구분된다.

1) 흐름 1: 공공데이터 개방(정부 → 민간)

'공공데이터 개방(Open Data)'은 정부가 보유한 데이터(주로 [표 6-5]의 공공정보 데이터)를 '민간(기업, 개인)'이 자유롭게 활용할 수 있도록 개방하는 정책이다. 이는 국민의 알 권리를 충족시킬 뿐만 아니라, 민간 부문이 이 데이터를 활용하여 새로운 '혁신'과 '경제적 가치'를 창출하도록 돕는다(OECD, 2019).

대표 사례는 '공공데이터포털(data.go.kr)'을 통해 기상청 날씨 데이터가 개방되자, 민간 기업들이 이를 활용해 다양한 '날씨 앱'을 만들었던 사례이다. 지자체의 '버스 도착 정보(BIS)'가 개방되자, '카카오맵'이나 '네이버 지도'에서 실시간 버스 도착 시간을 알려주는 혁신적인 서비스가 탄생했다. 데이터의 흐름은 정부(Public)가 데이터를 생산하여 민간(Private)에 제공하는 'G → P'의 흐름이다.

2) 흐름 2: 행정정보 공동이용(정부 ↔ 정부)

이는 정부 기관끼리 데이터를 서로 공유하는 것이다. 제2절에서 배운 '통합 서비스'의 근간이 되는 '뒷단'의 핵심이다. 과거 국민이 A 기관에 민원을 신청하기 위해 B 기관, C 기관에서 '구비서류'(등본, 소득증명 등)를 발급받아 제출해야 했다. 하지만 '행정정보 공동이용'을 통해, A 기관의 담당자가 국민의 동의를 받고 전산망(G-FOS)을 통해 B, C 기관의 데이터를 직접 조회한다. 효과는 국민이 제출해야 할 구비서류가 획기적으로 줄어들어 '서류 없는 행정'이 가능해졌다는 것이다. 데이터의 흐름은 정부(Government) 기관 간의 상호 데이터 공유, 즉 'G ↔ G'의 흐름이다.

3) 흐름 3: 민간 데이터의 공공 활용(민간 → 정부)

반대로 민간 기업이 보유한 데이터를 '공공(정부)'이 정책 수립이나 서비스 개선에 활용하는 경우도 증가하고 있다. 대표 사례는 서울시가 심야버스(일명 '올빼미 버스') 노선을 신설할 때, 'KT'의 통신사 기지국 데이터를 활용한 것이다. 새벽 시간대 어느 지역에 '유동 인구(Floating Population)'가 많은지 분석하여 가장 효율적인 노선을 설계할 수 있었다. 민간 데이터의 공공 활용 흐름은 민간(Private)이 데이터를 생산하고, 이를 정부(Public)가 공익적 목적으로 활용하는 'P → G'의 흐름이다.

[표 6-8] 코로나19(COVID-19) 팬데믹 대응과 공공-민간 데이터 협력

G↔G (정부 간)	질병관리청(확진자 정보), 건강보험심사평가원(병원 방문 이력), 행정안전부(주소지) 등 여러 기관이 데이터를 실시간으로 공유하여 역학조사를 지원했다.
P→G (민간→정부)	통신사(기지국 위치 정보), 카드사(결제 내역)의 데이터를 공공이 제공받아 확진자의 동선을 파악하는 데 활용했다. (이는 감염병 예방법 등 법적 근거 하에 이루어짐)
G→P (정부→민간)	정부가 '공적 마스크 재고 데이터'를 API 형태로 긴급 개방하자, 민간 개발자들이 이를 활용해 '마스크 지도 앱'을 불과 며칠 만에 만들어내어 국민 불편을 해소했다(NIA, 2020)

3 데이터 거버넌스: '좋은 데이터' 확보를 위한 체계

이처럼 데이터의 활용과 흐름이 복잡다단해지면서, 데이터를 '어떻게 잘 관리할 것인가'의 문제가 대두되었다. 아무리 많은 데이터를 모아도 데이터가 정확하지 않거나(품질 저하), 서로 형식이 맞지 않거나(표준 부재), 누가 책임지고 관리하는지 불명확하다면(책임 부재), 그 데이터는 '자산'이 아닌 '부담'이 된다.

'데이터 거버넌스(Data Governance)'란, 데이터라는 자산을 효과적이고 전략적으로 관리하기 위한 '원칙, 정책, 표준, 프로세스 및 통제 체계'의 집합을 의미한다(DAMA, 2017). 이는 '데이터의 주인은 누구인가?', '데이터는 어떻게 관리되어야 하는가?', '누가 데이터를 사용할 수 있는가?'에 대한 조직 내의 공식적인 규칙 체계이다.

1) 데이터 거버넌스의 필요성

정부 부문에서 데이터 거버넌스가 특히 중요한 이유는 '기관별 칸막이' 문제 때문이다. 전통적으로 정부 조직은 부처별, 업무별로 시스템(예: 국세청, 관세청, 조달청)을 독립적으로 구축해왔다. 이로 인해 동일한 대상에 대한 데이터가 기관마다 다른 형식과 기준으로 저장되어 있다.

이러한 '데이터 사일로(Data Silo)'는 3단계 '통합 서비스'나 4단계 '맞춤형 서비스'를 구현하는 데 가장 큰 장애물이 된다. A 부처와 B 부처의 데이터가 연계되지 않으면 국민은 여전히 불편을 겪기 때문이다.

데이터 거버넌스는 이러한 칸막이를 허물고, 전(全) 정부 차원에서 데이터를 '공동의 자산'으로 인식하고 '일관된 기준'으로 관리하기 위해 반드시 필요하다. 이를 위해 '데이터 책임관(Chief Data Officer: CDO)'을 임명하여 데이터 전략을 총괄하게 하는 등의 조직적 노력이 수반된다.

2) 데이터 품질 관리(Data Quality Management)

"쓰레기가 들어가면 쓰레기가 나온다(Garbage In, Garbage Out: GIGO)"는 컴퓨터 과학의 오랜 격언은 데이터 기반 행정의 핵심을 관통한다. AI가 아무리 뛰어나도, 학습하는 데이터의 품질이 낮으면 잘못된 분석과 정책 결정을 초래한다. 데이터 품질은 여러 차원에서 측정된다(Baskarada & Koronios, 2013).

만약 한 국민의 데이터가 A 기관에는 '독거노인', B 기관에는 '부양가족 있음'으로 상이하게 등록(일관성 위배)되어 있다면, AI 기반의 '맞춤형 복지 서비스'는 이 국민을 대상에서 누락시킬 수 있다. 따라서 고품질의 데이터를 확보하고 유지하기 위한 지속적인 '데이터 정제(Data Cleansing)'와 '품질 진단' 활동은 거버넌스의 핵심이다.

[표 6-9] 데이터 품질의 차원

차원	설명
정확성 (Accuracy)	데이터가 실제 세계의 사실과 일치하는 정도(예: 주소지가 실제와 일치하는가?)
완전성 (Completeness)	필수적인 데이터 항목이 누락되지 않은 정도(예: 생년월일이 비어있지 않은가?)
일관성 (Consistency)	동일한 데이터가 여러 시스템에서 일치하는 정도(예: A 시스템과 B 시스템의 주소가 동일한가?)
적시성 (Timeliness)	데이터가 필요한 시점에 최신 상태로 유지되는 정도(예: 이사 정보가 즉시 반영되는가?)
유일성 (Uniqueness)	동일한 대상이 중복으로 기록되지 않은 정도(예: 동일 인물이 2개의 ID로 등록되지 않았는가?)
유효성 (Validity)	데이터가 정해진 형식이나 범위(규칙)에 맞게 저장된 정도(예: '성별' 필드에 '남/여' 외의 값이 들어가지 않았는가?)

3) 데이터 표준화와 메타데이터(Metadata)

기관별 칸막이를 넘어 데이터를 연계하기 위해서는 '공통의 언어'가 필요하다. '데이터 표준화'는 기관마다 다르게 사용하는 데이터 용어, 형식, 코드를 통일하는 과정이다.

[표 6-10] 데이터 표준용어와 표준코드

표준 용어	'기업명'을 A 기관은 '상호', B 기관은 '법인명', C 기관은 '회사명'으로 사용한다면 연계가 어렵다. 이를 '표준 용어'(예: '기관 표준명')로 통일해야 한다.
표준 코드	'성별'을 A 기관은 'M/F', B 기관은 '1/2', C 기관은 '남/여'로 저장한다면, 이를 '공통 코드'(예: '성별 코드: 01 = 남, 02 = 여')로 통일해야 한다.

'메타데이터(Metadata)'는 이러한 표준을 관리하고 데이터의 의미를 설명하는 '데이터에 관한 데이터(Data about Data)'이다. 이는 도서관의 '도서목록 카드'와 같다. 도서목록 카드가 책의 제목, 저자, 위치, 주제를 설명하듯, 메타데이터는 'A_기관_CUST_NM'이라는 데이터 항목이 'A 기관의 고객 테이블에 저장된 고객 성명'을 의미하며 '데이터 표준 용어 고객명'을 따른다고 설명해 준다. 잘 구축된 메타데이터 시스템은 데이터의 '지도' 역할을 하여, 'API'가 정확한 데이터를 찾아 연계하고 '공공데이터 개방'이 국민에게 데이터의 의미를 명확히 전달할 수 있게 하는 핵심 기반이다.

4) 데이터 생애주기 관리(Data Lifecycle Management)

데이터는 한번 생성되면 영원히 존재하는 것이 아니라, '생애주기'를 갖는다. 데이터 생애주기 관리는 데이터가 생성되는 순간부터 폐기되는 순간까지 전 과정을 체계적으로 관리하는 것이다.

지능형정부는 이 모든 과정을 관리하며, 특히 '활용' 단계에 초점을 맞추면서도 '보관'과 '폐기' 단계에서 개인정보보호와 보안 규정을 준수하는 균형 잡힌 거버넌스 체계를 유지해야 한다.

[표 6-11] 데이터 생애주기

생성 및 수집 (Create/Collect)	데이터가 최초로 발생하거나 시스템에 입력되는 단계. (데이터 품질 관리의 시작점)
저장 및 처리 (Store/Process)	데이터를 데이터베이스나 파일 시스템에 안전하게 저장하고, 분석 등을 위해 가공하는 단계.
활용 및 공유 (Use/Share)	행정 업무, 정책 결정, 대국민 서비스, 데이터 개방 등을 통해 데이터가 가치를 창출하는 단계. (G↔G, G→P 등)
보관 및 아카이빙 (Archive)	당장 사용되지는 않지만 법적 의무나 역사적 가치로 인해 장기 보관하는 단계.
폐기(Destroy)	보존 기한이 만료되거나 불필요해진 데이터를 안전하게 파기하는 단계. (특히 개인정보의 경우 완전한 파기가 중요함)

[표 6-12] 심화 학습: 데이터 활용의 법적 · 윤리적 기반

데이터, 특히 '개인 데이터'의 활용은 반드시 법률과 윤리의 테두리 안에서 이루어져야 한다.

1) 데이터 3법과 정보 처리(가명정보와 익명정보)

2020년 개정된 '데이터 3법'(개인정보보호법, 정보통신망 이용촉진 및 정보보호 등에 관한 법률(이하 정보통신방법), 신용정보의 이용 및 보호에 관한 법률(이하 신용정보법)은 데이터 활용의 법적 토대를 마련했다. 이 법의 핵심 중 하나는 '가명정보'와 '익명정보'의 개념을 명확히 한 것이다. 익명정보(Anonymized Data)란 다른 정보를 사용해도 더 이상 '누구의 것'인지 알아볼 수 없게 처리된 정보다. 개인정보가 아니므로 정보 주체의 동의 없이 자유롭게 분석, 활용, 공개가 가능하다(예: '서울시 40대 남성'의 통계 정보).

가명정보(Pseudonymized Data)는 개인정보의 일부를 삭제하거나 대체(예: '홍길동'→'A001')하여, 그 정보만으로는 특정 개인을 알아볼 수 없게 한 정보다. 하지만 '다른 정보'(예: 'A001'='홍길동'이라는 원본 매핑 테이블)와 결합하면 다시 식별이 가능하다. 가명정보는 여전히 개인정보로 분류되지만, '통계 작성', '과학적 연구', '공익적 기록 보존' 등의 목적일 경우 정보 주체의 '동의 없이도' 활용할 수 있도록 허용되었다(개인정보보호위원회, 2023). 이 '가명정보' 개념의 도입은 정부가 '맞춤형 서비스'나 'AI 정책 분석'을 위해 국민의 민감한 데이터를 직접 사용하지 않고도, 가명처리된 데이터를 분석하여 공익적 가치를 창출할 수 있는 길을 열어주었다는 점에서 의의가 크다.

2) 데이터 활용의 윤리: 편향성과 투명성

'알고리즘의 공정성'을 지적했듯이, AI 기반의 선제적 서비스는 학습 데이터에 내재된 '편향성(Bias)'을 그대로 물려받거나 증폭시킬 위험이 있다. 만약 과거 복지 혜택을 신청한 사람들의 데이터(학습 데이터)가 특정 지역이나 특정 방식(예: 인터넷 사용이 능숙한 사람)에 편중되어 있었다면, AI 모델은 이러한 편향을 학습하여 '인터넷 사용이 미숙한 취약계층'을 복지 대상자 예측에서 누락시킬 수 있다.

이는 기술의 문제가 아닌 '데이터'의 문제이다. 따라서 데이터 거버넌스는 데이터의 품질 뿐만 아니라, 수집 단계에서부터 '대표성'과 '공정성'을 확보하고 있는지 지속적으로 점검해야 하는 윤리적 책무를 포함한다(Zuboff, 2019). '설명가능한 AI(XAI)'를 도입하여, AI가 왜 그런 결정을 내렸는지 그 근거 데이터를 투명하게 제시하는 것 또한 데이터 신뢰 확보의 필수 요건이다.

제4절 데이터 주권의 실현과 미래 전망

제3절까지 살펴본 '데이터 기반'의 지능형 서비스는 제4절에서 '데이터 주권'이라는 새로운 패러다임으로 확장된다. 이는 국민이 데이터의 '객체'에서 '주체'로 변화함을 의미하며, 전자정부의 미래 비전인 '디지털플랫폼정부'의 핵심 철학이 된다.

1 국민이 주인 되는 데이터: 마이데이터(MyData)

'데이터'가 제3절의 핵심 키워드였다면, '마이(My)'데이터는 데이터의 주인이 누구인지 명확히 하는 제4절의 핵심 키워드이다.

1) 마이데이터의 개념: '정보 주권'으로의 패러다임 전환

마이데이터는 정보의 주체인 '국민(개인)'이 기관이나 기업에 흩어져 있는 '자신의 정보(MyData)'에 대해 실질적인 '통제권(Control)'을 갖는 것을 의미한다(개인정보보호위원회, 2021). 이는 단순히 내 정보를 '열람'하는 것을 넘어, 내가 원하는 곳으로 '이동' 시키고(전송요구권), 내가 원하는 방식으로 '활용'하도록 적극적으로 요구할 수 있는 '권리'를 말한다. 즉, 데이터의 주권이 데이터를 수집한 '기관/기업'에서 데이터의 주인인 '나'에게로 이동하는 패러다임의 전환이다.

[그림 6-1] 정보 주권 패러다임의 전환에 따른 사례

BEFORE		AFTER
A 은행, B 카드, C 통신사는 '내 정보'를 가지고 있지만 그 정보는 '그들의 것'처럼 쓰였다	➡	A 은행, B 카드, C 통신사는 '내 정보'를 '보관'하고 있을 뿐, 주인은 '나'이다.
내가 B 카드사의 혜택을 받으려면 A 은행의 내역을 내가 직접 '발급'받아 '제출'해야 했다	➡	내가 "A 은행아, 내 거래 내역을 B 카드사로 '전송해줘'"라고 요구하면, A 은행은 즉시 전송해야 한다.

2) 마이데이터의 이론적 기반과 분석틀

마이데이터는 단순한 기술적 서비스를 넘어, 개인정보에 대한 고전적인 프라이버시 논의를 '적극적 권리'로 확장시킨 개념이다. 철학적 기반은 정보 프라이버시와 전통적인 프라이버시가 '잊힐 권리(Right to be Forgotten)'나 '간섭받지 않을 권리(Right to be let Alone)'(Warren & Brandeis, 1890) 등 소극적 · 방어적 권리에 초점을 맞추었다면, 마이데이터는 '정보 자기결정권(Informational Self-determination)'이라는 적극적 · 공격적 권리에 기반한다. '정보 자기결정권'이란, 개인이 자신에 관한 정보가 언제, 누구에게, 어느 범위까지 공개되고 활용될 수 있는지를 '스스로 결정'할 수 있는 권리를 의미한다(독일 연방헌법재판소, 1983). 마이데이터의 핵심인 '개인정보 전송요구권'은 이 정보 자기결정권을 실현하는 가장 구체적이고 강력한 수단이다. 즉, 데이터를 차단하고 숨기는 것을 넘어, 나의 통제하에 데이터를 '활용'하고 '이동'시킴으로써 데이터의 경제적 · 사회적 가치를 개인 스스로 향유하겠다는 것이다(De Hert & Papakonstantinou, 2016).

마이데이터 생태계 프레임워크에서 마이데이터는 개인, 정부, 기업 등 다양한 주체들이 상호작용하는 '생태계(Ecosystem)'를 전제로 한다. 이 생태계를 분석하는 틀은 다음과 같이 4대 주체와 그 역할로 구성된다(금융위원회, 2022).

효과적인 마이데이터 정책은 이 4대 주체 간의 '균형'을 맞추는 데 있다. 정보주체의 '편의성'과 '주권'을 보장하면서, 정보보유자에게 '과도한 부담'(예: API 구축 비용)을

[표 6-13] 마이데이터 생태계 프레임워크

구분	내용
정보주체(Individual)	'개인'이며, 모든 데이터의 주인이자 권리 행사(전송 요구)의 주체. 마이데이터 서비스의 최종 소비자.
정보보유자 (Data Holder)	개인이 동의한 데이터를 '보유'하고 있다가, 개인의 요구에 따라 이를 전송해야 할 '의무'를 지닌 주체. [예] 정부(행안부, 국세청), 은행, 카드사, 병원, 통신사 등.
마이데이터 사업자(MyData Operator/Data Recipient)	정보주체의 요구(동의)에 따라 정보보유자로부터 데이터를 '전송받아' 개인에게 맞춤형 자산관리, 건강관리 등의 서비스 제공 주체. [예] 핀테크 앱, 건강관리 앱. 이들은 데이터 활용에 대한 엄격한 라이선스와 보안 의무
중개기관 (API Hub/Intermediary)	정보보유자와 마이데이터 사업자 간의 데이터 전송이 안전하고 효율적으로 이루어지도록 '표준 API'와 '인증 시스템'을 제공하고 관리하는 플랫폼. [예] (금융) 금융결제원, 신용정보원, (공공) 행정안전부.

지우지 않고, 마이데이터 사업자에게는 '혁신의 기회'를 제공하며, 중개기관을 통해 '안전한 생태계'를 유지하는 것이 핵심이다.

3) 법 · 제도적 기반과 핵심 쟁점

마이데이터의 핵심 권리인 '개인정보 전송요구권(Right to Data Portability)'은 2016년 유럽연합(EU)의 GDPR(General Data Protection Regulation)에서 최초로 명문화된 이후, 전 세계적으로 확산되었다. 한국은 2020년 개정된 데이터 3법을 통해 마이데이터의 법적 기반을 마련하고, 개인정보 전송요구권의 법제화(데이터 3법)를 시작했다. 주목할 점은, 전 분야에 한 번에 적용한 것이 아니라, '금융' 분야에 우선적으로 도입하고 점차 타 분야로 확대하는 '점진적 · 산업별' 접근 방식을 취했다는 것이다.

[표 6-14] 마이데이터 관련 법제도의 단계별 특징

단계	법	특징
1단계	신용정보법 (금융마이데이터)	• 2020년 개정 '신용정보법'은 '본인신용정보관리업(마이데이터)'을 신설하고, 정보주체의 '개인신용정보 전송요구권'을 명시했다. • 이로써 2022년부터 금융 분야(은행, 카드, 증권, 보험)에서 마이데이터 서비스가 전면 시행되었다(금융위원회, 2022).
2단계	개인정보보호법 (전 분야 마이데이터)	• 2023년 개정 '개인정보보호법'은 금융을 넘어 공공, 의료, 통신, 교육 등 '전(全) 분야'로 개인정보 전송요구권을 확대하는 일반 법적 근거를 마련했다(제35조의2). • 이는 한국형 마이데이터가 사회 전반으로 확산되는 기틀이 되며, '공공 마이데이터'의 법적 기반을 더욱 공고히 한다(개인정보보호위원회, 2023).

마이데이터의 주요 법 · 제도적 쟁점은 마이데이터가 '데이터 이동의 자유'를 보장하는 동시에, 수많은 법 · 제도적 쟁점을 야기한다는 것에서 출발한다. 성공적인 정책 안착을 위해서는 다음의 쟁점들에 대한 사회적 합의와 정교한 제도 설계가 필요하다.

[표 6-15] 마이데이터 주요 법 · 제도적 쟁점

핵심 쟁점	주요 내용	고려사항 및 정책 과제
전송 데이터의 범위(Scope)	'어떤 데이터'까지 전송을 요구할 수 있는가? (A) 개인이 '직접 제공'한 정보 (B) 서비스 이용 과정에서 '생성'된 정보 (C) 기관이 '추론'한 정보	EU GDPR[2]은 (A)와 (B)를 중심으로 규정하나, '추론 정보(C)'의 포함 여부는 여전히 논쟁적이다(Tene & Polonetsky, 2013). '개인 주권'과 '산업 경쟁력'(영업비밀) 간의 균형이 필요하다.
전송 비용의 부담(Cost)	API 구축 및 데이터 전송 비용은 누가 부담해야 하는가? (A) 정보보유자 (의무) (B) 마이데이터 사업자 (수익자 부담) (C) 정보주체 (개인)	한국 금융 마이데이터는 사업자와 보유자 간 과금 체계를 일부 도입했다(금융결제원). 과도한 비용은 '혁신'을 저해하고, '무료 전송'은 정보보유자에게 역차별이 될 수 있다.
데이터 표준화 (Standard)	정보보유자마다 데이터 형식이 다르면, 마이데이터 사업자가 이를 통합 · 분석하기 어렵다.	'데이터 표준화'와 '표준 API'가 강제되어야 한다. 한국 금융 마이데이터는 금융당국이 강력한 '표준 API 규격'을 제시하여 성공적으로 표준화를 이끌었다.
보안 및 책임 소재(Liability)	데이터가 A(보유자), B(중개), C(사업자)로 이동 중 유출 사고가 발생하면, 누가 책임을 지는가?	전송 과정의 기술적 보안은 물론, 사고 발생 시 책임 소재(과실 비율 등)를 명확히 하는 법적 · 제도적 장치가 필수적이다(개인정보보호위원회, 2021).

4) 주요국 마이데이터 정책 비교(국내외 현황)

마이데이터는 전 세계적인 흐름이지만, 각국의 법체계와 산업 환경에 따라 상이한 접근 방식을 보인다.

① 유럽연합(EU) – GDPR 기반의 '권리' 중심 접근: EU는 2018년 시행된 '일반개인정보보호법(GDPR)' 제20조를 통해 '정보 이동권(Right to Data Portability)'을 세계 최초로 법제화했다. 이는 마이데이터 논의의 글로벌 표준이 되었다.

- 특징: 산업 육성(한국)이나 시장 효율(미국)보다는, '개인의 기본권'으로서 데

2) EU에서 제정한 일반개인정보보호법(General Data Protection Regulation)을 일컫는 것으로서 시민들의 개인정보와 프라이버시를 보호하기 위해 2018년부터 시행한 법규

이터 주권을 보장하는 '권리' 중심 접근이 강하다(European Commission, 2016).

- 방식: 특정 산업(금융 등)에 국한하지 않고 '모든 산업 분야'에 적용되는 '일반법'의 형태를 띤다. 정보주체는 자신이 제공한 데이터를 '구조화되고, 일반적으로 사용되며, 기계가 읽을 수 있는 형식'으로 전송받을 권리를 갖는다.
- 한계: 권리는 선언적이나, 이를 산업별로 구현할 '표준 API'나 '중개기관' 등에 대한 규정이 미비하여, 실제 산업적 확산 속도는 한국보다 더디다는 평가를 받는다(KISDI, 2022).

② 미국(US) – '시장' 중심의 분야별(Sectoral) 접근: 미국은 EU와 달리 포괄적인 연방 개인정보보호법이 부재하며, 마이데이터 역시 '시장의 자율'과 '분야별(Sectoral) 규제'에 맡기는 경향이 강하다.

- 특징: '소비자 편익'과 '시장 경쟁 촉진'을 목적으로 한다. 예를 들어, 2010년 '도드-프랭크 법(Dodd-Frank Act)'은 금융 소비자가 자신의 금융 정보에 접

[표 6-16] 주요국의 마이데이터 정책 비교

구분	대한민국(Korea)	유럽연합(EU)	미국(US)
핵심목적	산업육성	개인의 기본권 보장	시장경쟁 촉진
	데이터 경제 활성화, 국민주권으로 확대	정보 자기결정권 실현	소비자 편익 및 혁신
주요근거법	(금융) 신용정보법 (전분야) 개인정보보호법	GDPR(제20조): 일반법	(금융) 도드-프랭크법 (섹션1033) (일부 주) CCPA/CPRA
추진방식	정부 주도 (Top-down)	권리 중심 (Rights-based)	시장 주도 (Bottom-up)
	–특정 산업 우선 도입 –강력한 '표준 API' 의무화	–전 산업분야 포괄적용 –선언적 권리(표준 API 미비)	–분야별(Sectoral) 자율 규제 –민간 기술/협약 중심
데이터범위	법률로 지정된 '개인신용정보' 및 '개인정보보호법' 상 개인정보	정보주체가 '제공'하고, '활동의 결과'로 생성된 정보	법적 정의가 모호하며, '소비자금융정보' 등 분야별로 상이
강점	빠른 표준화, 신속한 산업 도입	강력한 개인주권보장	민간혁신, 시장활력
약점	정부주도, 타분야 확산속도	산업적 기술적 확산이 느림	표준부재, 보안취약, 파편화

주: KISDI(2022), European Commission(2016), FTC(2023) 등을 토대로 저자 구성.

근할 수 있도록 보장했으며, 이는 민간 핀테크(예: Plaid)가 주도하는 시장 중심의 데이터 공유 생태계를 촉발했다.

- 방식: 정부의 강력한 API 표준화(한국)나 법적 권리(EU)보다는, 민간 기업 간의 협약이나 기술(예: 스크린 스크래핑)을 통해 자율적으로 발전해왔다.
- 변화: 최근 캘리포니아주가 'CCPA/CPRA'를 통해 주민들에게 데이터 이동권을 부여하는 등, EU와 유사한 '권리 기반' 접근이 일부 주(州) 단위에서 나타나고 있다(FTC, 2023).

5) 공공 마이데이터의 활용: '구비서류 제로화'

이러한 마이데이터의 패러다임이 공공 부문에 적용될 때, 그 효과는 폭발적이다. 바로 '구비서류 제로화(Document-less)'가 가능해지기 때문이다. 제3절에서 '행정정보 공동이용'은 '기관(담당자)'이 다른 기관의 정보를 조회하는 'G↔G' 방식이었다. '공공 마이데이터'는 여기서 한발 더 나아가, '국민(나)'이 직접 "내 행정 정보를 A 기관(정보 보유자)에서 B 기관(마이데이터 사업자, 주로 민간 은행, 카드사 등)으로 전송해달라"고 요구하는 방식이다.

[표 6-17] 은행대출신청시 마이데이터 활용 사례

Before	After(MyData)
• 은행 대출을 위해, 나는 정부24에 접속해 주민등록등본을, 국세청 홈택스에서 소득금액증명원을, 건보공단에서 건강보험자격득실확인서를 각각 발급(PDF)받아 은행 앱에 업로드해야 했다.	• 은행 앱에서 '대출 신청'을 누르고 '공공 마이데이터 전송 요구'에 동의(인증)한다. • 은행 앱이 마이데이터 플랫폼(행안부 중개 시스템)을 통해 행안부, 국세청, 건보공단에 내 정보를 '직접'데이터(API) 형태로 전송받는다. • 나는 어떤 서류도 발급받을 필요가 없다.

이처럼 공공 마이데이터는 '맞춤형 서비스'와 '선제적 서비스'를 구현하는 가장 강력한 '데이터 동력'이 된다(NIA, 2023). 정부가 보유한 나의 데이터를 나의 요구에 따라 민간 기업이나 타 기관에 전송함으로써, 국민은 '편의성'을, 기업은 '혁신'의 기회를 얻는다.

6) 기술 · 보안 구조(표준 API, 본인인증, 동의관리)

마이데이터는 편리한 만큼 매우 안전하게 관리되어야 한다. 법적 쟁점과 더불어, 이를 뒷받침하는 강력한 기술 · 보안 체계가 필수적이다.

- 표준 API(Standard API): 마이데이터 생태계의 성패는 '표준 API'에 달려있다. 과거 일부 핀테크 앱은 사용자의 아이디와 비밀번호를 받아 해당 사이트(홈택스 등)에 대신 접속해 정보를 긁어오는 '스크린 스크래핑(Screen Scraping)' 방식을 사용했다. 이는 보안에 매우 취약하다. 마이데이터는 반드시 정부와 기관이 정해진 규격(API)을 통해서만 데이터를 전송하도록 의무화한다(금융위원회, 2022).
- 본인인증(Authentication): 데이터를 전송 요구하는 주체가 '나'임을 명확히 증명해야 한다. 공동인증서, 금융인증서, 민간 간편인증(카카오, 네이버) 등 복합적인 인증 절차를 거친다.
- 동의 관리(Consent Management): 마이데이터의 핵심. '정보 자기결정권'을 기술적으로 구현한 것이다. 국민은 '어떤 기관의, 어떤 정보를(예: 국세청의 2023년 소득정보), 어떤 기업에게, 어떤 목적으로(예: 대출 심사), 얼마 동안(예: 1회 또는 1년)' 전송할지 '명확하게' 선택하고 '동의'해야 한다. 이 동의 내역은 언제든 철회할 수 있어야 한다(개인정보보호위원회, 2021).

7) 마이데이터의 기대 효과와 정책적 과제

마이데이터는 국민, 기업, 정부 모두에게 혁신적인 가치를 제공할 잠재력을 지닌다.

- 대국민 편익(정보 주권): 국민은 자신의 데이터를 통제하고, '구비서류 제로화'(제4절) 등 행정 및 금융 서비스에서 압도적인 편의성을 경험한다.
- 민간 혁신(경제적 가치): 마이데이터 사업자들은 확보된 데이터를(국민 동의 하에) 분석하여, 개인에게 최적화된 '초맞춤형 서비스'(예: 맞춤형 자산관리, 건강관리, 최적 요금제)를 제공하는 새로운 시장을 창출할 수 있다(Tene & Polonetsky, 2013).
- 정부 효율(공공가치): 공공 마이데이터는 제2절의 '맞춤형 서비스'와 '선제적 서비스'를 구현하는 핵심 기반이 되어, 복지 사각지대 해소 등 '공공가치'를 실현

하는 데 기여한다.

하지만 이러한 기대 효과가 실현되기 위해서는 법적 쟁점 외에도 해결해야 할 정책적 과제가 존재한다. 첫째, '데이터 신뢰성' 문제이다. 기관마다 데이터의 품질, 형식, 기준이 다를 경우(표준화 부재, 품질 저하), 데이터를 모아도 정확한 분석이 어렵다. 둘째, '오남용 및 보안 위험'이다. 수많은 개인정보가 API를 통해 오가는 과정에서 해킹이나 유출 사고가 발생할 경우 그 피해는 막대하다. 셋째, '디지털 격차' 문제이다. 스마트폰이나 인증서 사용이 미숙한 고령층 등 디지털 취약계층은 마이데이터의 편의에서 소외되어, 오히려 '데이터 불평등'이 심화될 수 있다. 결국 마이데이터의 성공은 '편리함'이 아니라 '견고한 데이터 거버넌스', '정교한 법제도', 그리고 '국민의 신뢰'에 달려있다.

[표 6-18] 공공데이터 개방, 행정정보 공동이용, 공공 마이데이터 비교

구분	공공데이터 개방	행정정보 공동이용	공공 마이데이터
주요목적	민간혁신, 경제적 가치	행정효율화, 구비서류 감축	국민의 데이터 주권 실현
데이터주체	정부(데이터 생산)	정부(기관 간)	국민(정보주체)
활용방식	민간이 자유롭게 활용 (Oepn)	행정 기관이 업무상 조회	국민이 '전송요구' (Mobility)
데이터예시	버스 도착 정보, 날씨	주민등록등본, 소득증명	'나의' 소득정보, '나의' 건강검진결과
서비스예시	카카오버스 앱, 날씨 앱	통합민원처리 (G↔G)	은행대출시 서류 자동제출(G→P)

2 기술, 신뢰, 그리고 공공가치의 균형

지금까지 살펴본 통합, 맞춤, 선제적 서비스, 그리고 마이데이터는 모두 하나의 방향을 가리키고 있다. 바로 정부가 모든 것을 소유하고 제공하는 방식이 아닌, '민간과의 협력'을 통해 '플랫폼' 위에서 작동하는 정부이다.

1) 민관협력 기반의 데이터 생태계

과거에는 정부가 서비스를 '만들어서' 국민에게 '제공'했다. 하지만 '국민비서'가 민간 앱으로 알림을 보내고, 민간 앱이 공공 마이데이터를 활용해 대출 상품을 추천하듯, 이제 정부와 민간이 '협력'하여 서비스를 만드는 것이 표준이 되고 있다. 정부는 '데이터'와 'API'라는 핵심 기반을 제공하고(제3절, 제4절 참고), 민간은 창의적인 아이디어를 더해 국민이 체감할 수 있는 편리한 서비스를 개발하는 '데이터 생태계'가 조성되고 있다.

2) 디지털플랫폼정부(DPG)의 비전과 과제

'디지털플랫폼정부(Digital Platform Government: DPG)'는 정부를 '하나의 거대한 플랫폼'으로 만들겠다는 구상이다(디지털플랫폼정부위원회, 2022). 마치 애플(Apple)이 '앱스토어'라는 플랫폼을 제공하고, 수많은 개발사가 그 위에서 앱(App)을 만들어 수익을 창출하듯, 정부가 '플랫폼'(데이터, API, 표준 시스템)을 구축하면, 그 위에서 공공 기관과 민간 기업, 심지어 개인까지 참여하여 사회 문제를 해결하고 새로운 서비스를 만들어 낼 수 있다는 것이다. DPG의 핵심 성공 요건은 다음과 같다.

① 하나의 정부: 부처 간 칸막이를 넘어 데이터가 원활히 흐르고 시스템이 연계되어야 한다. 데이터 거버넌스가 전제조건이다.

② 민관 협력: 공공데이터와 마이데이터를 안전하게 개방하여 민간이 혁신을 주도하도록 해야 한다.

③ AI · 데이터 활용: AI와 데이터를 행정 업무 전반에 적용하여 '선제적 서비스'를 구현해야 한다.

물론, 이러한 DPG가 성공하기 위해서는 정부 시스템의 전면적인 개편, 부처 이기주의 극복, 제3절에서 강조한 강력한 데이터 거버넌스 구축 등 해결해야 할 과제가 다수 있다(디지털플랫폼정부위원회, 2022).

3) 서비스 효용성 제고를 위한 정책 수단(거버넌스, AI 활용)

국민이 체감하는 서비스의 효용성을 높이기 위해서는 기술 도입을 넘어선 정책적 수단이 필요하다. 데이터 거버넌스(Governance)와 같이 데이터가 '누구의 것'이며, '어떻게 관리'되고 '누가 책임'질 것인지에 대한 명확한 '규칙 체계'가 필요하다. 특히 여러 부처에 흩어진 데이터의 표준을 맞추고 품질을 관리하는 것이 중요하다. AI의 행정 적용에서 맞춤형 · 선제적 서비스를 고도화하기 위해서는 AI를 활용한 '정책 시뮬레이션'이나 '위험 예측'이 필수적이다. 법 · 제도 정비관점에서 앞서 설명한 마이데이터의 전면적 확산이나 AI 도입에 걸림돌이 되는 낡은 법과 제도를 신속하게 정비해야 한다.

제5절 소결

본 장에서는 전자정부 서비스가 '정보제공'에서 시작하여 '통합', '맞춤', '선제적' 서비스로 진화하는 과정을 살펴보았다(제2절). 그리고 이러한 진화의 중심에 '데이터'라는 핵심 동력이 있으며, 이 데이터를 효과적으로 관리하는 '거버넌스'가 선행되어야 함을 확인했다(제3절). 또한 '마이데이터'가 데이터 주권을 국민에게 돌려주는 패러다임의 전환이며 '디지털정부'의 핵심 기반임을 분석했다(제4절).

미래의 전자정부는 국민이 '이용'한다는 사실조차 인지하지 못한 채, '내 삶 속에 스며드는' 공기나 물과 같은 형태로 존재하게 될 것이다. 내가 신청하지 않아도 혜택을 받고, 내가 서류를 떼지 않아도 업무가 처리되며, 내가 위험을 인지하기 전에 정부가 먼저 알려주는 '지능형정부'가 구현될 것이다.

이 모든 편리함이 '기술'만으로 완성되지는 않는다. 제2절에서 다룬 '프라이버시' 문제와 '데이터 오남용' 및 '편향성' 위험에서 보았듯이, 지능형정부는 '양날의 검'이 될 수 있다. 정부가 나의 모든 것을 알고 편리함을 제공하는 '친절한 비서'가 될지, 아니면 나를 감시하고 통제하는 '빅브라더'가 될지는 결국 '기술'이 아니라 '신뢰'의 문제이다. 따라서 미래의 전자정부를 이끌어갈 연구자 및 공직자들은, 단순히 효율적인 기술을 개발하는 것을 넘어, 그 기술이 '공공의 가치'를 훼손하지 않는지, '디지털 격차'를 심화시키지 않는지, 그리고 '국민의 신뢰'를 얻고 있는지 끊임없이 성찰해야 한다. 편리함과 효율성, 그리고 민주적 가치와 개인의 주권이 '균형'을 이룰 때, '내 손안의 정부'는 비로소 완성될 수 있을 것이다.

참고문헌

개인정보보호위원회(2021). 마이데이터 발전 전략.

개인정보보호위원회(2023). 2023 개인정보보호 백서.

금융결제원(2022). 마이데이터 표준 API 규격.

금융위원회(2022). 금융분야 마이데이터 서비스 시행. (보도자료).

김성태(2021). 공공서비스의 통합 및 연계 방안 연구: 디지털정부혁신을 중심으로. 한국행정연구, 30(1), 1-28.

디지털플랫폼정부위원회(2022). 디지털 플랫폼 정부 실현 계획.

정보통신정책연구원(KISDI)(2021). 디지털 전환 시대의 전자정부 서비스 발전 방향 연구(KISDI 기본연구 21-15).

정보통신정책연구원(KISDI)(2022). 주요국의 마이데이터 정책 비교 및 시사점. 방송통신정책.

정충근 · 오강탁(2020). 맞춤형 · 선제적 공공서비스 구현을 위한데이터 활용 전략. 정보화정책, 27(4), 18-34.

한국지능정보사회진흥원(NIA)(2020). 데이터로 본 코로나19 대응과 향후 과제.

한국지능정보사회진흥원(NIA)(2022). 선제적 정부 구현을 위한 정책 및 기술 동향 분석.

한국지능정보사회진흥원(NIA)(2023). 공공 마이데이터 활용 활성화 방안 연구.

행정안전부(2023). 2023 전자정부 백서.

Baskarada, S., & Koronios, A.(2013). A Critical Success Factor Framework for Information Quality Management. *Information Systems Management*, 30(4), 277-295.

DAMA International.(2017). *DAMA-DMBOK: Data Management Body of Knowledge*(2nd ed.). Technics Publications.

De Hert, P., & Papakonstantinou, V.(2016). The new General Data Protection Regulation: Still a sound system for the protection of individuals?, *Computer Law & Security Review*, 32(2), 179-194.

European Commission.(2016). Regulation(EU) 2016/679 of the European Parliament and of the Council of 27 April 2016 on the protection of natural persons with regard to the processing of personal data and on the free movement of such data, and repealing Directive 95/46/EC(General Data Protection Regulation). *Official Journal of the European Union*, L 119.

(*Note: For official legislation, the source is often the official publication journal.*)

FTC(Federal Trade Commission)(2023). Statement on the Consumer Financial Protection

Bureau's Proposed Rule on Personal Financial Data Rights.
OECD(2019). OECD Digital Government Review of Korea: Leading the Digital Transformation. OECD Publishing.
OECD(2024). OECD Digital Government Index (DGI): 2023. OECD Publishing.
Schwab, K.(2016). *The Fourth Industrial Revolution.* World Economic Forum.
Tene, O., & Polonetsky, J.(2013). A Theory of Creepy: Technology, Privacy, and Shifting Social Norms. *Yale Journal of Law & Technology*, 16(1), 59-103.
Warren, S. D., & Brandeis, L. D.(1890). The Right to Privacy. *Harvard Law Review*, *4*(5), 193-220.
Zuboff, S.(2019). *The Age of Surveillance Capitalism: The Fight for a Human Future at the New Frontier of Power.* PublicAffairs.

CHAPTER 07

AI 기반 서비스

신영진

제1절 서론

우리나라는 1999년 범정부적인 '전자정부 종합실천계획'을 수립하였으며, 2001년 '전자정부 11대 중점 과제,' 2003년 '전자정부 로드맵 31대 과제'를 추진하면서 UN의 전자정부평가에서 세계1위를 차지하는 성과를 거두었다. 이로 인해 우리나라의 전자정부사례가 해외벤치마킹 대상이 되었고, 한국이 주도하는 전자정부를 구현하기 위해 지속적인 발전을 가져오고 있다. 더욱이, 알파고와 이세돌의 바둑경기가 TV를 통해 생중계되면서 인공지능에 대한 인식이 바뀌게 되었고, 우리나라의 국가정보화 및 전자정부에 관한 국가정책에서 인공지능을 연계한 정책이 추진하게 되었다. 특히, 인공지능과 관련하여 2019년 '인공지능 국가전략,' 2021년 5월 '신뢰할 수 있는 인공지능 실현전략,' 2023년 4월 '초거대 인공지능 경쟁력 강화 방안,' 2024년 '인공지능 반도체 이니셔티브.' 2025년 'AI 액션플랜' 및 '새정부 경제성장전략'을 추진하고 있다. 뿐만 아니라, 소버린 AI(Sovereign AI)를 확보하여 AI 3대 강국으로 도약하기 위한 AI전환에 따른 디지털정부의 변화를 가져오고자 한다.

이에 대해 본 장에서는 인공지능에 대한 이해를 높이고, 디지털정부가 인공지능 전환을 가져오기 위해 관련 법률 제정비, 추진체계 개선, 주요 정책과제 등이 어떻게 진행되고 있는지 살펴보고자 한다. 또한, 국내외적으로 디지털정부에서 인공지능을 적용한 정부 서비스 사례를 통해 행정혁신성과를 살펴보고, 정부가 '세계 1위 AI정부 실현'을 위해 선정한 '새정부 경제성장전략'을 통해 앞으로 우리나라가 추진할 정책 방향과 과제를 알아보고자 한다.

제2절 인공지능의 등장과 정부 서비스 도입

1 인공지능의 등장 및 도입

1) 인공지능의 등장

인공지능(Artificial Intelligence: 이하 AI)은 1950년 앨런 메시슨 튜링(Alan Mathison Turing)의 "기계가 생각할 수 있는가?"라는 연구에서 시작되었으며, 그는 "계산기계와 지능(Computing Machinery and Intelligence)" 논문을 발표하였다. 1956년 존 매카시(John McCarth) 등 10여명의 과학자가 다트머스 회의(Dartmouth Conference)에서 처음 인공지능(AI)이라는 용어를 사용하였다. 1957년 프랑크 로젠블랏(Frank Rosenblatt)은 '퍼셉트론(Perceptron)' 모델[1])을 통해 컴퓨터가 패턴을 인식하고 학습할 수 있다는 개념을 실증적으로 보여 주었다. 이 시기에는 인공신경망(Artificial Neural Network) 모델에 관한 연구도 활발히 진행되었다. 이후 AI의 발전 과정에서 다양한 학술자료 및 기술 보고서에서 사용되었다. 그러나, 초기 연구의 성과는 세간의 기대를 높였으나, 컴퓨팅 성능, 논리 체계, 데이터 부족 등의 한계로 AI 연구는 곧 침체기에 들어섰다(김지한, 2024.3.15; 반디뉴스, 2025.8.19).

1980년대에는 사람이 입력한 규칙을 기반으로 자동 판정을 내리는 '전문가 시스템(Expert System)'이 등장했다. 전문가 시스템은 의학, 법률, 유통 등 실용적인 분야에서 진단, 분류, 분석 등의 기능을 수행하며, 일시적으로 AI에 대한 관심을 다시 불러 일으켰다. 그러나 이 시스템은 사람이 설정한 규칙에만 의존하여 동작하며, 복잡한 현실세계를 이해하는 능력을 갖추지 못한 한계가 있다. 1990년대에 들어서면서 인간의 명령으로만 작동하던 AI는 스스로 규칙을 찾아 학습하게 되었다. 즉, '머신러닝(Machine Learning)' 알고리즘을 활용하면서부터이고, 대량의 데이터가 웹에서 수집·활용되면서 AI가 스스로 규칙을 학습하면서 사람이 찾지 못하는 규칙까지 찾아내게 되었다. 2000년대 이후부터 컴퓨팅 파워, 빅데이터, 딥러닝(Deep Learning) 등 기술의

---

1) 퍼셉트론 모델은 1943년 신경 생리학자 워렌 맥컬럭(Warren McCulloch)과 월터 피트(Walter Pitts)가 신경세포의 상호작용을 간단한 계산 모델로 정리하여 '신경망' 이론으로 제시한 바 있다.

[그림 7-1] 시대별 인공지능 발전 과정

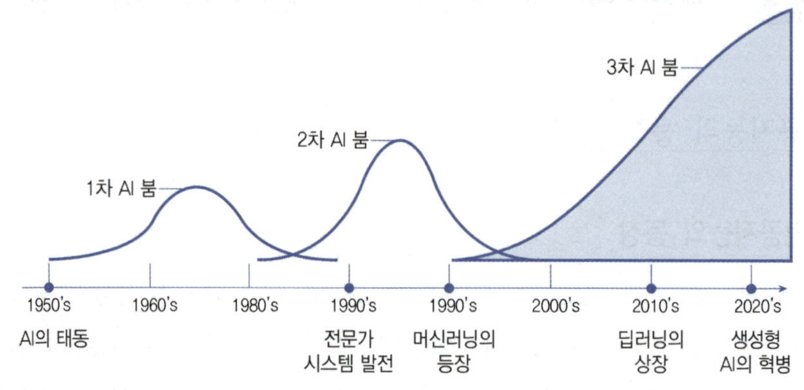

자료: 김지한(2024.3.15).

발전에 힘입어 전 산업 분야에서 AI가 본격적으로 활용되었다(김지한, 2024.3.15; 신종우, 2024.9.4).

2) 인공지능의 개념

인공지능에 관한 정의를 살펴보면, IBM은 "컴퓨터와 기계가 인간의 학습, 이해, 문제 해결, 의사결정, 추가 및 자율성을 부여할 수 있도록 하는 기술"이라고 하였다(IBM, 2024.8.9). 아마존은 "인간과 유사한 문제 해결 능력을 갖춘 기술"로서, 이미지를 인식하고, 시를 쓰고, 데이터 기반 예측을 하는 등 인간의 지능을 시뮬레이션하는 것이라고 보았다(https://aws.amazon.com). 엄석진 외(2025)는 "기계가 인간처럼 학습하고 판단할 수 있도록 만드는 기술"이라고 정의하였고, 문명재 외(2025)는 "인간의 지능을 모방하여 학습과 추론을 병행하며 다양한 인지적 문제해결을 수행할 수 있도록 설계된 고도의 컴퓨팅 시스템"이라고 하였다.

「지능정보화기본법」 제2조에 규정하는 지능정보 서비스는 「전기통신사업법」 제2조 제6호에 따른 전기통신역무와 이를 이용하여 정보를 제공하거나 정보의 제공을 매개하는 것으로서, 지능정보기술을 활용한 서비스 및 지능정보화를 가능하게 하는 서비스를 말한다. 여기서 지능정보기술은 전자적 방법으로 학습·추론·판단 등을 구현하는 기술, 데이터를 전자적 방법으로 수집·분석·가공 등 처리하는 기술, 물건 상호간 또는 사람과 물건 사이에 데이터를 처리하거나 물건을 이용·제어 또는 관리할 수 있도록 하는 기술, 「클라우드컴퓨팅 발전 및 이용자 보호에 관한 법률」 제2조 제2호에 따른 클라우드컴퓨팅 기술, 무선 또는 유·무선이 결합된 초연결 지능정보통신 기반 기술 등을 포함하고 있으며, 인공지능 기술도 확장된 개념으로 포괄적으로 해석할 수 있다(신영진, 2021.6.23). 또한, 인공지능이란 2025년에 제정된 「인공지능 발전과 신뢰 기반 조성 등에 관한 기본법(이하 인공지능 기본법)」 제2조 제1호에 학습, 추론, 지각, 판단, 언어의 이해 등 인간이 가진 지적 능력을 전자적 방법으로 구현한 것이라고 정의하였다.

EU의 「인공지능법(Artificial Intelligence Act, 2024: AI Act)」 제4조에 인공지능은 산업 및 사회 활동 전반에 걸쳐 광범위한 경제적, 환경적, 사회적 혜택에 기여하는 빠르게 진화하는 기술이라고 보았다. 즉, 예측 개선, 운영 및 자원 배분 최적화, 그리고 개인과 조직에 제공되는 디지털 솔루션 개인화를 통해 AI는 기업에 핵심적인 경쟁 우위를 제공하고, 의료, 농업, 식품 안전, 교육 및 훈련, 미디어, 스포츠, 문화, 인프라 관리, 에너지, 운송 및 물류, 공공 서비스, 보안, 사법, 자원 및 에너지 효율성, 환경 모니터링, 생물 다양성 및 생태계 보존 및 복원, 기후 변화 완화 및 적응 등 다양한 분야에서 사회적·환경적으로 유익한 성과를 달성할 수 있도록 지원한다. 또한, 동법 제3조 제1항에 "'AI 시스템'이란 다양한 수준의 자율성으로 작동하도록 설계되고 배포 후 적응성을 보일 수 있으며 명시적 또는 암묵적 목적에 대해 수신한 입력에서 예측, 콘텐츠, 권장 사항 또는 물리적 또는 가상 환경에 영향을 줄 수 있는 결정과 같은 출력을 생성하는 방법을 추론하는 기계 기반 시스템[2])을 의미한다"라고 정의한다(EU AI Act). 물론, AI 시스템은 다양한 수준의 자율성으로 작동하도록 설계되었으며, 이는 인간의 개입 없이 어느 정도 독립적으로 행동하고 인간의 개입 없이 작동할 수 있는 역량을 갖추고 있다(EUR-Lex. 2024).

미국의 「국가 AI 이니셔티브법(National Artificial Intelligence Initiative Act of 2020

2) • 금지된 인공지능 시스템(Prohibited AI Systems): 인간의 존엄성, 자유, 평등 등을 침해하는 시스템은 전면 금지함.
• 고위험 인공지능 시스템(High-risk AI Systems): 생체 인식, 중요 인프라, 교육 등 사회적으로 민감한 분야에서 사용될 때 높은 수준의 규제를 받음
• 범용 AI(General Purpose AI): 일반적인 용도로 사용되는 AI 모델에 대한 규제를 적용함
• 최소 위험 인공지능 시스템(Minimal Risk AI Systems): 일상적인 상업적 또는 개인적 용도로 사용되며, 상대적으로 낮은 위험을 포함함

§9401 (3))」에 인공지능이란 인간이 정의한 일련의 목표에 대해 실제 또는 가상 환경에 영향을 미치는 예측, 권장 사항 또는 결정을 내릴 수 있는 기계 기반 시스템[3]이라고 정의하였다(USA, 2020).

OECD의 '인공지능위원회 권고안'에 명시된 인공지능 시스템은 "명시적 또는 암묵적 목적을 위해 입력된 데이터를 바탕으로 예측, 콘텐츠, 추천, 또는 물리적 또는 가상 환경에 영향을 미칠 수 있는 의사결정과 같은 출력을 생성하는 방법을 추론하는 기계 기반 시스템"이라고 정의되었다(OECD Legal Instruments, 2019, 2024). 이처럼 인공지능은 사회·경제 부문 및 업무 세계를 변화시키고 있는 광범위한 세계에 영향을 미칠 것으로 본다.

2 인공지능 서비스 사례

1) 인공지능의 유형

인공지능(AI)은 인간이 가지고 있는 인지능력, 추론능력, 학습능력 등을 기계가 구현하는 알고리즘(Algorithm)의 일종으로서 어떤 처리과정이라도 자동으로 수행한다. 또한 인공지능 기술은 상거래에 있어 공급자, 소비자, 상품 및 서비스 간의 상호작용과

[표 7-1] 인공지능의 유형

구분	분류	정의
능력	약인공지능 (Artificial Narrow Intelligence)	특정 작업이나 한정된 범위의 문제를 해결하도록 설계된 AI. 예를 들어 이미지 분류, 음성 인식 비서(시리, 빅스비), 스팸 메일 필터, 자율주행 자동차의 특정 기능 등
	강인공지능(Artificial General Intelligence)	다양한 분야에서 인간처럼 사고하고, 학습하며, 문제를 해결하고, 새로운 상황에 적응할 수 있는 능력
	초인공지능 (Artificial Super Intelligence)	스스로 학습하고 개선하며, 인간이 상상하기 어려운 수준의 창의력과 문제 해결 능력

3) 인공지능 시스템은 기계 및 인간 기반 입력을 사용하여 다음을 수행한다.
① 실제 및 가상 환경을 인식한다.
② 자동화된 방식으로 분석을 통해 이러한 인식을 모델로 추상화한다.
③ 모델 추론을 사용하여 정보 또는 조치에 대한 옵션을 공식화한다

기능	반응형 기계 (Reactive Machines)	가장 기본적인 AI 유형, 현재 상황만을 인식하고 미리 정의된 규칙에 따라 반응
	제한된 기억 (Limited Memory)	과거의 데이터를 단기적으로 저장하고, 이를 현재의 의사결정에 활용가능
	마음 이론 (Theory of Mind)	인간처럼 다른 존재의 생각, 감정, 의도 등을 이해하고 예측하며 상호작용 가능
	자기 인식 (Self-awareness)	자신의 존재와 상태에 관한 인식 및 자의식 보유
구현 방식	규칙 기반 시스템 (Rule-based Systems)	전문가의 지식이나 특정 규칙들을 'IF-THEN' 형태로 프로그래밍하여 작동하는 방식
	기계학습 (Machine Learning: ML)	명시적으로 프로그래밍하지 않아도 컴퓨터가 데이터를 통해 스스로 학습하고 예측하는 능력 보유
	인공신경망 (Artificial Neural Networks: ANN)	인간의 뇌 신경망 구조에서 영감을 받아 설계된 계산 모델, 여러 개의 인공 뉴런(노드)들이 계층적으로 연결되어 정보처리 가능
	딥러닝 (Deep Learning: DL)	여러 개의 은닉층(Hidden Layers)을 가진 심층 인공신경망(Deep Neural Network: DNN)을 사용하여 복잡한 데이터로부터 스스로 특징을 추출하고 학습하는 머신러닝의 한 분야

자료: AEIAI(2025.5.10).

고객중심의 맞춤형 서비스 및 제품을 제공한다(F. H. Cate & R. Dockery, 2018.11). 인공지능에 관한 능력, 기능, 구현 방식 등에 따라 구분하기도 한다(AEIAI, 25.5.10).

2) 인공지능 서비스 사례

인공지능의 범위는 탑재된 로봇 또는 인공지능을 활용하는 시스템 모두를 포함하는 것으로서 자율주행이나 금융투자분석 등, 다양한 AI 로봇 등을 서비스에 활용하고 있다(임경숙, 2019). 특히, 일상 서비스로 제공되는 챗봇이라는 대화형 에이전트(Conversational Agent)는 음성 또는 문자를 통해 인간과 기계가 정보를 교류하며, 인간과의 대화를 문자로 전환하는 자동음성 인식기술, 인간과 상호작용하는 대화 컨트롤러, 인간에게 정보를 전달하는 방법 등이 포함된다(J. R. Glass, 1999; 박동아, 2017. 8: 1348). 이는 「정보통신망법」 제2조 제1호에 따라 정의된 '정보통신망'으로서, 「전기통신사업법」 제2조 제2호에 따른 전기통신설비를 이용하거나 전기통신설비와 컴퓨터 및 컴퓨터의 이용기술을 활용하여 정보를 수집·가공·저장·검색·송신 또는 수신하는 정보통신체제에 포함한다(양종모, 2020: 461; 신영진, 2020.12.11).

[표 7-2] 주요 인공지능 서비스분야별 사례

구분	세부내용
자율주행 자동차	• 음성기술, 필기인식 및 IR 센서를 이용한 제스처 인식 등을 통해 운전자가 주행 중 보다 편안하게 운전을 할 수 있는 환경을 제공함
헬스케어 / 의료	• (헬스케어)측정된 체성분 정보를 그래픽 기반의 데이터로 표현하여 체계적인 측정 및 분석을 도와주는 기술로 1:1 맞춤형 관리가 가능하며, 개인의 식습관, 생활 습관 등에 대한 예측 · 추천을 통해 개선된 라이프 스타일을 제공함
	• (의료)통합 의료녹취 솔루션을 통해 음성 녹음부터 자동 텍스트 변환, 교정 및 저장까지 의료녹취를 위한 모든 과정을 지원하고, 응급 발생 시점부터 환자의 병원 연계까지 실시간으로 인공지능이 환자 맞춤형으로 보조·대응하는 의료 서비스를 제공함
에너지	• AI와 데이터를 활용해 스마트 공장, 아파트, 빌딩 등의 효율적인 에너지 공급과 수요관리, 신재생에너지 관리 등 에너지 생태계를 구축함.
금융	• 금융의 AI활용은 단순 금융 서비스뿐만 아니라, 자산관리, 신용평가, 안면인식 인증, 보이스피싱 차단, 금융사기피해방지 등에 적용함
유통물류	• 상품추천, 상품관리, 물품배송 등 신속한 구매배송을 연결함
법률 자문	• 법조계에서의 AI활용은 단순한 서류작성부터 부동산권리분석, 법률상담, 범죄수사, 재판 등에까지 영향을 미치고 있음
홈비서	• AI탑재 기기를 통해 이용자의 습관, 행동패턴 등을 학습하여 비서와 같은 개인맞춤형서비스를 제공함

자료: 김종현 외(2016); 한국지능정보사회진흥원(2017); 과학기술정보통신부(2018); 한겨레(2018.11.25). 재구성.

3 인공지능 윤리기준

OECD는 2019년 5월 다른 회원국과 함께 AI 원칙을 지지하였는데, 크게 신뢰할 수 있는 AI의 책임있는 관리원칙과 신뢰할 수 있는 AI를 위한 국가정책 및 국제협력(AI생태계 육성, AI를 위한 정책환경제공 등)을 강조하였다. OECD는 2019년 5월에 개최된 OECD 각료이사회(Ministerial Council Meeting: MCM)4)에서 신뢰가능한 인공지능을 위해 'OECD AI 권고안'을 공식 채택5)하여(AI Times, 2019.9.7), 인공지능이 불러올 위험에 대비하고 인류 삶에 기여할 수 있는 신뢰가능한 인공지능을 만들고자 하였다.

OECD와의 지속적인 협력에서 미국은 OECD의 AI정책관측소(AI Policy Observatory)

4) 각료이사회는 OECD의 최고의사결정기구이며, 36개국 회원국 고위급 인사와 유엔, 유네스코, IMF 등 국제기구 대표가 참석하였다.

5) OECD AI 권고안은 권고(Recommendation)수준으로 법적인 구속력은 없지만, 권고안에 동의한 국가 및 국제기관은 해당 권고안을 따르겠다는 정치적 의지를 대변하는 것으로 간주한다.

[표 7-3] OECD 10개 원칙과 주요내용

구분	원칙
1. 신뢰할 수 있는 AI의 책임감 있는 관리 원칙	1.1. 포용적 성장, 지속 가능한 개발 및 웰빙, 1.2. 인간 중심의 가치와 공정성, 1.3. 투명성과 설명가능성, 1.4. 견고성, 보안 및 안전, 1.5. 책임
2. 신뢰할 수 있는 AI를 위한 국가 정책 및 국제 협력	2.1. AI 연구 및 개발에 투자, 2.2. AI를 위한 디지털 생태계 육성 2.3. AI를 위한 정책 환경 제공, 2.4. 인적 역량 구축 및 노동 전환 준비 2.5. 국제 협력

자료: White House Office of Science and Technology Policy(2019).

를 통해 OECD AI원칙을 계속 구현하려는 노력을 지원하고 있다. 그리고 OECD 국가 전역의 자원과 다중 이해관계자 및 파트너의 자원을 결합하여 증거 기반 정책분석을 통해 신뢰받는 AI 시스템의 책임있는 개발, 육성 및 모니터링을 지원하고자 한다(The White House Office of Science and Technology Policy, 2019). 2019년 5월 미국은 OECD AI 원칙을 지지하기 위해 40개 이상의 다른 국가에게도 AI에 대한 OECD권고-AI 원칙을 적용하도록 하였다(The White House Office of Science and Technology Policy, 2019)([표 7-3]). 미 국방부(United States Department of Defense: DoD)는 군사분야에서의 인공지능(AI) 기술 사용을 위한 새로운 '윤리원칙(Ethical Principles)'을 공식 채택했다. 이는 미국 헌법, 전쟁법, 국제조약 등에 기반을 두었으며, 미 국방부(DoD) 공동인공지능센터(Joint Artificial IntelligenceCente: JAIC)는 새로운 AI 윤리원칙을 시행·조정하는 역할을 계획하였다(AI타임스, 2020.2.26). 또한, 2018년 기업이 준수해야 할 윤리 및 전문가 행동강령을 발표하여, AI파트너십과 같은 협업을 위한 윤리모범사례를 개발하여 공유하고 있다.

EU는 "유럽에서의 기술 규제: 로봇에 대한 법과 윤리의 당면과제(RoboLaw Project, 2012)", "규칙 초안을 위한 보고서(Draft Report, 2016)" 등을 통해 국가·사회적 개인정보보호, 윤리문제 등에 대응을 제시하였다. EU집행위원회(European Commission)는 2019년 "신뢰할 수 있는 인공지능 윤리가이드라인(Ethics guideline for trustworthy AI)"[6]을 발표하여, AI를 위한 권장 사항 및 지침을 반영하여 준수하도록 하였다. EU집행위원회는 2020년 "인공지능에 대한 백서-우수성과 신뢰에 대한 유럽의 접근방식(White Paper on Artificial Intelligence-A European approach to excellence and trust)"[7]을 발표하

6) 본 가이드라인은 ① 인간의 주체성과 감독권 보장, ② 기술적 견고성과 안전성, ③ 개인정보보호와 데이터에 대한 인간의 통제권, ④ 투명성, ⑤ 다양성과 비차별성, 공정성, ⑥ 환경적·사회적 행복, ⑦ 책임성 등 7개항으로 구성되어 있다.

였다(양종모, 2020.2.28).8) 이외에도 EU의 사법윤리헌장에서는 기본권 존중의 원칙, 차별금지의 원칙, 품질과 보안의 원칙투명성 · 공평성 · 공정성의 원칙, 이용자에 의한 5가지 통제원칙을 선정하였다.

제40차 개인정보보호감독기구 국제회의(International Conference of Data Protection and Privacy Commissioners: ICDPPC)에서는 인공지능에서의 윤리와 개인정보보호에 관한 선언문을 발표하였다. 이는 인공지능 및 머신러닝 기술의 개발을 다루면서, 윤리와 인권, 인간 존엄성, 개인정보보호와 부합하여 인공지능을 개발하고 이용하기 위한 일반 거버넌스 원칙을 마련하고자 하였다. 특히, 본 선언문은 AI시스템의 훈련을 위해 사용되는 데이터셋은 내재적인 오류가 포함됨으로써 특정 개인이나 집단에게 불공정한 차별적 결정이 이루어질 수 있기 때문에, 이를 해결하기 위해 6개의 일반준수원칙(Guiding Principles) 및 AI개발에서의 인권보호방안을 제시하였다(신영진, 2020).

[표 7-4] AI 시스템의 6개 일반준수원칙

6개 원칙	세부 내용
공정성 원칙 (Fairness Principle)	• AI는 인공지능은 기본적인 인권을 존중하고, 공정성 원칙에 준하여 디자인, 개발, 사용되어야 함.
지속적인 관심과 경계 (Continued Attention and Vigilance)	• AI에 대한 잠재적 파급효과와 그 결과에 대해 지속적인 관심과 경계심을 갖는 것이 필요하며, 이를 위해 각 이해관계자들의 책임감과 인식제고 및 교육, 그리고 거버넌스 프로세스 확립 등을 촉진해야 함
시스템의 투명성과 명료함 (Systems Transparency and Intelligibility)	• AI에 대한 과학적 연구 투자를 통해 AI 시스템의 투명성과 명료성을 개선하고자 함. 이를 통해 AI와 상호작용할 때 적절한 정보와 AI 인공지능 시스템의 목적과 효과에 대한 적정한 정보를 받을 수 있음.
윤리를 고려한 디자인 (Ethics by Design)	• 윤리를 고려한 디자인 접근방법을 채택함 – AI는 책임감 있게 설계 · 개발하며, 초기설정부터 프라이버시를 고려한 시스템 설계원칙(principles of privacy by default and privacy by design)을 적용하고, 정보주체의 프라이버시 및 개인정보보호를 위해 기술적 · 조직적 조치 및 절차를 이행함.(AI프로젝트 추진초기부터 PIA를 실시함)

7) 본 백서는 2020년 2월에 발간하였는데, 1. 서론, 2. 산업 및 전문인력 시장에서의 강점에 관한 투자, 3. 기회선점: 차세대 데이터 물결, 4. 탁월한 생태계, 5. 신뢰의 생태계 AI규제 프레임워크, 6. 결론으로 구성되어 있다. 그중에서 5장의 신뢰의 생태계에서 주로 개인정보보호 내용을 다루고 있다. EU의 일반데이터 보호규정(GDPR)에 의해 AI알고리즘의 개발과 운용 등에서 상당한 제약을 받았다

8) EU GDPR은 개인정보보호뿐만 아니라, 챗봇 종류에 따라 광고, 전자상거래 등 규제를 강화한다.

모든 정보주체에 권한 부여 (Empowerment of Every Individual)	• 개인의 권한부여를 진작하며, 개인정보보호 및 프라이버시 권리, 교육을 통한 권리촉진 등 개인의 권리행사를 보장해야 함 – 표현과 정보의 자유, 비차별 등과 관련된 권리존중, AI 시스템의 동일한 권한부여, 대중참여 촉진 등
편견 혹은 차별의 감소 (Reducing Biases or Discriminations)	• AI 내의 데이터사용으로부터 야기되는 불법적인 편견 또는 차별을 해소해야 함 – 인권과 비차별에 대한 국제적 기준에 대한 존중, 편견을 판별하고 해결하며 감소시키기 위한 기술적 연구 분야 투자, 개인정보 절차 준수, 최대한 최신의 완벽한 정보상태 유지, 편견과 차별 해소를 위한 기준과 원칙에 대한 인식 제고

자료: Cynthia O'Donoghue(2018); 신영진(2020).

우리나라는 과기정통부가 2018년 AI 윤리원칙인 '지능정보사회 윤리 가이드라인'을 마련하였는데, 공공성, 책무성, 통제성, 투명성을 공통원칙으로 선정하였다. 방송통신위원회는 AI 윤리원칙인 '이용자 중심 지능정보사회를 위한 원칙(2019.11)'을 발표하였다. 이는 사람중심의 서비스 제공 원칙, 투명성과 설명가능성 원칙, 책임성 원칙, 안전성 원칙, 차별금지 원칙, 참여 원칙, 프라이버시와 데이터 거버넌스를 원칙으로 한다. 이외에도 2020년 관계부처 합동으로 사람이 중심이 되는 인공지능(AI) 윤리기준을 제시하였는데, 이는 '사람 중심의 인공지능'을 위한 최고가치인 '인간성(Humanity)'을 위한 3대 기본원칙과 10대 핵심요건[9]을 포함하고 있다(관계부처 합동, 2020.12.23). 더욱이, 인공지능에 관한 국가전략을 수립함에 있어서 AI원칙을 기반으로 계획하여 추진하였는데, 현재 「인공지능 기본법」 제27조(인공지능 윤리원칙 등)에 인공지능 윤리에 관한 기준을 마련하도록 규정하고 있다.[10]

---

9) (3대 기본원칙) '인간성(Humanity)'을 구현하기 위해 인공지능의 개발 및 활용과정에서 ① 인간의 존엄성 원칙, ② 사회의 공공성 원칙, ③ 기술의 합목적성 원칙을 지켜야 한다.
(10대 핵심요건) 3대 기본원칙을 실천하고 이행할 수 있도록 인공지능 개발부터 활용 전 과정에서 ① 인권 보장, ② 프라이버시 보호, ③ 다양성 존중, ④ 침해금지, ⑤ 공공성, ⑥ 연대성, ⑦ 데이터 관리, ⑧ 책임성, ⑨ 안전성, ⑩ 투명성의 요건이 충족되어야 한다(과학기술정보통신부, 2020.11.27).

10) 동법 제27조 제1항에 따라 마련해야 할 윤리원칙은 다음과 같다.
① 인공지능의 개발·활용 등의 과정에서 사람의 생명과 신체, 정신적 건강 등에 해가 되지 아니하도록 하는 안전성과 신뢰성에 관한 사항
② 인공지능기술이 적용된 제품·서비스 등을 모든 사람이 자유롭고 편리하게 이용할 수 있는 접근성에 관한 사항
③ 사람의 삶과 번영에의 공헌을 위한 인공지능의 개발·활용 등에 관한 사항

제3절 디지털정부의 인공지능 전환

1 법·제도의 변화

우리나라의 디지털정부와 관련된 「전자정부법」, 「지능정보화기본법」, 「인공지능 기본법」 등의 제·개정을 통해서 AI 기반 행정의 법적 근거를 마련하고 있다.

1) 전자정부법

「전자정부법」은 2001년 행정 업무의 전자적 처리를 위한 기본원칙, 절차 및 추진 방법 등을 규정함으로써 전자정부를 효율적으로 구현하고, 행정의 생산성, 투명성 및 민주성을 높여 국민의 삶의 질 향상을 위한 목적으로 제정하였다. 인공지능을 기반한 행정 서비스를 제공하기 위하여 2021년 6월 8일 개정하였는데, 동법 제18조의2(지능형 전자정부 서비스의 제공 등)에 따르면, 제1항 행정기관 등의 장은 인공지능 등의 기술을 활용하여 전자정부 서비스를 제공할 수 있으며, 제2항 행정안전부장관은 행정 기관 등의 장이 인공지능 등의 기술을 효율적으로 활용할 수 있도록 행정적·재정적·기술적 지원 등을 하도록 규정하였다.

또한, 인공지능과 관련하여 2021년 12월 9일 개정한 시행령을 살펴볼 수 있는데, 동법 시행령 제15조의2(지능형 전자정부 서비스의 도입 및 활용)에 동법 제18조의2 제1항에 따라 전자정부 서비스 제공에 활용할 수 있는 인공지능 등의 기술을 자연어 처리,[11] 음성인식, 영상인식, 그 밖에 전자적 방법으로 학습·추론·판단 등을 구현하는 기술로서 지능형전자정부 서비스 제공에 필요한 기술을 포함한다. 이에 따라 동법 시행령 15조의2 제2항에 따라 지능형전자정부 서비스를 제공(동법 제18조의2 제2항)하는 사업[12]을 지원하도록 규정하였다.

---

11) 자연어 처리: 컴퓨터를 이용해 사람의 언어를 분석하고 처리하는 기술
12) 전자정부 서비스 제공(동법 제18조의2 제2항) 사업
① 인공지능 등의 기술을 전자정부 서비스에 적용·실증하는 사업
② 인공지능 등의 기술을 여러 전자정부 서비스에 활용할 수 있도록 공통 기반을 구축하는 사업
③ 인공지능 등의 기술을 빅데이터 분석 기법 등 다른 기술이나 서비스와 융합하는 사업
④ 그 밖에 지능형 전자정부 서비스의 도입이나 활용에 필요한 사업

2) 지능정보화기본법

정부는 1995년 「정보화촉진법」을 제정하였다가 2009년 국가정보화 기본법으로 전부 개정하였으며, 2020년 「지능정보화기본법」으로 다시 전부 개정하였다. 동법이 제정된 배경은 인공지능, 데이터, 5G 등 첨단기술의 혁신적 발전으로 초연결 · 초지능 기반의 4차 산업혁명 패러다임에 접어들어, 4차 산업혁명에 따른 사회 · 경제적 변화에 선제적으로 대응하기 위한 범국가적 추진체계 구축과 기술 혁신을 위한 규제체계를 정비하였고, 세계 최고 수준으로 정보통신경쟁력을 지속적으로 유지 · 발전시키고자 하였다. 또한, 정부가 전략기술 개발, 공공투자 확대, 제도 정비 및 생태계 구축 등을 통해 민간을 적극 지원하도록 「국가정보화 기본법」을 전면 개정하였다. 그에 따라, 4차 산업혁명 지원을 위한 범국가적 추진체계를 마련하고, 데이터 · 인공지능 등 핵심기술 기반과 산업생태계를 강화하는 한편, 정보통신에 대한 접근성 품질인증 등을 실시함으로써 4차 산업혁명 과정에서 발생할 수 있는 부작용에 대한 사회적 안전망을 마련하여 국가경쟁력을 강화하고 국민의 삶의 질 향상을 가져오고자 하였다 (www.law.go.kr).

정부는 「지능정보화기본법」 제6조(지능정보사회 종합계획의 수립)에 따라 지능정보사회 정책을 효율적이고 체계적으로 추진하기 위한 지능정보사회 종합계획을 수립하도록 규정하고 있다.[13] 또한, 동법 제7조(지능정보사회 실행계획의 수립)에 따라 중앙행정기관 및 지방자치단체가 종합계획에 따라 매년 지능정보사회 실행계획을 수립 · 시행하고 있다. 더욱이, 동법 제10조(지능정보화 정책 등의 조정)에 규정된 바와 같이 과기정

13) 동법 제6조 제4항에 명시된 종합계획 내용은 다음과 같다.
① 지능정보사회 정책의 기본방향 및 중장기 발전방향
② 공공 · 민간 · 지역 등 분야별 지능정보화
③ 지능정보기술의 고도화 및 지능정보 서비스의 이용촉진과 관련 과학기술 발전 지원
④ 전 산업의 지능정보화 추진, 지능정보기술 관련 산업의 육성, 규제개선 및 공정한 경쟁환경 조성 등을 통한 신산업 · 신서비스 창업생태계 조성
⑤ 정보의 공동활용 · 표준화 및 초연결지능정보통신망의 구축
⑥ 지능정보 사회 관련 법 · 제도 개선
⑦ 지능정보화 및 지능정보 사회 관련 교육 · 홍보 · 인력양성 및 국제협력
⑧ 건전한 정보문화 창달 및 지능정보사회윤리의 확립
⑨ 정보보호, 정보격차 해소, 제51조에 따른 기본계획의 수립에 관한 사항 등 역기능 해소, 이용자의 권익보호 및 지식재산권의 보호
⑩ 지능정보 사회 구현을 위한 시책 추진에 필요한 재원의 조달 · 운용 및 인력확보 방안
⑪ 그 밖에 지능정보 사회 구현을 위하여 필요한 사항

통부는 중앙행정기관 및 지방자치단체 간의 지능정보화 정책이나 사업을 추진함에 있어 상호 간의 정책을 조정할 수 있다.

3) 인공지능기본법

우리나라는 전 세계 두 번째로 2025년 1월 21일 「인공지능 발전과 신뢰 기반 조성 등에 관한 기본법(이하 인공지능기본법)」을 제정하였다. 본 법은 인공지능의 건전한 발전과 신뢰 기반 조성에 필요한 기본적인 사항을 규정함으로써 국민의 권익과 존엄성을 보호하고 국민의 삶의 질 향상과 국가경쟁력을 강화하는 데 이바지함을 목적으로 제정되었다. 본 법은 기본원칙, 추진체계, 산업 기반 조성, 신뢰성 보장, 윤리기준 등을 규정하고 있다(이유봉 외, 2022). 또한 동법 제6조(인공지능 기본계획의 수립)에 인공지능 기본계획을 3년마다 수립하여 시행하도록 규정하고 있으며,[14] 동법 제13조(인공지능기술 개발 및 안전한 이용 지원)에 따라 국가 및 지방자치단체가 기업 및 공공기관의 인공지능 도입 촉진 및 활용확산을 위해 지원하도록 규정하고 있다.[15] 이와 관련하여 국내 AI 관련 주요 법안은 윤리, 신뢰성 강화, 고위험 인공지능에 대한 규제를 위해 「인공지능 산업 육성 및 신뢰 기반 조성 등에 관한 법률(안)」 등을 제안한 바 있다(정준화, 2025.9.29.).[16]

---

14) 동법 제6조 제2항 인공지능 기본계획에 포함해야 할 사항은 다음과 같다.
  ① 인공지능 등에 관한 정책의 기본 방향과 전략에 관한 사항
  ② 인공지능산업의 체계적 육성을 위한 전문인력의 양성 및 인공지능 개발·활용 촉진 기반 조성 등
  ③ 인공지능윤리의 확산 등 건전한 인공지능사회 구현을 위한 법·제도 및 문화에 관한 사항
  ④ 인공지능기술 개발 및 인공지능 산업 진흥을 위한 재원의 확보와 투자의 방향 등에 관한 사항
  ⑤ 인공지능의 공정성·투명성·책임성·안전성 확보 등 신뢰 기반 조성에 관한 사항
  ⑥ 인공지능기술의 발전 방향 및 그에 따른 교육·노동·경제·문화 등 사회 각 영역의 변화와 대응에 관한 사항

15) 동법 제13조 제1항에 따라 지원해야 할 사항은 다음과 같다.
  ① 인공지능기술, 인공지능 제품 또는 인공지능 서비스의 개발 지원 및 연구·개발 성과의 확산
  ② 인공지능기술을 도입·활용하고자 하는 기업 및 공공 기관에 대한 컨설팅 지원
  ③ 「중소기업기본법」 제2조 제1항에 따른 중소기업, 「벤처기업육성에 관한 특별법」 제2조 제1항에 따른 벤처기업 및 「소상공인기본법」 제2조 제1항에 따른 소상공인(이하 '중소기업 등'이라 한다)의 임직원에 대한 인공지능기술 도입 및 활용 관련 교육 지원
  ④ 중소기업 등의 인공지능기술 도입 및 활용에 사용되는 자금의 지원
  ⑤ 그 밖에 기업 및 공공 기관의 인공지능기술 도입 및 활용을 촉진하기 위하여 대통령령으로 정하는 사항

2 디지털정부의 인공지능 전환 추진체계

우리나라는 2025년 8월 123대 국정 과제를 선정하여 혁신경제의 국정목표 달성을 위해 AI 3대 강국 도약이라는 추진전략을 설정하였다. 이를 체계적으로 조정·집행할 정부조직을 개편하였는데, 2025년 6월 6일 대통령실에 AI미래기획수석을 신설하였고, 2025년 9월 8일 대통령 직속 국가인공지능(AI)전략위원회[17]를 설치하였다. 국가AI전략위원회는 새정부 AI전략 이행안인 'AI 액션플랜' 추진방안을 의결하였으며, 본 추진방향은 새 정부의 'AI 3대 강국 도약' 비전 달성을 위해 AI 혁신 생태계 조성, 범국가 AI 기반 대전환, 글로벌 AI 기본 사회 기여라는 3대 정책축과 12대 전략분야 및 세부 이행과제로 구성된다. 국가AI전략위원회는 기술혁신 및 인프라, 산업 AX(인공지능 전환) 및 생태계, 공공 AX, 데이터, 사회, 글로벌 협력, 과학 및 인재, 국방 및 안보 등 8개 분과위원회로 구성되었다. 또한, 위원회 결정사항에 대한 속도감 있는 집행, 부처 간 업무 조율·조정을 위해 각 부처 차관급 공무원인 AI 책임관으로 구성된 국가AI책임관협의회를 운영하고 있다.

2025년 9월 26일 국회 본회에서 의결된 「정부조직법」에 따라 국가AI전략위원회와 함께 과기정통부를 주무부처로 하며, 과기정통부 장관을 부총리급으로 격상하였다. 이 전략 하에 과제들을 살펴보면 AI 3대 강국 도약을 위한 AI 고속도로 구축(과기정통부), 세계에서 AI를 가장 잘 쓰는 나라 구현(과기정통부), 초격차 AI선도 기술 및 인재 확보(과기정통부), 세계1위 AI정부 실현(행안부), 국민이 안심할 수 있는 개인정보보호체계 확립(개인정보위) 등으로 구성된다(황성수, 2025). 특히, 행정안전부의 AI정부 관련 국정과제는 123대 국정과제 중 4번 "국민과 함께 소통하고 혁신하는 정부," 24번 "세계 최고 AI민주정부 실현"을 포함하였다(뉴스1, 2025. 9. 16; 황성수, 2025).[18] 또한,

---

16) 「인공지능 산업 육성 및 신뢰 기반 조성 등에 관한 법률(안)」은 2025년 1월 AI산업 발전을 위한 진흥법으로 인공지능 기술 연구개발, AI 서비스 출시를 우선 허용하고 문제 발생 시 규제하겠다는 우선 허용, 사후규제 원칙을 명문화하고자 하였다. 다만 고위험영역 AI에 대하여 사전고지 의무와 신뢰성 확보 조치의무를 부과하고자 한다.

17) 본 위원회는 「국가인공지능전략위원회의 설치 및 운영에 관한 규정」에 따라 2025년 9월 8일 대통령 직속 위원회로 출범하였으며, 대통령이 위원장을 맡고, 부위원장은 민간 상근부위원장, 기획예산처장관, 과기정통부장관 등 3명이다. 전체 위원은 위원장·부위원장 포함 50명 이내다(정준화, 2025.9.29).

18) 주요 내용으로는 선제적·통합적 공공 서비스 제공을 위한 통합 플랫폼 구축 및 운영, AI를 활용

한국지능정보사회진흥원이 국가 디지털 대전환 선도 기관으로서 조직 내의 디지털플랫폼정부본부에서 인공지능, 모바일 등 신기술 기반 지능형정부 서비스 기획 및 추진을 지원하고 있으며, 별도 인공지능정책본부를 설치하여 AI 정책을 지원하고 있다 (한국지능정보사회진흥원 홈페이지 참고).

3 디지털정부의 인공지능 전환 추진 정책

과기정통부는 2018년 제6차 국가정보화기본계획(2018~2022)을 수립하였는데, 지능화로 함께 잘 사는 대한민국이라는 비전 하에 4대 전략 및 13대 과제를 포함하였다. 또한, 과기정통부는 2019년 12월 '인공지능 국가전략'을 발표하였는데, "IT강국을 넘어 AI강국으로"라는 비전 하에 인공지능 생태계 조성, 인공지능 인재형 국가, 사람 중심의 인공지능 구현 등 3대 분야 9대 전략 100개 실행 과제를 발표하였다([표 7-5]) 이는 디지털 행정혁신 및 정부 서비스의 질 향상을 위해 공공행정 및 전자정부에 인공지능을 도입하도록 본격적인 정책을 추진하였다. 특히, AI, 빅데이터, IoT 등 신기술을 업무자동화, 민원상담 등을 위해 적용하고 있다(전자신문, 2025.8.13.). 더욱이, 인

[표 7-5] 인공지능 국가전략의 추진목표와 세부과제

구분	세부내용
비전	'IT 강국을 넘어 AI 강국으로'
추진 목표(3)	'세계를 선도하는 AI 생태계 구축', 'AI를 가장 잘 활용하는 국가', '사람 중심의 AI 구현' 등
추진 전략(9)	• 인프라 확충, • 전략적 기술 개발, • 과감한 규제 혁신, • 스타트업 육성, • 인재 양성 국민교육, • 전 산업 AI 도입, • 디지털정부 대전환, • 포용적 일자리 안전망 구축, • 역기능 방지 및 AI 윤리 마련 등
실행 과제 (100)	공공데이터 전면개방(~2021년), 공공-민간 데이터 지도의 연계(2021년), AI허브의 컴퓨팅자원 맞춤형 지원, 광주 AI집적단지 조성(2020~2024년), AI 거점화 전략 수립(2020년), 차세대 AI 연구개발(2020년~), AI 투자펀드조성(2020년), AI 올림픽 개최(2020년~), AI 대학원 프로그램 확대 · 다양화, AI 소양교육 필수화(2020년~) 등

자료: 과학기술정보통신부(2019.12.17).

하여 국세 · 관세 등 민원처리, 탈세 적발 등 서비스 혁신과 정부업무 효율화, 범정부 AI공통 기반 구현, 공공 AI시장 창출, AI 서비스 개발수요나 기업요구가 많은 공공데이터 역점 개방 및 공유 확대 등을 제시하였다.

공지능 챗봇 논란 등 인공지능의 급속한 확산에 따른 예상치 못한 사회적 우려에 대응하여 정부는 2021년 5월 '신뢰할 수 있는 인공지능 실현전략'을 수립하여 3대 전략과 10대 과제[19]를 2025년까지 단계적으로 추진하였다.

과기정통부는 2023년에는 디지털 핵심인 AI 경쟁력 강화를 위한 'AI 일상화 및 산업 고도화계획(2023.1)'을 비롯하여, ChatGPT 등으로 대표되는 생성형 AI 시대에 대응하기 위한 '초거대 인공지능 경쟁력 강화 방안(2023.4)'을 발표하였다. 이 방안은 한국의 독자적인 초거대 인공지능 플랫폼 개발과 인공지능 주권 확보를 뒷받침하기 위한 종합대책으로 추진되었다. 과기정통부는 국가과학기술자문회의 국가전략기술 특별위원회(이하 '전략기술 특위') 제5차 회의(2024.2.1)를 개최하고, 거대과학 분야(차세대 원자력, 우주항공 · 해양) 및 필수 기반 분야(차세대 통신, 첨단로봇 · 제조, 사이버보안) 국가전략기술 임무 중심 전략로드맵을 수립하였는데, 12대 전략기술 분야별 국가 최상위 기술전략으로, 2030년까지 꼭 달성해야 할 가시적 임무를 설정하고 임무달성의 길목이 되는 기술을 식별한 후 기술확보를 위한 중점 투자방향 및 관련 생태계 조성방안을 제시한다.[20]

또한 정부는 관계부처 합동으로 2022년 '대한민국 디지털 전략(2022.9)'[21]을 수립하였으며, 2023년 9월 '전국민 AI 일상화 실행계획'을 비롯하여, 2024년 3월 "따듯한 정부, 행동하는 정부"를 비전으로 하는 '정부혁신 종합계획'을 수립하였다. 또한, 관계부처 합동으로 2024년 4월 '인공지능 반도체 이니셔티브'를 추진하였는데, 9대 핵심기술혁신 과제를 통해 차세대 인공지능 반도체 생태계 조성하고자 하였다(인공지능신문, 2024.4.26). 더욱이, 2024년 5월 21일 '새로운 디지털 질서 정립 추진계획'을 발표하

---

19) 주요 내용으로는 신뢰가능한 인공지능 구현환경 조성(개발 단계별 신뢰성 확보 기준 및 가이드북 제시, 스타트업 대상 인공지능 개발 전 주기 지원 플랫폼 구축, 설명가능한 인공지능(XAI) 및 편향 제거 기술 R&D 투자)과 안전한 인공지능 활용 기반 마련(학습 데이터의 신뢰성 제고, 인공지능 검증평가 체계 구축, 관련 법 · 제도 보완) 등이 포함되었다. 이 전략을 통해 정부는 이용자가 안심하고 인공지능을 활용할 수 있는 환경을 조성하고, 사회 전반에 건강한 인공지능 윤리 문화를 정착시키고자 하였다

20) 관련하여 정부는 2023년 8월, 반도체 · 디스플레이, 이차전지, 첨단 모빌리티 등 기술패권 경쟁 직결 3개 분야와 10월, 인공지능 · 첨단바이오 등 미래혁신 분야에 이어, 이번에 국가안보에 직결되는 거대과학 분야인 차세대 원자력, 우주항공 · 해양과 디지털 전환 시대 필수 기반 기술인 차세대통신, 첨단로봇, 사이버보안 등 총 5개 분야의 임무 중심 로드맵을 수립함으로써 총 12대 전략기술 분야의 로드맵을 완성하였다.

21) 디지털 전환이란 디지털 기술을 사회 전반에 적용하여 전통적인 사회 구조를 혁신시키는 것(네이버 지식백과 IT용어사전 참고)

[표 7-6] 전자정부 2020 기본계획의 5대 전략 및 중점과제

전략	중점과제
정부 서비스 Re-디자인 (Enhance Digital Experience)	'All Digital 제로스탑' 정부 서비스 완성 지능정보 기반 온디맨드 공공 서비스 활성화 DIY(Do It Yourself) 공공 서비스 구현
인지 · 예측 기반 지능행정 실현 (New-Building Intelligent Gov.)	지능정보 기반 행정혁신 시공간 제약 없는 O2O 행정 실현 데이터정부(Data-centric Gov't) 기반 확립
산업과 상생하는 전자정부 신생태계조성 (Joining eGov Eco-system)	공공선도형 새로운 디지털 산업 육성 사회적 협업을 통한 공유경제 활성화 지원 미래를 대비하는 창의적 디지털 인재 양성
신뢰 기반 미래형 인프라 확충 (Organizing Trust Infrastucuture)	초연결(Hyper-Connected) 전자정부 플랫폼 구축 위험인식형자기보안 인프라 구축 클라우드기반 차세대 행정정보 인프라 구축
글로벌 전자정부 질서 주도 (Yes! K-eGov)	친(親)한국 생태계 조성을 통한 세계 시장 선점 글로벌 전자정부 Forerunner(선구자) 글로벌 전자정부 수출 강국 공고화

자료: 행정자치부(2016.4).

여 '디지털 권리장전'을 구체적인 정책으로 구현한 범부처 계획으로 20대 정책 과제 중 8개 핵심 과제가 추진되었다.22)

한편, 디지털정부의 인공지능 전환을 위한 과제들이 추진되었는데, 행정안전부는 「전자정부법」 제5조에 따라 2016년 '국민을 즐겁게 하는 전자정부(Enjoy your e-Government)' 구현을 위해 '전자정부 2020 기본계획(5개년 계획)'을 수립하였다. 이는 "새로운 디지털 경험으로 국민을 즐겁게 하는 전자정부"를 비전으로 국민감성 서비스(Citizen Experience), 지능정보기반 첨단행정(Intelligent Gov.), 지속가능 디지털 뉴딜(Digital New Deal)을 수행하기 위해 5개 전략 및 중점 과제를 추진하였다([표 7-6]). 또한, 정부는 2017년 '지능형 정부 기본계획'을 수립하여 "스스로 진화하는 'WISE'정부"를 구현하고자 하였으며, 2019년 '디지털정부혁신기본계획'을 수립하여 AI · Cloud 중심의 디지털 전환 시대에 따른 정부맞춤 정책으로 6개 우선 과제([표 7-7])를 추진하였다. 행정

22) 8대 핵심 과제는 ① AI 기술의 안전성 및 신뢰 · 윤리 확보 ② 딥페이크를 활용한 가짜뉴스 대응 ③ AI 개발 · 활용 관련 저작권 제도 정비 ④ 디지털 재난 및 사이버 위협 · 범죄 대응 ⑤ 디지털 접근성 제고 · 대체 수단 확보 ⑥ 비대면 진료의 안정적 시행 ⑦ 연결되지 않을 권리 보호 ⑧ 잊힐 권리 보장으로 지정하였다.

[표 7-7] 디지털정부 혁신 기본계획의 비전 · 추진원칙 · 우선과제

비전	디지털로 여는 좋은 세상 ※ 부제: 대한민국이 먼저 갑니다.
추진 원칙	① 최종 이용자의 관점에서 ② 공공 서비스 수준 향상을 목표로 ③ 혁신 친화적인 방식으로 ④ 국민과 함께
우선 과제	① 선제적 · 통합적 대국민 서비스 혁신 ② 공공 부문 마이데이터 활성화 ③ 시민참여를 위한 플랫폼 고도화 ④ 현장중심 협업을 지원하는 스마트 업무환경 구현 ⑤ 클라우드와 디지털 서비스 이용 활성화 ⑥ 개방형 데이터 · 서비스 생태계 구축

[표 7-8] 디지털플랫폼정부 추진계획의 비전 · 목표 · 전략 · 과제

비전	국민 · 기업 · 정부가 함께하는 세계 최고의 디지털플랫폼정부	
목표	편안한 국민, 혁신하는 기업, 과학적인 정부	
전략	① 정부 서비스는 디지털 기반 제공을 원칙으로 한다 ② 국민이 찾기 전에 필요한 서비스를 알아서 제공한다 ③ 인공지능과 데이터 기반으로 정책적 의사결정을 과학화한다 ④ 공공데이터와 공공 서비스를 각각 통합 · 관리하고 민간에 개방한다	
과제	1. 대국민 서비스 전달체계 혁신 1-1. 원사이트포털 서비스 구현 1-2. 마이AI 서비스 제공 1-3. Any-ID 간편 로그인 1-4. 디지털 우선 체계 확립	2. AI · 데이터 기반 과학적 국정운영 2-1. 범정부 데이터 공유 · 분석 2-2. 사회문제의 효과적 해결 지원 2-3. 데이터 기반 행정 역량 강화
	3. 민·관 협력 생태계 조성 3-1. 공공데이터 전면 개방 3-2. 공공 서비스 개방 3-3. 민 · 관 협력 체계 확립	4. 디지털플랫폼정부 인프라 구축 4-1. 공공 부문 클라우드정착 4-2. 차세대 지방행정 공통 시스템 구축 4-3. 스마트 업무환경 고도화

자료: 행정안전부(2022.12).

안전부는 세계 최고의 디지털플랫폼정부를 구현하기 위하여 2022년 '디지털플랫폼정부 추진계획(2023~2027)'을 발표하였으며([표 7-8]), 2023년 인공지능 · 데이터로 만드는 "세계 최고의 디지털플랫폼정부"를 구현하고자 '디지털플랫폼정부 실현계획(2023.4.14.)'([표 7-9])을 추진하였다. 이외에도 행정안전부는 「데이터기반행정 활성화에 관한 법률」에 따라 공공데이터전략위원회의 심의를 거쳐 '제2차데이터기반행정 활성화 기본계획(2024년~2026년)'을 수립하였는데, 과학적 근거에 기반한 국민 중심의 정책 의사결정 환경으로 전면 전환하고자 하며, 범정부 초거대 AI 공통기반 사업, 지능형

[표 7-9] 디지털플랫폼정부 실현계획의 비전과 중점 추진과제

비전	디지털로 여는 좋은 세상 ※ 부제: 대한민국이 먼저 갑니다.	
전략과 중점 추진 과제	하나의 정부	① 디지털 기본으로 행정체계 전반 혁신(Digital by Design) ② 데이터 사일로의 근원적 해소 ③ 디지털플랫폼정부 혁신인프라 구현
	똑똑한 나의 정부	① 한곳에서, 한번의 신청으로 끝나는 통합 서비스 ② 요구하지 않아도 알아서 챙겨주는 초개인화 서비스 ③ 국민 누구나 혜택을 누리는 환경 조성 ④ 인공지능 · 데이터 기반의 과학적 행정 일상화 ⑤ 투명하고 공정한 디지털 민주주의 실현 ⑥ 디지털플랫폼 기반 지역 혁신
	민관이 함께 하는 성장플랫폼	① 민관이 함께 사회문제를 발굴 · 해결하는 협업 플랫폼 구축 ② 민간의 공공데이터 · 서비스 융합 · 활용 촉진 ③ 디지털 트윈을 통한 AI · 데이터 산업 퀀텀 점프 ④ GovTech 기업 성장 지원 강화 ⑤ 공공분야에 민간의 최신 AI기술 적극 활용
	신뢰하고 안심할 수 있는 디지털플랫폼정부 구현	① 개인정보에 대한 정보주체, 국민의 권리 강화 ② 디지털플랫폼정부 안전을 보장하는 보안체계 구축

업무시스템 구축, 민간 AI 플랫폼 도입 등을 추진하고 있다(무역뉴스, 2025.8.13).

제4절 디지털정부의 인공지능정부 서비스 사례

1 해외 사례

디지털정부에서 인공지능을 활용하고 있는 국가 중에서 미국, 영국, 캐나다, 에스토니아를 중심으로 인공지능 전환 서비스를 살펴보고자 한다. 첫째, 미국은 2024년 관리예산처(Office of Management and Budget: OMB)의 '정부 기관의 인공지능 이용을 위한 거버넌스, 혁신, 위험관리 촉진 각서'에 따라 최고 AI 책임자를 지정하고, AI 거버넌스 위원회를 설치 의무화하였다. 미국의 "인공지능 실행계획: 인공지능 경쟁에서 승리하면 인간의 번영(America's AI Action Plan: Winning the Race)"은 3가지 영역[23]에서

AI를 활용하고 세계 AI발전의 주도적인 역할을 하는 것을 명시하고 있다(한국지능정보사회진흥원, 2025).[24] 대표적인 사례로는 대규모 언어 모델(Large Language Model: LLM)과 알고리즘을 활용한 조달업무 관련 'Acqbot'을 제공하고 있고, AI 센서를 활용해서 자율주행으로 길거리를 청소하는 로봇 차량을 운영하고 있다.

둘째, 영국은 각 부처가 AI를 활용하여 생산성과 공공 서비스 제공을 개선하고 지원하기 위해 2023년 'i.AI(Incubator for AI)'를 내각부 내에 신설하였고, 2024년 생성형 AI를 활용한 솔루션의 기획·개발 과정의 고려사항을 제시하는 '정부를 위한 생성형 AI 프레임워크'를 발표하였고, 2025년 1월 'AI 기획 실행계획'을 발표하였다(디지털플랫폼정부위원회, 2025). 특히, 중앙정부와 지방자치단체의 행정효율성 및 서비스 품질 제고를 목표로, 과학혁신기술부(Department for Science, Innovation & Technology: DSIT)는 2025년 1월 '변화를 위한 계획(Plan for Change)' 발표와 함께 AI기반 도구들의 통합패키지인 '험프리(Humphrey AI Suite: Humphrey)'[25]라는 AI 도구모음을 개발하였고(Department for Science, Innovation and Technology, 2025.1.21), 회의록 및 행정문서 초안 작성, 정책자료 분석 등 반복적 행정업무 자동화를 목표로 하며, 데이터 공유, 행정 디지털화, 맞춤형 정보 제공 등 광범위한 행정혁신을 추진하였다. 특히, 영국 과학혁신기술부는 험프리 AI 시스템의 도입으로 영국 국민보건서비스(NHS), 운전면허청(DVLA) 등 대민 서비스 기관의 업무 효율성 개선을 기대한다.[26] '험프리'는 2025년 5월 기준 25개 지자체(council)에서 시범 도입 중이며, 향후 중앙 및 지방정부, 각 부처에 단계

---

23) 인공지능 실행계획의 3가지 영역: ① AI 혁신 가속화, ② 미국의 AI 인프라(Infrastructure) 건설, ③ 국제 AI 외교와 안보(International Diplomacy and Security) 주도

24) "The United States is in a race to achieve global dominance in artificial intelligence. Whoever has the largest AI ecosystem will set global AI standards and reap brad economic and military benefits." 황성수(2025). AI 활용 정부 서비스의 사례와 유형 분석: 새 정부 AI 정부 서비스 성공을 위한 전략 설정 제언. 정보정책저널. 32(3): 3-20.

25)
- Minute: 생성형 AI 기반 회의록 자동 작성·요약 및 수정 지원
- Consult: 대규모 대국민 의견수렴 결과 자동 요약
- Parlex: 의회 토론 분석 및 정책 참고자료 제공
- Redbox: 정책 문서 요약 및 브리핑 작성 지원
- Lex: 법률·정책 연구 및 요약

26) 본 성과는
- Minute 도입 시범에서 1시간 회의당 1시간의 행정업무(회의록 작성 등) 경감
- 행정 업무 자동화로 공무원 생산성 및 신속성 대폭 향상
- 25개 지방정부에서 도시계획, 주택, 사회복지 등 다양한 분야에 적용
- 정부 전체적으로 연간 450억 파운드(약 77조 원) 생산성 향상 목표

적으로 확산할 계획이다. 또한, 영국은 LLM(Large Language Model: LLM) 기술을 활용하여 민원인들을 상대하는 대화형 'Darcie & Ali'를 제공하고 있고, 복지분야에 AI 활용 예측 모델을 적용하고 있다. 이외에도 AI 기반 정책 시뮬레이션 및 데이터랩을 통해 현안 해결 및 업무 자동화를 실행하고 있다(NIA Future Strategy Team, 2024).

셋째, 캐나다는 이민・난민・시민권부(Immigration, Refugees and Citizenship Canada: IRCC)의 입국심사 자동화 시스템에 AI기반의 분석도구를 적용하여 고도의 심사과정이 불필요한 일반적인(Routine) 입국신청서 자동화처리를 통해 신청처리시간을 단축하였다(Immigration, Refugees and Citizenship Canada, 2024.11.18; 한국지능정보사회진흥원, 2025.7). 본 서비스는 일반적인(Routine) 입국 신청서는 AI 도구가 자동으로 적격성을 판단하여 심사관이 더 복잡한 입국 사례에 집중할 수 있도록 지원하고자 2018년 이후 파일럿으로 운영되었으며, 2020년대부터 비자・영주권 등 대규모 신청서를 자동화한 평가 시스템을 도입하였고,27) 2022년 IRCC는 AI기반 분석기술을 활용하여 500만 건 이상의 신청서를 처리하는 생산성을 보였다. 이에 대해 자동화된 심사 서비스의 데이터 편향가능성 등 잠재적 위험이 존재하기 때문에, 알고리즘 영향평가(Algorithmic Impact Assessment: AIA)를 통해 투명성 강화절차를 마련하고 있다.

넷째, 에스토니아는 'e-Estonia' 이니셔티브를 통해 행정, 복지, 의료, 입출국 등 다양한 분야의 공공 서비스 디지털화를 추진하였으며, 2017년 'Kratt AI' 국가전략을 발표하였으며, 2019년부터 본격적으로 AI 기반 행정 서비스를 도입하였다(한국지능정보사회진흥원, 2025.7). 또한, 2022년에는 '자동화 의사결정(Automated Decision-Making, ADM)의 윤리・설명가능성 가이드라인' 등을 포함한 'Kratt AI 2단계 전략'을 수립하여 점진적으로 확대・적용을 추진하고 있다.28) 그 중에서 자동화 의사결정(ADM) 시

27) • 머신러닝 기반 신청서 자동 분류・평가 시스템 도입
- 대량 신청서의 초기 평가・분류에 AI를 활용, 최종 심사 결정은 인간공무원이 직접 담당
- 알고리즘 영향평가(AIA), 품질관리, 투명성・설명책임 강화 등 윤리적 가이드라인 적용
- 시스템 운영 원리, 알고리즘 영향 결과 등 대중 공개

28) • Kratt AI 프레임워크: 정부, 민간, 학계 협력으로 AI 기반 가상비서, 챗봇 네트워크 구축. 100여 개 기관에 적용
- Bürokratt: 민원, 정보 안내, 행정 지원, 다국어 처리, 음성 인식 기능 등을 적용하고 복수의 기관 챗봇을 통합・연동한 연합형 AI 비서 네트워크
- 자동화 의사결정(ADM) 시스템: 실업급여・복지・입출국 심사 등에서 대량의 데이터 자동 처리, 생애주기에 따른 맞춤형 서비스 제공. 대부분 규칙 기반 반자동 처리로, 고위험 결정은 인간의 개입 포함

스템은 공정성 · 투명성 · 책임성을 확보하기 위해 도입되었으며, 민원자동화를 통해 가상 비서 플랫폼인 '뷰로크라트(Bürokratt)' 기반에서 수천 만 건의 민원 자동 처리, 응답소요시간 최대 60% 단축 등의 성과를 가져왔다. 이외에도 출생 시 소득정보 기반 자동 육아수당 안내 및 지급 등 생애주기에 맞춘 선제적 행정 서비스를 비롯하여, 전국민 디지털 ID기반 보급 자동행정을 제공하고 있다.

2 중앙정부 사례

공공분야에서 도입한 AI 서비스로는 AI 민원상담 서비스, 초거대 AI 행정지원, 온나라 시스템 차세대 구축 등을 들 수 있다(행정안전부, 2023.6.16; KITA 한국무역협회, 2025.8.13). 특히, 공공분야에서 가장 많이 사용하는 서비스로는 AI 기반 챗봇 서비스를 들 수 있는데, 이를 통해 24시간 AI 민원상담 서비스를 제공하고, 신속한 민원처리가 이루어질 수 있다(임재강, 2024). 일례로, 국세청에서 국세 행정상담을 지원하는 AI 어시스턴트를 제공하고 있으며, 행정안전부는 민간업체의 생성형 AI와 공공 서비스 혁신을 위한 업무협약(MOU)를 체결하여 'AI 국민비서'를 제공하고, 공공 서비스와 연계하여 전자증명서 발급 및 제출, 유휴 공공자원 예약 등이 가능하도록 제공하고 있다(뉴스캠프, 2025.10.27).

인공지능은 대량정보를 분석하여 정책결정에 필요한 정보를 제공하고, 다양한 시뮬레이션을 통해 정책효과를 예측하여 정책 입안자와의 의사결정을 지원할 수 있다. 일례로, 인공지능은 인구 통계, 경제지표, 사회 트렌드 등 다양한 데이터를 분석하여 특정 정책의 잠재적 영향을 예측하고, 정책목표 달성 가능성을 평가할 수 있다. 또한, 최적의 정책방안을 선택하여 정책결정 과정의 효율성과 정확성을 높일 수 있다(임재강, 2024). 일례로, 통계청은 2020년부터 '통계 분류 텍스트 정보를 이용한 AI 기반 통계 분류 자동화'를 통해 인구 총조사나 전국 사업체 조사 등을 위한 자동화 시스템에 AI를 활용하여 정확도를 높이고 있다(Da Vinci, 2025.4.15).

인공지능은 행정 업무의 자동화를 통해 행정 비용의 최소화 및 효율성 향상을 위해 반복적인 행정 업무를 자동화할 수 있도록 AI 기반 문서처리 시스템을 도입하여 문서

• 기술 인프라: X-Road 데이터 교환 플랫폼, 디지털 ID, 전자서명 등과 연계해 AI 서비스 확장

분류, 데이터 추출, 오류검토 등을 자동화하여 담당자의 업무를 줄이고 정확성을 높일 수 있다. 또한, AI업무 프로세스 분석을 통해 비효율적인 부분을 개선하고 자원 배분의 최적화를 통해 행정 효율성을 극대화할 수 있다. 일례로, AI자동 회의록 시스템을 통해서 회의내용을 자동으로 기록하고 요약하여 업무 효율성을 높일 수 있다(임재강, 2024).

3 지방자치단체 사례

우리나라의 지방자치단체는 다양한 행정 서비스 개선을 위해 AI 기반 서비스를 발굴하여 적용하고 있다. 특히, 지역주민의 민원과 소통을 위한 챗봇 서비스를 제공하고 있으며, 행정 업무의 효율성을 고려한 AI 기반 행정자동화, 반복적인 민원처리를 위해 AI 분석을 통한 신속한 민원처리, 취약계층을 위한 AI 기반 보건·복지 서비스 지원, AI 기반 예측을 통한 재해·재난관리, AI를 활용한 보안·안전 대응 및 지역경제 활성화 등 지속적으로 AI의 적용범위를 확대해 가고 있다.

[표 7-10] 지자체의 AI 기반 서비스 사례

구분	세부 내용	비고
민원상담 챗봇 서비스	• 다양한 행정정보에 관한 상담, 불법주정차 신고, 소음신고, 방역 요청 등 현장민원 접수, 공공 서비스 예약, 도서관 안내, 온라인 학습(온라인 무료강의 수강신청 서비스), 세대별 맞춤형 복지정보, 임신출산육아 복지정보, 여권관련 정보 등 행정 안내 서비스	서울특별시, 경기도, 대구광역시 등
행정자동화	• AI 행정지원 시스템(출장 증빙, 담당자 검색, 맞춤형 브리핑 등)을 개발·운영 • AI 신호제어 긴급차량 우선신호 서비스를 통해 긴급차량 출동 지원	경상남도 등 인천광역시 등
반복 민원처리	• AI 기반 하수처리자동화 시스템을 도입하여 물재생센터의 빅데이터 실시간 분석·예측하여 최적의 수질관리, 불필요한 기기 가동을 줄여 에너지 절감, 관리자 부재에도 공백없는 안전한 관리 가능	서울특별시 등
보건·복지 지원	• 영세 식품업체를 대상으로 검사주기·항목 안내, 자동 알림톡 발송 등 24시간 상시 안내 서비스 제공 • AI 기반 어르신 안부 확인, 건강관리, 여가 기능을 제공하고, 발달장애인을 위한 AI 영상분석 및 컨설팅 서비스 지원, 데이터 기반 위기 예측 및 모니터링을 활용한 고독사 예방·대응 등 개인별 맞춤형 AI 돌봄 서비스 제공	대전광역시 등 경기도, 광주광역시 등

재해 · 재난관리	• AI · IoT 기반 수위 감지, 스마트센서, GIS 통합관제 등을 활용해 침수 위험을 조기 감지하고 대응하는 시스템 구축 • 인공지능(AI) 기반 스마트센서 도입으로 양식장 환경을 관리해 어민 피해	충청북도 등 전라남도 등
보안 · 안전 대응	• AI 보안관제와 PC 이상행위 탐지 시스템을 결합해 랜섬웨어 및 내부 보안 위협에 대응체계 도입하여 사이버 보안 강화 • AI 스마트 스쿨존 보행 안전 시스템을 도입하여 AI CCTV가 보행자의 동선과 보행 신호를 실시간으로 감지하고, 안전차단기와 음성시스템을 활용한 보행자 통행 제어 시스템 제공	광주광역시 등 경기도 등
지역경제 활성화	• 민간 데이터를 공동구매 · 개방하여 실시간 인구 · 소비 분석, 인파 관리 및 상권 분석 지원 • 인공지능(AI) · 자동화를 기반으로 데이터 농정 플랫폼을 구축해 농업 데이터를 통합 · 분석해 작물 생산량 · 가격 예측, 맞춤형 농업정보 제공 등 농업의 지속가능성 확대 • 빅데이터 플랫폼과 소비 분석 서비스를 운영해 지역경제 활성화와 상권 회복에 기여	경기도 등 제주특별자치도 등 부산광역시 등

자료: 행정안전부(2023.9.20); 행정안전부(2025.9.12); 서울특별시 홈페이지; Da vinci(2025.4.15) 재구성.

제5절 디지털정부의 인공지능 전환 과제

1 인공지능 전환 목표

이재명 정부는 인공지능 전환을 선제적으로 대응하여 디지털정부를 넘어 AI정부로 도약하고자 인공지능 전환에 따른 디지털정부 추진 전략을 개발하고 있다(전자신문, 2025. 6.22). 국정기획위원회도 국민보고대회에서 발표한 123개 국정 과제에 '세계 1위 AI정부 실현'을 주요 과제로 삼았다(전자신문, 2025.8.13). 우리나라는 AI 3대 강국 도약을 비전으로 2030년까지 차세대 AGI(범용 인공지능) 보유국 진입, 글로벌 최상위 AI 모델 보유, 전략 산업 AI 혁신 및 고도화, 사회 전 분야의 전방위적 AI 대전환을 추진하고자 한다(대통령실, 2025.8.22). 특히, 공공 서비스, 행정 효율화, 복지 사각지대 발굴, 재난 예보, 기후 대응 등 다양한 행정분야 혁신을 위한 AI 활용을 강화하고자 한다.

정부는 2025년 8월 인공지능과 초혁신 산업 등 경제 대혁신을 통한 성장을 가져오고자 '새정부 경제성장전략'을 발표하였다. 이는 AI 대전환 · 초혁신경제 30대 선도 프로젝트 중에서 AI 대전환을 위해 기업, 공공, 국민, 기반조성 등 4대 핵심 분야에서 15대 선도 프로젝트를 선정하였다. 그 중에서 공공 부문은 복지 · 고용, 납세 관리, 신약 심사 등 3대 선도 프로젝트에 AI를 도입할 계획이다. 이에 대해서 복지 · 고용분야는 AI를 활용한 맞춤형 서비스를 제공하고, 납세관리분야는 AI 세무상담 · 검색 등을

[표 7-11] AI 대전환을 위한 공공 부문 3대 선도 프로젝트

공공부문	3대 선도 프로젝트
AI 복지 · 고용	AI를 활용해 그 지역에서 가능하고 개인 상황에 적합한 맞춤형 서비스(일자리 매칭, 직업교육, 복지지원 등) 24시간 안내 및 서비스 신청 · 접수
AI 납세관리	AI 세무상담 · 검색 도입(2026년), 납세신고 · 납부신청 자동화 등 홈택스를 전면 개편(2027년)해 납세편의 제고, AI를 통해 탈루 의심사례 식별 · 분석
AI 신약심사	AI를 활용한 신속한 자료대조 · 검증, 허가심사서 초안 작성 등을 통해 신약허가 심사기간 대폭 단축 및 의약품 영문증명서 발급 등 자동처리 * 제네릭의약품 허가에 우선 적용(2026.3Q) → 신약허가 등 단계적으로 확대

[표 7-12] AI 대전환 15대 선도 프로젝트

<table>
<tr><th>분야</th><th>15개 선도 프로젝트</th><th>분야</th><th>15개 선도 프로젝트</th></tr>
<tr><td rowspan="8">기업</td><td>AI 로봇
–휴머노이드 산업 3대 강국 진입('30)</td><td rowspan="3">공공</td><td>AI 복지 · 고용
–모든 행정 서비스 AI 도입('30)</td></tr>
<tr><td>AI 자동차
–완전 자율주행자 상용화('27)</td><td>AI 납세관리
–납세시스템 전면 자동화('27)</td></tr>
<tr><td>AI 선박
–완전 자율운항선박 개발('27)</td><td>AI 신약심사
–신약심사기간 주요국 수준 단축('30)</td></tr>
<tr><td>AI 가전
–글로벌 AI 가전 시장점유율 1위('30)</td><td rowspan="2">국민</td><td>국민 AI인재
–AI 전문가 순유입국 전환('30)</td></tr>
<tr><td>AI 드론
–완전 자율비행드론 개발 및 활용('31)</td><td>해외 AI인재
–인재유치 매력도 20위권 진입('30)</td></tr>
<tr><td>AI 팩토리
–제조기업 AI 도입률 40%('30)</td><td rowspan="3">기반
조성</td><td>공공데이터 개방
–데이터 시장규모 확대('30, 50조원)</td></tr>
<tr><td>AI 반도체
–K-온디바이스 AI 반도체 탑재 제품 출시('30, 10개)</td><td>데이터 활용
–데이터 활용역량 10권 진입('30)</td></tr>
<tr><td>–</td><td>국가 AI 협력
–세계 최고수준 버티컬 AI 확보('30)</td></tr>
</table>

자료: 관계부처합동(2025.8.22); 대통령실(2025.8.22); 기획재정부(2025.8.22).

도입해 2027년까지 홈택스를 전면 개편하고자 하며, 신약분야에서는 AI 자료대조·검증, 허가심사서 초안 작성 등을 통해 심사 기간을 단축할 계획이다(대통령실, 2025.8.22). 또한, 관계부처 합동으로 발표한 '새정부 경제성장전략'의 AI 대전환 과제(15)는 기업, 공공, 국민, 기반조성을 위한 과제에서 공공부문을 위한 3대 선도 프로젝트를 추진한다([표 7-11]). 이에 따라 대국민 서비스 혁신, 정부효율성 제고, 분야별 전문화 등 인공지능 정부를 실현하기 위한 핵심 과제로 추진하고 있다.

2 인공지능 전환 핵심전략 과제

우리나라는 디지털정부의 인공지능 전환을 위해 정책 및 거버넌스 체계 정비, 법제도 개선, GPU 등 인프라 구축, 기술·산업 혁신, 인재양성, 윤리·규제 체계 구축 등을 중심으로 AI 세계 3대 강국 도약과 국민 삶의 질 혁신을 가져오기 위한 핵심전략 과제를 추진하고자 한다. 그 중에서 AI 대전환을 위한 디지털정부가 추진해야 할 몇 가지 핵심 과제들을 중심으로 살펴보고자 한다.

첫째, 정책 및 거버넌스 체계 정비를 위해 대통령 직속 국가AI전략위원회 중심 AI 정책 총괄 및 조정 기능을 강화하도록 한다. 정부는 공공 부문 기관별 AI 책임관을 지정하고, 중앙부처 및 지자체는 공공 AI 사업지원센터를 운영하여 AI 사업기획 및 사업화를 지원하며, 민·관 협력을 통한 AX 핵심기반시설을 확보하기 위해 국가인공지능 컴퓨팅센터를 구축하도록 한다. 이외에도 공공 기관은 공공 기관 운영위원회 산하 AI 활용 소위원회를 신설하여 AI 서포터즈 및 AI 선도기관을 운영하도록 한다. 뿐만 아니라, GPU를 지원하는 AI 데이터센터를 확충하여 비수도권 AI데이터센터 대상 전력계통 영향평가를 실시하도록 한다(관계부처 합동, 2025.8.22).

둘째, 법·제도 개선을 위하여 2025년 「인공지능기본법」이 제정됨에 따라 관련된 고시 및 지침이 마련되어야 한다. 또한, 「전자정부법」, 「지능정보화기본법」 등 기존 법률에서도 인공지능에 관한 윤리·포용적 AI 생태계 조성을 위한 근거를 마련할 필요가 있다. 특히, 전 국민이 AI접근·활용을 보장하는 「디지털포용법」을 제정하여, AI혁신에 따른 공정경쟁 질서와 정당한 권리보호가 이루어져야 한다(과학기술정보통신부, 2024.9.26).

셋째, AI 대전환을 위한 규제 개선을 위해 글로벌 기준에 맞지 않는 규제에 대해서 데이터, 자율주행, 바이오헬스 등 신산업을 지원하기 위한 규제완화가 이루어지도록 한다. 일례로, 공공데이터 활용·분석 절차 간소화, 자율주행차 임사운행허가 요건 완화 등과 같은 규제완화를 통해 신사업 성장동력을 확보할 수 있다. 또한, 규제샌드박스 승인사업에 대해 법적 의무화를 통해 신속히 추진할 수 있도록 하며, 기업활동을 저해하는 그림자 규제를 해소하여 기업의 수출 및 투자를 지원하도록 한다.

넷째, AI 인프라 고도화를 위해 소버린(Sovereign) AI[29]를 보장하기 위해서는 GPU 확보가 중요하다. 즉, 정부차원에서 국가 인공지능 컴퓨팅센터 구축과 GPU 등 컴퓨팅 역량을 2030년까지 15배 이상 확대하고, 장기적으로 최대 5만장까지 배치할 계획이다(THEELEC, 2025.7.23).

다섯째, 디지털정부 혁신 및 공공 서비스에 AI를 전면 도입하여 행정의 효율성을 높이도록 한다. 현재 행정안전부는 공공 AI 전환을 위해 '범정부 초거대 AI 공통기반 구현' 사업과 '지능형 업무 시스템(온나라 시스템 차세대)' 구축 사업을 추진 중에 있다. 또한, 민간 생성형 AI를 공공 기관이 쉽게 구매하여 업무용으로 활용할 수 있도록 지원하고자 한다.

여섯째, AI 인재 양성 및 교육 강화를 위해 공공·민간 분야에서의 AI 전문인력을 2만 명 이상 양성하고, AI 소양 강화를 위해 국민 대상 AI 교육을 확대하도록 한다. 즉, AI 교육 및 소양 강화 프로그램의 다각화, 직무교육 강화 및 국민대상 평생교육 확대 등을 실시하도록 한다. 특히, 인공지능을 이용하여 맞춤형 학습지원을 위해 초·중·고등학교에 인공지능 디지털교과서를 2025년부터 도입하여 맞춤형 콘텐츠를 제공하고자 한다(한국지능정보사회진흥원, 2024).

일곱째, AI 기술 및 산업 혁신을 위해 차세대 AI 연구개발(R&D), AI 반도체, 소프트웨어 기술 경쟁력 확보와 AI 스타트업 육성 및 산업 현장 적용을 확대하도록 한다. 이와 관련하여 AI 활용 확대를 통한 의료·제조·재난·복지 등 주요 산업·사회문제를 해결하고, AI 투자환경 개선을 비롯하여 100조 규모 국가 성장기금 조성 등 재정 지원 체계를 구축하도록 한다(관계부처 합동, 2025.8.22).

29) 소버린(Sovereign) AI는 '자주적인', '주권이 있는'이란 의미의 소버린(Sovereign)과 인공지능(AI)이 결합하여 국가 또는 기업의 자체 인프라 및 데이터를 활용하여 자국의 사회·문화적 요소를 특화하는 AI를 의미한다(산업통상자원부, 2025.8.27).

제6절 소결

앞으로 다양한 인공지능 서비스가 개발되어 보급되면서, 인공지능 시장규모가 지속적으로 확대될 것이라고 전망한다. 이에 현재 디지털정부에서 인공지능정부로의 전환이 이루어질 것으로 예측하는데, 인공지능정부는 정부 운영과 공공서비스 제공에 인공지능기술을 활용하여 행정의 효율성을 높이고 맞춤형 국민 서비스를 제공하는 정부형태이다(황성수, 2025.9). 물론, 인공지능정부가 디지털정부와 유사하지만, 예측모델, 자동화, 최적화라는 키워드가 두드러진 개념으로, 디지털정부가 인공지능으로의 전환을 위한 전략들을 수립하여 실행하고 있다. 이재명 정부에서도 AI 전환(AI Transformation)을 위한 당면 과제로서 '새정부 경제성장전략'의 AI 대전환 15개 선도 프로젝트를 발표하여 "세계 1위 AI정부 실현"을 달성하고자 한다.

이러한 변화에 대해 본 장에서는 디지털정부의 인공지능 기반 서비스에 관하여 크게 5가지 주제로 구분하여, 제2절 인공지능의 등장과 정부 서비스에 도입, 제3절 디지털정부의 인공지능 전환, 제4절 디지털정부의 인공지능정부 서비스 사례, 제5절 디지털정부의 인공지능정부 전환 과제로 구성하여 인공지능을 향한 과제들이 어떻게 추진되고 있는 지 살펴보았다. 앞으로 인공지능에 대한 국내외적인 기대가 높은 만큼, 우리나라가 인공지능을 적용한 정부 정책을 통해 실질적인 대국민 삶에 질적 향상 뿐만 아니라 행정의 효율성 및 경제성장을 가져올 수 있는 성과를 가져올 수 있도록 지원해 나가야 할 것이다.

참고문헌

공병훈(2025.8.19). "[AI리터러시] 인공지능의 역사, 튜링 테스트에서 피지컬 AI까지." 반디뉴스, https://www.bandinews.com

과학기술정보통신부(2018). 지능정보사회 윤리 가이드라인

과학기술정보통신부(2018.12.31). "제10회 정보통신전략위원회, 함께 잘 사는 지능정보사회 구현을 위한 밑그림 제시" 보도자료

과학기술정보통신부(2019.12.17). 인공지능(AI) 국가전략.

과학기술정보통신부(2020.11.27). "과기정통부, 사람이 중심이 되는『국가 인공지능 윤리기준』(안)공개." https://blog.naver.com

과학기술정보통신부(2024.9.26). "인공지능 3대 강국(AI G3) 도약을 위한 대한민국 AI 혁신의 청사진 제시." 보도참고자료.

과학기술정보통신부, 한국지능정보사회진흥원(2018). 지능정보사회 윤리 가이드라인

관계부처 합동(2025.8.22). 새정부 경제성장전략

관계부처 합동(2020.12.23). 사람이 중심이 되는 인공지능(AI) 윤리기준

기획재정부(2025.8.22). "이재명 정부의 'AI · 초혁신' 경제성장전략 발표 및 30대 선도 프로젝트 추진". 국회도서관 국가전략정보포털. https://nsp.nanet.go.kr

김경진(2025.6.18) AI행정혁명 글로벌 AI정부의 혁신 가이드북. 인문공간.

김동필(2025.10.27)."카톡에 'AI 국민비서' 생긴다…카카오, 행전안전부와 MOU." SBS Biz, https://biz.sbs.co.kr

김성진(2025.7.23). 정부, 한국 독자 소버린 AI 정책의 핵심은 'AI 생태계 구축'. THEELEC. https://www.thelec.kr

김연경 · 이주호(2025). "공공행정에서의 인공지능 활용에 관한 실증 연구: 공공 AI를 위한 정책적 시사점." 정보화정책. 32(2): 3-17. https://doi.org/10.22693/NIAIP.2025.32.2.003

김종현 외(2016). 인공지능 및 로보틱스 분야의 개인정보 보호에 관한 연구. 개인정보보호위원회

김지선(2025.6.22). "세계 1위 AI 정부 실현, AI 중심의 행정 효율화 및 국민 수혜 확대." 전자신문. https://www.etnews.com/20250622000049

김지선(2025.8.13). "디지털정부 넘어 AI 정부 1위 도전…공공 AX 속도낸다." 전자신문. https://www.etnews.com/20250813000283

김지한(2024.3.15). "AI의 시작과 발전 과정, 미래 전망." SK Hynix News Room https://news.skhynix.co.kr/all-around-ai-1/

김지현(2024.3.15). "[All Around AI 1편] AI의 시작과 발전 과정, 미래 전망". https://news.

skhynix.co.kr/all-around-ai-1/
노도현(2025.9.8). "국가AI전략위 공식 출범…1호 안건은 'AI 액션플랜'." 경향신문
뉴시스(2025.9.8). "국가AI전략委 공식 출범…李 대통령 "AI는 국가 핵심 생존전략"." 뉴시스. https://www.newsis.com/view/
네이버 지식백과 IT용어사전. 디지털전환. https://terms.naver.com
대구광역시. "지능형 상담 도우미 뚜봇." https://happy.daegu.go.kr
대통령실(2025.8.22). "새 정부 경제 청사진 발표…AI・초혁신경제로 '잠재성장률 3%' 달성." 정책브리핑. https://www.korea.kr/news
디지털플랫폼정부위원회(2025). 공공부문 초거대 AI 도입・활용 가이드라인.
문명재・배일권・김영미・권헌영・엄석진・권향원・박소아・송호철・정부만・조세현・류현숙・이재호・박선주(2025). AI로 정부를 대전환하라. 문우사: 10.
박은영(2025.10.27). "행정안전부, 네이버・카카오와 손잡고 'AI 국민비서' 추진…대화로 공공서비스 이용 가능해진다." 뉴스캠프. https://www.newscammp.co.kr
박현진(2024. 4. 26). "'AI-반도체 이니셔티브', 9대 기술혁신 집중 투자 '인공지능 G3도약, K-반도체 새로운 신화 창조' 실현." 인공지능신문. https://www.aitimes.kr
방송통신위원회(2019.1). AI 윤리원칙인 '이용자 중심 지능정보사회를 위한 원칙
방송통신위원회(2019.11). 이용자 중심 지능정보사회를 위한 원칙
산업통상부(블로그).(2025.8.27). "국가 AI 주권시대의 핵심, 소버린 AI. https://blog.naver.com
서울특별시(2025.5.1). "인공지능(AI) 상담사 챗봇 '서울톡'" https://news.seoul.go.kr
신영진(2020.9.11). "지능형 정부구현을 위한 정책사례와 역기능 방지에 관한 연구." 한국정책학회 추계학술대회 발표논문집.
신영진(2021.6.25). "안전한 인공지능서비스를 위한 위기관리정책에 관한 연구." 한국행정학회 하계학술대회 발표논문집: 1~19.
신영진(2021.6). AI서비스에서의 개인정보보호를 위한 책임과 원칙의 적용에 관한 연구. 한국범죄정보연구. 7(1): 45-74.
신종우(2024.9.4). "[영상 칼럼] 생성 인공지능에 대하여." 교육플러스. https://www.edpl.co.kr
엄석진・고윤석・박정은・박건철(2025). 한국의데이터정책과 AI정부. 한울: 111
임경숙(2019). 인공지능에 관한 법적 규율방안-인공지능 알고리즘과 빅데이터의 법적 규율을 중심으로-. 한양대학교 법학전문대학원 박사학위논문
임재강(2024). "인공진으 시대 국가 미래전략."; AI정책기획(2025.1.1). "7장: 공공분야의 AI 활용 및 디지털정부 혁신". https://blog.naver.com
정보통신산업진흥원(2025.9.9). "2025년도 공공AX 프로젝트 사업 신규과제 모집 공고" https://www.nipa.kr
투이컨설팅-투이톡(2025.2.18). "AI가 교통・복지・행정까지? 전국 지자체 AI 활용 트렌드." https://youtu.be/Iht9dlj_bjM

한국무역협회(2025.8.13). “디지털정부 넘어 AI 정부 1위 도전…공공 AX 속도낸다.” 무역뉴스 https://www.kita.net

한국지능정보사회진흥원(2017). 우리나라 AI 기업 현황 조사 보고서: 1-119.

한국지능정보사회진흥원(2018). 우리나라 AI 기업 현황 보고서

한국지능정보사회진흥원(2024). 국가지능정보화백서.

한국지능정보사회진흥원(2025.7). 공공 AI 효과성 측정 방안 탐색: 민간・공공 AI 활용사례분석을 중심으로. AI.GOV 이슈리포트: 17-18.

한국지능정보사회진흥원 홈페이지. 디지털플랫폼정부본부 https://www.nia.or.kr

한정호(2025.9.24). 정부, 공공 AI 인재 2만명 키운다 … “유능한 AI 민주정부 구현”. ZDNet Korea. https://zdnet.co.kr

한지영(2025.9.16). 행안부, 경찰 중립・AI 정부・재난안전 강화 등 12대 국정과제 확정. 뉴스1. https://www.news1.kr

행정안전부(2022.7.26). “세계 최고 ‘디지털플랫폼정부’ 구현…매년 부처별 정원 1% 감축.” 정책브리핑 https://www.korea.kr

행정안전부(2022.12). 디지털플랫폼정부추진계획.

행정안전부(2023.6.16). “인공지능(AI) 활용한 최초의 정부전용 행정지원 서비스 개발된다.” https://www.innovation.go.kr

행정안전부(2023.9.20). “지자체 지역정보화 연구과제 우수사례 확산을 위한 공유의 장 마련.” 보도자료.

행정안전부(2025.9.12). “(조간) 주민 삶을 바꾸는 지자체의 AI 행정서비스 전국 확산의 장 열린다.” 보도자료.

황성수(2025). AI 활용 정부 서비스의 사례와 유형 분석: 새 정부 AI 정부 서비스 성공을 위한 전략 설정 제언. 정보정책저널. 32(3): 8

AEIAI.(2025.5.10). 인공지능(AI)이란 무엇일까요? 개념, 종류, 역사, 미래 전망 총정리. https://aeiai.net/

AWS. 인공 지능(AI)이란? https://aws.amazon.com/ko/what-is/artificial-intelligence/

Cynthia O'Donoghue.(2018). “Guiding principles for AI development.” *Technology Law Dispatch*. ReedSmith. https://www.technologylawdispatch.com/2018/11

Da vinci(2025.4.15). “정부 및 지자체는 AI를 어떻게 활용할까? 공공 부문 AI 활용 사례” Da Vinci Codex Blog. https://www.dvn.ci

Department for Science, Innovation and Technology.(2025.1.21). Shake-up of tech and AI usage across NHS and other public services to deliver Plan for Change. GOV.UK. https://www.gov.uk

EU. Artificial Intelligence Act, https://artificialintelligenceact.eu/article/3/

EUR-Lex.(2024). Artificial Intelligence Act,https://eur-lex.europa.eu

F. H. Cate & R. Dockery.(2018.11). (T. O. Kim, Trans.). Artificial Intelligence and Data Protection: Observations on a Growing Conflict. *Journal of Law & Economic Regulation*. 11(2), 131-146.

IBM.(2024.8.9). 인공지능(AI)이란 무엇인가요?. https://www.ibm.com

Immigration, Refugees and Citizenship Canada.(2024.11.18). *Processing applications: Advanced data analytics. Government of Canada*. https://www.canada.ca

LS증권(블로그). "[트렌드]AI도 '메이드 인 코리아?' 소버린 AI." https://blog.naver.com

OECD Legal Instruments(2019, 2024). *Recommendation of the Council on Artificial Intelligence*, https://legalinstruments.oecd.org

OECD Observatory of Public Sector Innovation.(2024). Text simplification for
citizens with GenAI. https://oecd-opsi.org

KITA 한국무역협회.(2025.8.13). "디지털정부 넘어 AI 정부 1위 도전 … 공공 AX 속도낸다." https://www.kita.net

NIA Future Strategy Team.(2024). 해외 지자체의 인공지능(AI) 활용 사례와 도입 과제. AI Report. .https://nia.or.kr

Smart City Korea.(2021.8.10). 서울시, 4개 물재생센터 AI 기반 하수처리 자동화 시스템 '30년까지 도입." 보도자료. https://smartcity.go.kr

The White House Office of Science and Technology Policy.(2019). *American Artificial Intelligence Initiateve*. Year one Annual Report: 1-29.

The White House.(2025.7). Winning the Race America's AI Action Plan.

USA(2020). *National Artificial Intelligence Initiative Act of 2020 §9401*, https://world.moleg.go.kr/

CHAPTER 08

클라우드 컴퓨팅: 정보자원관리의 혁신

최한별

제1절 서론

전통적인 정부의 정보자원관리(Information Resource Management: IRM)는 '소유(Ownership)'와 '물리적 통제(Physical Control)'에 기반하였다. 각 부처가 독자적인 전산실을 운영하거나, 이후 정부통합전산센터(현재의 국가정보자원관리원)로 물리적 자원을 '집적(Consolidation)'하는 방식이 이에 해당한다. 이러한 온프레미스(On-Premise) 방식은 안정성과 통제력을 확보하는 데는 유리하였으나, 급변하는 행정 수요와 대국민 서비스의 변동성에 대응하는 데는 경직성을 노출하였다.[1)]

클라우드 컴퓨팅(Cloud Computing)의 등장은 이러한 '소유' 기반의 패러다임을 '구독(Subscription)'과 '유연한 활용(Elastic Utilization)' 기반으로 전환시키는 근본적인 변화를 의미한다. 이는 단순한 기술의 도입을 넘어, 공공관리의 핵심 가치 간의 긴장을 야기하고 재조정할 것을 요구한다. 즉, 클라우드 컴퓨팅은 신공공관리론(New Public Management: NPM)이 추구하는 '효율성', '비용 절감', '민첩성'의 가치를 극대화할 수 있는 강력한 도구이다(Rudruddl, 2025).

그런데 다른 한편으로, 정부 데이터를 민간의 인프라에 위탁하는 것은 전통적 관료제 및 신공공서비스론(New Public Service: NPS)이 강조하는 '안정성', '보안성', '공공책임성', 그리고 '데이터 주권(Data Sovereignty)'이라는 핵심 공공가치(Public Value)와 잠재적으로 충돌하는 부분도 있다(SentinelOne, 2025).

본 장은 먼저 클라우드 컴퓨팅의 기술적 정의(제2절)를 살펴보고, 한국의 정보자원관리 방식이 통합전산센터에서 클라우드로 이행하는 정책적·제도적 과정(제3절)을 추적한다. 나아가 미국, EU 등 주요국의 상이한 전략(제4절)과 클라우딩 컴퓨팅과 관련한 핵심 쟁점인 보안 및 프라이버시 문제(제5절)를 분석하고, 실제 사례(제6절)를 통해 그 효과를 확인한다. 마지막으로 이 과정을 공공관리론의 시각에서 분석(제7절)함으로써, 클라우드가 단순한 e-Management 도구를 넘어 지능형 디지털 정부의 핵심 기반(Enabler)임을 제시하고자 한다.

---

1) 온프레미스 방식이란 기관이 자체적으로 소유한 센터나 전산실에 서버와 같은 IT 인프라를 직접 구축하고 운영하는 방식을 일컫는다.

제2절 클라우드 컴퓨팅의 개념, 유형과 기술 진화

1 클라우드 컴퓨팅과 공공관리

디지털정부에서 클라우드 컴퓨팅은 단지 '서버를 밖으로 옮기는 기술'이 아니라, 정부가 정보자원을 조달·운영·통제·감사하는 방식을 바꾸는 새로운 공공관리 체제로 이해할 필요가 있다. 행정학 관점에서 클라우드는 전통적 정보자원관리(기관별 시스템 구축, 장비 조달 중심, 폐쇄적 운영)에서 벗어나, 공유 인프라와 표준화된 운영을 기반으로 신속한 정책 집행, 대국민 서비스의 안정적 제공, 기관 간 연계·재통합을 가능하게 하는 관리 모델이다.

그렇다면 행정학 전공자들이 왜 클라우드를 별도의 학습·연구 대상으로 다루어야 하는가? 첫째, 클라우드는 정부의 정보자원관리를 자산 관리(asset management)에서 계약·서비스 관리(service management)로 전환시키기 때문이다. 전통적 온프레미스 환경에서는 서버·스토리지를 '구매하고 보유'하는 것이 핵심이었고, 관리의 중심은 물리 장비의 유지·보수와 내부 통제였다. 그러나 클라우드 환경에서는 컴퓨팅이 전기·수도처럼 '필요할 때 쓰고 비용을 지불하는' 성격을 띠면서, 관리의 중심이 서비스 수준(SLA), 비용 통제, 감사 가능성, 데이터 처리·보관·파기 조건 등 거버넌스 조건을 설계하고 이행을 감독하는 역량으로 이동한다. 즉 기술이 달라지면 조직이 책임을 지는 방식도 달라지며, 클라우드는 바로 그 책임 구조를 재편하는 대표적 사례다.

둘째, 클라우드는 신공공관리론(NPM)이 강조해 온 효율성과 성과관리의 논리를 정보자원관리 영역에서 가장 선명하게 구현하면서도, 동시에 NPM의 취약점(계약관리 실패, 비용 통제 실패, 외주화의 책임성 문제)을 그대로 드러낼 수 있는 영역이기 때문이다. 예컨대 클라우드의 사용량 기반 과금은 비용의 '가시성'을 높여 성과·원가 관리에 유리하지만, 통제 규칙과 책임 배분이 미흡하면 사용량이 늘어 예산 불확실성이 커질 수 있다. 따라서 클라우드를 이해한다는 것은 단지 기술의 장점을 아는 것이 아니라, 효율성 도구가 실제로 효율을 낳기 위해 필요한 조직적·제도적 설계(예: 권한 분산과 통제의 균형, 비용 책임의 배분, 성과지표 설정)를 함께 이해한다는 의미가 된다.

셋째, 클라우드는 신공공서비스론(NPS)과 공공가치론이 강조하는 시민 중심성과 신뢰의 문제를 기술의 영역으로 끌어오기도 한다. 시민의 관점에서 정부 서비스는 '어떤 기술로 운영되는가'보다 '끊기지 않고, 빠르고, 공정하게 제공되는가'가 중요하다. 클라우드는 서비스 중단을 줄이고(가용성), 대규모 민원·위기 수요에 대응하며(탄력성), 다양한 채널에서 접근을 가능하게 하는(접근성) 기반이 될 수 있다. 그러나 다른 한편, 정부 데이터가 외부 인프라에 저장·처리될 때 개인정보·안보·데이터 주권에 대한 우려가 커지고, 한 번의 사고가 정부에 대한 신뢰를 크게 훼손할 수 있다. 즉 클라우드는 효율성 도구이면서 동시에 공공가치(투명성, 책임성, 형평성, 신뢰)를 위협하거나 강화할 수 있는 가치 갈등의 장이 된다.

넷째, 클라우드는 디지털 거버넌스의 관점에서 '부처별 시스템의 파편화'를 줄이고 재통합을 촉진할 수 있는 플랫폼이지만, 동시에 중앙집중과 자율성의 긴장을 새롭게 만든다. 통합전산센터가 물리적 집적을 통해 운영 효율을 높였다면, 클라우드는 표준화된 자원 풀을 통해 공동 기반을 더 유연하게 제공한다. 이때 핵심 질문은 기술이 아니라 거버넌스이다. 무엇을 공통으로 표준화할 것인가, 부처·기관의 자율성을 어디까지 허용할 것인가, 장애·사고의 책임을 어떻게 배분할 것인가, 그리고 데이터 연계·재사용의 규칙을 어떻게 설계할 것인가가 성패를 좌우한다. 이러한 문제는 디지털 시대 거버넌스가 강조하는 재통합과 서비스 중심 운영의 핵심 쟁점과 맞닿아 있다.

마지막으로, 클라우드는 데이터 기반 행정과 인공지능정부의 '선결 조건'이기도 하다. AI는 대규모 연산자원과 데이터 처리를 필요로 하며, 서비스 개발·배포 주기가 짧아질수록 운영 자동화와 관제가 중요해진다. 따라서 클라우드는 AI를 '올릴 수 있는 기반'일 뿐 아니라, 복잡해진 시스템을 '안정적으로 운영하기 위해 AI를 활용하게 만드는 환경'이기도 하다. 행정학적으로 이는 기술 결합이 곧바로 새로운 책임성 논의를 낳는다는 뜻이다. AI 기반 서비스가 확산될수록, 그 AI가 돌아가는 인프라(클라우드)의 안정성·보안성·감사 가능성은 공공가치의 핵심 요소로 올라온다.

이처럼 클라우드는 전자정부의 e-Management 영역에서 단순한 IT 인프라 변경이 아니라, 조달·예산·책임·신뢰·거버넌스 전반을 재구성하는 주제다. 따라서 제2절에서는 기술적 정의를 출발점으로 삼되, 행정학 독자들이 공통 언어로 논의할 수 있도록 먼저 미국 국립기술표준연구소의 표준 정의와 특성을 확인하고, 그 정의가 공공 관리의 어떤 문제들과 연결되는지 차례로 해석해 나가고자 한다.

2 클라우드 컴퓨팅에 관한 NIST의 정의와 5대 특성

클라우드 컴퓨팅에 관한 가장 보편적 정의는 미국 국립표준기술연구소(National Institute of Standards and Technology: NIST)가 제시한 정의에 기반한다. NIST는 클라우드 컴퓨팅을 "최소한의 관리 노력이나 서비스 제공자와의 상호작용 없이, 요청에 따라 신속히 제공·배포되는 구성 가능한 컴퓨팅 자원(네트워크, 서버, 스토리지, 애플리케이션, 서비스)의 공유 풀에 대해 어디서나 편리하게 네트워크로 접근할 수 있게 하는 모델"로 정의한다(Mell & Grance, 2011). 이 정의가 중요한 이유는, 클라우드가 '컴퓨팅 자원'의 기술적 집합이면서 동시에 '조달·운영의 방식(모델)'임을 분명히 하기 때문이다.

NIST는 이 모델을 다섯 가지 핵심 특성으로 설명한다. 첫째, 요청 기반 자가 서비스(On-demand Self-service)는 이용자가 제공자(혹은 내부 운영부서)의 개입 없이 필요한 만큼 자원을 스스로 할당·회수할 수 있음을 의미한다(Mell & Grance, 2011). 행정학적으로 보면 이는 전통적인 '요청 승인 예산 조달 구축'의 장기 절차를 단축시켜, 정책 변화나 민원 수요 변화에 조직이 더 민첩하게 반응할 수 있게 한다. 즉, 클라우드는 정보자원관리에서 '절차적 합리성'만이 아니라 '시간의 합리성'을 새로 도입한다.

둘째, 광범위한 네트워크 접근(Broad Network Access)은 표준 네트워크를 통해 다양한 단말(PC·모바일 등)에서 접근 가능하다는 뜻이다(Mell & Grance, 2011). 이는 디지털정부 서비스 전달의 관점에서 '어디서나 접근 가능한 정부'라는 방향성과 연결되며, 내부 행정에서도 재택·원격 협업을 가능하게 해 조직의 업무 방식 변화를 촉진한다. 다만 공공부문에서는 폐쇄망·망분리와 같은 전통적 보안체계가 강하게 작동해 왔기 때문에, 이 특성은 단순 편의가 아니라 "접근성을 확대하면서도 보안을 어떻게 유지할 것인가"라는 거버넌스 과제를 동반한다.

셋째, 자원 풀링(Resource Pooling)은 다수의 이용자가 동일한 자원 풀을 공유하는 방식이다(Mell & Grance, 2011). 행정학적으로 이는 전자정부의 공유 서비스(Shared Services), 기관 간 재사용, 통합자원관리와 맞닿아 있다. 통합전산센터가 '물리적 통합'을 통해 규모의 경제를 만들었다면, 클라우드는 '가상화·표준화된 자원 풀'을 통해 더 높은 수준의 공유를 가능하게 하며, 부처별 중복 투자와 파편화의 문제를 줄이는 데 기여할 수 있다. 이는 디지털 거버넌스가 강조하는 재통합(Reintegration)과도 연결된다.

넷째, 신속한 탄력성(Rapid Elasticity)은 수요 변화에 따라 자원이 자동 또는 신속하게 확장·축소되는 능력이다(Mell & Grance, 2011). 대국민 서비스는 평시에는 안정적이지만 위기 상황(감염병·재난·지원금 신청 등)에서 예측하기 어려운 폭발적 수요가 발생한다. 탄력성은 이런 상황에서 '서비스가 멈추지 않는 정부'를 가능하게 하는 핵심 역량이며, 위기관리 관점에서는 공공서비스의 회복탄력성(Resilience)과 직결된다.

다섯째, 측정가능한 서비스(Measured Service)는 사용량이 계량되고 모니터링되어, 사용량 기반 비용 산정이 가능하다는 의미다(Mell & Grance, 2011). 이는 NPM 관점에서 특히 중요하다. 전통적 전산환경은 장비를 '사서 보유'하는 방식이어서 초기 투자비용이 크고(투자예산 중심), 이용량과 비용의 연계가 약해 성과관리·비용통제가 어렵다. 반면 클라우드는 자원 사용량을 비교적 정확히 비용과 연결할 수 있어, 서비스별 단위원가 산정이나 성과예산과의 결합 가능성을 높인다. 그러나 행정학적으로 주의할 점도 있다. 측정가능성이 곧바로 비용 절감으로 이어지는 것은 아니며, 통제가 부족하면 오히려 사용량이 증가해 예산 불확실성이 커질 수 있다. 따라서 클라우드의 장점은 '종량제' 자체가 아니라, 종량제를 공공조직의 회계·성과관리 체계에 맞게 운영하는 관리 역량(예: 비용 가시성, 책임 배분, 통제 규칙)이 갖춰질 때 실현된다.

[표 8-1] NIST 관점에서의 클라우드 5대 특성과 공공 관리 관점에서의 시사점

용어	기술적 의미	공공관리 관점의 해석
On-demand Self-service	사용자 스스로 자원 할당·회수	조달·승인 중심의 장기 절차를 단축하여 정책집행의 민첩성 제고
Broad Network Access	표준 네트워크로 다양한 단말 접근	옴니채널 서비스·원격 협업 촉진, 그러나 보안·접근통제 거버넌스 강화 필요
Resource Pooling	다중 이용자 자원 공유	공유서비스·재통합 기반, 부처별 중복투자·파편화 완화
Rapid Elasticity	수요에 따른 자동 확장·축소	위기·대규모 민원 수요에서 서비스 연속성·회복탄력성 확보
Measured Service	사용량 계량·과금	성과관리·원가관리 강화(NPM), 동시에 비용폭증 위험에 대비한 통제체계 필요

3 서비스 모델: IaaS, PaaS, SaaS

클라우드 서비스 모델은 "정부가 무엇을 직접 관리하고, 무엇을 제공자에게 맡기는가"라는 책임 분담의 차이를 보여주는 구분이다(Mell & Grance, 2011). 행정학적으로 말하면 이는 단순한 기술 선택이 아니라 책임성(Accountability) 구조의 설계이기도 하다. 즉, 어떤 모델을 선택하느냐에 따라 장애·보안·데이터·운영 품질에 대한 책임이 누구에게, 어느 범위까지 귀속되는지가 달라진다.

먼저, IaaS(Infrastructure as a Service)는 서버·스토리지·네트워크 같은 인프라를 가상화 형태로 제공받는 모델이다. 정부는 운영체제(OS)부터 애플리케이션과 데이터까지 상당 부분을 직접 운영·관리해야 한다(Mell & Grance, 2011). 행정 조직이 기존 시스템을 크게 바꾸지 않고도 '인프라를 유연하게' 확보할 수 있다는 장점이 있어, 공공부문이 비교적 익숙하게 접근할 수 있는 모델이다. 다만 관리 부담이 여전히 크기 때문에, 단순히 '서버 위치만 바뀐' 수준으로 머무를 위험도 있다.

다음으로 PaaS(Platform as a Service)는 애플리케이션 실행에 필요한 런타임·미들웨어 등 플랫폼까지 제공받는 모델이다. 이 경우 정부는 인프라·플랫폼 운영 부담을 줄이고, 애플리케이션과 데이터의 품질·정책적 요건에 더 집중할 수 있다. 공공 관리 관점에서 PaaS의 의미는 '표준화된 개발·배포 환경'을 제공해 부처별로 제각각 구축되는 시스템을 줄이고, 재사용과 공동개발을 촉진할 가능성이 크다는 점이다. 다시 말해 PaaS는 기술적으로는 개발 편의성이지만, 행정학적으로는 디지털 거버넌스의 표준화·재통합 도구가 될 수 있다.

마지막으로 SaaS(Software as a Service)는 완성된 소프트웨어를 서비스로 구독해 사용하는 모델이다(Mell & Grance, 2011). 협업, 문서 관리, 일정 관리 같은 공통업무 영역에서는 SaaS가 비용·도입 속도 측면에서 유리해 '스마트 조직문화'와도 연결된다. 그러나 공공 부문에서 SaaS 선택은 단순 편의가 아니다. 데이터의 처리·보관·파기, 기록관리, 감사 가능성, 개인정보보호, 서비스 종료 시 이관(Exit) 등 공공성 요구가 강하므로, 계약·감사·데이터 거버넌스가 미비하면 종속성과 위험이 커질 수 있다. 결과적으로 SaaS는 관리 부담을 줄이는 대신 '계약·감독 부담'을 증가시키며, 행정 조직의 역량이 성패를 좌우한다.

이 세 가지 모델은 '통제권(Control)'과 '효율성(Efficiency)' 간의 상충관계를 보여준

[표 8-2] 클라우드 서비스 모델

구분	설명
IaaS(Infrastructure as a Service)	인프라(서버, 스토리지)만 가상화하여 제공
PaaS(Platform as a Service)	앱 개발/실행 환경(OS, 런타임)까지 제공
SaaS(Software as a Service)	완성된 소프트웨어(애플리케이션)를 구독형으로 제공

다. IaaS는 정부의 통제권이 가장 높지만 관리 부담도 크며, SaaS는 관리 부담이 거의 없지만 데이터 종속성이나 보안 우려가 크다. PaaS는 공공 부문에서 상대적으로 도입이 저조하였으나, 향후 '클라우드 네이티브' 전환을 위해 표준화된 개발 환경을 제공함으로써 부처별 시스템의 파편화를 극복할 핵심 영역으로 주목받고 있다(Red Hat, 2025).

4 배포(운영) 모델: 퍼블릭, 프라이빗, 하이브리드, 커뮤니티

배포(운영) 모델은 클라우드가 '어디에서, 누구를 위해' 운영되는가에 관한 구분이다(Mell & Grance, 2011). 프라이빗 클라우드는 단일 조직이 전용으로 사용하는 형태이고, 퍼블릭 클라우드는 불특정 다수가 이용하는 상업용 클라우드 형태이며, 커뮤니티 클라우드는 유사 임무·보안 요구를 가진 기관들이 공동으로 이용하는 형태다(Mell & Grance, 2011). 하이브리드 클라우드는 이질적인 두 개 이상의 클라우드를 표준 기술로 연결해 함께 사용하는 방식이다(Mell & Grance, 2011).

공공 부문에서 이 구분이 중요한 이유는, 전자정부의 정보자원은 단일한 성격이 아니라 민감도·공공성·연속성 요구가 크게 다르기 때문이다. 주민·복지·세정·치안 등은 프라이버시·안보 요구가 높고, 대국민 포털이나 공개 데이터 플랫폼은 확장성·접근성이 더 중요할 수 있다. 따라서 전략은 '퍼블릭이냐 프라이빗이냐'의 이분법이 아니라, 업무·데이터의 성격에 따라 적절한 조합을 선택하는 문제다. 행정학적으로 이는 기술 선택이 아니라 '위험 기반 거버넌스(Risk Based Governance)'의 문제이며, 데이터 분류, 책임 배분, 감사·통제 설계를 통해 공공가치를 손상시키지 않으면서 효율과 민첩성을 얻는 과정이다.

[표 8-3] 클라우드 배포 모델

구분	의미	공공 부문에서의 전형적 활용 논리
Private	단일 조직 전용	민감 업무 · 주권 요구가 큰 데이터의 통제, 표준 운영
Public	다중 이용자 상업용	탄력성 · 혁신 서비스 활용, 대규모 트래픽 대응
Community	특정 커뮤니티 공동 이용	유사 보안요구 기관 간 공유서비스, 공동 표준 · 관제
Hybrid	서로 다른 클라우드 연계	민감도 · 수요 · 비용을 기준으로 워크로드를 분산 배치

공공 부문 클라우드 전략의 핵심은 이 모델들의 '전략적 조합'에 있다. 모든 정부 시스템을 퍼블릭 클라우드로 이전하는 것은 보안 및 주권 문제로 불가능하며, 모든 시스템을 프라이빗 클라우드에 두는 것은 탄력성과 혁신성이 부족하다. 따라서 민감한 핵심 데이터는 프라이빗 클라우드(G-클라우드)에 보관하되, 코로나19 백신 예약 시스템처럼 대국민 트래픽 폭증이 예상되는 서비스나 AI · 빅데이터 등 최신 기술 활용이 필요한 영역은 퍼블릭 클라우드를 연계하여 사용하는 '하이브리드' 모델이 가장 현실적이고 전략적인 대안으로 간주된다(GovCloud, 2025).

5 기술 진화: 컨테이너 · 쿠버네티스, 서버리스, 엣지, 멀티 · 하이브리드, AIOps

클라우드 기술은 초기의 IaaS(가상머신) 중심 단계에서 '클라우드 네이티브'라는 새로운 운영 · 개발 패러다임으로 빠르게 진화해 왔다. 전통적으로 공공 부문의 정보자원관리는 물리 서버를 조달하고, 운영체제를 설치하며, 개별 시스템을 기관 단위로 분절적으로 운영하는 방식에 가까웠다. 반면 디지털정부가 지향하는 통합 · 연계 · 민첩성은 단순히 컴퓨팅 자원의 외부화만으로 달성되기 어렵고, 애플리케이션을 설계 · 배포 · 관제하는 방식 자체의 변화가 수반되어야 한다. 이러한 변화의 중심에 컨테이너와 쿠버네티스, 서버리스, 엣지 컴퓨팅, 멀티 · 하이브리드 운영 전략, 그리고 이를 운영적으로 뒷받침하는 AIOps가 자리한다.

먼저 컨테이너(Container)는 애플리케이션을 실행에 필요한 설정과 의존성까지 포함하여 하나의 단위로 패키징함으로써, 특정 서버나 운영체제 환경에 대한 종속을 줄이고 다양한 환경에서 동일하게 동작하도록 하는 기술이다. 전통적인 가상머신이 운영체제 수준의 가상화를 포함하여 상대적으로 무겁고, 배포 · 확장 속도에서 제약이 발생하는 데 비해, 컨테이너는 애플리케이션 단위의 경량화를 통해 민첩한 배포와 확장을 가능하게 한다. 이 경량성과 이식성은 디지털정부 서비스가 요구하는 '신속한 기능 개선', '트래픽 변화에 대한 탄력적 대응', '기관 간 공통 플랫폼화'를 기술적으로 뒷받침한다는 점에서 의미가 크다. 특히 공공 서비스는 법・제도 변경, 재난・감염병 등 돌발 수요, 정책 실험과 확산 등 변동성이 크기 때문에, 컨테이너 기반 배포는 서비스 전달체계의 대응력을 높이는 기반이 된다(Red Hat, 2024).

컨테이너가 애플리케이션의 표준 실행 단위를 제공한다면, 쿠버네티스(Kubernetes)는 그 표준 단위를 대규모로 '운영가능한 시스템'으로 만드는 핵심 조정자 역할을 한다. 쿠버네티스는 컨테이너화된 애플리케이션을 자동으로 배포하고, 장애가 발생한 컨테이너를 복구하며, 부하에 따라 확장・축소하는 오케스트레이션 플랫폼이다(Red Hat, 2024). 중요한 점은 쿠버네티스가 특정 클라우드 사업자의 인프라에서만 작동하는 폐쇄적 기술이 아니라, 다양한 인프라(베어메탈, 가상머신, 퍼블릭・프라이빗・하이브리드 환경 등)에서 일관되게 실행될 수 있도록 설계된 개방형 생태계를 기반으로 한다는 사실이다. 따라서 쿠버네티스는 "어디서나 동일한 방식으로 운영한다"는 의미의 운영 표준화를 촉진하고, 기관이 장기적으로 멀티・하이브리드 전략을 취할 때 애플리케이션 계층에서의 이식성을 높이는 수단이 된다. 다만 이는 '벤더 종속의 완전한 제거'라기보다, 종속의 초점을 인프라에서 플랫폼・관리 서비스로 이동시키는 측면도 갖는다. 즉, 쿠버네티스 자체가 도입되더라도 관제・보안・CI/CD・데이터 서비스 등 주변 요소에서 다른 형태의 종속이 발생할 수 있으므로, 공공 부문은 표준과 상호운용성, 계약 조건, 기술 내재화 전략을 함께 고려해야 한다.

다음으로 서버리스(Serverless)는 개발자가 서버의 존재를 관리 대상으로 인식하지 않고, 기능 실행(예: 이벤트 발생, API 호출)에 집중하도록 추상화를 극대화한 컴퓨팅 모델이다. 서버리스 환경에서는 호스팅, 스케일링, 모니터링과 같은 전통적 인프라 논의가 상당 부분 플랫폼 내부로 흡수되며, 사용량 기반 과금이 일반화되어 '사용한 만큼만 비용을 지불하는' 성격이 강화된다(Microsoft, 2025a). 이는 NIST가 클라우드의 핵심 특성으로 제시한 '측정가능한 서비스(measured service)'가 운영 모델 차원에서 더 전면화된 형태로 이해될 수 있다(Mell & Grance, 2011). 디지털정부 서비스 관점에서 서버리스의 함의는 분명하다. 특정 시점에 트래픽이 급증하는 정책(예: 지원금 신청, 재난 알림, 민원 집중 처리)에서 선제적 자원 증설을 위해 과도한 인프라를 상시 보유할 필요를 줄여주고, 기능 단위로 서비스를 분해・개선하는 방식에 유리하기 때문이다(Microsoft, 2025a). 그러나 서버리스는 동시에 새로운 관리 과제를 낳는다. 모니터링의 단위가 서버나 VM이 아니라 함수・워크플로로 세분화되면서 가시성 확보가 어려워지고, 이벤트・연계 방식이 특정 플랫폼에 종속되기 쉬우며, '추상화된 운영'이 오히려 공공 조직의 책임성・설명가능성 요구와 충돌할 수 있다. 따라서 서버리스 도입은 단순한 기술 선택이 아니라, 운영 거버넌스와 성과관리, 위험관리 체계를 재설계하는 문제로 접근되어야 한다(Microsoft, 2025a).

이 지점에서 엣지(Edge) 컴퓨팅의 등장은 클라우드 기술 진화가 "중앙의 거대 데이터센터로의 집중"만을 의미하지 않음을 보여준다. NIST의 개념 정리에 따르면, 엣지 컴퓨팅은 말단(End) 장치와 그 사용자가 위치한 네트워크 계층에서 로컬 컴퓨팅 능력을 제공하는 것을 핵심으로 한다(Iorga et al., 2018). 다시 말해, 데이터가 생성되는 지점(센서, 단말, 게이트웨이, 현장 장비) 가까이에서 일부 처리와 판단을 수행하고, 필요한 것만 클라우드로 전송・연계하는 구조가 강화되는 것이다. 공공 서비스에서 엣지는 특히 스마트시티, 교통・환경 센서, 재난・안전 관제, 119・현장 출동 지원, 감염병 현장 대응 등 저지연・연속성・현장성 요구가 높은 분야에서 의미를 가진다. 또한 인공지능정부 관점에서도 엣지는 중요한데, 개인정보・민감정보의 원천 데이터를 항상 중앙으로 집적하기 어렵거나, 네트워크가 불안정한 상황에서도 즉각적인 의사결정이 필요한 경우(예: 영상 기반 위험 탐지, 현장 장비 이상 감지)에는 모델의 추론(Inference) 일부를 엣지에서 수행하는 아키텍처가 현실적 대안이 되기 때문이다(Iorga et al., 2018). 다만 엣지는 운영 대상이 '소수의 중앙 자원'에서 '다수의 분산 자원'으로 확장된다는 점에서 보안・패치・자산관리・감사・가용성 관리의 난이도를 크게 높인다. 따라서 공공부문은 엣지 도입을 단순히 '클라우드의 확장'이 아니라, 분산 거버넌스 역량을 요구하는 체제 전환으로 인식할 필요가 있다(Iorga et al., 2018).

멀티・하이브리드 전략은 이러한 기술 진화를 정책・운영 차원에서 묶어내는 프레임이다. 하이브리드는 온프레미스(또는 프라이빗)와 퍼블릭 클라우드를 함께 사용하며, 조직이 다양한 환경을 운영적으로 결합해 활용하는 방식으로 이해된다. 멀티클라우드는 복수의 클라우드 제공자를 동시에 활용하는 전략을 가리키며, 규제・데이터 주권, 회복탄력성, 비용・성능 최적화, 특정 서비스의 선택적 활용 같은 이유로 확산되고 있다(Microsoft, 2025c). 특히 공공 부문에서는 민감도 높은 업무는 통제력 강한 환경에 두고, 대국민 서비스나 대규모 분석은 탄력성이 높은 환경에 배치하는 혼합 접근이 현실적 선택이 되기 쉽다. 다만 멀티・하이브리드가 '위험 분산'과 '선택의 자유'를 제공하는 동시에, 기술 스택・도구・인력・보안 정책이 다중화되면서 복잡성이 급격히 커지는 역설도 동반한다. 따라서 전략의 핵심은 단순히 '여러 클라우드를 쓴다'가 아니라, 여러 환경을 하나의 운영 모델과 거버넌스 아래에서 일관되게 관리할 수 있느냐에 있다(Microsoft, 2025c). 이는 디지털정부가 추구하는 통합・연계와 직결되며, 결국 기술 선택이 조직・인력・프로세스 재설계로 연결되는 이유이기도 하다.

마지막으로 AIOps(AI for IT Operations)는 클라우드 네이티브와 멀티・하이브리드, 그리고 엣지까지 확장되는 복잡성을 '사람의 수동 관제'만으로 감당하기 어려워지면서 부상한 운영 자동화 패러다임이다. AIOps는 로그, 메트릭, 트레이스 등 다양한 운영 데이터를 AI・머신러닝으로 분석하여 장애를 탐지하고, 고장을 예측하며, 원인을 추정하고, 자동 조치를 수행하는 등 운영 프로세스를 자동화・지능화하는 접근으로 정리될 수 있다(Cheng et al., 2023). 클라우드 기반 디지털정부 서비스는 사실상 연중무휴의 공공 인프라로 기능하며, 단일 장애가 국민의 권리 행사(신청・증명・신고 등)와 정부의 대응 능력(재난・안전・보건)을 동시에 훼손할 수 있다. 따라서 운영의 목표는 단순한 비용 절감이 아니라, 안정성・신뢰성・책임성의 제고이며, AIOps는 이를 기술적으로 뒷받침하는 유력한 수단이 된다(Cheng et al., 2023). 동시에 AIOps 자체도 데이터 품질, 학습 편향, 자동 조치의 통제 문제를 수반하므로, 인공지능정부의 윤리・책임성 논의가 '서비스 AI'뿐 아니라 '운영 AI'로까지 확장되어야 한다는 시사점을 제공한다(Cheng et al., 2023).

이러한 기술 진화는 결국 '누가 무엇을 책임지는가'라는 관리 문제로 귀결된다. 클라우드 서비스 모델은 책임의 경계를 재구성한다. 온프레미스 환경에서는 정부가 애플리케이션부터 물리 인프라까지 전부를 직접 관리한다. IaaS에서는 물리 인프라와 가상화 계층의 상당 부분을 제공자가 관리하지만, 운영체제・애플리케이션・데이터 등은 여전히 기관의 책임 영역으로 남는다. PaaS에서는 런타임・미들웨어 등 플랫폼 계층까지 제공자의 관리 범위가 확대되어, 기관이 애플리케이션과 데이터에 더 집중할 수 있다. SaaS에서는 애플리케이션까지 제공자가 운영하지만, 그 위에서 다루어지는 데이터의 적정성, 접근 통제, 법적 준수, 업무 프로세스의 책임은 기관에 남는다(Mell & Grance, 2011; Microsoft, 2025b). 특히 공공 부문에서는 개인정보보호, 기록 관

[표 8-4] 클라우드 기술진화

구분	설명
컨테이너 (Container)	애플리케이션을 코드 · 설정 · 의존성과 함께 패키징해 경량 실행 단위로 만들고, 다양한 인프라에서 동일하게 실행될 수 있는 이식성을 높인다.
쿠버네티스 (Kubernetes)	컨테이너를 대규모로 자동 배포 · 관리 · 확장 · 복구하는 오케스트레이션 플랫폼으로, 하이브리드 · 멀티 환경에서 운영 표준화를 촉진한다.
서버리스 (Serverless)	서버 관리 부담을 최소화하고 이벤트 · 함수 실행 단위로 자원을 할당 · 확장하며 사용량 기반으로 과금되는 모델로, 변동 수요 대응에 유리하다.
엣지 (Edge Computing)	데이터 생성 지점에 가까운 말단 계층에서 로컬 컴퓨팅을 수행해 지연을 줄이고 연속성을 높이며, IoT · 현장 대응 · AI 추론 등에서 중요성이 커진다.
멀티 · 하이브리드 (Multi/Hybrid)	온프레미스 · 프라이빗 · 퍼블릭, 또는 복수의 클라우드 제공자를 조합해 운영하면서 규제 · 회복탄력성 · 성능 · 비용 목적을 달성하되, 복잡성을 통합 관리해야 한다.
AIOps	운영 데이터(로그 · 메트릭 · 트레이스 등)를 AI로 분석해 장애 탐지 · 고장 예측 · 원인 추정 · 자동 조치를 수행함으로써 복잡한 클라우드 운영을 지능화한다.

리, 감사 · 통제, 장애 시 대국민 책임 등의 요구가 강하므로, "운영을 외주화했으니 책임도 외주화된다"는 오해를 경계해야 한다. 클라우드는 책임을 '없애는' 방식이 아니라 '분담하고 재배치하는' 방식이며, 따라서 계약 · 거버넌스 · 역량이 결합되지 않으면 기술 진화의 효과가 제도적 취약점으로 전환될 수 있다(Microsoft, 2025b).

제3절 통합전산센터에서 클라우드로: 정보자원관리 방식의 변화

1 통합전산센터의 배경 · 성과

클라우드 패러다임이 도래하기 이전, 2000년대 초반 한국 전자정부는 각 부처가 개별적으로 전산실을 분산 · 운영함에 따른 중복 투자, 보안 관리의 파편화, 운영 효율성 저하라는 심각한 문제에 직면했다. 이러한 '분산의 비효율'을 해결하기 위해 설립된 것이 바로 정부통합전산센터(현 국가정보자원관리원, NIRS)이다(대한민국 정부, 2015). NIRS는 각 부처에 흩어진 서버, 스토리지 등 정보자원을 특정 거점으로 '물리적으로 통합'하였다. 이는 규모의 경제를 실현하고, 표준화된 운영 절차와 통합 보안 관제를 적용한 1세대 e-Management 혁신으로 평가받는다. 이러한 접근은 당시 신공공관리론(NPM)의 '효율성' 추구 기조와도 일치하는 것이었다.

2 온프레미스 한계와 전환 필요성

NIRS의 물리적 통합은 큰 성과를 거두었으나, 본질적으로 정부가 직접 하드웨어를 '소유'하고 '구축'하는 온프레미스 방식의 한계를 벗어나지 못했다. 이를 정리하면 다음과 같다.

첫째, 경직성이다. 신규 행정 서비스 도입이나 자원 증설이 필요할 때, 복잡한 예산 확보, 조달, 장비 구축 과정에 긴 시간이 소요되었다. 둘째, 비용 비효율이다. 시스템 용량을 연중 '최대 부하' 기준으로 설계・구축해야 하므로, 평상시에는 막대한 자원이 유휴 상태로 남아 낭비가 발생했다. 셋째, 탄력성 부재이다. 코로나19 백신 예약 시스템 사례에서 보듯이, 예기치 못한 대국민 트래픽 폭증에 '신속한 탄력성'을 발휘하여 자원을 즉각적으로 확장할 수 없었다.

결국 NIRS의 온프레미스 모델은 '안정성'은 높였으나, e-Service가 요구하는 '민첩성'과 AI・빅데이터 기반의 '지능화'를 뒷받침할 인프라로는 근본적인 한계에 봉착하였다(SentinelOne, 2025).

3 제도 전환: 클라우드관련 법제도 제・개정

이러한 한계를 극복하기 위한 제도적 기반이 마련되기 시작했다. 2015년 제정된 「클라우드컴퓨팅 발전 및 이용자 보호에 관한 법률」(이하 '클라우드법')은 공공 부문의 클라우드 도입을 법제화한 첫걸음이었다. 핵심은 국가 기관 등이 정보화 사업 추진 시 클라우드 도입을 '노력'하고 '우선 고려'하도록 의무화한 것(제12조)과, 공공 기관이 '민간 클라우드 서비스'를 이용할 수 있는 법적 근거를 마련한 것이다(KISTI, 2015). 하지만 '우선 고려'는 선언적 수준에 그쳤고, '정보를 외부에 맡기는 것'에 대한 막연한 보안 우려와 경직된 보안인증제도(CSAP)로 인해 실제 민간 클라우드 도입은 매우 저조했다.

팬데믹을 통해 클라우드의 필요성이 역설적으로 입증되자 강력한 정책 드라이브가 필요하게 되었다. 2022년 행정안전부는 「행정기관 및 공공기관의 클라우드컴퓨팅 서비스 이용 기준 및 안전성 확보 등에 관한 고시」를 개정하여 기존의 '우선 고려' 수준을 넘어 '민간 클라우드 우선 이용' 원칙을 명확히 했다(GovCloud, 2025). 이는 신규 시스템은 원칙적으로 민간 클라우드를 이용하고, 기존 시스템도 민간 클라우드로의 전환을 가속화하도록 방향성을 제시한 것이다. 2015년 법이 '가능성'을 열었다면, 2022년 고시는 '방향성'을 '강제'한 정책적 변곡점이라 할 수 있다. 이는 NIRS 중심의 G-클라우드(프라이빗)와 민간 클라우드(퍼블릭) 간의 주도권 경쟁에서 '민간 활용'으로 정책의 무게 추가 이동했음을 공식화한 것이다(대한민국 정부, 2025).

4 G-클라우드 구축 · 이전

2015년 법 제정 이후, 국가정보자원관리원(NIRS)은 기존의 온프레미스 자원을 IaaS 기반의 프라이빗 클라우드, 즉 'G-클라우드'로 전환하는 작업을 점진적으로 추진해왔다. 이는 물리적으로 통합된 자원을 가상화 기술을 통해 논리적으로 분배하고 공동 활용하는 단계로, 1.5세대 e-Management 혁신이라 볼 수 있다. 하지만 이 단계의 전환은 애플리케이션을 클라우드에 최적화하여 재설계하는 '클라우드 네이티브' 전환이라기보다는 기존 시스템을 클라우드 환경으로 단순히 이동하는 초기 단계에 머무르는 경우가 많았다(MSAP.ai, 2025).

5 전환 성과와 목표 재조정

정부는 제3차 및 제4차 클라우드 기본계획 등을 통해 야심 찬 목표를 설정했다. 2026년까지 공공 시스템의 70%, 2030년까지 90% 이상을 클라우드로 전환하겠다는 것이다(LS Securities Research, 2025). 하지만 2023년 기준 실제 공공 부문 클라우드 도입률은 27.9% 수준에 그쳤다. 이 '목표'와 '현실' 사이의 거대한 격차는 한국 공공 부문 클라우드 전환이 직면한 핵심 문제를 드러낸다.

그 원인으로는 (1) 기존 레거시 시스템의 복잡성으로 인한 '기술력 부재', (2) 경직된 보안 규정(예: 망분리, Cloud Security/Assurance Program: CSAP), (3) '내 서버는 내부에 있어야 한다'는 전통적 관료제의 '문화적 저항', (4) 운영비 기반의 클라우드 예산 편성에 대한 재정 당국의 경직성 등이 복합적으로 작용한다(Byline Network, 2024).

정부는 이 격차를 해소하기 위해 2025년부터 민간 클라우드 이용 실적을 '정부혁신평가'에 반영하는 등의 정책 수단을 도입하기 시작했다. 이는 클라우드 전환이 단순한 기술 문제가 아니라, 조직의 '행정관리 및 평가' 체계와 직결된 문제임을 시사한다.

제4절 공공 부문 전용 클라우드와 해외 공공 클라우드 전략

1 공공 전용 클라우드의 개념 · 작동 원리

'공공 전용 클라우드(G-Cloud)'는 배포 모델상 프라이빗 클라우드의 한 형태로, 정부 기관만을 대상으로 일반 사용자들과 물리적 · 논리적으로 격리된 환경에서 서비스를 제공한다. 이는 퍼블릭 클라우드가 가진 '보안'과 '데이터 주권'에 대한 우려를 해소하면서도, 클라우드의 핵심 특성(탄력성, 자가 서비스 등)을 일부 구현하려는 절충적 접근 방식이다. 작동 방식은 NIRS처럼 정부가 데이터센터를 직접 소유 · 운영하거나, 민간 CSP(Cloud Service Provider)가 공공 부문 전용으로 별도의 물리적 구역(Region)을 할당하여 운영하는 형태를 띤다.

2 한국 G-클라우드: 강점과 쟁점(G-클라우드 vs 민간 클라우드)

국가정보자원관리원을 중심으로 한 한국의 G-클라우드는 높은 수준의 '물리적 보안'과 국가 시스템을 운영해 온 '안정적 운영' 노하우를 강점으로 가진다. 하지만 2022년 클라우드 도입을 우선하는 정책이 '민간 클라우드 우선'을 천명하면서, G-클라우드(주무부처: 행정안전부)와 민간 클라우드(주무부처: 과학기술정보통신부) 간의 '정책 칸막이' 또는 전략적 주도권 쟁점이 부상했다. 이 쟁점에서 G-클라우드 입장은 '공공가치 · 안보'를 핵심에 둔다. 국가의 핵심 데이터와 행정 시스템을 민간, 특히 외국계 기업에 의존하는 것은 데이터 주권과 안보에 심각한 위협이 될 수 있으므로, NIRS가 공공 클라우드의 중심 역할을 수행해야 한다는 논리이다.

반면 민간 CSP 입장은 '효율성 · 혁신'을 강조한다. NIRS의 G-클라우드는 IaaS 중심에 머물러 있으며, AI, PaaS, 서버리스 등 민간이 주도하는 최신 기술 혁신 속도를 따라오기 어렵다는 것이다. 민간의 혁신을 신속하게 도입해야 지능형정부 구현이 가능하다는 논리이다. 이 쟁점은 제1절에서 제시한 '공공가치(보안/주권)'와 'NPM적 가치(효율/혁신)'가 한국의 디지털 정부 거버넌스 내에서 충돌하며 재조정되는 과정을 보여주는 상징적인 사례이다. 제5절에서 다룰 'CSAP 등급제 개편'은 이 갈등을 봉합하기 위한 제도적 타협안으로 해석할 수 있다(Goover AI, 2025).

3 미국: Cloud First/Smart & FedRAMP

미국은 'Cloud First 정책'(2011년)에서 'Cloud Smart 전략'(2019년)으로 진화시키면서 민간 클라우드 활용에 가장 앞서 나갔다. 미국 모델의 핵심은 '정부가 직접 G-Cloud를 구축'하는 대신, FedRAMP(Federal Risk and Authorization Management Program)이라는 강력한 '민간 클라우드 보안 인증' 프로그램을 구축한 데 있다(Google Cloud, 2025). FedRAMP는 정부가 민간 CSP의 보안성을 표준화된 절차로 평가 · 인증하는 제도이다.

일단 FedRAMP 인증을 통과한 민간 서비스는 모든 연방 기관이 신뢰하고 조달하여 사용할 수 있다. 이 모델은 '정부의 역할'을 '서비스 제공자'가 아닌, '보안 표준 설정자' 및 '시장 감독자'로 재정의 한다. 이를 통해 민간의 혁신을 공공부문이 빠르게 수용하면서도 보안 통제권을 유지하는 정교한 거버넌스를 구현하였다.

4 EU: 데이터 주권과 GAIA-X

유럽연합(EU)의 전략은 미국이나 한국과는 다른 지점에서 출발한다. EU의 핵심 관심사는 효율성이나 즉각적인 보안이 아니라, 미국계 거대 CSP에 대한 '데이터 종속'

을 탈피하고 '디지털 주권(Digital Sovereignty)'을 확보하는 것이다(ETRI, 2024). EU의 GAIA-X 프로젝트는 하나의 거대한 EU G-Cloud를 구축하는 것이 아니다. 이는 '데이터 주권'이라는 가치를 실현하기 위한 '연합형(Federated) 데이터 인프라'를 위한 '공통의 표준과 거버넌스'를 만드는 프로젝트이다. Gaia-X 브로슈어에 따르면, Gaia-X는 소비자와 공급자가 신뢰할 수 있고 투명하며 안전한 환경에서 비즈니스를 수행할 수 있는 중립적이고 탈중앙화된 디지털 생태계를 제공하며, 벤더 종속과 데이터 주권 침해를 야기하는 기존 독점적 플랫폼에 대한 경쟁적 대안을 제시한다. 또한 GAIA-X 표준은 IT 시스템의 상호운용성을 높이고 벤더 락 인(Lock-in)을 방지하며, 분산된 클라우드와 데이터 자원을 상호 연계해 유럽형 데이터 공간을 가능하게 한다 .

5 영국, 일본, 호주, 에스토니아

영국의 G-Cloud는 '정부가 직접 공공 전용 클라우드를 구축'하기보다, 공공 부문의 클라우드 전환을 촉진하는 핵심 수단으로서 조달(Procurement) 체계의 혁신을 전면에 내세워 왔다. 이는 '기술 도입' 그 자체보다, 공공 조달의 거래비용과 절차적 마찰을 줄여 디지털 전환의 속도를 높이려는 접근으로 이해할 수 있다. 특히 영국 사례가 주목되는 지점은, 조달 플랫폼이 단순한 편의 장치가 아니라 '시장형 메커니즘'을 공공 IT에 도입해 경쟁과 선택을 확대하고, 중소기업 참여를 촉진함으로써 산업생태계까지 함께 재편하려는 NPM적 정책 의도가 강하게 결합되어 있다는 점이다(디지털서비스 이용지원시스템, 2020).

일본의 Gov Cloud(정부 클라우드)는 후발 주자로서 '독자적 정부 전용 클라우드 구축'보다는, 민간 하이퍼스케일 CSP를 활용해 공통 기반을 확보하는 전략을 명확히 했다. 일본 디지털청은 정부클라우드 정비를 위해 대상 클라우드 서비스를 공모 · 선정하고 그 결과(대상 서비스 목록)를 공개하는 방식으로 추진하고 있으며, 이는 중앙정부뿐 아니라 지방정부까지 활용 가능한 공통 인프라를 구성한다는 문제의식과 연결된다(Digital Agency, 2025). 이러한 구조는 신속한 전환과 표준화된 기반 확보에 유리하지만, 반대로 특정 사업자 · 아키텍처 · 계약조건에 대한 구조적 의존이 심화될 경우 비용 최적화, 데이터 거버넌스, 장애 대응 책임 등에서 공공 부문이 장기적으로 불리해질 가능성도 함께 제기한다.

호주의 경우, 클라우드 전환을 단순한 기관별 프로젝트가 아니라 정부 전체의 정책·표준·조달·보안 체계를 재정렬하는 문제로 다루는 점이 특징적이다. 호주 정부 아키텍처 표준은 정책 시행에 대비해 기관들이 준비를 시작할 것을 촉구하면서, 클라우드 도입을 법 준수, 호스팅 관련 프레임워크 준수, 위험기반 보안 접근, 재난·중단 상황에 대비한 위험관리까지 포함하는 종합 과제로 제시한다(Australian Government Architecture, 2025). 특히 호주가 주는 중요한 시사점은 '단일 인증 목록을 제공해 안전한 클라우드를 고르는 방식'에서 한 단계 더 나아가, 평가·인가(Assessment & Authorisation) 중심의 위험기반 거버넌스를 제도화했다는 점이다.

에스토니아 사례는 '정부 전용 클라우드'의 형태보다, 상호운용성과 디지털 연속성(Digital Continuity)을 중심으로 국가 인프라를 설계해 왔다는 점에서 비교의 폭을 넓혀 준다. 에스토니아 정보시스템청(RIA)은 X-tee를 "인터넷 기반의 안전한 데이터 교환을 가능하게 하는 기술적·조직적 환경"으로 정의하고, 인증(authentication), 다단계 인가(Authorisation), 로그 처리, 암호화 및 서명된 데이터 전송 등 보안 메커니즘을 핵심 요소로 설명한다(Estonian Information System Authority, 2024). 이는 거대한 중앙집중형 클라우드센터 하나를 구축해 모든 서비스를 수용하는 방식과 달리, 데이터와 서비스는 분산되어 있지만 표준화된 연결층을 통해 기관 간 데이터를 신뢰 가능하게 교환함으로써 '연결된 정부'를 구현한다는 점에서 디지털정부의 구조적 대안으로 읽을 수 있다.

제5절 보안성 · 안정성 · 프라이버시: 법 · 제도와 기술적 대응

공공 부문이 클라우드를 도입할 때 가장 큰 장벽은 '신뢰'의 문제, 즉 보안성, 안정성, 프라이버시에 대한 우려이다(SentinelOne, 2025).

1 주요 위험

클라우드 환경은 전통적 온프레미스와는 다른 새로운 위험에 노출된다. 첫째, 위협 측면에서는 데이터 유출, API 취약점 공격, 클라우드 설정 오류로 인한 노출, 부적절한 신원 및 접근 관리 등이 있다. 보안의 경계가 내부망에서 인터넷으로 확장되면서 공격 표면이 넓어진다(SentinelOne, 2025). 둘째, 장애 측면에서 특정 CSP의 대규모 데이터센터 장애(예: 2024년 판교 데이터센터 화재)는 해당 CSP를 이용하는 모든 공공 서비스의 동시 다발적 중단을 야기할 수 있다. 이는 '리스크의 집중'이라는 새로운 안정성 문제를 제기한다. 셋째, 거버넌스 측면에서 공무원들이 보안 부서의 승인 없이 편리한 민간 SaaS를 임의로 사용하는 '쉐도우 IT' 문제, 혹은 데이터가 물리적으로 어느 국가에 저장되는지 통제하기 어려워지는 문제가 발생할 수 있다(NEPLA, 2025).

2 제도 및 인증

이러한 위험을 통제하기 위해 정부는 법적·제도적 장치를 마련한다. CSAP(클라우드 보안인증제)는 공공 기관에 클라우드 서비스를 제공하려는 민간 CSP가 한국인터넷진흥원(KISA)으로부터 받아야 하는 필수 보안 인증이다(Goover AI, 2025). 2024년의 등급제 개편은 이 챕터에서 가장 중요한 제도 변화 중 하나이다. 기존 CSAP는 '물리적 망분리'라는 단일 기준으로 사실상 글로벌 CSP의 공공시장 진입을 차단했다. 이는 2022년 클라우드 우선 도입 정책과 모순되는 지점이었다. 이에 정부는 시스템의 데이터 민감도와 중요도에 따라 인증 등급을 상·중·하 3단계로 차등화했다. 핵심은 '하' 등급(비교적 민감도가 낮은 시스템)에 한해 엄격한 물리적 분리 요건을 완화하고 논리적 분리를 허용했다는 점이다. 이 CSAP 등급제 개편은 제4절에서 논의된 'G-클라우드(보안)'와 '민간 클라우드(혁신)'의 대립에 대한 현실적·제도적 타협안으로 이해할 수 있다(Goover AI, 2025). ISMS-P는 정보보호 및 개인정보보호 관리체계 인증으로, 클라우드 환경에서도 동일하게 적용되는 포괄적인 보안 인증 체계이다(KISA, 2025).

3 기술적 대응

제도와 더불어 새로운 위협에 대응하는 기술적 아키텍처가 요구된다. 제로트러스트(Zero Trust)는 “절대 신뢰하지 말고 항상 검증하라”는 원칙에 기반한 새로운 보안 패러다임으로, 내부와 외부를 구분하는 기존 경계 기반 보안을 폐기한다. NIST는 제로트러스트 접근법이 모든 접근 요청에 대해 ‘신뢰하지 않는다, 먼저 검증해야 한다(never trust, always veryfy)’라는 원칙을 강조한다고 설명한다. 이러한 지속적 검증과 최소 권한 부여는 클라우드 환경에서 적합한 보안 모델이다. (가상)망분리 문제도 변화하고 있다. 전통적으로 한국 공공 기관은 업무망과 인터넷망을 물리적으로 분리해야 했다. 이는 인터넷 기반 SaaS 등 클라우드 서비스 도입에 가장 큰 물리적 장벽으로 작용했다. 최근 ‘제로트러스트’ 아키텍처 도입을 전제로, 이러한 경직된 물리적 망분리를 완화하고 등급에 따라 가상 망분리를 차등 적용하는 방향으로 규제 완화가 논의되고 있다(법무법인 화우, 2024).

DevSecOps는 개발(Development), 보안(Security), 운영(Operations)을 통합하는 문화이자 방법론으로, 개발 초기 단계부터 보안을 내재화(Shift Left Security)하여 클라우드 네이티브 환경의 빠른 개발 및 배포 속도에 대응하는 것을 목표로 한다(ServiceNow, 2025; Red Hat, 2025). AI 관제는 SIEM 및 SOAR 시스템에 AI와 딥러닝 기술을 적용해 방대한 위협 로그를 실시간 분석하고, 실제 위협을 선별하여 대응을 자동화한다(보안뉴스, 2025).

4 안정성

단일 CSP 또는 단일 데이터센터 장애에 대비하기 위한 안정성 확보 전략이 필수적이다. 다중 가용 영역(Multi-AZ) 이중화, 지리적으로 떨어진 곳에 데이터를 복제하는 재해복구(DR) 체계 구축이 요구된다. 또한 CSP와 정부 기관 간의 서비스 수준 협약(Service Level Agreement: SLA)을 통해 가용성(예: 99.99%) 목표를 명확히 하고, 이를 달성하지 못했을 때의 보상체계를 규정해야 한다. 이는 NPM의 ‘성과 관리’ 메커니즘이 인프라 관리에 적용된 사례이다. 정부나 기관이 데이터센터 또는 자체 전산실에 직접 서버, 스토리지, 소프트웨어 등의 자원을 소유하고 물리적으로 통제하는 전통적인 방식의 백업(온프레미스 백업)의 병행도 일정 부분 필요하다.

5 프라이버시와 데이터 주권

가장 민감한 쟁점은 데이터 주권(Data Sovereignty)이다. 이는 "자국민의 데이터는 해당 국가의 법률적 관할권 내에 보관되고 통제되어야 한다"는 원칙이다(ETRI, 2024). 글로벌 CSP 이용 시 한국 공공 데이터가 해외로 이전되거나 미국의 CLOUD Act 등에 의해 외국 정부의 요청으로 데이터가 제공될 수 있다는 우려가 상존한다. 이에 CSAP 인증이나 계약 조항을 통해 데이터의 '국내 저장(Data Localization)'을 강제하고, 데이터 암호화 키를 정부가 직접 관리하는 등의 기술적 · 계약적 통제 수단이 요구된다.

6 신뢰 확보

클라우드 환경은 '블랙박스'가 되어서는 안 된다. 사용자 및 관리자의 모든 접근과 행위는 로그로 상세히 기록되어야 하며, 이는 감사 추적성(Auditability)을 확보하여 사고 발생 시 원인을 규명하고 책임성(Accountability)을 담보하는 핵심 기제이다.

[표 8-5] 보안성 · 안정성 · 프라이버시 관련 용어해설

용어	의미	중요성
온프레미스 (On-premise)	기업/기관이 자체 전산실에 서버 등 장비를 '소유'하고 직접 운영하는 방식.	클라우드(구독/활용)와 대비되는 전통적 방식으로, '소유'와 '물리적 통제'가 특징. (제5절 1항)
쉐도우 IT (Shadow IT)	직원이 IT 부서의 승인 없이 임의로 사용하는 민간 SaaS 등 비인가 IT 서비스.	클라우드 서비스는 접근이 쉬워(예: 웹메일, 협업툴) 승인 없이 사용될 수 있으며, 이는 보안의 '사각지대'. (제5절 1항)
CSAP (클라우드 보안인증제)	Cloud Security Assurance Program. 민간 기업이 공공 기관에 클라우드 서비스를 제공하기 위해 KISA로부터 받아야 하는 '필수' 보안 인증.	공공의 데이터를 민간에 맡기기 위한 '최소한의 보안 기준' 역할. (제5절 2항)

CSAP 등급제	기존의 단일 인증을 데이터 중요도에 따라 '상 · 중 · 하' 3등급으로 차등화한 2024년 개편안.	'하' 등급의 요건(논리적 분리 허용)을 완화하여, '혁신'(민간/글로벌 CSP 도입)과 '보안'(상/중 등급)의 균형을 맞춘 타협안. (제5절 2항)
(가상)망분리/ 논리적 분리	• 물리적 망분리: 업무망과 인터넷망을 물리적(별도 PC, 별도 회선)으로 완벽히 차단. • 논리적 분리: 하나의 회선/장비에서 가상화 기술(VDI 등)로 망을 논리적으로 분리.	물리적 망분리는 보안성이 높지만 클라우드(SaaS) 도입에 큰 장벽이었음. '논리적 분리'를 허용(CSAP '하' 등급)한 것이 규제 완화의 핵심. (제5절 2항, 3항)
제로 트러스트 (Zero Trust)	"절대 신뢰하지 말고, 항상 검증하라"는 원칙의 보안 모델. 내부/외부 구분 없이 모든 접근을 지속적으로 인증하고 최소 권한만 부여.	'경계'가 모호한 클라우드 환경에 가장 적합한 차세대 보안 패러다임. (제5절 3항)
DevSecOps	개발(Dev), 보안(Security), 운영(Ops)을 통합. 개발 초기(설계) 단계부터 보안을 내재화(Shift-Left)하는 문화/방법론.	클라우드는 개발/배포 속도가 빠른데, 이 속도를 따라가면서 보안도 확보하기 위해 고안된 방식. (제5절 3항)
AIOps	AI for IT Operations. AI와 머신러닝을 IT 운영(관제)에 도입. 장애 예측, 이상 징후 자동 탐지/대응.	클라우드 환경은 매우 복잡해서(로그 방대) 사람이 다 볼 수 없으므로, AI가 관제를 도와주는 기술. (제5절 3항)
SLA (서비스 수준 협약)	Service Level Agreement. 서비스 제공자(CSP)와 이용자(정부) 간에 맺는 서비스 품질(가용성 99.99 % 등)에 대한 '계약'.	NPM의 '성과 관리'처럼, 정부가 민간 CSP의 서비스 품질을 관리하고, 미달 시 책임을 묻는 근거. (제5절 4항)
데이터 주권 (Data Sovereignty)	"자국민의 데이터는 해당 국가의 법률적 관할권 내에 있어야 한다"는 원칙.	미국 CSP를 쓰면 미국법(CLOUD Act)의 영향을 받을 수 있으므로, '우리 데이터는 우리 법으로 통제해야 한다'는 공공가치. (제5절 5항)

제6절 클라우드 기반 디지털정부 서비스 혁신 사례

1 한국

한국의 대표적 사례는 코로나19 백신예약/긴급재난지원금 시스템이다. 2021년 코로나19 백신 사전예약 초기 단계에서 질병관리청의 온프레미스 시스템은 수백만 명의 동시 접속 트래픽을 감당하지 못하고 마비되었다. 이에 대한 혁신으로 민관 합동 TF가 긴급 투입되어 본인인증 등 병목 현상이 발생하는 구간을 민간 클라우드로 긴급히 이관하는 하이브리드 클라우드 아키텍처로 신속하게 변경하였다(KT, 2021). 그 효과로 클라우드의 '신속한 탄력성'을 활용하여 폭증하는 트래픽을 안정적으로 처리해냈다. 이 사례는 위기가 어떻게 '혁신의 촉매제'가 되는지를 보여주는 극적인 사례이다. 평시에는 보안 우려로 불가능했던 민간 클라우드 활용이, 온프레미스의 명백한 실패를 통해 정당성을 획득했으며, 이는 2022년 'Cloud First' 정책의 강력한 추동력이 되었다.

또 다른 사례인 정부24는 대한민국을 대표하는 행정 서비스 통합 플랫폼으로, 기존의 거대한 단일 시스템 구조에서 벗어나 기능별로 분리하고 컨테이너 기술 등을 활용하는 '클라우드 네이티브'로의 전환을 추진 중이다(MSAP.ai, 2025). 그 효과로 이용자 폭증 시 자동으로 자원을 확장(Auto Scaling)하여 안정성을 확보하고, 마이크로서비스 아키텍처를 통해 신규 서비스 개발 및 기능 개선 속도를 획기적으로 높일 수 있다.

2 미국

미국의 사례로는 미 국방부(DoD)의 JWCC(Joint Warfighting Cloud Capability)가 있다. DoD는 JEDI라는 단일 CSP 계약 사업이 실패한 후 '멀티 클라우드' 전략인 JWCC로 전환했다. 혁신의 핵심은 AWS, Microsoft, Google, Oracle 등 4개의 하이퍼스케일러 모두와 동시에 계약했다는 점이다(Oracle, 2023; Amazon Web Services, 2023). 그 효과는 첫째, 특정 벤더에 대한 '종속성(Lock-in)'을 방지하고, 둘째, 임무의 특성에 따라 '최적의 클라우드(Best of Breed)'를 선택할 수 있게 되었다. 예를 들어 전술적 엣지 환경에서는 AWS를, AI 데이터 분석은 Google Cloud를 활용하는 식의 전략적 자원 배분이 가능해졌다. 이는 e-Management의 '조달 관리'가 고도화된 형태이다.

3 유럽

유럽의 경우 에스토니아 X-Road가 주목받는다. X-Road는 그 자체로 클라우드는 아니지만, 클라우드 인프라 위에서 작동하는 핵심적인 '데이터 교환 계층(Data Exchange Layer)'이다. 혁신적 측면은 정부 기관들이 각자의 데이터베이스를 분산된 클라우드 인프라 위에 두고, X-Road라는 표준화된 통로를 통해 서로의 데이터를 실시간으로 안전하게 조회한다는 점이다. 그 효과로 'Once-Only Principle'(단 한 번 제출 원칙)을 구현했다. 국민이 특정 기관에 정보를 한 번만 제출하면 다른 기관이 X-Road를 통해 즉시 조회하여 행정업무에 활용한다(e-Estonia, 2024).

영국 G-Cloud 사례는 '디지털 마켓플레이스'를 통한 '신속한 조달'이 핵심이다. 그 효과로 2012년 258개 기업이 참여했던 이 마켓플레이스는 2020년 5,224개의 공급 기업이 38,000개의 서비스를 제공하는 거대 생태계로 성장했다(디지털서비스 이용지원시스템, 2020). 특히 참여 기업의 90%가 중소기업으로, 공공 조달이 '국내 클라우드 산업 육성'이라는 산업 정책의 수단으로 성공적으로 활용된 사례이다.

4 효과지표와 교훈

클라우드 도입의 성과는 명확한 지표로 관리되어야 한다. NPM적 관점에서는 총소유비용(TCO) 절감, 서비스 응답 속도, 가동시간(Uptime), 신규 서비스 배포 시간(Time-to-Market) 단축 등이 핵심 지표가 될 것이다. 반면 공공가치 관점에서는 대국민 서비스의 안정성(코로나19 사례), 부처 간 데이터 공유 및 협업 빈도(X-Road 사례), 보안 사고 감소율(CSAP/제로트러스트 도입 후) 등이 중요한 성과지표가 된다.

제7절 공공관리론 관점의 의의와 시사점

클라우드 컴퓨팅은 단순한 기술이 아니라, 공공관리 이론의 핵심 가치들을 구현하고, 때로는 이론 간의 긴장을 유발하는 사회 기술적 현상이다.

1 신공공관리론: 효율성과 성과 중심

클라우드 컴퓨팅은 1980~90년대 신공공관리(New Public Management: NPM)가 추구했던 가치를 21세기 기술로 구현한 결정판에 가깝다(Aeiou266, 2025). 첫째, 비용 절감 및 효율성 측면에서 초기 투자비를 운영비로 전환하고 '측정가능한 서비스'를 통해 자원 낭비를 최소화하여 행정 비용의 효율성을 극대화한다. 둘째, 민간 기법 도입/아웃소싱 측면에서 정부가 모든 것을 직접 구축하는 대신 '민간의 효율성'을 구매하는 NPM의 핵심 전략을 따른다. 셋째, 성과 중심 관리의 예로 SLA를 통해 CSP의 성과(가용성, 응답속도)를 계약으로 관리하고 통제한다. 넷째, 고객(시민) 중심주의는 '신속한 탄력성'이 시민의 수요에 즉각 반응하는 정부(코로나19 시스템)를 가능하게 하는 데서 드러난다.

2 신공공서비스론: 시민참여와 공익

신공공서비스론(New Public Service: NPS)은 NPM이 '효율'과 '고객' 개념에 매몰되어 '공익'과 '주인'을 훼손했다고 비판하며, 정부의 역할을 '봉사(Serving)'로 재정의한다(해피캠퍼스, n.d.). 클라우드는 이러한 NPS적 가치를 실현하는 데도 기여할 수 있다. 공익의 중시는 코로나19 시스템을 민간 클라우드를 동원해 안정화시킨 목적이 '비용 절감'이 아니라, '시민의 생명과 안전'이라는 공익의 실현이었다는 점에서 찾을 수 있다. 신뢰와 안정의 가치는 '데이터 주권'이나 '보안'이 효율성보다 우선될 수 있는 핵심 공익임을 강조한다. EU의 GAIA-X 전략은 '효율성'을 일부 희생하더라도 '주권'이라는 공익을 선택한 NPS적 결정으로 해석할 수 있다. 참여의 측면에서는, 클라우드가 대규모 시민참여 플랫폼이나 공론장을 저비용으로 신속하게 구축할 수 있는 기술적 기반을 제공한다.

3 공공가치(Public Value): 투명성 · 형평성 · 책임성 · 신뢰

공공가치론은 NPM(효율)과 NPS(공익)를 포함하여 정부 활동이 창출하는 모든 긍정적 가치의 균형에 주목한다. 클라우드 도입은 이 가치들 간의 균형을 찾는 과정이다. 신뢰 및 안정성의 가치는 최근 일어난 데이터센터 화재에서 보듯이, 민간 클라우드에 대한 과도한 의존이 공공 서비스의 안정성을 훼손하여 정부 신뢰를 무너뜨릴 수 있음을 경고한다. 이는 재해복구(Disaster Recovery: DR), 이중화, 하이브리드 전략의 중요성을 부각한다. 책임성(Accountability)은 클라우드(특히 SaaS) 이용 시 장애나 데이터 유출 사고가 발생하면 '책임 소재'가 모호해질 수 있다는 문제를 제기한다. CSAP, SLA, 감사 로깅 등의 장치는 기술적·제도적 수단을 통해 아웃소싱 환경에서도 공적 책임성을 확보하려는 노력이다. 투명성 및 형평성의 가치는 클라우드를 통한 데이터 개방 및 연계가 정부 운영의 투명성을 높인다는 점과 동시에 클라우드 기반 서비스가 '디지털 약자'를 소외시키지 않도록 보편적 접근성을 보장하는 형평성의 가치도 함께 고려되어야 함을 의미한다.

4 디지털 거버넌스: 통합·원스톱·적응성

클라우드는 단순히 자원을 관리하는 방식을 넘어, 정부가 일하는 방식 자체를 변화시킨다. 분절화에서 재통합으로의 변화가 그 첫째이다. NPM이 정부 기능을 '분절화'시켰다면, 클라우드는 PaaS, API, X-Road 등 표준화된 기술 기반을 제공함으로써 파편화된 부처별 시스템들을 논리적으로 재통합할 수 있게 한다. 이는 제6장에서 다루는 '원스톱(One-Stop)' 정부 구현의 핵심 기술 토대이다. 둘째는 경직된 관료제에서 적응형 조직으로의 변화이다. 전통적 온프레미스는 '계획-실행'에 수년이 걸리는 경직성을 보였다. 클라우드는 '신속한 탄력성'과 DevSecOps 문화를 통해 정부가 팬데믹과 같은 예측 불가능한 위기에 신속히 대응하는 적응형 조직으로 변모할 수 있게 한다(Hwawoo, 2024; ServiceNow, 2025). 이는 관료제 혁신과 일하는 방식의 변화의 전제 조건이다.

각 공공 관리 이론의 관점을 비교해 보면, 신공공관리론(NPM)은 '효율적인 정부'를 목표로 비용 절감, 효율성, 성과, 민첩성을 중시하며, 이는 민간 클라우드(SaaS) 우선 도입, SLA 기반 성과 관리, 운영지출예산(OpEx) 등의 활용으로 나타난다. 하지만 공공 서비스 안정성 훼손이나 벤더 종속의 위험을 내포한다. 반면 신공공서비스론

(NPS)은 '봉사하는 정부'를 목표로 공익·신뢰·안정성을 강조하며, G-클라우드(프라이빗)를 통한 안정적 서비스나 코로나19 시스템 안정화 사례로 뒷받침된다. 이는 효율성 저하나 기술 혁신 지체의 한계를 가질 수 있다. 공공가치론은 이 둘의 균형, 즉 '공공가치 극대화'를 목표로 하며, '하이브리드 클라우드'(효율+안정)나 'CSAP 등급제'(혁신+보안 균형)와 같은 절충적 전략으로 나타난다. 다만 가치 충돌 시 우선순위 결정이 모호할 수 있다. 마지막으로 디지털 거버넌스 관점은 '적응형 정부'를 목표로 상호운용성, 통합성, 적응성을 중시하며, 에스토니아 X-Road, DevSecOps, DoD 멀티클라우드 사례로 구현된다. 이는 부처 간 협업 실패나 기술적 복잡성으로 인한 거버넌스 공백이라는 과제를 안고 있다.

제8절 소결

클라우드 컴퓨팅은 국가정보자원관리원(NIRS)으로 대표되는 '물리적 통합'(1세대 e-Management 혁신)을 넘어, 행정 정보자원 관리를 '논리적·탄력적 활용'(2세대 e-Management 혁신)의 시대로 이끈 핵심 동력이다. 본 장에서 분석했듯이, 공공 부문의 클라우드 도입은 단순한 기술 선택의 문제가 아니라 '가치 균형의 예술'이다. 한국의 클라우드 우선도입 정책과 'CSAP 등급제 개편'은 'NPM적 효율성'(민간 혁신 활용)과 '공공가치적 안정성'(보안 및 데이터 주권) 사이에서 '동적 균형'을 찾으려는 정책적 노력의 산물이다.

결론적으로 클라우드는 그 자체로 목적이 아니라, 본 책의 다른 챕터에서 다루는 미래 디지털 정부를 구현하기 위한 '보이지 않는 주춧돌'이다. 클라우드라는 탄력적 인프라 없이는 빅데이터 기반 정책결정, 선제적 맞춤형 서비스, AI 기반 지능형 서비스의 구현은 사실상 불가능하다. 미래의 과제는 끊임없이 진화하는 기술을 따라잡는 것이 아니라, 그 기술을 운영하는 '사람'과 '제도'에 있다. 클라우드 서비스를 전략적으로 조달하고 운영할 공무원의 디지털 역량 강화, DevSecOps와 같은 민첩한 조직문화의 내재화, 그리고 데이터 주권과 AI 윤리를 담보할 법적·윤리적 가드레일을 구축하는 것이 e-Management의 다음 과제가 될 것이다.

참고문헌

대한민국 정부(2015). 경제활성화법, 클라우드컴퓨팅 발전법 국회 본회의 통과. http://www.korea.kr

대한민국 정부(2021). 코로나19 예방접종 예약시스템 성능 대폭 개선. https://www.korea.kr

대한민국 정부(2025). 공공부문 민간 클라우드 활용, 부처 간 갈등 없다. https://www.korea.kr

디지털서비스 이용지원시스템(2020). 영국 정부의 디지털 거버넌스와 G-Cloud. https://www.digitalmarket.kr

디지털서비스 이용지원시스템(2021). JEDI를 대체한 JWCC 현황. https://www.digitalmarket.kr

바이라인네트워크(2024). 빗장 풀리는 '망분리' 규제…C・S・O 3등급으로 차등 적용. https://byline.network/2024/09/240911_003

법무법인 화우(2024). 새로운 사이버보안 패러다임, 제로트러스트(Zero-Trust). https://www.hwawoo.com

보안뉴스(2025). [2025 SOAR 솔루션 리포트] 보안전문가들이 바라마지 않는 '자동화'의 길. https://m.boannews.com

송근혜・이승민(2020). GAIA-X 분석 및 데이터 댐 발전 방향. ETRI 지식공유플랫폼. https://ksp.etri.re.kr

조선비즈(2025). 공공기관 민간 클라우드 도입 발목 잡는 정책 칸막이. https://biz.chosun.com

한국과학기술정보연구원(KISTI)(2015). 클라우드컴퓨팅 발전법 제정 동향. https://scienceon.kisti.re.kr

Amazon Web Services.(2023). AWS on JWCC for U.S. Defense. https://aws.amazon.com

Cheng, Q., Sahoo, D., Saha, A., Yang, W., Liu, C., Woo, G., Singh, M., Savarese, S., & Hoi, S. C. H.(2023). AI for IT operations (AIOps) on cloud platforms: Reviews, opportunities and challenges (arXiv:2304.04661). arXiv. https://arxiv.org

Chitta, R., et al.(2024). The evolution of AIOps in hybrid cloud environments. Google Cloud Blog. https://cloud.google.com

Cloudike.(2025). 2025년 공공기관 클라우드 전환 의무화 전략. https://www.google.com

Denhardt, J. V., & Denhardt, R. B.(2000). The new public service: Serving rather than steering. *Public Administration Review*, 60(6), 549-559.

Dunleavy, P., Margetts, H., Bastow, S., & Tinkler, J.(2006). New public management is dead-Long live digital-era governance. *Journal of Public Administration Research and Theory*, 16(3), 467-494.

e-Estonia.(2024). X-Road-interoperability services. https://e-estonia.com

Elastic.(n.d.). 제로 트러스트의 정의와 작동 방식. https://www.elastic.co.kr

Google Cloud.(2025). FedRAMP 규정 준수 및 가이드. https://cloud.google.com

Goover AI.(2025). 클라우드 보안인증제(CSAP) 개편과 생태계 변화. https://www.google.com

Hood, C.(1991). *A public management for all seasons?* Public Administration, 69(1), 3-19.

Iorga, M., Feldman, L., Barton, R., Martin, M. J., Goren, N., & Mahmoudi, C.(2018, March). Fog computing conceptual model: Recommendations of the National Institute of Standards and Technology(NIST Special Publication 500-325). *National Institute of Standards and Technology.* https://doi.org

KT.(2021). KT, 코로나19 백신접종 예약시스템 안정화 지원 사례. https://corp.kt.com

LS Securities Research.(2025). 클라우드 산업 전망 리포트. https://msg.ls-sec.co.kr

Mell, P., & Grance, T.(2011). The NIST Definition of Cloud Computing. National Institute of Standards and Technology. *Special Publication* 800-145.

Microsoft.(2025a, July 23). Azure serverless overview: Create cloud-based apps and solutions with Azure Logic Apps and Azure Functions. Microsoft Learn. https://learn.microsoft.com

Microsoft.(2025b, December 3). Shared responsibility in the cloud. Microsoft Learn. https://learn.microsoft.com

Microsoft.(2025c, September 16). Unified hybrid and multicloud operations. Microsoft Learn. https://learn.microsoft.com

Moore, M. H.(1995). *Creating public value: Strategic management in government.* Harvard University Press.

MSAP.ai.(2025). 2025년 공공정보시스템 클라우드 네이티브 전환. https://www.msap.ai

NEPLA.(2025). 클라우드 환경에서의 개인정보보호 수칙. https://www.google.com

Oracle.(2023). JWCC and the future of military cloud. https://www.oracle.com

Red Hat.(2024, December 18). What is Kubernetes? Red Hat. https://www.redhat.com

Red Hat.(2025). DevSecOps 개념 및 공공부문 적용 사례. https://www.redhat.com

Rudruddl.(2025). Cloud Computing Models and Public Value. Tistory Blog. https://rudruddl.tistory.com

SentinelOne.(2025). 주요 15가지 클라우드 보안 위협 분석. https://www.google.com

ServiceNow.(2025). Adaptive government and DevSecOps culture. https://www.servicenow.com

CHAPTER 09

데이터 기반 행정

이향수

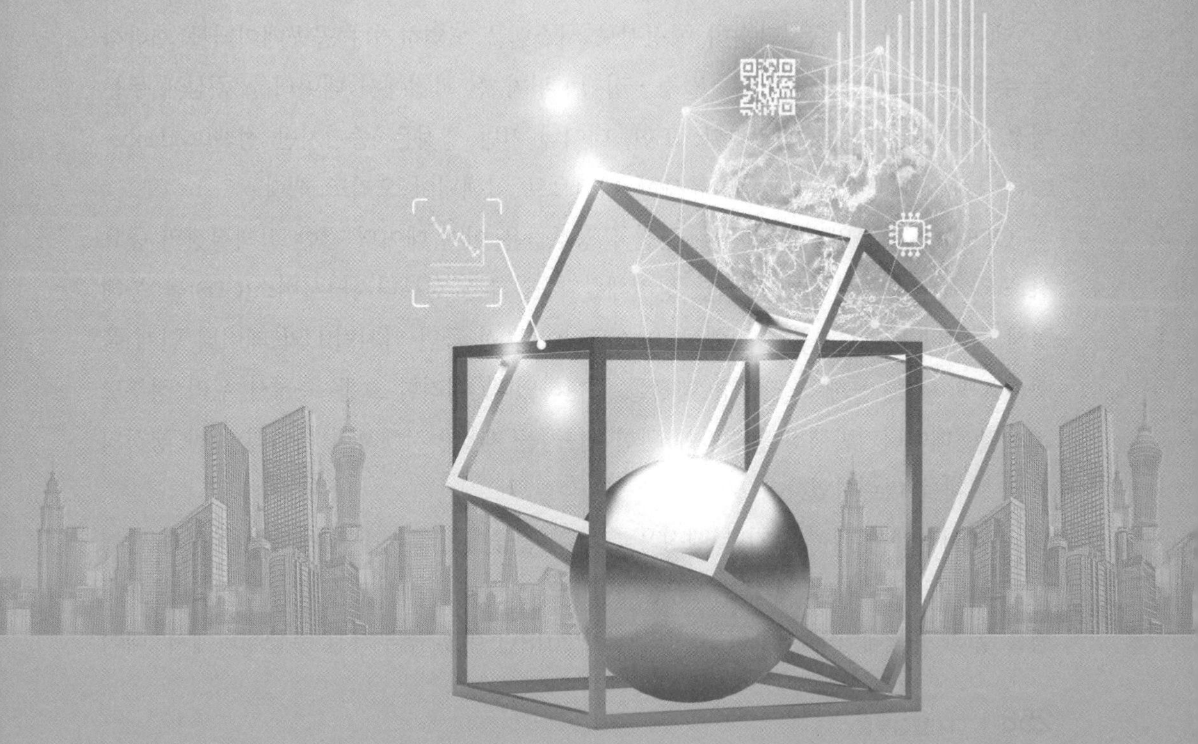

제1절 서론

21세기 행정 환경은 디지털 전환(Digital Transformation)이라는 거대한 변화의 물결 속에 있다. 빅데이터, 인공지능(AI), 사물인터넷(IoT), 클라우드 컴퓨팅 등 4차 산업혁명의 핵심 기술들이 공공 부문에 빠르게 확산되면서 행정의 작동 방식도 근본적으로 변화하고 있다. 과거의 행정은 주로 경험과 관행, 일부 통계자료에 의존하여 정책을 수립하고 집행했으나, 오늘날에는 방대한 양의 데이터가 실시간으로 생성·축적되며, 이를 어떻게 분석·활용하느냐가 정책 성공 여부를 좌우하는 핵심 요인으로 부상하고 있다.

특히, 인구구조 변화·기후위기·경제 불확실성·지역소멸 등 복합적인 사회문제를 해결하기 위해서는 보다 과학적이고 증거에 기반한 정책결정이 필수적이다. 전통적 방식으로는 이러한 복잡다변한 문제를 정확하게 진단하고, 효과적인 대안을 도출하는 데 한계가 있다. 이에 따라 정부와 공공 기관은 정책의 전 과정에서 데이터를 적극적으로 활용하는 데이터 기반 행정(Data-Driven Administration)을 새로운 표준으로 채택하고 있다.

데이터 기반 행정은 단순히 행정정보 시스템을 도입하거나 공공데이터를 개방하는 수준을 넘어, 정책의 기획·결정·집행·평가 전 과정에서 데이터를 중심에 두는 행정 운영 패러다임을 의미한다. 또한, 데이터 기반 행정은 '증거기반 정책(Evidence-Based Policy Making: EBPM)'과 유사한 개념으로 이해되어 오기도 했다.

OECD, UN 등의 국제기구와 선진국 정부들은 이미 데이터 기반 정책결정의 중요성을 강조하며 관련 법·제도를 정비해왔다. 영국은 정부디지털서비스(GDS)를 통해 정책 데이터 분석체계를 확립했고, 에스토니아는 전 국민 디지털ID와 데이터 연계 플랫폼(X-Road)을 통해 초연결형 행정을 구현하였다. 이러한 흐름 속에서 우리 정부도 2020년 「데이터기반행정 활성화에 관한 법률」을 제정·시행하며 데이터 기반 행정의 법적 토대를 마련하였다.

우리나라에서 데이터 기반 행정은 그간의 공공데이터 개방 정책과 정부혁신 정책이 진화한 결과물이다. 2013년 「공공데이터의 제공 및 이용 활성화에 관한 법률」 시행을 통해 공공데이터 개방이 촉진되었고, 2018년 이후 정부혁신 종합계획에서 '데이터 기반 정책결정'이 핵심 전략으로 부상하였다. 이를 보다 체계적으로 추진하기 위해 2020년 12월 「데이터기반행정 활성화에 관한 법률」이 제정되었으며, 동 법률은 공공 기관의 데이터 기반 행정 추진 의무, 데이터 책임관 지정, 품질관리, 성과평가 등의 제도적 장치를 규정하고 있다.

아울러 행정안전부는 법률에 근거하여 3년 단위의 「데이터기반행정 활성화 기본계획」을 수립 · 시행하고 있으며, 이를 통해 범정부 차원의 데이터 인프라 구축, 분석 역량 강화, 부처 간 데이터 연계 및 민관 협력을 종합적으로 추진하고 있다. 이러한 제도화는 데이터 기반 행정이 단순한 기술적 도입이 아니라 행정문화와 의사결정 구조를 전환하는 국가적 전략임을 보여준다.

데이터 기반 행정이 필요한 이유는 크게 세 가지로 요약할 수 있다.

첫째, 정책의 과학화이다. 데이터 분석을 통해 정책의 원인 · 결과 관계를 명확히 하고, 예측가능성을 높임으로써 시행착오와 불필요한 비용을 줄일 수 있다.

둘째, 행정의 효율화이다. 데이터 연계와 자동화를 통해 중복업무를 줄이고, 인력 · 예산을 보다 효과적으로 배분할 수 있다.

셋째, 국민 신뢰 제고이다. 객관적 데이터에 기반한 정책결정은 투명성과 공정성을 확보하며, 국민에게 정책의 타당성을 설득할 수 있는 근거를 제공한다.

본 장에서는 데이터 기반 행정의 개념, 법률적 · 제도적 기반, 국내외 사례, 그리고 성과와 한계점 등을 살펴본다.

제2절 데이터 기반 행정의 개념

1 법률상 정의

「데이터기반행정 활성화에 관한 법률」 제2조 제1호는 '데이터 기반 행정'을 "공공기관이 데이터를 수집 · 분석 · 활용하여 정책결정과 행정을 수행하는 것"으로 규정하고 있다(www.law.go.kr).

이러한 정의는 행정 기관이 단순히 데이터를 보유하거나 관리하는 수준에 머무르는 것이 아니라, 정책의 수립·집행·평가의 전 과정에서 데이터를 체계적으로 활용하는 능동적 행정 운영 방식을 의미한다. 즉, 데이터는 행정의 부수적 참고자료가 아니라, 정책결정의 출발점이자 행정 효율성 제고의 핵심 자원으로 간주된다.

법률이 규정하는 '데이터 기반 행정'은 크게 세 가지 요소를 내포하고 있다.

첫째, 데이터의 수집(Collecting) 단계에서는 행정정보 시스템, 통계자료, 센서나 IoT 기기에서 생성되는 실시간 데이터, 민간기업이 보유한 산업·소비 데이터 등 다양한 출처의 정보를 포괄적으로 수집한다. 이는 국가가 보유한 공공데이터 뿐 아니라, 공공-민간 간 데이터 연계·공유를 전제로 한다는 점에서 과거 행정정보 활용 개념보다 훨씬 확장된 의미를 지닌다.

둘째, 데이터의 분석(Analyzing) 단계에서는 통계분석, 인공지능(AI), 빅데이터 플랫폼 등 첨단 분석기법을 활용하여 정책 현황을 진단하고, 행정 수요를 예측하며, 문제해결 대안을 도출한다. 이 과정은 기존의 직관적·경험적 행정결정을 보완하여, 근거(Evidence)와 데이터(Data)를 중심으로 정책의 객관성과 합리성을 확보하는 데 중점을 둔다.

셋째, 데이터의 활용(Utilizing) 단계는 분석 결과를 실제 정책결정과 행정 수행에 반영하는 과정으로, 행정 서비스의 맞춤화, 자원 배분의 효율화, 공공의사결정의 투명성 제고 등 실질적 성과 창출을 목표로 한다. 예를 들어, 교통 정책의 경우 실시간 이동 데이터를 기반으로 한 정체 구간 분석을 통해 신속한 대응이 가능하며, 복지 정책에서는 소득·주거·건강 데이터를 연계해 수혜대상자를 정밀하게 선별할 수 있다.

결국, 데이터 기반 행정은 단순한 기술적 변화가 아닌 행정 패러다임의 전환(Paradigm Shift)을 의미한다. 이는 행정조직이 데이터를 핵심 의사결정 자원으로 인식하고, 과학적 근거에 기반한 정책결정을 수행하는 새로운 정부운영 모델로의 이행을 전제한다. 따라서 「데이터기반행정 활성화에 관한 법률」 제정의 취지는, 행정의 전 영역에서 데이터의 체계적 수집과 분석, 그리고 이를 통한 정책의 과학화·지능화를 제도적으로 뒷받침하기 위한 것이다.

2 증거기반 행정과 데이터 기반 행정의 차이

데이터 기반 행정 개념은 국가별 행정문화와 정책철학에 따라 다소 상이하게 발전해왔으나, 증거기반 정책(Evidence-Based Policy Making: EBPM)과 유사한 개념으로 활용되어 왔다. 다만 두 개념 사이에는 차이점이 있으며 다음 표와 같다.

[표 9-1] 증거기반 행정과 데이터 기반 행정의 차이

구분	데이터 기반 행정	증거기반 행정
주체	정책결정자 · 실무자	전문가 · 연구자
수혜자	(일반) 시민	정책결정자
주요 분석, 활용대상	다량의 다양한 데이터	엄밀한 방법론으로 도출된 정보 · 지식
주요 필수 조건	데이터 분석 · 활용 능력	가공된 데이터 해석 · 적용 능력

자료: Head(2010: 78-82), 관계부처 합동(2021: 11-38).

1) 증거기반 행정(EBPM)

EBPM은 1990년대 후반 영국 블레어 정부 시기부터 본격적으로 확산된 개념으로, "정책은 과학적 증거(Evidence)에 기반해야 한다(What works)"는 철학에 뿌리를 두고 있다. 이는 당시 정치적 직관과 경험에 지나치게 의존하던 정책결정 관행을 비판하며 등장한 것으로, 정책결정의 합리성과 투명성을 확보하기 위한 새로운 행정 패러다임이었다.

EBPM에서 말하는 '증거(Evidence)'는 단순한 통계 수치에 한정되지 않는다. 양적 데이터 뿐 아니라, 정책실험 결과, 프로그램 평가, 파일럿 프로젝트, 인터뷰 · 설문조사 등 질적 연구자료까지 포괄하는 폭넓은 개념이다. 즉, EBPM은 정책의 기획 단계부터 사전검증(Pre-Evaluation), 실행 과정의 모니터링, 종료 후 사후평가(Post-Evaluation)까지 전 주기에 걸쳐 근거를 축적하고 검증하는 체계를 중시한다.

이 개념은 이후 OECD, UNDP, World Bank 등 국제기구를 중심으로 각국의 정책역량 강화 프로그램에 도입되었으며, '정책의 과학화(Scientification of Policy)'를 위한 핵심 원칙으로 자리잡았다.

2) 데이터 기반 행정

데이터 기반 행정(Data-Driven Government)은 정보통신기술(ICT) 발전과 함께 2000년대 중반 이후 등장한 개념으로, 정부 운영의 전 과정을 데이터 중심으로 재설계하려는 접근이다. 이는 단순히 정책결정을 위한 보조적 데이터 활용이 아니라, 데이터 자체가 행정 의사결정의 출발점이자 구조적 중심이 되는 정부운영 모델을 의미한다.

데이터 기반 행정(DDG)은 실시간 데이터 수집・분석을 통해 행정상황을 즉각적으로 파악하고, 인공지능(AI)・빅데이터 분석・시각화 대시보드 등을 이용해 정책대안을 실시간으로 시뮬레이션하는 것을 특징으로 한다. 예컨대 싱가포르의 'Smart Nation' 전략이나 에스토니아의 'e-Estonia'는 데이터 기반 행정의 대표 사례로 꼽힌다. 이들은 교통・환경・보건 등 다분야의 데이터를 통합 플랫폼에서 분석해 정책을 예측・조정함으로써, 데이터에 의한 통치(Governance by Data)를 구현하고 있다.

3) 한국형 데이터 기반 행정

우리나라의 데이터 기반 행정은 증거기반 행정(EBPM)을 포함하는 복합형 데이터 기반 행정 모델이라 할 수 있다. 증거기반 행정(EBPM)이 정책의 '근거 중심성'에 중점을 둔다면, 데이터 기반 행정(DDG)은 '데이터와 기술 활용성'에 초점을 둔다. 한국형 모델은 이 두 가지를 결합해 정책결정의 과학성과 행정운영의 기술적 효율성을 동시에 추구한다고 볼 수 있다.

특히 한국은 전자정부(e-Government) 인프라와 방대한 행정정보 시스템을 기반으로, 통계・행정・공공데이터를 연계한 분석체계를 갖추고 있다. 이에 따라 데이터 기반 행정은 '과학적 근거에 기반한 정책결정(Evidence-based)'과 '데이터 기술에 기반한 행정운영(Data-driven)'의 접점을 형성하는, '지능형 행정(Intelligent Administration)'으로의 전환 모델로 평가된다.

3 데이터 기반 행정의 특징

데이터 기반 행정은 단순히 행정정보의 전산화나 정보화 수준을 넘어, 행정의 본

질적 구조를 재설계하는 특성을 지닌다. 그 주요 특징은 다음 네 가지로 정리된다.

1) 과학적 의사결정(Scientific Decision-Making)

정량적 · 정성적 데이터를 근거로 정책대안을 체계적으로 비교 · 분석하여, 경험이나 정치적 판단에 의존하지 않고 합리적 결정을 내릴 수 있다. 데이터 분석 결과를 정책 시뮬레이션에 연계하면, 정책 시행 전 단계에서 예상 효과를 정량적으로 예측할 수 있으며, 리스크 관리와 정책의 사전적 개선이 가능해진다.

2) 객관성 강화(Objectivity and Accountability)

데이터 기반 행정은 의사결정 과정의 주관성과 편향을 줄이고, 데이터에 근거한 설명책임(Accountability)을 가능하게 한다. 정책결정의 논리와 근거가 데이터로 명확히 기록되기 때문에, 국민은 정책 결과 뿐만 아니라 그 과정까지 검증할 수 있으며, 이는 행정의 투명성과 신뢰성을 제고한다.

3) 행정 효율성 제고(Administrative Efficiency)

부처 간 데이터 연계와 공유를 통해 중복 업무와 불필요한 절차를 최소화할 수 있다. 또한 빅데이터 · AI 분석을 통해 예산과 인력 등 행정자원을 최적 배분함으로써, 행정 생산성을 비약적으로 높인다.

4) 지속가능성(Sustainability)

데이터의 지속적 축적과 분석역량의 고도화는 장기적으로 정책 품질의 향상과 행정 신뢰성 강화로 이어진다. 특히 환경 · 기후 · 인구구조 등 사회경제적 변동요인을 데이터 기반으로 예측함으로써, 행정이 변화에 능동적으로 대응하는 유연하고 회복력 있는 시스템(Resilient Governance)을 구축할 수 있다.

이상의 논의를 바탕으로 데이터 기반 행정은 단순한 정보화나 전자정부의 연장선이 아니라, 정책결정 구조 자체를 데이터 중심으로 재편하는 행정 혁신 모델임을 알 수 있다. 다음 절에서는 이러한 개념적 토대 위에서 데이터 기반 행정이 추구하는 목적과 필요성에 대해 살펴본다.

제3절 데이터 기반 행정의 목적과 필요성

1 데이터 기반 행정의 목적

「데이터기반행정 활성화에 관한 법률」 제1조는 데이터 기반 행정의 목적을 다음과 같이 규정하고 있다. "데이터를 기반으로 한 행정의 활성화에 필요한 사항을 정함으로써 객관적이고 과학적인 행정을 통하여 공공 기관의 책임성, 대응성 및 신뢰성을 높이고 국민의 삶의 질을 향상시키는 것을 목적으로 한다." 이에 따라 데이터 기반 행정의 필요성을 효율성 · 정책의 품질 · 국민편익 · 국가경쟁력, 사회 · 행정 환경 변화 대응 등의 차원으로 구분하여 살펴본다.

2 데이터 기반 행정의 필요성

1) 행정 효율성 제고

데이터 기반 행정은 업무 중복, 불필요한 절차, 시간 낭비를 줄인다. 동일한 정보를 여러 기관이 각각 수집하는 행태를 데이터 연계 · 공유를 통해 해소할 수 있다. 이를 통해 실시간 데이터 분석으로 정책결정 소요 시간을 감소시켜 행정 프로세스의 단축효과를 도출할 수 있다. 또한, 데이터 분석 결과를 토대로 인력 · 예산을 필요한 곳에 집중함으로써 자원을 최적 배분할 수 있다. 또한 부처 간 데이터 허브를 통한 인프라를 공유하여 중복 투자를 방지할 수 있다.

2) 정책 품질 향상

데이터 기반 행정은 과학적 · 객관적 근거를 통해 정책 설계 단계부터 품질을 높일 수 있다. 특히, 기존의 경험적 판단은 예측의 한계와 주관적 편향에 취약했으나, 데이터 기반 접근은 이를 보완할 수 있다. 우선, 세분화된 데이터 분석으로 정책 대상과 범위를 정확히 설정하여 정책 설계의 정밀성을 꾀할 수 있다. 또한, 시뮬레이션 ·

모델링을 통한 사전 효과 분석을 통해 정책 효과 예측이 가능해진다. 아울러, 정책 실행 후 데이터 기반 성과지표로 평가하여 성과 평가의 객관성을 확보할 수 있다.

3) 국민 편익 증진

국민의 삶과 직결되어 있는 다양한 행정 서비스는 데이터 기반 접근을 통해 맞춤형으로 개선될 수 있다. 구체적으로 보면, 국민의 생활패턴이나 지역특성을 반영한 맞춤형 행정으로 개인화된 서비스가 가능해지며, 오류 · 지연 · 중복적인 다수의 민원을 데이터 분석으로 사전 예방하여 서비스 품질 향상을 꾀할 수 있다. 또한, 데이터 개방과 시각화를 통해 국민이 정책 과정에 참여할 기회를 확대할 수 있다. 예를 들어, 서울시가 KT와 협력하여 교통 데이터 분석을 통한 심야버스 노선 조정은 이용자 편의를 극대화하고, 불필요한 운행 비용을 줄이는 대표 사례라고 할 수 있다.

4) 국가 경쟁력 강화

데이터 기반 행정은 단기적으로 행정 성과를 높이는 것을 넘어, 국가 경쟁력에도 기여한다. 공공데이터 개방은 민간 신산업 창출에 기여할 수 있으며, 국제 비교지표에서 데이터 활용 수준은 전자정부 경쟁력의 핵심 지표가 되며, OECD, UN이 권고하는 데이터 기반 거버넌스 모델과의 정합성 강화 등을 위해서도 데이터 기반 행정은 필요하다고 보여진다.

5) 사회 · 행정 환경 변화 대응

데이터 기반 행정의 필요성은 변화하는 환경 속에서 더욱 커지고 있다. 특히, 사회문제의 복잡성, 고령화, 기후 변화, 경제 불확실성 등 복합위기 상황에서는 정교한 데이터 분석 없이는 원인 규명과 해결책 마련이 어렵다. 복잡한 환경의 변화와 더불어 국민들은 더 빠르고 정확하며 맞춤형 행정 서비스를 요구하며, 데이터 기반 행정은 이러한 기대에 부응할 수 있는 핵심 수단이라고 할 수 있다.

앞에서 살펴본 대로 데이터 기반 행정은 단순한 업무 개선이 아니라, 행정 패러다임 전환을 위한 국가 전략이라고 할 수 있다. 효율성 제고, 정책 품질 향상, 국민 편익 증진 등의 지향점은 상호 연계되어 있으며, 이는 궁극적으로 국민이 체감할 수 있는 행정 혁신으로 귀결된다고 볼 수 있다. 이하에서는 이러한 목적 달성을 위한 법적 · 제도적 기반을 살펴본다.

제4절 데이터 기반 행정의 법적 · 제도적 기반

1 법률 제정 배경과 의의

데이터 기반 행정은 그동안 정부혁신, 전자정부, 공공데이터 개방 정책의 연장선에서 발전해왔다. 그러나 부처 · 기관별 데이터 활용 수준의 편차와 법적 근거가 다소 부족하여 범정부 차원의 통합 전략과 실행체계가 부족하다는 지적이 있었다. 이에 따라 2020년 12월 「데이터기반행정 활성화에 관한 법률」이 제정 · 시행되었다. 이 법률은 공공 기관의 데이터 기반 행정을 의무화하고, 국민 생활 전반에 걸쳐 데이터의 활용이 핵심자원으로서 중요하며, 데이터를 기반으로 한 행정을 활성화하기 위하여 제정하였음을 명확하게 밝히고 있다.

2 「데이터기반행정 활성화에 관한 법률」 주요 내용(시행 2023.11.17.)

1) 기본원칙(제1조)

이 법은 데이터를 기반으로 한 행정의 활성화에 필요한 사항을 정함으로써 객관적이고 과학적인 행정을 통하여 공공 기관의 책임성, 대응성 및 신뢰성을 높이고 국민의 삶의 질을 향상시키는 것을 목적으로 함을 밝히고 있다.

2) 기본계획 수립(제6조)

행정안전부 장관은 3년마다 데이터 기반 행정 활성화 기본계획을 수립 · 시행할 것을 규정하고 있으며, 기본계획에는 비전 · 목표, 활성화 대책, 데이터 기반 행정 활성화에 필요한 투자 및 재원조달 계획 등이 포함됨을 명시하였다.

3) 시행계획 수립(제7조)

각 중앙행정기관·지방자치단체는 매년 시행계획을 수립하여 행안부에 제출해야 하며, 시행계획에는 연간 추진과제, 예산·인력 계획, 다른 공공 기관 등과의 데이터 연계·협력 방안 등을 포함해야 함을 명시하였다.

4) 데이터책임관 지정(제19조)

제19조에서는 각 기관은 데이터 기반 행정을 총괄·조정할 데이터책임관(CDO)을 지정할 것을 명시하였다. 데이터책임관은 데이터 기반 행정 관련 데이터의 연계·제공·공동활용에 관한 업무 총괄 및 지원 등을 총괄하는 역할을 맡게 된다.

5) 데이터 관련 전문인력 양성(제24조)

행정안전부장관과 과학기술정보통신부장관은 데이터 관련 전문인력 양성을 위하여 필요한 다음 각 호의 시책을 마련할 수 있도록 하였다. 전문인력의 수요 실태 파악 및 중장기 수급 전망 수립, 전문인력 양성 교육훈련 프로그램의 개발 및 보급 지원 등에 대해 시책을 마련할 수 있도록 하였다. 또한 행정안전부장관과 과학기술정보통신부장관은 데이터 관련 전문인력을 효율적으로 활용하기 위하여 필요한 경우 관련 연구 기관이나 민간단체 등과 협력할 수 있다고 규정하고 있다.

6) 데이터통합관리 플랫폼(제18조)

행정안전부장관은 데이터 및 메타데이터의 체계적인 수집, 데이터 분석 등을 통한 정책 수립·의사결정 지원 및 이력 관리 등 공공 기관이 데이터를 효율적으로 제공·연계 및 공동활용할 수 있도록 데이터통합관리 플랫폼을 구축·운영하도록 명시하고 있다.

3 데이터 기반 행정 활성화 기본계획의 수립의 제도화

행정안전부는 데이터 기반 행정 활성화에 관한 법률 제6조에 따라 「데이터기반행정 활성화 기본계획」을 3년마다 수립하고 있다. 2021년에 수립한 「제1차데이터기반행정 활성화 기본계획(2021~2023)」에 이어 2024년 1월에는 「제2차데이터기반행정 활성화 기본계획(2024년~2026년)」을 수립하여 운영 중에 있다. 1차 및 2차 기본계획을 통해 우리 정부는 범정부 차원의 비전과 목표를 설정하고, 이를 달성하기 위한 추진 전략과 세부 과제를 수립하여 추진 중에 있다.

제5절 국내외 사례 분석

1 국내 사례

행정안전부는 국민 개인의 행정 상황을 사전에 알려주는 '국민비서(국민알림 서비스)'를 운영하고 있다. 이 서비스는 단순한 공지성 문자나 이메일을 넘어서, 행정정보를 개인화(Personalized)하여 맞춤형으로 안내하는 플랫폼으로 발전하여 왔다. 국민비서는 국민의 복지 · 세금 · 건강검진 · 운전면허 · 연금 · 주택청약 등 생활 전반의 행정정보를 15개 부처, 60여 종의 데이터로부터 연계 · 수집하여 운영한다. 이때, 각 부처의 전산망과 행정정보 공동이용망을 통해 데이터가 실시간으로 교환되며, 사용자는 네이버 · 카카오 · 토스 등 민간 플랫폼을 통해 통합 알림을 수신할 수 있다. 그 결과 국민은 복지수당 신청기한, 자동차세 납부, 여권갱신 시기 등을 별도의 검색 없이 미리 통보받을 수 있어 민원 행정의 편의성이 예전과 비교하여 매우 향상되었다고 할 수 있다.

특히, 2025년 7월 기준 국민비서 이용자는 누적회원 1700만 명을 돌파했으며, 이는 2021년 서비스 개시 이후 4년 만에 이룬 성과로, 국민들의 높은 활용도와 서비스 신뢰도를 방증한다는 평가다(뉴스캠프(https://www.newscammp.co.kr).

행정안전부는 이를 기반으로 '행정정보 사전안내 시스템'을 고도화하고, 국민의 행정 경험을 데이터 기반으로 예측 · 지원하는 인공지능 챗봇형 서비스로 확장하고 있다. 국민비서는 데이터 기반 맞춤행정(Personalized Administration)의 가능성을 보여준 사례라고 볼 수 있다. 즉, 국민 개개인의 행정 데이터가 사전에 수집・분석되어, 불필요한 민원 절차를 줄이고 정책 서비스 접근성을 높이는 효과를 창출한 것이다. 이는 궁극적으로 데이터 행정이 '행정 효율성' 뿐 아니라 '국민 체감형 행정 혁신'으로 이어질 수 있음을 증명한다.

또 다른 사례로 국토교통부의 스마트 안전관리 시스템을 소개하고자 한다. 국토교통부는 공공건설사업의 안전사고를 예방하기 위해 드론과 인공지능(AI) 영상분석기술을 결합한 '스마트 안전관리 시스템'을 2020년에 도입하였다. 이 시스템은 건설현장에서 발생하는 인명사고를 최소화하기 위한 데이터 기반 사전예측 모델 구축을 목표로 한다. 드론으로 촬영된 3D 영상 데이터와 기상정보, 작업일지, 장비운영기록 등을 실시간으로 수집하여, AI 알고리즘이 이를 분석함으로써 안전 위험요소(낙하물・붕괴・중장비 간섭 등)를 조기에 탐지하도록 하고 있다. 또한, 위험요인에 대한 분석 결과는 현장 관리자에게 모바일 알림 형태로 제공되어 즉각적인 조치가 가능하다. 스마트 안전관리 시스템의 도입을 통해 실제로 공공건설 현장의 사고 발생률을 크게 낮출 수 있다. 특히, 건설현장에 설치된 폐쇄회로(CCTV) 영상을 인공지능으로 분석해 안전고리 풀림, 안전모 미착용 등 20여개 위험 상황을 자동 인식하는 기술을 통해 작업자 및 관리자가 추락이나 끼임 등의 사고를 미리 예방할 수 있다(이코노믹 데일리, 2024.8.28. 일기사).

스마트 안전관리 시스템 사례는 전통적인 건설안전 관리체계를 데이터 기반 예측형 관리체계로 전환한 대표적 예시라고 할 수 있다. 특히, 현장 데이터를 실시간으로 수집・분석하는 AI 기술이 정책 의사결정 단계와 직접 연결되었다는 점에서, 데이터가 단순 통계자료를 넘어 행정의 실시간 실행력을 강화하는 수단으로 작용하고 있음을 보여준다.

중앙부처 외에 데이터 기반 행정 사례로서 서울시의 심야버스(올빼미버스) 노선 최적화 사례도 있다. 서울시는 2013년부터 통신사 빅데이터와 교통카드 데이터를 결합한 심야버스, 일명 '올빼미버스'의 노선 최적화 사업을 추진해 왔다. 이 사업은 심야시간대의 대중교통 공백을 줄이기 위해 시민들의 실제 이동패턴을 데이터 기반으로 분석하여 노선을 설계한 것이 핵심이다. 서울시는 KT와의 협업을 통해 통화이력 데이터에서 개인위치정보(기지국접속 데이터)와 버스 승・하차 이력(교통카드 데이터)을 연계해, 심야시간대(자정~새벽 5시) 시민들의 이동밀집지역과 주요 목적지를 분석했다. 이를 토대로 2013년 N버스 노선을 재편하였고, 이후 지속적인 데이터 업데이트를 통해 수요에 따라 노선을 탄력적으로 조정하고 있다. 그 결과, 심야버스 이용객은 2013년 당시 하루 평균 승객이 6,079명으로 버스 한 대당 138명이 이용하였다(서울시 서울톡톡, 2013.11.15). 2025년 9월 현재 서울시 심야버스는 14개 노선에 139대를 운영 중이다.

서울시의 심야버스 사례는 공공정책이 시민 체감형 데이터를 활용해 데이터 기반 정책설계가 가능함을 보여주었다. 이는 단순히 효율적 교통운영을 넘어, 데이터 분석이 사회적 불평등(교통 접근성 문제)을 해소하는 도구로 활용될 수 있음을 시사한다.

이상의 국내 중앙·지자체 사례를 종합하면, 우리나라의 데이터 기반 행정은 (1) 맞춤형 행정 서비스, (2) 예측 기반 안전·환경 행정, (3) 시민 체감형 정책 설계라는 세 가지 축으로 발전하고 있음을 알 수 있다. 우선, 행정안전부의 '국민비서'는 국민 개개인에게 최적화된 정보 제공을 통해 행정 신뢰성을 제고하는 대표적 맞춤 행정 모델이다. 또한, 국토교통부의 AI·드론 안전관리체계는 데이터를 통한 사전 예방 행정(Preventive Governance)의 우수한 사례라고 할 수 있다. 아울러, 서울시의 심야버스 사례는 지자체가 지역특성 데이터(교통)를 활용하여 실질적인 주민체감형 서비스를 설계할 수 있음을 보여준다.

2 해외 사례

영국은 2010년대 초반, 부처별로 분산되어 비효율적으로 운영되던 전자정부 시스템의 한계를 극복하기 위해 디지털 행정 전담조직인 GDS(Government Digital Service)를 2011년 내각사무처(Cabinet Office) 산하에 신설하였다.

GDS의 핵심 목표는 단순한 정보화가 아닌, 정부 전반의 디지털 전환(Digital Transformation)과 데이터 기반 행정(Data-Driven Government)을 실질적으로 구현하는 것이었다. GDS는 기존의 행정 서비스가 부처별로 따로 운영되던 문제를 해결하기 위해, "하나의 정부, 하나의 플랫폼(One Government, One Platform)"이라는 비전을 제시하였다. 또한, GOV.UK라는 통합 플랫폼을 구축하여 국민이 정부의 모든 서비스를 단일 창구에서 이용할 수 있도록 하였다. 이 플랫폼은 각종 정책 정보, 민원 서비스, 공공기관 안내 등을 한곳에서 제공하며, 접근성·편의성 측면에서 세계적인 모범 사례로 평가된다.

특히, ‘GOV.UK Notify’ 서비스는 세금 납부, 운전면허 갱신, 복지 수당, 건강검진 일정 등 국민 생활과 직결된 정보를 개인 맞춤형으로 사전에 안내함으로써 불필요한 민원 발생을 크게 감소시켰다. 또한 ‘GOV.UK Pay’ 시스템은 모든 공공 기관의 결제 인터페이스를 표준화하여, 국민이 공공요금을 보다 간편하게 납부할 수 있도록 지원한다(https://www.notifications.service.gov.uk/using-notify).

GDS의 운영은 철저히 데이터 분석 기반으로 이루어진다. 각 행정 서비스의 이용 통계, 사용자 행동 로그, 민원 유형별 패턴, 인구통계 정보를 실시간으로 수집·분석하여, 정책과 서비스 개선에 반영한다. 이러한 데이터 기반의 정책 피드백 체계는 기존의 ‘행정 경험 중심의 개선 방식’을 대체하며, 정책결정의 과학화 수준을 한층 높였다는 평가를 받는다(https://gds.blog.gov.uk).

또한 GDS는 정부 전체의 데이터 표준화 및 거버넌스를 담당하는 ‘Data Standards Authority’를 운영하여, 모든 부처가 동일한 형식의 메타데이터와 API 규격을 사용하도록 하고 있다. 영국 사례는 데이터 기반 행정의 성공 요인이 단순한 기술 도입이 아니라, 중앙 차원의 전문조직(GDS)과 표준화된 통합 관리체계의 구축에 있음을 보여준다. 즉, 데이터 활용을 일회성 프로젝트가 아니라 행정 프로세스의 기본 원리로 내재화한 점이 핵심이다.

또 다른 해외 사례로 살펴볼 나라는 에스토니아이다. 에스토니아는 인구 130만 명의 소규모 국가이지만, 세계에서 가장 앞선 디지털 행정국가(Digital State)의 하나로 평가받는다(https://x-road.global). 1991년 구소련으로부터 독립한 이후 정부는 한정된 행정자원과 낮은 행정 효율성을 극복하기 위해 ‘인터넷 기반 행정체계’를 국가 전략의 중심에 두었다. 그 결과 2001년에 구축된 X-Road 플랫폼은 에스토니아 전자정부의 핵심 인프라로 자리 잡았다. X-Road는 모든 공공 기관과 민간 기관이 데이터를 안전하게 주고받을 수 있도록 하는 국가데이터 교환 인프라(National Data Exchange Layer)이다. 이 시스템의 특징은 중앙집중식 데이터베이스가 아니라, 각 기관이 데이터를 개별적으로 보유하면서도 필요할 때 인증된 기관 간에 안전하게 데이터를 교환하는 분산형 구조(Distributed Architecture)를 채택했다는 점이다. 모든 데이터 교환은 전자신원체계(e-ID)를 기반으로 하며, 개인은 주민등록번호 하나로 세금 신고, 의료 서비스 이용, 부동산 거래, 차량 등록, 학교 입학 등 거의 모든 행정 서비스를 온라인으로 처리할 수 있다(McGuire, 2019). 특히 X-Road는 블록체인 기반의 KSI(Keyless Signature Infrastructure) 보안 기술을 적용하여, 데이터의 위·변조를 원천적으로 방지하고 있다. 이로 인해 행정정보의 신뢰성과 보안성이 극대화되었으며, 국민들은 정부의 데이터 운영에 대해 높은 신뢰를 갖고 있다. 또한 X-Road 시스템은 공공 기관 뿐 아니라 은행, 보험사, 병원 등 민간 기관과도 연계되어, 공공데이터와 민간데이터의 융합이 활발하게 이루어진다. 에스토니아 정부는 X-Road를 통해 행정의 디지털화를 넘어, 정책결정·행정집행·서비스 제공의 전 과정이 데이터 중심으로 이루어지는 구조적 혁신을 달성하였다.

2019년 현재 에스토니아 공공 서비스의 99% 이상이 온라인으로 제공되고 있으며, 국민의 98%가 전자신분증을 보유하고 있다. 행정 처리시간은 평균 30~40% 단축되었고, 연간 약 8억 유로의 행정비용이 절감되는 효과를 거두었다(Kattel &Mergel, 2019).

마지막 사례는 미국 정부이다. 미국은 세계 최대의 데이터 생산국이자, 공공데이터 개방(Open Data) 정책의 선도국으로 꼽힌다. 2009년 오바마 행정부는 정부 투명성, 국민참여, 협업 강화를 목표로 하는 Open Government Initiative를 발표하고, 그 핵심 실행수단으로 Data.gov 포털을 개설하였다. 이 플랫폼은 연방정부, 주정부, 지방정부, 공공 기관이 보유한 데이터를 국민과 민간에게 개방하여 혁신적 활용을 유도하는 대표 사례다. Data.gov는 현재 환경, 경제, 교통, 교육, 보건 등 250여 개 연방기관의 데이터를 통합하여 33만 건 이상의 데이터셋을 제공하고 있다. 모든 데이터는 Project Open Data 프레임워크에 따라 표준화된 메타데이터 형식으로 관리되며, CSV, JSON, XML 등 다양한 포맷과 REST API를 통해 누구나 자유롭게 접근·활용할 수 있다. 또한 각 기관에는 CDO(Chief Data Officer)를 지정하여 데이터 품질, 보안, 공개 절차를 총괄하도록 함으로써 체계적인 데이터 거버넌스를 확립하였다. 미국 정부는 데이터 개방을 통해 단순히 행정의 투명성을 제고하는 데 그치지 않고, 민간 혁신 생태계의 활성화를 목표로 하고 있다. 대표적으로, NOAA(국립해양대기청)의 기후 데이터를 활용한 스타트업 The Climate Corporation은 농업용 기후보험 서비스를 개발하여 농업 생산성과 기후 리스크 관리 수준을 획기적으로 높였다. 또한 교통 데이터 개방으로 우버(Uber), 웨이즈(Waze) 등 모빌리티 플랫폼 기업이 정부 인프라와 연계된 실시간 교통 서비스를 구현할 수 있었고, 보건복지부(HHS)가 공개한 건강 데이터는 의료비 비교 플랫폼, 병원 품질평가 시스템 등 다양한 민간 서비스로 확산되었다. 이러한 개방 정책은 경제적 파급효과도 크다. 공공데이터 활용으로 창출된 민간 비즈니스 가치가 연간 약 30억 달러 이상으로 추정되며, 공공・민간이 함께 구축한 데이터 생태계가 미국의 혁신 경쟁력을 지탱하는 기반이 되고 있다. 또한 행정 투명성과 국민참여 수준이 크게 향상되어, 연방정부 정책결정에서 공개 데이터 활용 비율이 80%를 넘어섰다. 미국의 사례는 데이터 기반 행정을 '정부 중심'이 아니라 민간과의 개방적 협력 체계(Open Collaboration)로 확장한 모델이라 할 수 있다. 즉, 정부는 데이터의 생산자이자 조정자(Coordinator)로, 민간은 데이터의 활용자이자 혁신 창출자(Innovator)로서 상호보완적 관계를 형성한다. 이와 같은 민관 데이터 생태계 모델은 정부의 직접 개입보다 지속적이고 자율적인 혁신을 유도한다는 점에서 큰 시사점을 갖는다.

해외 사례를 종합하면, 데이터 기반 행정의 성숙도는 '데이터의 존재'보다 '데이터의 흐름'을 어떻게 설계하느냐에 달려 있다는 공통점을 확인할 수 있다. 영국은 정부 내부의 통합과 표준화를 통해 효율성을 극대화했고, 에스토니아는 기관 간 신뢰와 연계를 중심으로 한 분산형 모델을 구축했으며, 미국은 데이터 개방을 통한 민간 혁신을 촉진함으로써 지속가능한 생태계를 형성했다. 즉, 데이터 기반 행정이 제대로 작동하기 위해서는 ① 범정부 차원의 통합 거버넌스(GDS형 조직), ② 기관 간 안전한 데이터 연계 인프라(X-Road형 구조), ③ 민간 참여와 혁신을 유도하는 개방형 생태계(Data.gov형 정책)가 함께 작동해야 한다는 점이다. 이러한 세 가지 요소가 결합될 때, 데이터는 단순한 행정정보를 넘어 국가경쟁력을 높이는 자산으로 기능하게 된다고 판단된다.

우리나라는 「데이터기반행정 활성화에 관한 법률」이 2020년에 시행된 이후, 정부는 제1차(2021~2023년) 및 제2차(2024~2026년) 기본계획을 통해 중앙부처와 공공 기관 전반의 데이터 활용 역량 강화를 지속적으로 추진해 왔다. 그 결과, 정책결정 과정의 과학화, 공공데이터 인프라 확충, 맞춤형 행정 서비스 확대, 민간과의 데이터 생태계 조성 등에서 가시적인 성과가 나타나고 있다. 그러나 한편으로는 데이터 품질관리, 기관 간 연계체계, 전문인력 확보, 조직문화 정착 등 구조적 측면의 한계가 여전히 존재하여, 향후 질적 성숙 단계로의 전환이 요구된다.

3 주요 성과

1) 정책결정의 과학화

과거 경험과 관행 중심의 행정결정 방식에서 벗어나, 데이터 기반의 근거 중심 행정이 점차 확산되고 있다. 행정안전부의 '국민비서(MyGov)' 서비스는 국민 생활과 관련된 세금, 복지, 건강검진, 운전면허 등 15개 부처 60여 종의 데이터를 연계하여 개인 맞춤형 안내를 제공함으로써 행정의 선제성과 효율성을 동시에 제고하였다. 보건복지부의 '복지사각지대 발굴 시스템', 국토교통부의 'AI 교통정체 예측 시스템', 환경부의 '기후데이터기반 미세먼지 예보 서비스' 등도 대표적 사례로, 정책 설계와 집행 단계에서 실증적 근거에 기반한 의사결정이 가능해졌다고 할 수 있다. 이러한 변화는 데이터 기반 예측 모형을 통해 정책의 사전적 검증이 가능해졌다는 점에서, 정부의 문제해결 역량을 한층 강화시켰다고 평가된다.

2) 데이터 인프라 확충

데이터 활용의 기반이 되는 물리적 · 제도적 인프라도 크게 개선되었다. 행정안전부가 주관하는 '국가공유데이터 플랫폼', 국토교통부의 '국토정보 플랫폼' 등 부처별 빅데이터 플랫폼이 확충되어, 공공데이터의 수집 · 저장 · 분석이 체계적으로 이루어지고 있다. 또한 표준데이터셋 구축, 메타데이터 관리체계 도입, API기반 데이터 공유체계 등은 기관 간 상호운용성을 높여 부처 간 협업 행정의 토대를 마련하였다. 이는 단순한 데이터 개방을 넘어, 정책생산 전 과정에 데이터를 실시간으로 연계 · 활용할 수 있는 '데이터 거버넌스 행정체계'로의 진전을 의미한다.

3) 맞춤형 행정 서비스 확대

데이터 기반 행정의 또 다른 성과는 국민 맞춤형 서비스의 양적 · 질적 확대이다. 서울시 등 주요 지자체는 교통 빅데이터를 활용한 심야버스 노선 최적화와 생활SOC 배치 시뮬레이션을 통해 교통복지 사각지대를 줄였으며, 환경부는 미세먼지 · 수질 · 폐기물 통합데이터 플랫폼을 통해 환경 예측과 대응 정책의 정밀도를 높였다. 복지 분야에서는 '행복e음', '복지로' 등 통합복지정보 시스템을 통해 개인의 생애주기별 복지 수요를 분석하고 맞춤형 지원 정책을 설계하고 있다. 이러한 시도는 공공데이터를 활용해 국민 개개인의 상황·선호·위험요인을 사전에 파악하고, '필요할 때'가 아니라 '필요하기 전에' 서비스를 제공하는 선제적 행정 모델로의 진화로 평가된다.

4) 민간 활용 기반 마련

정부는 데이터 기반 행정의 공공성과 혁신성을 강화하기 위해 공공데이터 개방과 민간협력 생태계 조성에도 주력하였다. 「공공데이터 제공 및 이용 활성화에 관한 법률」 개정으로 데이터 개방 범위가 확장되었고, 공공–민간 데이터 결합(Data Collaboration) 사례가 증가하였다. 예를 들어 국가데이터처의 'KOSIS 오픈데이터 API', 국토교통부의 '부동산 실거래가 오픈시스템', 기상청의 '기상데이터 포털' 등이 민간 스타트업과 연구기관의 신규 서비스 창출에 활용될 수 있으며, 데이터 경제의 기반이 확장되고 있다. 이러한 성과는 데이터 기반 행정이 정부의 내부 혁신을 넘어, 민관협력형 혁신 생태계(Government as a Platform)로 발전할 가능성을 보여준다.

4 향후 과제

1) 데이터 품질과 표준화

여전히 일부 부처·지자체의 데이터 정확성, 완전성, 최신성이 낮아 정책분석의 신뢰도를 떨어뜨리는 사례가 많다. 예컨대 동일 지표라도 기관별 산출 기준과 형식이 달라 비교·연계가 어렵고, 메타데이터 작성 기준 또한 부처별로 상이하다. 이는 데이터 기반 행정의 양적 확산에도 불구하고, 데이터 품질관리와 표준화 수준의 불균형이 행정 효율성의 병목으로 작용하고 있음을 의미한다.

2) 기관 간 데이터 연계

법률상 데이터 공유의 근거는 마련되었으나, 실제 부처 간 데이터 교환은 여전히 제한적이다. 보안 문제, 정보 소유권, 개인정보, 법적 책임 문제로 인해 기관 간 연계보다는 부처 단위의 개별 플랫폼 운영이 주를 이루고 있으며, 이는 중복투자와 시스템 비효율을 초래하고 있다. 범정부 차원의 데이터 거버넌스가 선언적으로 존재할

뿐, 실질적인 통합데이터 컨트롤타워의 기능은 미흡하다.

3) 분석 · 활용 인력 부족양성

데이터 기반 행정의 성패는 전문 인력 확보에 달려 있지만, 현재 정부 내 데이터 과학자 · 분석가 · 엔지니어 등의 수는 수요에 비해 절대적으로 부족하다. 중앙부처에 도입된 CDO(Chief Data Officer) 제도 역시 제도적 기반은 마련되었으나, 예산과 인사 권한이 제한되어 실질적인 리더십을 발휘하기 어렵다. 결국 데이터 기반 행정은 기술적 문제보다 조직역량 문제로 귀결되는 경향이 강하다.

4) 성숙한 데이터 활용문화

데이터 분석 결과가 정책결정 과정에 실질적으로 반영되지 못하고, 단순히 보고서 형태로 '형식화'되는 경우가 많다. 일부 부처에서는 데이터 분석이 단기성과 중심의 사업평가 수단으로 활용되어, 데이터 기반 사고가 조직문화로 정착되지 못하고 있다. 이는 단순히 기술이나 제도 문제를 넘어, 조직문화로 내재화가 필요함을 알 수 있다.

5) 개인정보 보호와 활용의 균형

데이터 결합 · 활용의 필요성이 증가하는 반면, 개인정보보호법 등 관련 규제가 강하여 실제 분석 · 연계 과정에서 제약이 크다. 개인정보에 대한 비식별화 기술의 수준이 낮고, 개인정보 활용의 법적 가이드라인이 불명확해 '활용'과 '보호' 간의 균형점을 찾기 어렵다. 특히 AI · 빅데이터 기반 행정이 확대됨에 따라, 개인정보 침해에 대한 국민 신뢰 확보가 향후 데이터 행정의 지속가능성을 좌우할 것이다.

제6절 소결

이상에서 살펴본 대로 우리나라의 데이터 기반 행정은 법률 제정 이후 정책효율성, 서비스 품질, 행정 투명성 등에서 뚜렷한 진전을 이루었다. 그러나 그 성과는 아직 양적 확산 단계에 머물러 있으며, 향후 데이터의 질적 수준의 개선이 핵심 과제가 될 것으로 보인다. 즉, 단순히 데이터를 많이 모으는 것을 넘어, 정확성 · 신뢰성 · 적시성이 확보된 고품질 데이터를 활용하여 지속가능한 행정 의사결정 체계를 구축해야 한다. 이를 위해 데이터 품질인증제 도입, 범정부 통합데이터 거버넌스 확립, 공공부문 데이터 직무체계 정비, AI기반 데이터 품질진단 자동화 등이 필요하다. 또한 데이터 기반 행정의 성과가 국민 체감으로 이어지기 위해서는 데이터를 통한 문제해결과 가치 창출 중심의 문화적 혁신이 병행되어야 한다.

데이터 기반 행정은 인프라 구축 단계를 넘어, 품질관리 · 기관 연계 · 문화 확산 · 인력 양성 등 심화 단계의 행정 혁신 과제로 이행하고 있다. 향후 제3차데이터기반행정 활성화 기본계획에서는 '데이터 거버넌스 체계화'와 '데이터 기반 행정문화 내재화'를 정책 목표로 설정하고, 중앙부처 · 지자체 · 공공 기관 간의 협력구조를 강화해야 할 것이다. 결국 데이터 기반 행정의 궁극적인 목표는 기술적 효율성이 아니라, 신뢰가능한 데이터로 국민 삶의 질을 높이는 공공가치 실현에 있다.

참고문헌

공공데이터활용지원센터(2024.3.5). 공공데이터 NOW 제109호(제2차 기본계획수립) 「데이터기반행정 활성화에 관한 법률」, 법제처 국가법령정보센터

국토교통부 국토교통과학기술진흥원(2023). 드론영상시스템과 인공지능을 활용한 스마트교량안전진단시스템

국토교통부(2021). 스마트건설기술 현장적용 가이드라인

국토교통부(2025.8.20). AI 드론 개발 본격화(재난・안전 분야 적용) 보도자료

이신・허유경・김혜미(2014). 서울특별시 사례. 빅데이터를 이용한 교통계획: 심야버스와 사고 줄이기, 서울정책아카이브 Seoul Solution

행정안전부(2021). 「제1차데이터기반행정 활성화 기본계획(2021~2023)」.

행정안전부(2023). 「제2차데이터기반행정 활성화 기본계획(2024~2026)」.

행정안전부(2024). 2023년데이터기반행정 실태점검 및 평가' 결과.

행정안전부(2025). 2024년데이터기반행정 실태점검 및 평가' 결과.

행정안전부, 국민비서 공식 안내(서비스 개요), https://www.ips.go.kr/pot/forwardMain.do.

Espinosa, V. I., & Pino, A.(2024). E-Government as a development strategy: The case of Estonia. [PDF]. *Universidad del Desarrollo*. faro.udd.cl

Government, GDS, 10 February 2025, AI, Digital Centre

Head, B. W.(2010). Reconsidering Evidence-based Policy: Key Issues and Challenges. *Policy & Society*, 29(2), 77-94.

McGuire, B.(2019). *Lessons from Estonia on digital government*, Polity OPTIONS POLITIQUES.

OECD(2021). Government at a Glance

Republic of Estonia, X-Road Data Exchange Layer Overview, 2022

Spinelli, T.(2025). Launching the Artificial Intelligence Playbook for the UK

UK Government(2022). UK Government Digital Service, GOV.UK Notify Service Guide.

United States Government(2023), Data.gov Overview

"X-Road®-Interoperability services."(n.d.). e-Estonia. Retrieved from https://e-estonia.com

"A historical analysis on interoperability in Estonian data exchange architecture."(n.d.). ACM Digital Library. x-road-document-library.s3.amazonaws.com

"Data exchange layer X-tee-Estonian Information System Authority (RIA)."(n.d.). Retrieved from https://www.ria.ee

CHAPTER 10

디지털정부의 행정관리 시스템 구조와 운영

한세억

제1절 서론

인공지능 전환 시대에 접어들면서 디지털정부는 행정관리 시스템의 구조와 운영에 근본적인 변화를 요구받고 있다. 전통적인 행정관리 시스템은 주로 업무의 전산화와 온라인화에 초점을 맞추어 왔으나, 인공지능 기술의 도입은 단순한 자동화를 넘어 행정 업무 전반의 지능화, 예측가능성, 그리고 맞춤형 서비스 제공을 가능하게 한다. 이에 따라 행정관리 시스템은 단순한 데이터 저장 및 처리 플랫폼을 넘어서, 다양한 정부 기관과 부처 간 데이터와 기능을 통합하고 실시간으로 분석·활용하는 지능형 통합 플랫폼으로 진화하고 있다. 이러한 구조 변화는 기존의 분산되고 독립적으로 운영되던 시스템들이 상호운용성을 갖추고 유기적으로 연계되며, 데이터 기반의 신속하고 정확한 행정 의사결정을 지원하는 것을 의미한다(Wirtz, 2022).

현재 디지털정부의 행정관리 시스템은 행정 효율성 제고와 대국민 서비스 혁신을 목표로 구축된 일련의 통합정보 시스템이다. 이 시스템은 인사관리, 재정·예산관리, 업무관리, 대민 서비스라는 핵심 행정 기능을 전자적으로 구현하는 데 있다. 대표적으로 e-사람, dBrain, 온-나라 시스템, 정부24가 그 중추를 이룬다. 이 네 가지 시스템은 각자의 영역에서 전문성을 발휘하는 동시에 유기적으로 연계되어 디지털정부의 통합적 운영 기반을 형성한다.

네 가지 시스템은 개별적으로 작동하는 것을 넘어, 데이터와 기능을 상호 연계하며 시너지를 창출한다. 가령 e-사람에서 관리되는 공무원의 인사정보는 온-나라 시스템을 통한 결재 권한 설정에 활용되며, dBrain의 재정정보는 각종 예산 집행 관련 문서를 온-나라 시스템으로 결재하는 과정에서 연동된다. 궁극적으로, 모든 내부 행정의 결과는 정부24를 통해 대국민 서비스로 연결되거나, 행정정보의 투명한 공개를 위한 기반이 된다. 이러한 통합관리 시스템 구조는 행정 기관 내부의 효율성을 높일 뿐만 아니라, 국민에게 끊김없이(Seamless) 통합된 행정 서비스를 제공하는 디지털정부 구현의 핵심 동력이다. 시스템 간의 유기적 연계는 행정 프로세스의 혁신을 넘어, 데이터 기반의 과학적 의사결정과 국민 중심의 서비스 제공이라는 디지털정부의 가치를 실현하는 데 결정적인 역할을 한다.

또한 인공지능 시대의 디지털정부 운영은 국민 중심의 서비스 제공을 최우선 가치로 삼아야 한다. 이를 위해 시스템은 사용자의 요구와 행동 패턴을 분석해 맞춤형 서비스를 실시간으로 제공할 수 있어야 하며, 민원 처리, 재정관리, 인사 행정 등 다양한 행정 분야에 AI 기반의 자동화 및 지원 기능을 적용해 업무 효율성을 극대화해야 한다. 동시에 개인정보 보호와 보안, 윤리적 AI 활용이라는 새로운 과제에도 철저히 대응할 필요가 있다. 따라서 인공지능 전환 시대에서 디지털정부의 행정관리 시스템은 기술적 혁신과 함께 제도적, 정책적 뒷받침을 통해 신뢰받는 스마트 행정의 기반을 구축하는 방향으로 나아가야 한다(Nguyen & Luu, 2025). 이러한 변화는 궁극적으로 행정의 투명성과 책임성을 강화하고, 국민에게 한층 신속하고 정확하며 포용적인 공공 서비스를 제공하는 데 도움이 될 것이다.

제2절 디지털정부에서 행정관리 시스템의 정체성

1 개념 및 필요성

디지털 전환이 가속화되는 현대 사회에서 정부의 역할과 기능 역시 근본적인 변화를 겪고 있다. 이러한 변화의 중심에는 디지털정부(Digital Government)와 이를 구현·운영하는 행정관리 시스템(Administrative Management System)이 자리하고 있다. 디지털정부는 정보통신기술(ICT)을 기반으로 행정 서비스를 디지털화함으로써, 국민과의 소통, 정책결정, 공공 서비스 제공 등 정부의 전반적인 기능을 효율적이고 투명하게 수행하는 정부 형태를 의미한다. 단순한 전산화 수준을 넘어서, 공공데이터를 기반으로 한 예측적 정책결정, 인공지능과 자동화 기술을 활용한 맞춤형 행정 서비스 제공 등을 포함하는 포괄적 개념이다(OECD, 2020).

이와 더불어, 행정관리 시스템은 디지털정부의 실질적인 작동 기반으로서, 조직 내부의 업무 처리, 자원관리, 의사결정, 성과 평가 등을 지원하는 체계적 시스템을 의미한다. 이는 전자문서 시스템, 인사·예산관리 시스템, 통합정보 시스템 등으로 구성되며, 디지털정부가 효율적이고 일관되게 운영될 수 있도록 하는 핵심 인프라이다.

디지털정부와 행정관리 시스템의 정체성은 곧 공공성과 효율성의 조화라는 가치로 귀결된다. 디지털정부는 시민 중심의 서비스 개선을 목표로 하며, 정보 접근성과 투명성을 보장함으로써 민주성과 책임성을 높인다. 동시에 행정관리 시스템은 조직 내부의 행정 역량을 강화하고 자원의 최적화를 도모하여 정부 운영의 효율성을 제고한다. 이 두 요소는 상호보완적인 관계 속에서 현대 행정의 새로운 정체성을 형성하고 있다(Gil-Garcia, Dawes, and Pardo, 2018).

이러한 변화는 단지 기술의 문제가 아니라 행정 철학과 공공 서비스 패러다임의 전환을 요구한다. 국민은 더 이상 수동적 수혜자가 아니라, 데이터 기반 행정에 참여하고 이를 감시할 수 있는 능동적 주체로 자리 잡고 있으며, 행정조직은 그에 걸맞은 투명성, 유연성, 신속성을 갖추어야 한다. 따라서 디지털정부와 행정관리 시스템은 단순한 도구적 수단을 넘어서, 미래 행정의 정체성과 방향성을 결정짓는 핵심 축이라 할 수 있다.

2 목표와 역할

디지털 기술의 발전은 전통적인 행정의 형태를 근본적으로 변화시키고 있다. 이에 따라 디지털정부와 행정관리 시스템의 정체성은 단순한 정보화 수준을 넘어, 국민 중심의 서비스 혁신과 행정의 구조적 전환이라는 목표 지향적 정체성을 지닌다. 디지털정부의 궁극적인 목표는 단순히 정부 업무를 전산화하는 데 그치지 않고, 국민이 체감하는 행정의 효율성과 투명성을 획기적으로 개선하는 것이다. 이를 위해 디지털정부는 개인 맞춤형 서비스, 데이터 기반의 정책결정, 민원 절차의 자동화 등 혁신적 기능을 수행한다(Fountain, 2004).

행정관리 시스템은 이러한 디지털정부의 목표를 조직 내부에서 실현하는 핵심 도구로서 기능한다. 예산, 인사, 문서, 의사결정 등의 행정 절차를 표준화하고 자동화함으로써 정부 운영의 정합성과 일관성을 확보하고, 공무원의 업무 부담을 줄여 행정의 품질을 향상시키는 역할을 한다. 또한, 데이터 기반 행정을 위한 핵심 인프라로서, 정책 수립의 객관성과 신속성을 뒷받침한다. 따라서 행정관리 시스템은 디지털정부의 실행 기반이자, 내부 역량 강화를 위한 전략적 수단이라 할 수 있다.

두 체계는 공통적으로 국민 중심의 가치 실현을 핵심 목표로 삼고 있으며, 이를 위해 기술과 조직의 통합적 작동이 필수적이다. 디지털정부는 외부적으로 국민과의 상호작용을 혁신하는 플랫폼이라면, 행정관리 시스템은 내부적으로 그러한 혁신이 가능하도록 시스템을 정비하고 조율하는 역할을 수행한다. 결국, 이 둘의 정체성은 상호보완적이며, 서비스 지향성과 관리 효율성이라는 두 축을 동시에 추구하는 이중적 목표를 갖는다(Baheer, Lamas & Sousa, 2020).

디지털 시대의 정부는 단순히 기능적 조직이 아니라, 지능적이고 반응성 높은 플랫폼으로 진화해야 한다. 이를 실현하기 위해 디지털정부에서 행정관리 시스템은 기술이 아닌 가치 중심의 설계 철학과 운영 전략을 바탕으로 설계되어야 하며, 그 목표와 역할은 단순한 자동화가 아닌 공공성과 신뢰성의 제고에 있다. 이러한 점에서 이들의 정체성은 곧 미래 행정의 방향성과 비전을 대변한다고 할 수 있다(Ponkin, 2021).

3 시스템의 구조

디지털정부가 추구하는 목표를 실현하기 위해서는 이를 뒷받침하는 정교하고 체계적인 내부 시스템이 필요하다. 그 핵심이 바로 행정관리 시스템이며, 이는 정부 조직의 일상적인 업무와 자원, 의사결정을 통합적으로 지원하는 기반 구조이다. 행정관리 시스템은 단순한 전산화 도구가 아니라, 디지털정부의 기능이 조직 내부에서 구체화되는 작동 메커니즘이며, 현대 행정의 효율성과 책임성을 실현하는 데 필수적인 요소다. 이를 이해하기 위해서는 행정관리 시스템의 구조를 구성 요소별로 분해하고, 각 요소의 기능과 상호작용을 분석할 필요가 있다(McLoughlin et al. 2013).

첫째, 업무처리 시스템은 행정관리 시스템의 가장 기초적인 구성 요소이다. 이는 문서 작성, 결재, 기록 보관 등 공무원 개개인의 일상적 행정 행위를 전산화한 시스템으로, 대표적으로 전자문서관리 시스템(EDMS), 전자결재 시스템 등이 여기에 포함된다. 이 시스템은 업무의 신속성과 투명성을 제고할 뿐만 아니라, 정책 형성과 집행 과정의 기록성과 정당성을 보장한다.

둘째, 자원관리 시스템은 인사, 재정, 자산 등 행정조직의 내부 자원을 관리하는 기능을 수행한다. 인사관리 시스템(HRIS)은 공무원의 채용, 평가, 승진 등 인사 전반을 관리하며, 예산·회계관리 시스템(FMIS)은 정부 예산의 편성, 집행, 결산 등을 처리한다. 이러한 시스템은 자원의 효율적 배분과 통제를 가능하게 하며, 행정의 책임성과 지속가능성을 높인다. 특히, 데이터 기반의 자원 배분은 정책 결정의 정량적 근거로 활용될 수 있어, 행정의 전략적 역량을 강화하는 핵심 수단이 된다.

셋째, 통합정보관리 시스템은 다양한 행정정보를 수집·저장·분석·공유하는 플랫폼 역할을 한다. 이는 데이터 허브(Data Hub), 공공데이터 플랫폼, 대시보드 시스템 등을 포함하며, 조직 내 정보 흐름을 중앙 집중화하거나 연계함으로써 부서 간 협업과 정보 일관성 확보에 기여한다. 특히, 정책 추진 과정에서 부처 간 데이터 연계는 통합적 대응과 선제적 정책 설계를 가능하게 만든다.

넷째, 의사결정지원 시스템(DSS)은 관리자나 정책 결정자가 전략적 판단을 내릴 수 있도록 지원하는 기능을 갖춘다. 이는 통계 분석, 시뮬레이션, 예측 모델링 등을 기반으로 하며, 인공지능이나 빅데이터 분석 기술이 점점 도입되고 있다. 이 시스템은 기존의 경험과 직관 중심의 정책 결정에서 벗어나, 데이터 기반의 합리적·과학적 행정으로의 전환을 가능케 한다.

다섯째, 보안 및 개인정보보호 시스템은 행정관리 시스템의 운영을 지속가능하게 만드는 필수 인프라이다. 디지털 행정은 민감한 개인 및 공공정보를 대량으로 처리하기 때문에, 사이버보안과 데이터 보호는 행정 신뢰의 핵심 요소가 된다. 이에 따라 인증 체계, 접근 통제, 로그 기록 등 보안 장치와 개인정보보호 정책이 체계적으로 설계되어야 한다.

행정관리 시스템의 이러한 구조는 개별적으로 작동하는 것이 아니라, 유기적이고 통합적인 시스템 아키텍처를 통해 상호 연결되어 작동한다. 예를 들어, 인사정보는 예산 편성 및 교육훈련과 연계되며, 정책결정 과정에서 이를 실시간으로 활용할 수 있다. 이는 디지털정부의 핵심 가치인 투명성, 대응성, 예측성을 조직 내부에서 실현하는 근간이 된다.

나아가 행정관리 시스템은 기술적 시스템을 넘어, 정부조직의 문화와 제도, 업무 방식에도 영향을 미치는 구조적 혁신 요소이다. 즉, 시스템 구조는 단지 기술적 구성 요소의 나열이 아니라, 정부가 어떻게 운영되고 통치되는 지를 형성하는 디지털 거버넌스의 핵심 틀이라고 할 수 있다(Ariesmansyah et al., 2021). 결국, 행정관리 시스템의 구조는 단순한 정보기술의 조합이 아니라, 디지털정부의 운영 철학과 행정의 정체성을 반영하는 복합적 체계이다. 따라서 각 구성 요소는 독립적으로 설계되기보다 상호 연계와 통합을 전제로 하며, 이러한 통합된 구조를 통해 디지털정부는 국민 중심의 행정, 데이터 기반의 정책, 책임 있는 정부 운영이라는 목표를 실현할 수 있게 된다.

4 주요 행정관리 기능 모듈

디지털정부가 지향하는 공공 서비스 혁신과 행정 효율화는 단순히 디지털 기술의 도입만으로 실현되지 않는다. 그 핵심에는 정부조직 내부의 구조화된 정보처리와 자원 운영을 가능하게 하는 행정관리 시스템의 기능 모듈이 존재한다. 이들 기능 모듈은 정부조직이 일상적으로 수행하는 행정 업무를 체계적으로 처리하고, 데이터 기반의 정책결정을 가능하게 하며, 공공 자원의 효율적 운용을 지원하는 역할을 한다. 주요 기능 모듈은 업무의 성격에 따라 다음과 같이 구분된다.

첫째, 인사관리 모듈은 공무원의 채용, 배치, 평가, 승진, 교육 등 전 생애주기에 걸친 인적자원관리 기능을 수행한다. 디지털 행정환경에서 인사관리 모듈은 공무원 인사정보의 통합관리 뿐만 아니라, 역량 기반 배치, AI 기반 인재 예측 등 정교한 관리가 가능하도록 설계된다. 이를 통해 인사 관련 의사결정이 보다 객관적이고 공정하게 이루어지며, 인적자원의 전략적 활용이 가능해진다.

둘째, 재정 및 예산관리 모듈은 정부의 예산 편성, 집행, 결산, 회계 등 재정 전반을 관리한다. 이 모듈은 예산 집행의 실시간 모니터링, 이중 지출 방지, 부처 간 예산 연계 등을 지원하여 정부자원의 투명한 운용을 가능하게 한다. 특히 최근에는 예산 편성 단계부터 성과 지표와 연계하는 성과 기반 예산제도와 연동되어, 단순한 회계관리 수준을 넘어 행정성과 중심의 재정운용이 이루어지고 있다.

셋째, 문서 및 기록관리 모듈은 공공 기관에서 생성·수집·보존되는 모든 행정 문서를 체계적으로 관리한다. 이 모듈은 전자결재, 문서 공유, 보존연한관리, 감사 추적 기능 등을 포함하여 행정의 법적 정당성과 투명성을 확보한다. 디지털정부에서 문서관리 모듈은 업무 흐름을 표준화하고, 기록물의 체계적 축적을 통해 행정의 연속성과 책임성을 담보하는 기반이 된다.

넷째, 성과관리 및 평가 모듈은 행정조직이나 부서, 개인의 업무성과를 측정하고 분석하는 기능을 갖춘다. 이는 각종 정량적 지표와 데이터를 기반으로 정책 및 사업의 효과성을 판단하고, 결과 중심의 행정을 촉진하는 데 기여한다. 또한, 성과 평가 결과는 인사·예산 배분과도 연계되어 조직 전반의 동기부여와 전략적 기획에 중요한 역할을 한다.

다섯째, 민원 및 고객관리 모듈은 국민과의 접점을 관리하는 기능으로, 전자민원 처리, 불만 접수, 상담 대응, 만족도 조사 등 시민참여를 실현하는 통로 역할을 한다. 디지털정부에서는 이 모듈을 통해 국민의 의견을 실시간으로 반영하고, 국민 중심 행정을 실질적으로 구현할 수 있다. 이처럼 행정관리 시스템의 주요 기능 모듈은 정부 내 다양한 자원과 정보를 유기적으로 연결하고, 업무의 효율성과 책임성을 높이는 데 기여한다. 나아가 이들 모듈은 단편적으로 작동하는 것이 아니라, 통합 플랫폼 내에서 상호 연계되어 디지털정부가 지향하는 통합적이고 예측가능한 행정을 가능케 한다. 따라서 행정관리 기능 모듈은 단순한 기술적 요소가 아닌, 디지털정부의 행정철학과 운영 전략이 반영된 핵심 구성 요소라 할 수 있다.

제3절 인사관리 시스템(e-사람: 공무원 인사관리 시스템)

1 추진배경

디지털정부로의 전환은 단순한 기술 도입을 넘어, 공공행정의 구조와 운영 방식을 근본적으로 변화시키는 과정이다. 이러한 변화의 핵심에는 정부조직 내부의 자원, 특히 인적자원의 효율적이고 전략적인 관리가 자리한다. 이 같은 배경 속에서 'e-사람'(공무원 인사관리 시스템)은 대한민국 정부가 추진한 통합적이고 표준화된 전자 인사관리체계로, 디지털행정의 일환이자 인사 혁신의 핵심 수단으로 등장하였다.

기존의 공무원 인사 시스템은 부처별로 분산되어 운영되었고, 인사정보의 형식과 처리 기준 또한 상이하였다. 이로 인해 공무원 인사자료의 정확성 확보에 어려움이 있었으며, 정보 연계 부족으로 인해 정책적 의사결정의 신속성과 정합성이 떨어졌다.

특히 인사 통계, 승진 후보자 관리, 교육훈련 이력 등 핵심 인사정보가 일원화되지 않아 중복 업무와 비효율이 지속되었다. 이러한 문제는 단순한 행정 낭비를 넘어, 공무원 인사제도의 공정성과 투명성에 대한 국민 신뢰를 저해하는 요인으로 작용했다(인사혁신처, 2024).

이러한 문제를 해결하고자 정부는 행정자치부 주도로 2000년대 초반부터 인사정보 시스템의 통합을 본격화하였다. 그 결과물인 'e-사람'은 중앙부처 및 지방자치단체의 인사정보를 하나의 플랫폼에서 관리하도록 설계되었으며, 채용부터 퇴직까지 전 주기적 인사 프로세스를 시스템화하였다. 이는 단지 기술적 시스템 구축을 넘어서, 공직사회의 인사 운영 원칙을 투명하고 객관적인 방식으로 정립하려는 제도적 개혁이었다.

또한, e-사람의 구축은 데이터 기반 행정이라는 디지털정부의 핵심 원칙을 인사 분야에 적용한 사례로 볼 수 있다. 시스템은 각종 인사통계 자동화, 인사 이력의 실시간 조회, 정책 수립을 위한 분석 기능 등을 통해 관리자와 의사결정자에게 실질적인 지원을 제공한다. 아울러 공무원 본인이 자신의 인사정보를 직접 확인할 수 있는 기능은, 정보 비대칭을 해소하고 인사 행정의 신뢰성을 높이는 계기가 되었다.

결국 e-사람의 도입은 단순한 인사업무의 전산화를 넘어, 공직사회 전반의 투명성과 책임성 제고, 나아가 디지털정부 실현을 위한 내부 인프라 구축이라는 중층적 목적을 가진다. 오늘날 e-사람은 인사 행정의 디지털화를 넘어, 조직 혁신과 전략적 인적자원관리(HRM)의 기반으로 작동하며, 디지털정부의 핵심 구성 요소로 자리매김하고 있다.

2 주요 기능 및 구성 요소

디지털정부로의 전환은 공공부문의 인사관리체계에도 근본적인 변화를 요구하였다. 이에 따라 대한민국 정부는 공무원 인사 업무의 효율성과 투명성을 제고하고자 e-사람(공무원 인사관리 시스템)을 도입하였다. e-사람은 공무원의 채용에서 퇴직까지 전 주기적 인사정보를 통합적으로 관리하는 국가 차원의 전자 인사관리 플랫폼으로, 단순한 업무전산화를 넘어서 전략적 인적자원관리(HRM)를 가능하게 하는 디지털정부의 핵심 구성 요소로 자리매김하고 있다(파이낸셜뉴스. 2021년 7월11일자).

e-사람의 주요 기능은 크게 다섯 가지로 나누어 설명할 수 있다. 첫째, 인사정보 통합 관리 기능이다. 공무원의 기본 인적 사항, 근무 경력, 보직 이력, 교육훈련 내역, 자격증, 징계 및 포상 기록 등 다양한 인사 데이터를 하나의 플랫폼에서 연계·관리함으로써 인사정보의 일관성과 정확성을 확보한다. 이를 통해 부처 간 정보 공유가 용이해지고, 인사 관련 의사결정의 객관성과 정당성을 뒷받침한다.

둘째, 인사 행정 프로세스의 자동화 및 표준화 기능이다. e-사람은 채용, 전보, 승진, 평가, 복무, 퇴직 등 전 인사 절차를 전산화하고 표준 운영 절차(SOP)를 내장하여, 부처별로 상이했던 인사 처리 방식의 차이를 줄인다. 예를 들어 승진 대상자 선정, 정기 인사발령, 평가 결과 반영 등 복잡한 업무 흐름이 시스템을 통해 자동으로 연계되므로, 인사 담당자의 업무 부담이 크게 줄어들고 오류 가능성도 감소한다.

셋째, 통계 및 분석 기능이다. 시스템에 축적된 인사 데이터를 기반으로 실시간 통계 보고서 생성, 조직별 인력 구성 분석, 인사 트렌드 예측 등이 가능하다. 이는 관리자나 정책 입안자에게 데이터 기반의 인사 전략 수립을 가능하게 하며, 단기적인 인사 운영을 넘어 중장기적인 인력계획 수립에도 활용될 수 있다. 특히 공무원 수급 조절, 세대별 인력 분포, 고위공무원단 인재풀관리 등에 효과적인 근거 자료를 제공한다.

넷째, 공직자 자기정보 확인 및 이력관리 기능이다. 공무원은 본인의 인사기록을 직접 확인하고, 경력이나 이력 사항을 최신화하거나 오류 수정을 신청할 수 있다. 이는 단순한 편의성을 넘어 인사정보에 대한 투명성과 주체성 강화라는 점에서 중요한 의미를 갖는다. 또한 e-사람은 이력 중심의 인사관리에서 벗어나, 개인의 역량과 경험을 토대로 경력개발(CDP)을 지원하는 방향으로 발전하고 있다.

다섯째, 보안 및 개인정보보호 기능이다. e-사람은 공무원의 민감한 개인정보를 포함하고 있기 때문에 고도화된 인증 체계, 접근권한 관리, 로그 추적 시스템 등을 갖추고 있다. 시스템은 사용자별 권한에 따라 정보 접근을 제한하고, 모든 인사 기록의 조회·수정 이력을 추적함으로써 내부 통제 기능도 수행한다. 이는 디지털정부의 신뢰 기반을 형성하는 핵심 요소 중 하나다.

이러한 주요 기능은 e-사람의 구성 요소(모듈)를 통해 구체화 된다. 시스템은 ① 기본 인사관리 모듈(인사기록, 발령, 인력현황), ② 근무·복무관리 모듈(근무성적평가, 휴가, 징계 등), ③ 교육훈련관리 모듈, ④ 보수 및 수당관리 모듈, ⑤ 성과관리 모듈, ⑥ 인사통계 및 분석 모듈 등으로 구성되어 있다. 각 모듈은 유기적으로 연계되어, 전체 인사 데이터를 실시간으로 통합 관리할 수 있도록 설계되었다. 특히 최근에는 인공지능(AI)과 빅데이터 기술을 활용하여 역량 기반 인사관리 체계로의 전환도 모색되고 있다. 예를 들어 승진 가능성 예측, 맞춤형 인재 추천, 조직 내 인력 과잉·부족 진단 등이 이루어지며, e-사람은 단순한 관리 시스템을 넘어 의사결정 지원 도구로 진화하고 있다.

결론적으로, e-사람은 디지털정부의 행정관리 시스템 중에서도 핵심적 기능을 담당하는 플랫폼으로, 공무원 인사행정의 효율성과 공정성, 투명성을 실질적으로 강화하는 기반이 된다. 인사 데이터의 일원화, 프로세스의 표준화, 분석 기능의 고도화 등은 궁극적으로 국민이 신뢰할 수 있는 공직 사회를 만드는 데 기여하며, 디지털정부가 지향하는 데이터 기반 행정의 실현을 가능하게 하는 중심축이라 할 수 있다.

[표 10-1] e-사람(공무원 인사관리 시스템)의 주요 기능 및 구성 요소

구분	주요 기능	세부 내용	관련 모듈
1. 인사정보 통합관리	공무원의 인사정보를 일원화된 시스템에서 통합관리	인적 사항, 경력, 보직, 교육훈련, 자격, 징계/포상 등	인사 기록 모듈
2. 인사 행정 프로세스 자동화	채용부터 퇴직까지 전 인사 절차의 자동화 및 표준화	발령, 전보, 승진, 평가 등 업무 자동 처리	발령관리, 승진관리 모듈
3. 통계 및 분석 기능	인사 데이터 기반의 실시간 통계, 분석, 예측 지원	조직·직급별 인력 구성, 인사 트렌드 분석	인사 통계·분석 모듈
4. 자기정보 확인 및 이력관리	공무원이 본인의 인사정보를 직접 조회·관리 가능	이력 확인, 오류 제보, 경력개발(CDP) 기능 포함	사용자 포털, 이력관리 모듈
5. 보안 및 개인정보보호	민감 정보보호를 위한 인증·접근통제 및 기록관리	접근권한 부여, 로그 기록, 정보 유출 방지	보안관리 모듈
6. 교육훈련관리	교육훈련 이력관리 및 이수 현황 파악	연수기관 연계, 역량개발 계획	교육훈련관리 모듈
7. 보수 및 수당관리	공무원의 보수 및 급여, 수당 정보 통합 관리	수당 자동 계산, 실적 연동	보수관리 모듈
8. 성과 및 근무 성적 평가	근무평정, 성과관리, 실적 기반 보상체계 운영	평가 기준 설정, 결과 반영	근무평정/성과관리 모듈

3 성과와 한계

e-사람은 대한민국 정부가 공무원 인사행정의 효율성, 공정성, 투명성을 제고하기 위해 구축한 디지털 인사관리 시스템으로, 2006년 전 부처에 도입된 이후 현재까지 디지털정부의 핵심 인프라 중 하나로 자리매김해 왔다. 이 시스템은 공무원의 채용, 보직, 승진, 평가, 교육, 퇴직에 이르는 전 생애주기적 인사정보를 통합 관리함으로써, 행정의 표준화와 자동화, 그리고 데이터 기반의 인사정책 수립을 가능하게 하였다.

e-사람의 가장 큰 성과는 인사 업무의 효율성 제고이다. 이전에는 부처별로 분산되어 수작업으로 처리되던 인사 업무가 전자화되고, 공무원 인사정보가 일원화되면서 중복 업무와 오류가 크게 줄었다. 또한 인사정보의 실시간 조회 및 통계 분석 기능은 인사 담당자뿐 아니라 정책 결정자에게도 유용한 의사결정 자료를 제공함으로써, 전략적인 인사관리 기반을 마련했다. 특히 공무원이 직접 자신의 인사기록을 확인하고 관리할 수 있게 되면서, 투명성과 자기책임성 역시 향상되었다.

그러나 이러한 성과에도 불구하고, e-사람 시스템은 몇 가지 중요한 한계를 지닌다. 첫째, 인사관리의 형식적 표준화에 그칠 위험이 있다. 시스템은 정해진 프로세스를 자동으로 수행하지만, 이로 인해 실제 업무의 유연성이 저하되거나 창의적인 인사 운영이 어려울 수 있다. 둘째, 역량 기반 인사체계와의 연계 부족이 지적된다. e-사람은 이력 기반 인사정보에는 강점을 보이지만, 개인의 직무역량, 조직 내 성과, 미래 성장 가능성 등 질적 정보의 수집과 분석에는 한계가 있다. 셋째, 일선 사용자와 시스템 간의 간극도 문제다. 일부 부처나 사용자들은 시스템의 인터페이스가 불편하고 기능이 과도하게 복잡하다고 지적하며, 현장 적용성이나 사용자 친화성 측면에서 개선의 여지가 존재한다.

결론적으로, e-사람은 대한민국 디지털정부의 인사행정에 있어 중요한 혁신을 이뤄낸 시스템임에는 분명하다. 그러나 시스템의 고도화를 위해서는 형식적 자동화를 넘어, 정성적 평가 요소와 예측 기능의 강화, 사용자 경험 중심의 개선, 그리고 역량 중심의 인사문화 정착 등 추가적 보완이 필요하다. 앞으로 e-사람은 기술 중심 시스템을 넘어, 사람 중심의 전략적 인사관리 플랫폼으로 진화해야 할 과제를 안고 있다.

제4절 회계-예산관리 시스템(dBrain: 재정정보 통합관리 시스템)

1 추진배경

디지털정부로의 전환은 정부 운영 전반에 걸쳐 정보의 통합과 투명성 제고를 요구하였다. 그중에서도 국가 재정의 체계적 관리와 효율성 확보는 핵심 과제 중 하나였다. 특히 예산 편성과 집행, 회계 및 결산 등 재정 전 과정을 유기적으로 연결하지 못한 기존 시스템은 부처 간 정보 단절, 이중처리, 실시간 예산 통제의 어려움 등 다양한 문제를 초래했다. 이러한 한계를 극복하고자 2007년 대한민국 정부는 재정정보 통합관리 시스템(Digital Budget and Accounting System: dBrain)을 도입하였다.

기존의 재정 운영 방식은 부처별 개별 시스템에 기반해 운용되어, 국가 전체 재정 상황을 실시간으로 파악하기 어려웠다. 예산은 기획재정부가 총괄하고, 각 부처는 자체적으로 집행을 관리했으며, 회계정보는 또 다른 시스템에서 분리되어 관리되었다. 이로 인해 예산의 중복 배정이나 집행의 비효율, 결산의 지연 등 문제가 반복되었다. 또한 국민의 세금이 어디에 어떻게 쓰이는 지를 투명하게 보여줄 수 있는 기반이 미흡하다는 지적도 꾸준히 제기되었다.

이같은 문제를 해결하고자 추진된 dBrain은 예산의 편성부터 집행, 회계, 결산에 이르는 재정 전 과정의 통합 관리를 목표로 한다. 디지털 기술을 활용하여 재정정보를 표준화하고, 실시간 모니터링이 가능하도록 하며, 부처 간 정보 연계와 협업을 지원하는 구조로 설계되었다. 이는 단지 기술적 시스템 구축을 넘어서, 재정 운용의 거버넌스를 강화하고, 책임성과 투명성을 확보하려는 정책적 시도이기도 하다.

또한 1997년 IMF 외환위기 이후 강화된 재정건전성 요구와 국민이 체감할 수 있는 열린 재정정보 공개 요구도 dBrain 구축의 중요한 배경이 되었다. 이후 2004년 통합 재정정보 시스템 구축이 국정 과제로 선정된 이후 구축 경과를 정리하면 [표 10-2]와 같이 정리할 수 있다.[1] 국가재정의 효율성과 책임성은 단지 행정 내부의 문제가 아닌, 정부에 대한 국민 신뢰의 문제이기도 하다. 이에 따라 정부는 재정 운영의

1) 한국 재정정보원 홈페이지(https://www.fis.kr/ko/major_biz/dbrain_oper/intro/progress) 자료

[표 10-2] dBrain 구축 경과

dBrain 구축 경과
2022 차세대 디지털예산회계 시스템(dBrain⁺) 전면 개통(2022.1.3.)
2021 차세대 디지털예산회계 시스템(dBrain⁺) 예산 선 오픈(2021.5.20.)
2019 차세대 디지털예산회계 시스템(dBrain⁺) 구축(2019.7.~2022.3.)
차세대 디지털예산회계 시스템(dBrain⁺) 구축 추진단 출범(2019.7.)
2015 대국민 정보공개(열린 재정, e나라 재산) 개통
2013 UN 공공행정상 대상 수상
2009 발생주의 · 복식부기 회계 제도 도입
2007 디지털예산회계 시스템(dBrain) 개통
2004 통합 재정정보 시스템 구축을 국정 과제로 선정

모든 단계를 하나의 시스템에서 통합 관리하여, 예산 낭비를 줄이고 성과 중심의 재정 운용을 실현하고자 하였다(전자신문, 2023년 11월 14일자).

dBrain은 디지털정부 구현을 위한 핵심 인프라 중 하나로, 국가재정을 보다 투명하고 전략적으로 운영하기 위한 필수 기반으로 추진되었다. 단순한 전산화가 아니라, 재정 운영의 패러다임을 '수기 중심의 수동관리'에서 '데이터 중심의 자동 · 지능형 통합관리'로 전환하는 국가적 혁신 프로젝트라 할 수 있다.

2 주요 기능 및 주요 구성 요소

디지털정부 구현의 핵심 과제 중 하나는 정부 재정을 보다 효율적이고 투명하게 운용하는 것이다. 이를 실현하기 위해 대한민국 정부는 2007년부터 dBrain(Digital Budget and Accounting Information System), 즉 재정정보 통합관리 시스템을 도입 · 운영해왔다. dBrain은 중앙정부의 예산편성부터 집행, 회계, 결산, 재정성과 평가에 이르기까지 재정의 전 과정을 하나의 플랫폼에서 통합적으로 관리할 수 있도록 설계된 시스템으로, 디지털 기반의 공공 재정 혁신을 상징하는 대표 사례다.

dBrain의 가장 핵심적인 기능은 재정정보의 통합 관리이다. 이 시스템은 기획재정부, 각 중앙행정 기관, 감사원, 국회 등 다양한 주체가 사용하는 모든 재정 관련 데이터를 연계하여 실시간으로 정보를 공유하고, 예산의 흐름을 추적할 수 있도록 한다. 기존에는 예산 편성과 회계, 결산이 별개의 시스템에서 운영되어 업무의 중복과

정보 단절이 발생했으나, dBrain은 이러한 단절을 해소함으로써 정합성 있는 재정 운영을 가능케 했다(이투데이, 2025년 10월 2일자).

dBrain의 주요 기능은 크게 다섯 가지로 나눌 수 있다. 첫째, 예산 편성 및 배정 기능이다. 각 부처는 dBrain을 통해 사업계획을 입력하고, 기획재정부는 이를 기반으로 예산을 심의하고 조정한다. 예산이 확정되면 각 부처로 전자적으로 배정되며, 종이 문서 없이 전체 예산편성 과정이 시스템 내에서 처리된다.

둘째, 예산집행관리 기능이다. 부처는 승인된 예산을 집행할 때, dBrain 상에서 집행 계획을 수립하고, 지출 요구와 계약, 지출 승인 등의 절차를 시스템상에서 처리한다. 이 과정에서 자금 흐름이 자동으로 기록되어 예산의 사용 현황을 실시간으로 파악할 수 있다. 또한, 집행 실적은 자동으로 회계 시스템에 반영되어 회계의 정확성과 속도를 크게 높였다.

셋째, 회계 및 결산 기능이다. 각 부처는 지출 결과를 토대로 회계보고서를 자동 생성하고, 연말에는 부처별 결산자료를 작성하여 기획재정부와 감사원에 제출한다. 결산 기능은 회계처리 기준과 연결되어 있어 오류를 방지하며, 결산의 투명성과 신뢰성을 제고한다. 과거에는 수작업에 의존하던 결산 보고서가 dBrain을 통해 정량적이고 객관적인 데이터로 관리된다.

넷째, 성과 및 분석 기능이다. dBrain은 예산의 집행 과정 뿐만 아니라, 각 사업의 성과 목표와 실적 정보를 함께 기록하여, 재정의 투입과 결과를 연계한다. 이를 통해 단순 지출 중심에서 벗어나 성과 중심의 재정 운영이 가능해졌다. 성과 데이터는 향후 예산 편성에 활용되어, 저성과 사업은 조정되거나 폐지되고, 우수한 사업은 확대되는 구조를 유도한다.

다섯째, 정보공개 및 대국민 서비스 기능이다. 일반 국민은 '열린 재정' 포털 등을 통해 주요 재정정보를 실시간으로 확인할 수 있다. 예산이 어떻게 편성되고, 어떤 사업에 얼마나 지출되었는지에 대한 정보가 투명하게 공개됨으로써, 국민의 알 권리를 보장하고 정부 재정 운영에 대한 신뢰를 높이는 데 기여하고 있다.

이러한 기능을 실현하기 위해 dBrain은 다양한 구성 모듈로 이뤄져 있다. 대표적인 구성 요소는 ① 예산 편성 모듈, ② 예산배정 및 조정 모듈, ③ 지출 및 회계처리 모듈, ④ 성과관리 모듈, ⑤ 결산 및 보고 모듈, ⑥ 정보공개 및 대시보드 모듈 등이다. 이들은 유기적으로 연결되어 있어 한 단계에서 입력된 정보가 다음 단계로 자동 연계되어 업무효율성과 정확성을 높인다.

dBrain은 단순한 행정전산화를 넘어, 디지털 기술을 활용한 전략적 재정관리 플랫폼으로 기능하고 있다. 특히 최근에는 인공지능, 빅데이터 분석, 클라우드 기반의 차세대 시스템(dBrain 2.0)으로의 전환이 추진되고 있으며, 이로 인해 예산 사전 분석, 이상 지출 감지, 사업 성과 예측 등의 지능형 재정 운영 기능이 강화되고 있다. dBrain은 디지털정부 시대의 재정 운영 방식에 있어 패러다임 전환을 이끌고 있으며, 재정의 효율성뿐 아니라 투명성, 책임성, 그리고 국민 참여 기반의 열린 재정 구현을 가능하게 하는 핵심 시스템이다.

[표 10-3] dBrain(재정정보 통합관리 시스템)의 주요 기능 및 구성 요소

구분	주요 기능	세부 내용	관련 모듈
1	예산 편성 및 배정	부처의 예산요구, 심의, 조정 및 전자 배정	예산 편성 모듈, 예산배정 모듈
2	예산 집행관리	지출 계획 수립, 지출 요구·승인, 계약 등록, 자금 흐름 추적	집행관리 모듈, 자금관리 모듈
3	회계 및 결산 처리	지출 결과 자동 회계처리, 결산자료 생성 및 제출	회계관리 모듈, 결산보고 모듈
4	성과 및 분석관리	사업 성과목표·실적 입력, 예산성과 분석 및 반영	성과관리 모듈, 분석지원 모듈
5	정보공개 및 대국민 서비스	열린 재정 포털을 통한 예산·지출 정보공개	정보공개 모듈, 대시보드 모듈
6	실시간 통합관리 및 연계	부처 간 데이터 자동 연계, 중복·오류 방지	전사 통합 관리 프레임워크

dBrain 2.0은 기존 재정정보 시스템을 한층 더 고도화하여, 데이터 기반의 스마트한 재정 운영을 지향한다. 주요 고도화 방향으로는 예산, 집행, 회계, 결산정보를 실시간으로 연계하고, 인공지능(AI) 및 빅데이터 분석 기능을 통해 이상 지출을 자동 감지하고 성과를 예측하는 기능이 포함된다. 또한 성과 중심의 예산관리를 강화하고, 국민 참여 확대를 위한 열린재정 포털 고도화도 추진된다. 클라우드 기반 인프라 전환을 통해 시스템의 확장성과 안정성을 높이고, 지능형 자동화 기능으로 재정 리스크와 행정 오류를 사전 차단할 수 있다. 이처럼 dBrain 2.0은 효율성과 투명성을 높이는 동시에, 디지털 기반의 전략적 재정 운영을 실현하는 핵심 플랫폼으로 진화하고

[표 10-4] D-Brain 2.0 고도화 내용

구분	고도화 핵심 방향	주요 기능/구성요소	기대 효과
1	실시간 재정정보 통합 및 연계 강화	• 예산 · 집행 · 회계 · 결산 데이터의 실시간 자동 연계처 및 부처 간 재정정보 자동 동기화	재정 데이터 흐름의 즉시 파악 가능, 정보 단절 최소화
2	빅데이터 분석 및 예측 기능 적용	• 이상 지출 탐지(패턴 인식 기반) • 사업성과 및 예산 효율 예측 모델 • 인공지능 기반 의사결정 지원 대시보드	재정 리스크 사전 예방, 성과 중심 재정 운영 확대
3	성과 중심 예산관리 체계 강화	• 투입 · 성과 연계 사업 관리 • KPI 기반 예산 편성 · 집행 지원 • 성과 및 영향 분석 리포팅	지출 중심에서 벗어나 '어떤 결과를 냈는가' 중심으로 재정 전환
4	사용자 · 국민 참여형 플랫폼 구현	• 국민용 열린재정 포털 고도화 • 모바일 · 태블릿 등 접근성 개선 • 인터랙티브 시각화 및 피드백 채널 탑재	국민 신뢰 제고, 재정 운영의 투명성 확대
5	클라우드 · 플랫폼 인프라 전환	• 클라우드 기반 아키텍처로 전환 • 마이크로서비스 및 API 기반 연동 구조 설정 • 보안 · 개인정보 보호 강화	시스템 확장성 · 유연성 확보, 유지보수 · 운영 효율성 향상
6	지능형 자동화 및 통제 기능	• 자동 예산조정 · 변경 알림 • 실시간 리스크 경고 및 감사 지원 도구 • 규정 · 정책 로직 자동 적용	행정 리스크 감소, 감사 · 준법성 강화
7	국제화 및 협업 기능 강화	• 해외 사례 연계 · 비교 분석 모듈 • 다기관 · 다수준 재정정보 연계 글로벌 재정정보표준(예: IPSAS) 대응	국제 비교 가능성 확대, 다기관 협업 · 연계 강화

있다.

3 성과와 한계

dBrain은 국가 예산 편성부터 집행, 회계, 결산 그리고 성과 분석까지 재정 전 과정을 하나의 시스템 안에 통합했다는 점에서 그 의미가 크다. 이전에 각 부처가 별도의 시스템을 운영하면서 발생했던 정보 단절, 중복 입력, 지연된 보고 등이 해소되었고, 실시간 또는 준실시간으로 예산 흐름과 지출 현황을 파악할 수 있게 됨으로써 재정 운용의 효율성과 정확성이 확보되었다.

또한 재정 데이터가 통합됨으로써 정책 담당자에게 인력 · 자금 · 사업 간 연계성에 대한 통찰이 제공되어, 단순한 예산지출 중심이 아니라 성과 중심의 재정관리로 전환하는 기반이 마련되었다. 더불어 일반 국민이 예산 및 지출 정보에 접근할 수 있는 열린 재정 포털 등을 통해 투명성이 강화되고, 재정 운용에 대한 신뢰 제고에도 기여하였다. 이처럼 dBrain은 디지털정부가 지향하는 데이터 기반, 통합적이고 책임 있는 재정 운영이라는 정체성에 부합하는 혁신적 시스템이라 할 수 있다.

그러나 이러한 성과에도 불구하고 dBrain은 몇 가지 한계를 내포하고 있다. 첫째, 통합이 이루어졌다고는 하나 실제 업무 현장에서는 여전히 부처 또는 사업 단위에서 시스템 사용 및 보고 방식이 이질적이라는 지적이 있다. 이로 인해 데이터 입력 오류나 실무자의 적응 문제 등이 발생하며, 정보 연계 효과가 기대만큼 극대화되지 않는 경우가 있다. 둘째, 시스템이 주로 구조화된 데이터(예: 예산액, 지출액, 회계처리 실적 등) 중심으로 설계된 데 반해 사업 성과의 질적 측면, 정성적 평가 요소나 예산 집행 이후의 사업 영향 분석은 아직까지 제도적으로나 시스템적으로 충분히 반영되지 않은 경우가 많다. 셋째, 기술 인프라 측면에서는 고도화된 분석·예측 기능이나 AI 기반 자동통제 기능 등이 본격화되기 이전 단계에 머물러 있어 지능형 재정관리 플랫폼으로의 진화가 아직 완전하지 않다는 비판도 있다. 또한, 이렇게 복잡하고 대형인 시스템은 운영·유지비용 및 직원 교육·업무 재설계 비용이 상당하며, 기술적 변화에 대한 조직 내부의 변화 관리(업무관행, 조직문화 등)의 진전이 더디다는 현실적 과제도 존재한다.

제5절 전자결재 및 문서관리 시스템(온-나라 시스템)

1 추진배경

디지털정부로의 전환은 행정 효율성과 투명성 제고, 그리고 국민 중심의 서비스 혁신을 요구하였다. 이에 따라 정부는 행정문서의 생성·결재·보관·활용 전 과정을 디지털화하고, 공공 기관 간 업무 협업을 원활히 하기 위한 체계적이고 일원화된 전자문서 시스템의 구축 필요성을 절감하게 되었다(Gani1 & Kadir, 2024). 이러한 배경 속에서 등장한 것이 바로 '온-나라 시스템'이다. 이 시스템은 2003년부터 단계적으로 구축되어, 중앙부처와 지자체, 공공 기관의 행정문서 처리체계를 전자화하고, 종이 없는 행정의 실현을 목표로 개발되었다.

과거에는 종이 문서 기반의 결재와 보고가 주를 이루었으며, 문서 유통과 보관에 따른 시간과 비용 낭비, 문서의 유실 및 위·변조 가능성 등의 문제가 끊임없이 제기되었다. 또한 부처 간 또는 상하 기관 간 문서 협업은 물리적 전달에 의존하였기 때문에, 행정 처리의 지연과 비효율이 발생하였고, 업무 중복이나 정책 일관성 부족의 원인이 되기도 하였다. 특히 2000년대 초반 이후 전자정부법의 제정과 정보화 촉진 정책이 본격화되면서, 정부는 행정문서의 표준화와 전자화를 통한 업무 혁신을 주요 과제로 설정하였다.

온-나라 시스템은 이러한 행정환경의 비효율을 해소하고, 전자정부 구현을 위한 기반 시스템으로 설계되었다. 이 시스템은 문서의 기안, 검토, 결재, 시행, 보관 등 전 과정을 디지털로 처리할 수 있도록 지원하며, 기관 간 전자문서 연계 및 공동 활용도 가능케 한다. 또한 행정기관 간 표준 문서 관리 체계를 공유함으로써, 정책의 연속성과 문서의 정합성을 확보할 수 있게 되었다. 무엇보다, 시간과 장소에 구애받지 않는 결재 환경과 정보 접근의 편의성은 업무의 효율성을 비약적으로 향상하였다. 결국, 온-나라 시스템은 행정문서 관리의 투명성과 효율성을 제고하고, 디지털정부 실현의 핵심 기반으로 자리매김하기 위해 추진되었다. 이는 단순한 문서 전산화가 아니라, 행정 절차 전반의 혁신과 전자적 거버넌스 확립이라는 점에서 디지털 행정 패러다임의 전환을 이끈 핵심적인 인프라라 할 수 있다(행정안전부, 2018).

2 주요 기능 및 주요 구성 요소

온-나라 시스템은 디지털정부 구현의 핵심 인프라로서, 정부 기관의 행정문서 처리 과정을 전자화하여 업무 효율성과 투명성을 크게 제고하는 것을 목표로 구축된 전자결재 및 문서관리 시스템이다. 이 시스템은 문서의 기안부터 결재, 보관, 공유까지 전 과정을 디지털 방식으로 지원하며, 정부 내외부의 업무 연계와 협업을 강화하는 데 중추적 역할을 담당한다(국가기록원, 2017).

온-나라 시스템의 주요 기능은 크게 다섯 가지로 나눌 수 있다. 첫째, 전자문서 기안 및 결재 기능이다. 문서 작성자는 시스템 내에서 다양한 양식과 템플릿을 활용하여 문서를 작성하고, 전자서명 및 인증 기능을 통해 결재라인에 자동으로 문서를 제출할 수 있다. 결재권자들은 시간과 장소에 구애받지 않고 모바일 기기나 PC를 통해 문서를 확인하고 승인 또는 반려할 수 있으며, 결재 진행 상태를 실시간으로 모니터링할 수 있다. 이를 통해 종이 문서 기반의 결재 체계에서 발생하던 시간 지연과 불필요한 물리적 이동을 대폭 줄였다.

둘째, 문서관리 기능이다. 온-나라 시스템은 생성된 전자문서를 체계적으로 분류·보관하고, 문서의 버전관리, 접근 권한 설정, 이력 추적 등 문서 생애주기 전반을 관리한다. 이를 통해 문서의 위변조 방지, 유실 방지 및 신속한 검색이 가능해져 정보의 안전성과 활용성이 크게 향상되었다. 특히 표준화된 메타데이터 관리와 통합 검색 기능은 대량의 문서 속에서 필요한 정보를 손쉽게 찾아낼 수 있도록 지원한다.

셋째, 기관 간 협업 및 연계 기능이다. 온-나라 시스템은 중앙부처뿐 아니라 지방자치단체, 공공 기관 등 다양한 정부 기관을 하나의 플랫폼으로 연결한다. 이를 통해 문서의 송·수신이 전자적으로 이루어지며, 기관 간 업무 연계가 원활해진다. 또한, 다른 전자정부 시스템(예: 인사관리, 예산관리 시스템)과의 데이터 연동을 통해 행정 프로세스의 통합성과 연속성을 확보하고 있다.

넷째, 보안 및 인증 기능이다. 행정문서의 중요성과 민감성을 감안(勘案)하여, 온-나라 시스템은 다중 인증 체계와 권한 관리, 암호화 기술을 적용하여 문서와 결재 데이터의 안전성을 확보한다. 전자서명법에 근거한 법적 효력을 갖춘 전자서명과 인증서 기반의 사용자 인증은 시스템 내에서 이루어지는 모든 전자문서 활동에 신뢰성을 부여한다.

마지막으로, 통계 및 관리 기능이다. 시스템 운영자는 문서 처리 현황, 결재 지연 현황, 업무처리 속도 등 다양한 행정 데이터 분석을 통해 업무 효율성을 진단하고, 문제점을 개선할 수 있다. 또한, 사용자별 권한 설정 및 시스템 접근 로그 관리를 통해 운영 투명성을 확보한다.

구성요소 측면에서 온-나라 시스템은 크게 사용자 인터페이스(UI), 문서관리 서버, 결재 프로세스 엔진, 보안 모듈, 그리고 데이터베이스로 구성된다. 사용자 인터페

[표 10-5] 온-나라 시스템의 주요 기능

구분	주요 내용	세부 설명
전자문서 기안 및 결재	문서 작성, 결재 라인 자동 지정, 모바일·PC 결재 지원	다양한 양식·템플릿 제공, 전자서명 및 인증, 실시간 결재 진행 상태 모니터링
문서관리	문서 분류·보관, 버전 관리, 접근 권한 설정, 이력 추적	문서 위변조 방지, 유실 방지, 메타데이터 표준화, 통합 검색 기능 지원
기관 간 협업 및 연계	중앙부처, 지방자치단체, 공공 기관 연계, 전자문서 송수신, 타 시스템 연동	업무 프로세스 통합, 인사·예산관리 시스템 등과 데이터 연동 지원
보안 및 인증	다중 인증, 권한 관리, 암호화, 전자서명법 기반 전자서명	문서 및 결재 데이터 보안 강화, 법적 효력 확보
통계 및 관리	문서 처리 현황 분석, 결재 지연 점검, 사용자 권한·접근 로그 관리	업무 효율성 진단, 문제점 개선, 운영 투명성 확보

이스는 웹과 모바일 환경을 모두 지원하며, 직관적인 메뉴와 알림 기능을 통해 사용자의 접근성과 편의성을 높인다. 문서관리 서버는 문서 저장과 버전관리, 메타데이터 처리를 담당하며, 결재 프로세스 엔진은 결재선 자동관리, 알림, 진행 상태관리 등 워크플로우를 지원한다. 보안 모듈은 전자서명, 암호화, 접근 제어를 담당하며, 데이터베이스는 문서와 결재 기록, 사용자 정보 등을 체계적으로 저장하고 관리한다.

온-나라 시스템은 단순한 문서 전산화를 넘어서, 전자정부 구현을 위한 행정 업무 혁신의 중추적 도구로 자리매김하고 있다. 이를 통해 정부 기관 간 협업과 정보 공유가 강화되었으며, 행정 절차의 신속성, 투명성, 안정성이 크게 개선되었다. 향후

[표 10-6] 온-나라 시스템의 주요 구성요소

구성 요소	주요 내용	세부 설명
사용자 인터페이스(UI)	웹·모바일 지원, 직관적 메뉴 및 알림 기능	사용자의 접근성과 편의성 극대화
문서관리 서버	문서 저장, 버전관리, 메타데이터 처리	안정적인 문서 생애주기 관리
결재 프로세스 엔진	결재선 자동관리, 알림, 진행 상태 관리	워크플로우 지원 및 효율적 결재 처리
보안 모듈	전자서명, 암호화, 접근 제어	전자문서 활동의 신뢰성과 안전성 확보
데이터베이스	문서, 결재 기록, 사용자 정보 저장 및 관리	체계적이고 안전한 데이터 관리

인공지능, 빅데이터 등 첨단기술이 접목되면 더욱 스마트하고 지능화된 전자결재 및 문서관리체계로 발전할 것으로 기대된다(행정안전부, 2021).

3 성과와 한계

디지털정부의 행정관리 시스템에서 전자결재 및 문서관리 시스템, 즉 온-나라 시스템은 정부의 행정 문서처리 방식에 혁신적인 변화를 가져왔다. 온-나라 시스템의 도입으로 종이 기반의 결재 및 문서관리 절차가 전자화되면서 업무 효율성이 크게 향상되었고, 결재처리 시간과 비용이 현저히 감소하였다. 시간과 공간의 제약 없이 언제 어디서나 문서 기안과 결재가 가능해짐에 따라 신속한 의사결정과 행정 처리가 가능해졌다. 이는 행정 서비스의 민첩성을 높이는 데에 공헌하였다. 또한 전자문서의 체계적 관리와 보관으로 문서의 위변조 및 분실 위험이 감소하고, 통합된 문서관리 시스템을 통해 정부 부처 간의 협업과 정보공유가 원활해졌다. 이는 정책 일관성 확보와 행정의 투명성 제고에도 긍정적인 영향을 미쳤다.

그러나 온-나라 시스템에도 몇 가지 한계가 존재한다. 첫째, 시스템 도입 초기 일부 공공 기관에서는 사용자 교육 부족과 적응 문제로 인해 전자결재 활용에 어려움을 겪었다. 전자문서에 익숙하지 않은 일부 직원은 기존의 종이 결재 방식에 비해 불편함을 느끼기도 하였으며, 이는 업무 효율성 향상에 일정 부분 장애 요인이 되었다. 둘째, 시스템 안정성과 보안 문제도 지속적인 과제로 남아 있다. 대규모 전자문서와 결재 트래픽 처리 과정에서 발생할 수 있는 시스템 과부화나 장애, 그리고 전자문서 위·변조 및 해킹 시도 등은 정부의 신뢰성과 직결되는 문제이다. 이에 따라 강력한 보안 대책과 신속한 장애 대응 체계 구축이 요구된다. 셋째, 온-나라 시스템이 전자문서 관리와 결재 기능에 집중되어 있는 반면, 문서의 질적 평가나 후속 정책 성과 분석과 같은 고도화된 기능은 미흡한 상황이다. 이는 행정 관리의 전략적 활용 측면에서 개선이 필요한 부분이다. 결국, 온-나라 시스템은 전자정부 구현에 있어 핵심 인프라로 자리 잡으며 행정 업무 혁신에 크게 기여하였지만 사용자 적응, 보안 강화, 그리고 기능 고도화 등의 과제를 극복해야 한다. 이러한 문제들을 지속적으로 보완해 나갈 때, 온-나라 시스템은 더욱 스마트하고 신뢰받는 행정 관리 플랫폼으로 발전할 것이다.

제6절 민원처리 및 대민 서비스 시스템(정부24: 대국민 서비스 중심의 행정 포털)

1 추진배경

디지털정부의 행정 관리 시스템에서 민원처리 및 대민 서비스 시스템인 '정부24'는 국민 중심의 행정 서비스 혁신을 목표로 구축된 대표적인 행정 포털이다. 정부24의 추진 배경은 급격한 정보통신기술(ICT)의 발전과 함께 국민이 행정 서비스에 대한 접근성과 편리성을 강력히 요구하게 된 데 있다. 과거에는 민원서류를 발급받거나 각종 행정 절차를 진행하기 위해 직접 관공서를 방문해야 했고, 기관별로 분산된 민원 서비스로 인해 불필요한 시간과 비용이 발생했다. 또한 행정정보가 산재(散在)되어 있기에 국민이 필요한 정보를 일일이 찾아야 하는 불편함도 컸다. 이에 따라 정부는 국민에게 한층 신속하고 통합된 서비스를 제공하기 위해 '원스톱(One-Stop)' 전자민원 시스템 구축의 필요성을 인식하게 되었다.

정부24는 이러한 시대적 요구에 부응하여 2012년 공식 출범하였으며, 국민이 온라인으로 언제 어디서든 다양한 민원 서비스를 편리하게 이용할 수 있도록 지원하는 통합 포털이다. 정부24는 행정안전부를 중심으로 관계 부처와 지자체의 민원 서비스를 하나로 모으고, 주민등록 등·초본, 각종 증명서 발급, 신청서 제출, 민원처리 현황 조회 등 다양한 서비스를 원스톱으로 제공한다. 이로써 국민은 행정 기관 방문 없이도 필요한 민원 업무를 신속하게 처리할 수 있으며, 대기 시간과 행정 절차에 드는 번거로움을 크게 줄일 수 있다(행정안전부, 2022).

정부24의 추진 의의는 크게 세 가지로 요약할 수 있다. 첫째, 국민 중심의 행정 서비스 제공을 실현한 것이다. 기존의 공급자 중심 행정에서 벗어나 국민 편의성을 최우선에 두고 서비스가 설계되면서 행정 서비스의 질적 향상이 이루어졌다. 둘째, 행정 서비스의 접근성과 투명성을 대폭 강화하였다. 통합 포털을 통해 다양한 정보를 한눈에 확인할 수 있으며, 민원처리 과정과 결과가 투명하게 공개되어 국민의 신뢰를 높였다. 셋째, 정부 부처 간의 업무 연계와 협업을 촉진하여 행정 업무효율성을 제고했다는 점이다. 정부24는 중앙정부와 지방자치단체, 공공 기관 간 데이터 공유와 시스템 연동을 가능하게 하여 행정 절차의 중복과 비효율을 제거하였다.

더불어 정부24는 단순히 민원 서비스를 제공하는 것을 넘어 디지털정부의 핵심 플랫폼으로 자리매김하며, 스마트폰 앱과 모바일 웹을 통해 언제 어디서나 손쉽게 접속할 수 있도록 발전하였다. 이는 국민 생활과 밀접한 행정 서비스를 디지털 환경에 최적화하여 국민 삶의 질을 향상시키는 중요한 역할을 담당하고 있다. 종합적으로, 정부24는 민원처리와 대민 서비스를 혁신적으로 개선함으로써 디지털정부 구현의 대표적 성공 사례로 평가받고 있다. 향후, 국민 요구에 맞춘 서비스 확대와 기술 고도화를 통해 지속적인 발전이 기대된다(김재생, 최상균, 2017).

2 주요 기능 및 주요 구성 요소

디지털정부의 행정 관리 시스템에서 민원처리 및 대민 서비스 시스템인 '정부24'는 국민이 언제 어디서나 편리하게 행정 서비스를 이용할 수 있도록 설계된 통합 행정 포털이다. 정부24는 다양한 민원 서비스를 1곳(One Stop)에 모아 제공함으로써 국민의 행정 접근성을 높이고, 행정 절차의 간소화와 투명성을 실현하는 데 중추적 역할을 담당한다. 이 시스템의 주요 기능과 구성요소는 국민 중심 서비스 제공이라는 목표를 효과적으로 달성하기 위해 체계적으로 설계되어 있다.

우선 정부24의 주요 기능은 크게 민원 신청 및 발급, 정보 조회, 맞춤형 서비스 제공, 행정정보 통합 제공, 그리고 고객지원 서비스로 나눌 수 있다. 민원 신청 및 발급 기능은 국민이 주민등록등본, 가족관계증명서, 건축물대장, 운전면허증 등 다양한 증명서와 인허가 신청을 온라인으로 손쉽게 할 수 있도록 지원한다. 이를 통해 기존에 관공서를 직접 방문해야 하던 불편을 크게 줄였으며, 문서 발급부터 신청서 제출, 처리 결과 확인까지 모든 절차를 비대면으로 처리할 수 있다. 특히 전자서명 및 본인인증 절차를 강화하여 보안성과 신뢰성을 확보하고 있다.

정보 조회 기능은 정부24에 통합된 방대한 행정 데이터베이스를 기반으로 국민이 필요한 행정정보를 신속하게 검색하고 열람할 수 있게 한다. 예를 들어, 지방세 납부 내역, 복지 혜택, 건강보험 정보 등 개인 맞춤형 정보를 제공하여 국민이 자신의 행정 상태를 정확히 파악하고 적극적으로 활용할 수 있도록 한다. 또한 정부24는 사용자의 접속 기록과 선호도 분석을 바탕으로 맞춤형 서비스 추천 기능을 제공, 개인별로 필요한 민원 및 행정 서비스를 제안하여 편의성을 높인다.

행정정보 통합 제공 기능은 중앙정부, 지방자치단체, 공공 기관 등 다양한 행정 기관에서 생산되는 데이터를 한데 모아 통합 포털을 통해 제공하는 것을 의미한다. 이를 통해 부처 간 칸막이를 허물고, 국민에게 일원화된 서비스를 제공함으로써 행정의 통합성과 일관성을 확보한다. 정부24는 이와 더불어 각종 법령, 정책 안내, 최신 행정 뉴스 등도 함께 제공하여 국민이 행정 전반에 대한 정보를 쉽게 이해할 수 있도록 지원한다.

고객지원 서비스 역시 정부24의 중요한 기능 중 하나다. 온라인 상담, 자주 묻는 질의(FAQ), 민원 진행 상황 실시간 확인, 사용자 의견 수렴 채널 등 다양한 지원 기능을 통해 국민과 정부 간의 소통을 활성화하고, 서비스 품질 개선에 반영하고 있다. 이와 함께 모바일 앱과 웹사이트의 사용자 인터페이스(UI)를 끊임없이 개선하여 접근성과 사용 편의성을 강화하고 있다.

구성 요소 측면에서 정부24는 크게 사용자 인터페이스, 인증 및 보안 모듈, 민원처리 엔진, 데이터 통합관리 시스템, 고객지원 시스템으로 나눌 수 있다. 사용자 인터페이스는 PC, 모바일 웹, 앱 등 다양한 플랫폼을 지원하며, 직관적인 디자인과 메뉴 구조를 통해 누구나 쉽게 서비스를 이용할 수 있도록 설계되었다. 인증 및 보안 모듈은 공인인증서, 휴대폰 인증, 생체인증 등 다양한 인증방식을 지원하며, 데이터 암호화 및 접근 통제를 통해 개인정보와 민감 정보의 보호를 담당한다.

민원처리 엔진은 민원 신청 접수부터 처리, 결과 통보에 이르는 전체 행정 절차를 자동화하고 관리하는 핵심 기능이다. 이는 개별 기관별 업무 프로세스와 연동되어 신속하고 정확한 민원처리를 가능하게 한다. 데이터 통합관리 시스템은 다양한 정부 기관으로부터 수집되는 데이터를 표준화·정형화하여 통합 데이터베이스에 저장하며, 이를 통해 정보의 일관성과 신뢰성을 확보한다. 또한, 빅데이터 분석과 인공지능 기술이 도입되어 민원 트렌드 분석, 정책 수립 지원 등 부가가치 창출에도 활용된다.

고객지원 시스템은 민원인의 편의와 만족도를 높이기 위한 다양한 지원 도구를 제공한다. 온라인 상담 및 챗봇 서비스, 민원처리 현황 실시간 조회, 사용자 맞춤형 알림 서비스 등이 대표적이다. 이를 통해 민원인은 처리 과정에서 발생하는 불편을 최소화하고, 정부는 서비스 품질을 지속으로 개선할 수 있다(행정안전부, 2021).

요약하면, 정부24는 디지털정부 행정관리 시스템의 핵심으로서 국민 맞춤형 통합 민원 서비스 제공을 통해 행정 접근성을 대폭 향상하고, 행정 효율성과 투명성 증진에 크게 기여하고 있다. 앞으로도 최신 ICT 기술을 적극 도입하여 사용자 경험을 개선하고, 행정 서비스의 스마트화를 선도할 것으로 기대된다.

[표 10-7] 정부24 시스템의 주요 기능과 구성 요소

구분	세부 항목	설명
주요 기능	민원 신청 및 발급	주민등록등본, 가족관계증명서 등 각종 증명서 발급 및 인허가 신청을 온라인으로 처리, 전자서명 및 본인 인증 지원
	정보 조회	지방세 납부 내역, 복지 혜택, 건강보험 정보 등 개인 맞춤형 행정정보를 신속하게 조회 가능
	맞춤형 서비스 제공	접속 기록 및 선호도 분석을 통해 개인별 필요한 민원 및 행정 서비스 추천
	행정정보 통합 제공	중앙정부, 지방자치단체, 공공 기관 데이터를 통합 제공, 법령 · 정책 안내 및 최신 행정 뉴스 제공
	고객지원 서비스	온라인 상담, FAQ, 민원 진행 상황 실시간 확인, 사용자 의견 수렴 채널 운영
구성 요소	사용자 인터페이스(UI)	PC, 모바일 웹, 앱 지원, 직관적인 디자인과 메뉴 구조로 접근성과 사용 편의성 극대화
	인증 및 보안 모듈	공인인증서, 휴대폰 인증, 생체 인증 등 다양한 인증방식, 개인정보 암호화 및 접근 통제 기능 포함
	민원처리 엔진	민원 접수, 처리, 결과 통보 등 행정절차 자동화 및 관리, 각 기관 업무 프로세스와 연동
	데이터 통합관리 시스템	다양한 기관 데이터 표준화 및 통합 저장, 빅데이터 및 AI 기술 활용한 분석지원
	고객지원 시스템	온라인 상담, 챗봇, 민원처리 현황 조회, 맞춤형 알림 서비스 등 민원인 지원 기능 제공

3 성과와 한계

디지털정부의 행정 관리 시스템에서 민원처리 및 대민 서비스 시스템인 '정부24'

는 국민에게 통합적이고 편리한 행정 서비스를 제공하기 위해 구축된 대표적 전자정부 플랫폼이다. 정부24는 2012년 출범 이후 국민이 언제 어디서든 다양한 민원 업무를 온라인으로 처리할 수 있도록 하여, 행정 접근성 및 서비스 만족도를 크게 개선하였다. 이러한 성과는 여러 측면에서 두드러지게 나타난다.

첫째, 정부24는 민원처리의 편리성을 대폭 개선하였다. 기존에는 주민등록등본, 가족관계증명서 등 각종 증명서 발급을 위해 관공서를 직접 방문해야 했고, 기관별로 분산된 민원 서비스를 일일이 찾아야 하는 불편이 컸다. 그러나 정부24는 전국 모든 정부 기관의 민원 서비스를 통합해 한 곳에서 접근할 수 있도록 하여, 시간과 비용 절감 효과를 가져왔다. 특히 모바일 앱과 웹을 통해 24시간 서비스 이용이 가능해지면서 국민 편의성이 크게 높아졌다.

둘째, 행정의 효율성도 제고되었다. 민원처리 과정이 자동화되고 전산화됨에 따라 처리 기간이 단축되었으며, 중복 업무와 행정 낭비가 줄어들었다. 아울러 민원 처리 현황 조회, 알림 서비스 제공 등으로 행정 투명성도 강화되었다.

셋째, 정부24는 국민 맞춤형 서비스 제공을 통해 서비스의 질적 향상을 이루었다. 개인별 맞춤 정보 제공, 정책 안내, 실시간 상담 기능 등을 통해 국민이 필요한 서비스를 적시에 받고 행정에 대한 이해도를 높이는 데 기여하였다. 또한, 다양한 행정 기관 간 데이터 연계와 협업으로 부처 간 칸막이를 허물고 통합적 행정 체계를 구축하는 데 중요한 역할을 하였다.

하지만 정부24가 지닌 한계도 분명하다. 첫째, 디지털 접근성 격차 문제이다. 고령층, 장애인, 디지털 소외계층은 온라인 기반 서비스 이용에 어려움을 겪고 있다. 이로인해 정부24의 혜택이 골고루 돌아가지 못하는 경우가 발생한다. 이러한 문제를 완화하기 위해서는 오프라인 지원 강화와 디지털 교육 프로그램 확대가 필요하다. 둘째, 서비스 통합의 완성도 측면에서 일부 민원 업무는 여전히 시스템 연계 미흡으로 인해 온라인 처리에 제한이 있다. 이는 각 기관의 행정 시스템 간 호환성 부족, 데이터 표준화 미비 등 기술적·제도적 장벽에서 기인한다. 셋째, 개인정보보호와 보안 문제도 지속적인 도전 과제이다. 민감한 개인정보를 대량으로 다루는 만큼 해킹, 정보 유출 위험을 최소화하기 위한 보안 강화와 법적 제도 마련이 필수적이다. 마지막으로, 시스템의 사용자 경험(UX) 개선과 신기술 도입도 보완해야 할 부분이다. 일부 사용자들은 서비스 이용 과정에서 복잡한 절차나 UI 불편을 호소하며, 인공지능(AI),

빅데이터 등 최신 ICT 기술을 활용한 맞춤형 서비스와 자동화 기능 확대가 요구된다.

정부24는 디지털정부의 핵심 대민 서비스 플랫폼으로서 국민 편의성 증진, 행정 효율화, 통합 행정 구현에 중요한 성과를 거두었으나, 디지털 격차 해소, 시스템 연계 강화, 보안 체계 확립, 사용자 경험 개선 등 과제를 해결해야 한다. 이를 통해 정부24는 더욱 신뢰받고 포용적인 행정 서비스로 진화할 수 있다.

제7절 소결

인공지능 시대에 접어들면서 디지털정부와 행정 관리 시스템의 효율적 운영을 위해 시스템 통합과 상호운용의 중요성이 한층 강조되고 있다. 디지털정부는 다양한 정부 기관과 부처, 지방자치단체, 공공 기관에서 생산되는 방대한 행정 데이터를 기반으로 국민에게 신속하고 맞춤형 서비스를 제공하는 것을 목표로 한다. 이 과정에서 각각의 개별 시스템이 독립적으로 운영될 경우, 정보의 단절과 중복, 비효율적인 행정처리가 발생할 수밖에 없다. 그리고 그 결국은 국민 서비스 질 저하로 나타날 것이다. 따라서 시스템 통합과 상호운용성 확보는 디지털정부 혁신의 핵심 과제로 자리잡고 있다.

첫째, 시스템 통합은 여러 행정 관리 시스템을 하나의 플랫폼이나 체계로 연계하여 데이터와 기능을 통합 관리하는 것을 의미한다. 이를 통해 정부 내 분산된 데이터와 서비스가 유기적으로 연결되어 업무 프로세스가 간소화되고, 중복 투자가 줄어들며, 전반적인 행정 효율성이 높아진다. 예를 들어, 인사관리, 재정관리, 민원처리, 전자결재 등 개별 시스템들이 상호연동되어 데이터의 일관성과 정확성을 확보하면, 업무 속도와 정책결정의 신속성이 크게 향상된다.

둘째, 상호운용성은 서로 다른 시스템과 기관 간에 정보와 서비스를 원활하게 교환하고 활용할 수 있는 능력을 뜻한다. 이는 단순한 데이터 연계뿐 아니라, 표준화된 프로토콜, 데이터 형식, 보안 체계, 법적·제도적 기반을 포함하는 포괄적 개념이다. AI 기술의 도입으로 방대한 양의 비정형 데이터와 실시간 정보가 생성되고 처리되면서, 상호운용성은 데이터의 통합적 분석과 AI기반 의사결정 지원을 가능하게 하는 필수 조건으로 작용한다.

인공지능은 시스템 통합과 상호운용성을 더욱 가속화시키는 역할을 한다. AI 기반의 데이터 분석과 자동화 도구는 다양한 행정 시스템에서 분산된 데이터를 신속하게 통합하고, 의미 있는 정보로 재구성하여 정책 수립과 서비스 개선에 활용된다. 또한 AI는 자연어 처리, 음성인식, 챗봇 등 대국민 서비스 인터페이스에서도 핵심 기술로 자리 잡아, 통합 플랫폼 내에서 국민 맞춤형 행정 서비스를 제공하는 데 도움이 될 것이다. 그러나 시스템 통합과 상호운용성 구현에는 여러 과제가 존재한다. 기술적 측면에서는 구형 시스템과 최신 기술 간의 호환성 문제, 데이터 표준화 부재, 보안 취약점 등이 있다. 특히, 개인정보보호와 사이버 보안은 인공지능 전환 시대에 더욱 엄격한 관리가 요구된다. 또한, 기관 간 협력과 법적 · 제도적 조율도 필수적이며, 이를 위해 정부 차원의 통합 거버넌스와 정책적 지원이 뒷받침되어야 한다.

인공지능 시대에 디지털정부와 행정 관리 시스템은 더욱 지능화되고 효율적인 방향으로 발전해야 한다. 첫째, 인공지능 기술을 적극 활용해 데이터 분석과 의사결정을 자동화하고, 맞춤형 국민 서비스를 제공하는 스마트 행정을 구현해야 한다. 이를 통해 행정의 신속성과 정확성을 높이고, 국민 만족도를 극대화할 수 있다. 둘째, 시스템 간 통합과 상호운용성을 강화해 부처 간 데이터와 기능의 연계를 원활히 하고, 행정 전반의 효율성을 높여야 한다. 셋째, 개인정보보호와 사이버 보안 강화에 집중해 디지털 신뢰를 확보하는 것이 필수적이다. 마지막으로, 디지털 소외계층을 포함한 모두가 공평하게 서비스를 누릴 수 있도록 접근성과 포용성을 높이는 정책도 병행되어야 한다. 이러한 방향성은 인공지능 시대 디지털정부가 혁신과 신뢰를 동시에 갖춘 국민 중심의 행정 서비스로 진화하는 토대가 될 것이다.

참고문헌

김상훈(2015). "정부 재정정보 한눈에 확인한다," 서울경제, 2015년 5월 6일.

국가기록원(2017). 「전자문서 관리와 기록관리 지침」.

김재생 · 최상균(2017). 통합 민원 서비스 시스템의 분석 및 시스템 개선안-사례연구, 한국콘텐츠학회 2017년도 춘계 종합학술대회 논문집, 2017 May 12, 2017년, pp.491-492.

인사혁신처(2024). "정부 인사 디지털 전환 위한 전담 조직 신설-통합채용 및 3세대 전자인사관리체계(e 사람) 구축". 보도자료(2024.3.26).

"인사처 'OECD 회원국 공무원 인사관리 평가 … 한국 3위'." 파이낸셜뉴스. 2021.7.11.

"한국 정부, 공무원 인사관리 전산화 세계 1위 기록". Global Korean Post. 2019.10.25.

ICT 시사용어: 디브레인(dBrain). 전자신문, 2023년 11월 14일.

중앙 · 지방재정 등 재정정보 한눈에 … AI 입힌 '모두의 재정' 플랫폼 구축. 이투데이, 2025년 10월 2일.

디브레인(dBrain). "2022년 1월 3일 개통된 차세대 디지털 국가 예산 · 회계 시스템… DNA (데이터 실시간 연계 인공지능) 전략 적용." 이모저모 시사상식, 2024년 6월 27일.

행정안전부(2021). 2021년도 민원행정 및 제도개선 기본지침.

행정안전부(2018). 「온-나라 전자결재 시스템 개요 및 운영 사례」, 행정안전부 공식 자료.

행정안전부(2021). 「제2차 전자정부 기본계획(2021~2025)」.

행정안전부(2022). 「2022년 행정안전부 업무보고」.

Andre Ariesmansyah et al.(2021). "How to improve public administration services in digital world." *International Journal of Social Sciences*, v5 n3.

Awang Gani1, D. H., Kamaruddin Abdul Kadir, I.(2024). "Electronic Document Management: The Essence of Effective Modern Organisation," *Journal of Information and Knowledge Management Vol. 14*, No.2

Baheer, B. A., Lamas, D., & Sousa, S.(2020). "A Systematic Literature Review on Existing Digital Government Architectures: State of the Art, Challenges, and Prospects." *Administrative Sciences*, *10*(2), 25.

Gil García, J. R., Dawes, S. S., & Pardo, T. A.(Eds.). (2022). *Digital Government and Public Management: Generating Public Sector Innovation at the Crossroads of Research and Practice*. Routledge.

Ian McLoughlin et al. (2013). *Digital Government at Work: A Social Informatics Perspective*. Oxford University Press.

Igor V. Ponkin.(2021). “The concept of the digital state: definition, nature, structure, and ontology.” *Public Administration*, No. 5(133), pp.47-52.

Jane E. Fountain.(2004). “Digital Government and Public Health.” *Preventing Chronic Disease*, *1*(4): A02.

Nguyen, T. D., & Luu, H. L.(2025). “From E Government to Digital Government: The Role of Quality Management Systems in Public Administrative Agencies-Evidence from Hanoi.” *IJMRA*, 8(5).

OECD.(2020). Digital Government. OECD iLibrary.

Wirtz, B. W.(2022). *Digital Government: Strategy, Government Models and Technology*. Springer.

CHAPTER 11

결론: 디지털정부의 효과와 전망

정명주 · 한세억

제1절 서론

본 장은 이 책의 마지막 장이자 결론에 해당한다. 디지털정부에 대한 결론은 디지털정부가 가져온 효과가 무엇이고, 앞으로 어떤 방향으로, 어떻게 진행될 것인지 전망하고자 한다. 디지털정부의 도입은 단순한 기술 혁신을 넘어 행정의 근본적 변화를 촉진하는 전환점이 되고 있다. 특히 일하는 방식의 혁신과 조직문화의 혁신이라는 두 가지 측면에서 그 효과와 전망을 살펴볼 때, 디지털정부는 공공행정의 효율성과 민주성을 동시에 강화하는 핵심 동력으로 자리매김할 것이다.

우선, 일하는 방식의 혁신은 분업 중심의 전통적 행정 구조를 넘어 연계와 통합을 통한 협업체계로의 전환을 의미한다. 과거의 정부 조직은 각 부처나 기관이 자신의 업무만 수행하는 수직적 구조였다. 그러나 디지털정부는 상호운용성(Interoperability)을 기반으로 데이터를 공유하고 업무를 실시간으로 연계함으로써 문제해결의 속도와 품질을 개선한다. 가령 복지, 고용, 세무 등 여러 부처가 동일한 데이터를 연동하여 국민 개개인의 상황에 맞는 서비스를 통합적으로 제공할 수 있다. 이는 분업이 아닌 네트워킹을 중심으로 한 협업 구조를 가능하게 한다. 그 결과, 공공 서비스의 중복을 줄이고 행정비용을 절감할 뿐 아니라, 국민이 체감하는 행정의 효율성을 극대화할 수 있다. 또한 인공지능, 빅데이터, 클라우드 기반 시스템의 활용은 부처 간 칸막이를 허물고 실시간 의사결정과 협업을 지원함으로써 유연하고 혁신적인 정부 운영을 가능하게 할 수 있다.

다음으로, 조직문화의 혁신 측면에서 디지털정부는 합리적이고 민주적이며 효율적인 정부문화를 정착시키는 데 공헌할 것이다. 첫째, 합리적 정부로의 전환은 탁상공론이나 주먹구구식 행정, 뒷북 행정 등 과거의 비합리적 관행을 극복하는 것을 의미한다. 데이터 기반 행정은 객관적 근거에 따른 정책 수립을 가능하게 한다. 즉, 예측과 분석을 통해 선제적 대응이 가능하도록 한다. 둘째, 민주적 정부의 구현은 디지털 플랫폼을 통한 국민참여 확대와 의사소통의 개방성 강화로 실현된다. 온라인 공청회, 국민 제안 시스템, 전자민원창구 등은 행정의 투명성과 신뢰성을 높이며, 위계적 명령체계 중심의 문화를 수평적 협업문화로 바꾸는 촉매제가 된다. 셋째, 효율적 정부로의 혁신은 형식주의와 절차 중심 행정에서 벗어나 성과 중심의 행정을 지향하게 한다. 디지털 기술은 반복 업무를 자동화하고, 공무원은 한층 창의적이고 전략적인 업무에 집중할 수 있다.

디지털정부는 단순히 행정 절차의 전산화를 넘어, 연계와 통합을 통한 협업의 극대화, 그리고 합리성과 민주성, 효율성을 갖춘 조직문화의 혁신을 실현하는 미래지향적 정부 형태이다. 향후 이러한 변화가 지속된다면, 정부는 국민의 신뢰를 바탕으로 더 투명하고 민첩한 정책 수행이 가능한 스마트 거버넌스로 발전할 것이다(Bryson, Crosby & Bloomberg, 2014).

제2절 일하는 방식의 혁신

1 분업이 아닌 연계 및 통합의 출현과 확산: 상호운용성 기반

1) 근대적 관료제 조직의 구조와 원리로서의 분업

오늘날까지도 대규모 조직의 구조와 기능에 강력한 영향을 미치는 독일의 막스 베버(Maximilian 'Max' Carl Emil Weber, 1864~1920)의 관료제에 대한 혜안은 1922년 발표한 '경제와 사회'에 잘 나타난다. 독일 사회는 선발 산업화 국가인 영국이나 프랑스에 비해 상대적으로 늦게 통일을 이룬 뒤 19세기 후반부터 산업화와 도시화가 급속도로 진행되었다. 근대 이후 독일에서 가장 큰 인구 증가가 있었던 시기 중의 하나도 이 시기이다. 19세기 초부터 20세기 초까지 약 100년간 약 3배의 인구 증가가 있었던 것으로 보고되고 있다. 폭발적인 인구 증가, 도시로의 인구 이동, 대규모 조직의 등장과 사회문제의 복잡화 등은 막스 베버가 발전시킨 관료제 조직의 원리에 영향을 미치는 주요 변수들이다.

베버의 관료제 조직 운영 원리의 기본은 분업에서 출발한다. 사회규모가 커지고 인구가 증가하면서 해결해야 할 사회문제의 복잡성이 증가하였다. 관료제는 이러한 복잡한 문제를 단순한 단위로 분해를 하여 해당 단위업무별 부서 조직화를 시행한다. 부서의 수가 엄청나게 증가하며, 각 부서별 업무담당자는 해당 부서 내에서 주어진

단위 업무를 공장의 기계처럼 몰인간적으로 수행한다. 엄청난 수의 부서를 통제하기 위해 몇 개의 부서를 묶어 상위 부서를 만들어 관할을 만들고 그 상위부서장이 법규와 문서에 의해 통제한다. 그렇게 만들어진 관할과 권위는 조직 전체에 걸쳐 매우 질서정연하고 체계적인 계서제 조직체계를 형성한다. 이렇게 해서 대규모 피라미드 형태의 조직이 구조화되고, 다단계의 통제에 의해 조직이 관리된다. 많은 수의 인력과 복잡해진 업무를 수행하는 데 있어 산업 사회에서 할 수 있는 최대한의 효율성과 생산성을 담보하였다.

그러나 이러한 관료제가 확대되고 고도의 분업화 조직이 지배적으로 되어가면서 관료제가 한계를 드러내기도 했다. 소위 관료제의 병폐라고 하는 다양한 문제점들이 노정된다. 관료제의 생산성 향상을 위해 필요하다고 인식되어 설계했던 바로 그러한 요소들의 과도함에서 비롯되는 것이었다. 순차적이고 직선적인 업무 흐름, 복잡한 결재단계, 부서 간 장벽, 규정 집착, 과도한 통제, 권한 집중 등에 의해 불필요한 낭비가 초래되고, 업무처리가 오히려 지연되며, 고객의 요구에 둔감해지고, 책임감이 결여되기 시작한 것이다.

2) 정보 시스템 구축을 통한 상호운용성 확보: 연계와 통합의 출현

정보사회가 도래하였다. 조직에 컴퓨터가 도입되고 정보통신망이 구축되었다. 분업에 의해 구분되어있던 부서별, 담당자별 단위 업무는 정보 시스템에 의해 작동되기 시작했다. 그리고 그 정보 시스템이 통신망에 의해 연계되기 시작했다. 시스템이 연계되면서 그 시스템을 토대로 작동되던 업무가 연계되었다. 나아가 해당 업무를 수행하기 위해 구조화된 부서 간에도 연계되었다. 시스템 연계에서 업무 간 연계, 그리고 조직 간 연계에까지 이어지게 되었다. 산업 사회에서 분업에 기초한 업무가 정보 사회가 되면서 통신망에 의한 연계(네트워킹, Networking)에 의해 작동되기 시작했다. 이것이 상호운용성(Interoperability)이다.

정부 혁신을 견인하는 전자정부 정책을 구성하는 핵심적인 내용은 행정 업무와 국민 서비스 영역이 그 대상이 된다. 즉 궁극적으로 행정 업무 수행과 국민 서비스 제공에 있어 어떻게 혁신할 것인가가 그 요체이다. 그러한 혁신의 진행은 전자정부 정책이 기반 하는 기술의 발전과 전자정부 정책의 핵심구성요소인 행정 업무와 국민 서비스 간에 상호교차하면서 밀고(Push) 당기는(Pull) 작용에 의해 강화되는 방향으로 진행된다. 이러한 전자정부 진행 방향에 대해 많은 학자와 국제기구 등에서 논의가 있어왔는데 그러한 발전 단계의 마지막 단계는 공통적으로 통합(Integration)과 변형(Transformation)으로 귀결된다.

먼저 통합 단계는 국민 서비스 제공의 측면에서 보면, 초기 일방적 정보제공 단계에서, 국민과 정부 간에 상호작용하는 단계를 거쳐 마지막에는 정부조직 간 수직적, 수평적 통합(Vertical, Horizontal Integration)을 이뤄내는 단계로 나아가게 된다고 설명하고 있다. 결국 이런 마지막 통합 단계는 정부 조직 전체적으로 시스템 통합(Fully Integrated Seamless Web Presence)을 이루어내면서 국민 서비스 측면에서는 통합 서비스를 제공받게 되는 것이다(David Griffin eds., 2007: 33-47; OECD, 2005: 99-100). 전자정부의 마지막 단계로 언급되는 또 다른 명칭인 변형 혹은 변화, 혁신 등으로 번역될 수 있는 트랜스포메이션의 의미는 명칭 그대로 구체적인 변형의 양태를 명쾌하게 설명하고 있지는 않은데, 다만 그 마지막 단계에서는 전자정부로 인해, 정부 조직 내 구성원 간 상호작용 방식과 국가 업무를 관리하고 다스리는 방식을 변형시켜 놓게 될 것이라고 설명하거나(Svenja Falk eds., 2017), 또 다른 마지막 단계인 통합에서의 의미와 동일하게 정부 서비스가 단일의 투명한 (온라인)창구를 통해서 제공되는 단계의 의미로 설명하기도 한다(David Griffin, 2007: 34).

그 명칭이 통합이 됐든, 트랜스포메이션이 됐든 전자정부의 가장 발전된 형태로 진행하기 위해서는 각 행정 기관이 보유하는 정보 시스템 간 상호운용성(Interoperability)이 확보되어야 한다. 상호운용성에 대해 IEEE에서 정의하고 있는 기술적 관점을 보면 첫째 2개 이상의 시스템이 정보를 교환하고 교환되는 정보를 사용하는 능력, 둘째 함께 작용하면서 유용한 기능을 수행하는 역량, 셋째 네트워크 환경에서 다양한 공급 조직에 의해 구축된 서로 다른 장비들이 표준을 준수하면서 함께 작동할 수 있는 능력, 마지막으로 2개 이상의 시스템이 이종의 네트워크에서 정보를 교환하고 그러한 정보를 사용하는 능력으로 정의하고 있다.

기술적 관점에서의 상호운용성은 그러한 기술이 구현된 정보 시스템을 운영하고 있는 조직적 관점에서 보면 결국 행정 기관 간 상호운용성을 확보하게 된다. 따라서 행정기관 간 상호운용성을 확보하면, 기술적 관점의 정의에 적용해보면, 기관 간 정보를 교환하거나, 교환한 정보를 사용하거나, 각 기관이 함께 업무를 수행할 수 있는 것을 의미한다. 즉 상호운용성은 정보를 공유하는 것과 동시에 정보 및 시스템을 통합하는 것까지 포함하는 개념으로 확대된다.

한편, 행정 기관이 정책을 결정하거나 집행하는 과정에서 매우 까다로운 의사결정 상황을 직면하는 경우가 있다. 서로 상충되는 목적을 지닌 정책을 동시에 추진해야 한다거나 여러 기관의 업무가 동시에 관련되는 정책을 추진해야 하는 경우 등이다. 특히 후자의 경우 조직간 서로 얽혀 있는 상황으로서(Tangled), 정책의 효과성을 높이기 위해서는 대규모 관료제 구조를 형성하고 있는 다양한 행정 조직으로 하여금 조직 간 네트워크 형성에 대한 새로운 도전임과 동시에 그러한 조직 간 네트워크를 통해 매우 높은 수준의 협조(Collaboration) 및 조정(Coordination) 기제를 작동할 것이 요구되기도 한다(Rod, 2017: 54).

막스 베버의 영향을 받은 전통적 행정관료조직구조하에서는 조직 간 상호작용의 여지가 최소화되었다. 법적·합리적 권한(Legal-rational Authority)에 토대를 둔 베버의 관료제 원칙의 하나는 각 기관의 권한과 관할범위(Sphere of Competence)를 법적으로 규정하고, 분업의 원칙하에 세분화된 단위 업무를 중심으로 관할범위 내에서 시간 내 업무를 처리해내는 것이 목적이었기 때문이다.

그러나 시간이 지나면서 관료제 모형에 대한 도전이 이어졌고, 그를 대체할 수 있는 조직구조에 대한 다양한 논의와 이론들이 등장하였다. 오석홍(2003)은 고전적 관료제 모형에 대한 수정 모형을 두 가지로 구분해서 제시하고 있는데 하나는 전통적 모형을 부분적으로 수정·보완하는 모형이고, 또 하나는 고전적 관료제 모형의 근간을 배척하는 급진적 수정 모형이다. 그러나 이러한 수정 모형들도 조직관리의 효율성을 향상시키고, 정책 과정의 합리성을 견인하는 데에 필요한 협조와 조정을 끌어내는 데에는 한계가 있었다.

그러한 가운데 전자정부 정책이 등장하여 추진되었고, 행정 기관에는 정보 시스템이 구축되었다. 당초에는 각 시스템들이 조직과 업무에 따라 분산되어 구축되었고, 담당자들이 독립적으로 운영하고 관리하였으나, 기관 간 문서를 유통하거나, 행정정보를 공동으로 활용하거나, 혹은 여러 기관이 관여하는 업무를 추진하거나, 다른 행정 기관과 공동의 목표를 설정하고 해당 행정 기관 상호 간의 기능을 연계하거나 통합할 필요성(협업규정 제41조)이 요구됨에 따라 행정 기관 간 정보 시스템을 연계·통합함으로써 기관 간 협조하고, 필요한 경우 조정 기제를 발휘하는 것이 가능하게 되었다. 이것이 행정 기관 정보 시스템의 상호운용성에 토대를 둔 소통과 협업이다.

2 디지털정부에서 연계와 통합을 통한 협업의 극대화

1) 협업의 개념과 유형

행정 업무의 운영 및 혁신에 관한 규정 제42조에서 행정 기관 간 협업에 대해, 다른 행정 기관과 공동의 목표를 설정하고 해당 행정 기관 상호 간의 기능을 연계하거나 시설·장비 및 정보 등을 공동으로 활용하는 방식이라 정의하고 있다. 그리고 그러한 협업이 필요한 업무의 유형에 대해서도 다음과 같이 열거하고 있다. 첫째 다수의 행정 기관이 공동으로 수행할 필요가 있는 업무, 둘째 다른 행정 기관의 행정지원을 필요로 하는 업무, 셋째 법령에 따라 다른 행정 기관의 인가·승인 등을 거쳐야 하는 업무, 넷째 행정 기관 간 행정정보의 공유 또는 행정 업무혁신의 원활한 추진을 위하여 행정정보 시스템의 상호 연계나 통합이 필요한 업무 등이다. 네 번째 언급한 협업의 유형이 정보 시스템 상호운용성에 토대를 둔 협업의 유형이다.

2) 협업기제의 제도화

시스템 상호운용성에 토대를 둔 협업에 대해 관련 법률과 규정을 토대로 그 구체적인 의미와 내용에 대해 살펴본다.

(1) 전자문서유통센터를 통한 협업

전자정부 정책이 추진되면서 행정 기관 내 행정 관리를 위한 정보 시스템이 구축되기 시작하였는데 앞서 언급한 바와 같이 초기에는 각 개별 기관별로 필요에 의해 단위 시스템들을 각각 구축하여 운영하였고, 거기에는 전자문서 시스템도 포함되었다. 이후 공통행정 업무의 효율적 관리 및 문서유통 등을 고려하여 행정자치부에서 전자문서 및 업무관리 등을 포함하는 표준 시스템을 개발·보급하기도 하였다. 이후 1998년 행정자치부는 '전자결재 및 전자문서 유통활성화 계획'을 발표하면서 행정 기관 간 정보 시스템을 통한 문서유통이 가능하게 하는 정책을 본격적으로 추진하였다.

먼저문서 유통을 위한 표준화 사업을 추진하고 전자문서유통 대상인 행정 기관을 대상으로 점차적으로 전자문서유통을 확산시켜 나갔다(정부전자문서유통지원센터: Govern-mentDOcumentCenter, https://gdoc.go.kr/cview/center01.html, 2020.1.8.). 이후 2003년도 말에는 행정 기관 간 전자문서유통을 지원하기 위한 유통지원센터를 중앙센터와 대전센터로 구축 완료하였는데 이후 정부통합전산센터로 이전하여 운용하였고(정부혁신지방분권위원회, 2008: 74-75) 이는 다시 국가정보자원관리원으로 개명되면서 현재 정부전자문서유통지원을 하고 있다.

현재 각급 행정 기관은 조직의 전체 업무관리를 시스템으로 수행하기 위하여 전자문서 시스템 혹은 업무관리 시스템과 각종 행정정보 시스템을 운용하고 있다. 따라서 업무수행과 문서행위 간에 연계되도록 하고, 조직 내 부서간 정보공유 혹은 업무협조를 위해서 '행정 업무의 운영 및 혁신에 관한 규정'의 제2절 '업무관리 시스템의 구축·운영'에서는 이들 행정정보 시스템과 전자문서 시스템 및 업무관리 시스템을 연계하도록 하고 있다.

정부전자문서유통지원센터는 이러한 개별 행정 기관이 보유, 운용하고 있는 행정정보 시스템과 전자문서 시스템 및 업무관리 시스템 간에 자료 연동을 위한 연계 서비스를 제공하고, 그렇게 행정정보 시스템과 연계된 전자문서 시스템을 행정 기관 간

[그림 11-1] 전자문서유통지원센터의 구조와 원리

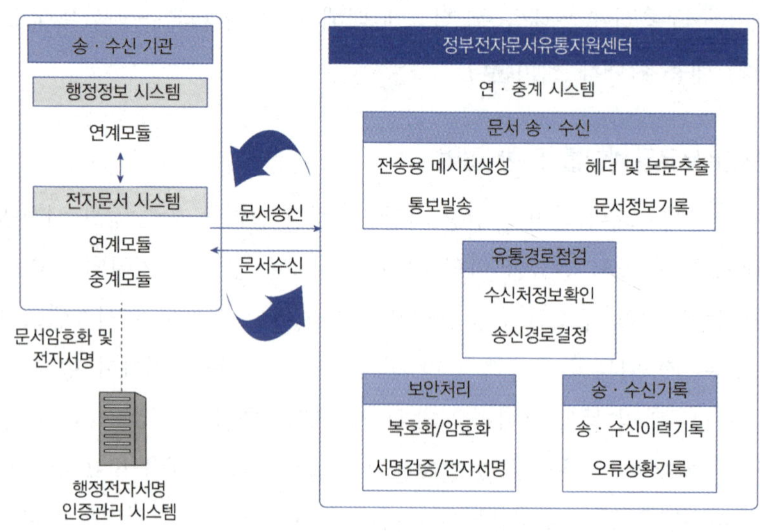

자료: GDOC, http://mbox.gdoc.go.kr/guide/center02.jsp, 2021.1.8.

의 중계 시스템을 통해 전자문서를 유통하고 있다.

2020년 1월 현재, 모든 중앙행정 기관, 광역지방자치단체, 기초지방자치단체들은 수평적, 수직적으로 전자문서가 유통되는 형태의 협업이 이루어지고 있다.

(2) 행정정보 공동이용을 통한 협업

1998년 당시 행정자치부가 '행정정보 공동이용에 관한 규정'을 제정하였고 이는 2001년 현재 전자정부법의 전신인 '전자정부 구현을 위한 행정업무 등의 전자화에 관한 법률'을 제정하면서 행정정보 공동이용에 대한 규정을 포함하게 되었다. 이러한 정보 공동이용의 동기는 민원인의 입장을 고려하여 통합 서비스를 제공하기 위한 것이 목적이었다. 즉 민원인이 제기하는 민원이 복합민원인 경우 기관 간 확인이 필요한 경우가 발생하는데, 이 때 기관 간 확인을 민원인이 해당 기관을 방문하여 확인하는 것이 아니라 기관 간에 확인할 수 있게 행정 기관 간 정보를 공동으로 이용하도록 한 것이다. 민원인의 편의를 위해 행정 기관 간 정보 공동이용을 통한 협력이 일어난 경우라 할 수 있다.

2008년 이후 행정정보 공동이용 정책에서 큰 변화가 나타나는데 정보 공동이용에 있어서 정보조회방식과 정보유통 서비스를 병행한 것이다. 정보조회 서비스는 이용 기관이 보유 기관이 가지고 있는 정보를 전산망으로 조회하고 확인하는 데에서 그치는 반면, 정보유통 서비스는 이용 기관이 이용할 수 있도록 보유 기관이 정보를 암호화하여 이용 기관에게 전달해주는 형태를 띠는 것이다. 보유 기관이 보유하고 있는 정보를 이용 기관이 조회하여 확인할 수 있도록 하는 것도 협력의 한 형태이지만, 유통의 경우는 정보가 전산망을 통해 이용 기관에게 전달됨으로써 이용 기관이 전달받은 정보를 한 단계 더 나아가서 자동화된 형태로 업무에 활용할 수 있기 때문에 좀 더 진화된 형태의 협력이라 할 수 있다. 정보유통 서비스의 개념 구성도는 [그림 11-2]와 같다.

[그림 11-2] 정보유통 서비스의 개념도

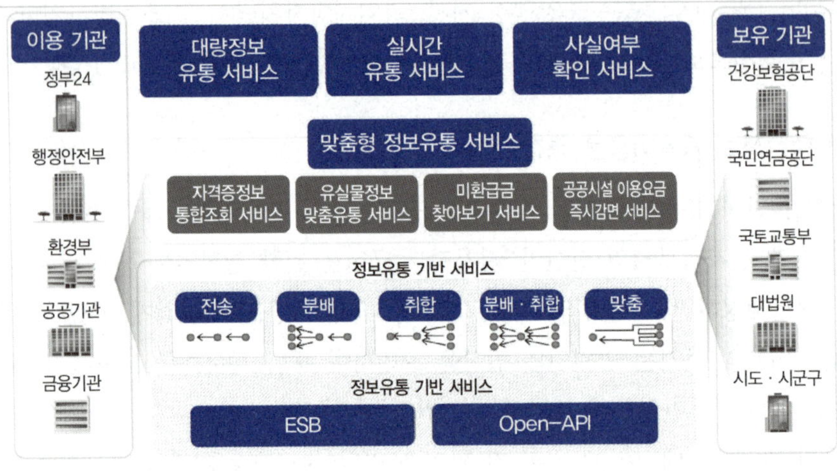

(3) 시스템 연계 · 통합을 통한 협업

전자문서유통이나 행정정보 공동이용 시스템(이하 공동이용 시스템)을 통해 이루어지는 조회 서비스와 유통 서비스 외에도 행정 기관 간 시스템 상호운용성 기반하에 시스템을 연계하거나 통합할 수 있도록 하고 있는데, 전자정부법 제30조의2에서는 행정 효율성 제고 및 대민 서비스의 통합적 · 효율적 제공을 위하여 행정 기관 간 시스템을 상호연계하거나 통합할 수 있다고 규정하고 있다.

예컨대 기획재정부에서 관할하는 보조금 관리와 관련하여 보조금관리에 관한 법률 제26조의8에 따르면 보조금의 통합적인 관리를 위하여 사회보장정보 시스템이나 교육정보 시스템 등 다양한 기관의 다양한 시스템과 연계하도록 하고 있고, 실제 연계되어 운영되고 있다. 또한 질병관리청에서 관할하는 예방접종 관리에 있어서 감염병 예방 및 관리에 관한 법률 제33조의4에서는 통합관리 시스템을 구축, 운영하도록 하고 있고 구체적으로 교육부관할의 교육정보 시스템, 유아교육정보 시스템, 그리고 행정안전부 관할의 통합전자민원창구, 그리고 보건복지부 관할의 각종 정보 시스템 등을 상호연계하여 활용하도록 하고 있다. 범부처 행정 기관 간 시스템 연계를 통한 협업이 이루어지고 있다.

(4) 데이터 기반 행정을 위한 협업

2020년 제정, 시행되고 있는 데이터 기반 행정 활성화에 관한 법률이 갖는 취지는 크게 두 가지로 축약할 수 있다. 하나는 빅데이터를 활용하여 과학 행정을 구현한다는 것이다. 그리고 또 하나는 행정 기관 간 데이터를 개방(제공)한다는 것이다. 여기서 후자가 기관 간 데이터 제공을 통한 협업이 이루어지고 있는 경우이다.

해당 법률에서 '데이터 기반 행정'의 정의를 기관이 생산하거나 다른 기관으로부터 취득한 데이터를 수집, 저장, 가공, 분석, 표현하는 등 분석의 방법으로 정책 수립 및 의사결정에 활용함으로써 객관적이고 과학적으로 수행하는 행정이라고 규정하고 있다. 여기서 데이터란 정보처리능력을 갖춘 장치를 통하여 생성 또는 처리되어 기계에 의한 판독이 가능한 형태로 존재하는 정형 또는 비정형의 정보를 말한다. 그리고 기계판독이 가능한 형태란 소프트웨어로 데이터의 개별 내용 또는 내부 구조를 확인하거나 수정, 변환, 추출 등 가공할 수 있는 상태를 말한다.[1] 다른 기관으로부터 데이터를 취득하기 위해서는 그 기관이 데이터를 제공해야 한다.[2] 즉 정책수립을 위해 공공 기관 간에 데이터 제공 및 취득이라는 형태의 협업이 이루어지는 것이다.

공공기관보유정보를 기관 간 공유하는 방법은 먼저 각 기관별로 기관 공유데이터 관리 시스템을 통해 공유하도록 하고, 이러한 기관별 공유 시스템은 다시 국가 공유데이터 관리 시스템에 연계하여 범기관적 연계를 통한 협업이 이루어지도록 하고 있다.

3 분업이 아닌 네트워킹이 초래한 효능

산업 사회에서 시작된 관료제 조직 원리가 갖는 효용성은 정보 사회가 되고 디지털정부가 되면서 새로운 조직 원리에 대한 도전을 받게 되었다. 산업 사회에서의 정부조직 운영의 효용성이 분업에 기반했다면 정보 사회에서의 디지털정부의 작동기

---

1) 이에 대해서는 공공데이터의 제공 및 이용 활성화에 관한 법률 제2조에서 규정하고 있는 사항이다. 이 법은 2013년 제정, 시행된 법으로서 국민과 민간 기관을 대상으로 공공 기관이 보유하고 있는 데이터를 제공하도록 규정하고 있는 법이다. 그러나 해당 법에 의거 운영되는 공공데이터포털에서 운영되는 목록에 등록된 데이터를 공공 기관에서도 활용할 수 있다.

2) 여기서 제공이란 공공데이터의 제공 및 이용 활성화에 관한 법률 제2조에서 공공 기관이 이용자로 하여금 기계판독이 가능한 형태의 공공데이터에 접근할 수 있게 하거나 이를 다양한 방식으로 전달하는 것을 말한다고 규정하고 있다.

[그림 11-3] 기관 공유데이터 관리 시스템과 국가 공유데이터 관리 시스템 간 관계

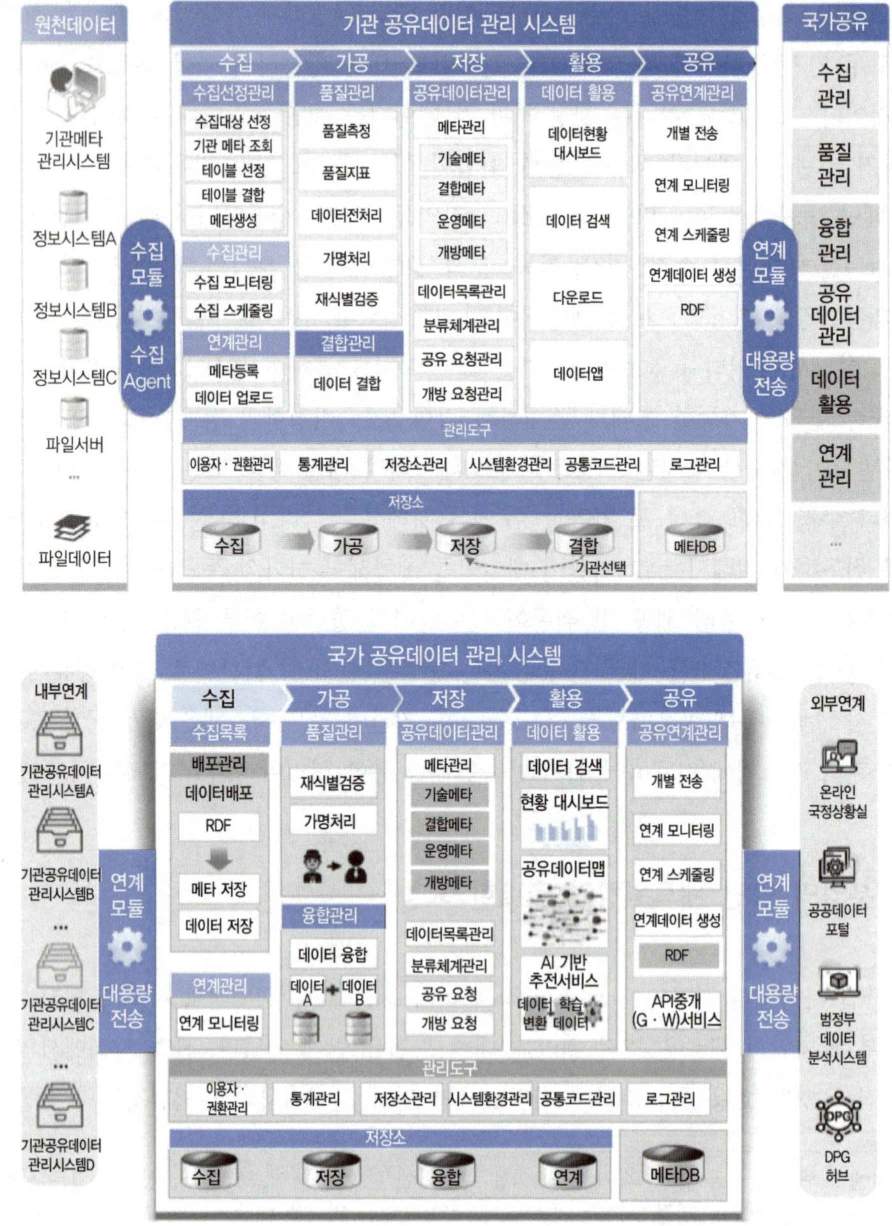

자료: 행정안전부, 제2차데이터기반행정 활성화 기본계획(2024~2026).

제의 전제는 네트워킹이다. 네트워킹을 통한 소통과 협업은 업무의 단위를 지속적으로 통합가능하게 만들고 있으며, 순차적인 업무수행이 아닌 병행처리가 가능하게 하였고, 부서 간 장벽이 무너지고 있다. 이로 인해 업무풍부성이 증가하고 조직의 상층부에 집중되었던 책임과 권한 또한 분산되었으며, 고객의 동선은 감축되었다. 결과적으로 업무 성과가 향상되고 고객인 국민의 만족도가 높아졌다.

네트워킹을 통한 협업의 강도와 수준은 아직도 진행 중이다. 앞서 언급한 전자정부의 발전단계에 비추어볼 때 전자정부의 마지막 단계인 통합단계로까지 진행되면 단순히 연계에 의한 협업의 수준을 넘어 정부 서비스 간, 업무 간, 데이터 간, 시스템 간 통합을 이루어냄으로써 지금의 정부 조직의 구조와 운영 방식과는 완전히 다른 정부의 형태가 탄생할 수도 있다. 그것이 바로 전자정부의 또 다른 마지막 단계로 거론되는 정부 트랜스포메이션이다.

제3절 조직문화의 혁신

디지털정부는 조직문화의 혁신을 통해 행정의 질적 도약을 이끈다. 먼저 합리적 정부는 데이터 기반 의사결정과 예측 행정을 통해 탁상공론 · 주먹구구 · 뒷북 행정을 타파한다. 민주적 정부는 디지털 플랫폼을 통한 국민참여와 공무원 간 수평적 소통을 확대하여 동조 과잉과 위계적 문화를 극복한다. 또한 효율적 정부는 자동화와 협업 시스템을 활용해 형식주의를 벗어나 성과 중심의 행정을 실현한다. 결국 디지털정부는 합리성, 민주성, 효율성을 아우르는 혁신적 조직문화를 정착시켜 미래 행정의 새로운 표준이 될 것이다(OECD, 2021; West, 2007).

1 합리적 정부

디지털정부의 확산은 행정의 전반적인 변화를 이끌고 있다. 특히 조직문화의 혁신이라는 측면에서 커다란 도전과 기회를 동시에 제시하고 있다. 그중에서도 합리적 정부로의 전환은 디지털 기술을 기반으로 한 행정의 효율성과 신뢰성을 높이는 핵심 과제라 할 수 있다. 합리적 정부란 감(感)이나 관행에 의존하던 비체계적 행정에서 벗어나, 객관적 자료와 분석, 과학적 근거에 기반한 정책결정과 집행을 의미한다. 즉, '탁상공론', '주먹구구', '뒷북행정' 등으로 대표되는 과거의 비합리적 행정문화를 혁신하는 과정이라 볼 수 있다. 이러한 변화는 단순히 행정 절차의 디지털화가 아니라, 정부가 문제를 인식하고 대응하는 방식 자체의 전환을 수반한다는 점에서 큰 의의를 지닌다.

우선, 디지털정부는 합리적 정부로의 전환 가능성을 현실화할 수 있는 여러 조건을 제공한다. 첫째, 데이터 기반 행정은 정책결정의 합리성을 높인다. 과거에는 정책이 일부 고위관료나 정치적 판단에 의해 결정되는 경우가 많았으나, 디지털정부에서는 방대한 행정 데이터, 국민 의견, 사회경제적 지표 등이 통합되어 분석된다. 인공지능(AI)과 빅데이터 분석을 통해 정책의 타당성을 사전에 검증할 수 있으며, 그 결과 행정의 효율성과 신뢰성이 제고된다. 가령 교통정책 수립 시 실제 이동패턴 데이터와 환경오염 수치를 실시간으로 분석함으로써 과학적 근거에 기반한 정책 수립이 가능하다.

둘째, 디지털 플랫폼은 행정의 투명성과 협업성을 강화하여 합리적 행정문화를 촉진한다. 정보의 공개와 실시간 공유는 불필요한 오해나 이중 업무를 방지하고, 부처 간 협업을 통해 종합적 정책결정이 가능하게 한다. 또한 국민은 온라인 행정 서비스를 통해 정책 과정에 직접 참여할 수 있으며, 이는 정부의 의사결정이 국민적 공감대 위에서 이뤄지도록 만든다. 이러한 구조는 행정의 객관성과 책임성을 강화하며, 결과적으로 탁상공론이나 주먹구구식 행정의 여지를 줄인다.

셋째, 디지털정부는 선제적·예측적 행정을 가능하게 한다. 과거의 행정이 사건 발생 이후에 대응하는 '뒷북 행정' 또는 '사후약방문 행정'에 머물렀다면, 이제는 데이터를 활용하여 미래의 위험이나 사회 변화에 미리 대비할 수 있다. 가령, 감염병 확산 예측 시스템이나 재난관리 플랫폼은 위험이 발생하기 전에 대응체계를 가동할 수 있게 한다. 이는 행정의 신속성과 합리성을 동시에 높이는 효과를 가져온다.

이러한 가능성에도 불구하고 디지털정부의 한계가 분명히 존재한다. 첫째, 기술인프라와 인적 역량의 불균형이 문제로 지적된다. 디지털 기반의 합리적 행정은 고도의 데이터 분석 능력과 기술적 이해와 기량 등을 필요로 한다. 하지만, 여전히 많은 공공

기관에서는 이에 대한 전문성이 부족하다. 기술이 아무리 발전하더라도 이를 해석하고 정책으로 연결할 수 있는 인적 역량이 뒷받침되지 않으면, 형식적 디지털화에 머물 위험이 크다.

둘째, 데이터 중심 행정의 객관성 한계와 윤리적 문제도 존재한다. 데이터는 현실을 반영하지만, 수집 과정에서의 편향이나 누락, 해석상의 오류로 인해 왜곡된 결론을 낳을 수 있다. 특히 알고리즘에 의한 의사결정은 투명성이 부족할 경우 새로운 형태의 불합리성을 초래할 수도 있다. 즉, 인간의 주관적 판단을 배제하려는 시도가 오히려 '기계적 판단'에 대한 맹신으로 이어질 위험성이 크다(UNESCO, 2021).

셋째, 디지털정부의 도입 과정에서 조직문화의 저항과 관성 또한 극복해야 할 과제이다. 행정 조직은 본질적으로 안정성과 절차를 중시하는 특성을 지니고 있다. 따라서 데이터 기반의 신속한 의사결정, 수평적 협업문화 등은 기존의 위계적 문화와 충돌할 수 있다. 이로 인해 디지털 시스템이 도입되더라도 실제 의사결정 과정은 여전히 관행적 방식에 머무는 경우가 많다. 결국 기술이 아니라 '사람과 문화의 변화'가 합리적 정부 실현의 관건이라 할 수 있다(Bryson, Crosby & Bloomberg, 2014).

디지털정부는 행정의 합리성을 제고하고 과학적 근거에 기반한 정책결정을 가능하게 하는 강력한 수단이다. 데이터 기반 행정, 투명한 정보 공개, 예측 행정의 확대는 탁상공론·주먹구구·뒷북행정을 근본적으로 개선할 수 있는 잠재력을 지닌다. 그러나 이러한 변화가 진정한 성과로 이어지기 위해서는 기술적 인프라뿐 아니라, 이를 운영하고 활용하는 사람과 조직문화의 혁신이 병행되어야 한다. 즉, 디지털정부의 성공은 기술의 문제가 아니라 합리적 사고와 조직문화의 변화를 수용하는 정부의 의지에 달려 있다. 진정한 합리적 정부는 기술의 힘이 아니라, 그 기술을 올바르게 이해하고 활용할 수 있는 인간 중심의 행정문화 위에서 비로소 완성될 것이다(Margetts & Dunleavy, 2013).

2 민주적 정부

디지털정부의 확산은 행정의 효율성뿐 아니라 정부 조직의 민주성과 투명성을 강화하는 방향으로 나아가고 있다. 과거 정부 조직은 수직적 위계질서와 명령체계 중심의 운영 방식으로 인해 변화에 둔감하고, 구성원의 창의적 참여가 제한되는 경향이 있었다. 이러한 문화는 '동조과잉', 즉 상급자의 의사나 조직의 분위기에 지나치게 순응함으로써 비판적 사고와 자율적 판단이 억제되는 문제를 초래하였다. 그러나 디지털정부의 등장으로 정보 접근성과 소통의 방식이 혁신되면서, 기존의 권위적 행정문화는 점차 수평적・참여적 문화로 전환될 가능성을 갖게 되었다. 따라서 디지털정부는 단순히 업무의 디지털화를 넘어, 민주적 정부로의 조직문화 혁신을 견인하는 중요한 계기로 평가된다.

우선, 디지털정부는 행정의 개방성과 참여성을 확대함으로써 민주적 정부 실현의 기반을 마련한다. 온라인 행정 서비스와 국민참여 플랫폼은 국민이 정책 형성과 집행 과정에 직접 참여할 수 있는 통로를 제공한다. 예를 들어, '국민신문고', '전자공청회', '정책 제안 플랫폼' 등은 과거처럼 정책이 소수 관료의 판단에 의해 일방적으로 결정되는 구조를 변화시키고 있다. 이러한 참여 행정은 정책의 정당성과 수용성을 높이며, 정부에 대한 국민의 신뢰를 강화한다. 또한 내부적으로도 공무원 간 소통이 수평적으로 이루어질 수 있는 디지털 협업 환경이 조성되면서, 상명하복 중심의 의사결정 구조가 점차 완화되고 있다. 이는 구성원이 자율적으로 의견을 제시하고 토론할 수 있는 민주적 조직문화의 확산을 가능하게 한다.

둘째, 디지털정부는 정보의 공유와 투명성을 제고함으로써 권위주의적 행정문화를 개선할 수 있다. 과거의 행정은 정보의 비대칭성과 폐쇄성이 높아, 일부 고위직이나 특정 부서가 정보를 독점하고 의사결정의 주도권을 행사하는 경우가 많았다. 반면 디지털 플랫폼을 통한 행정정보 공개와 실시간 데이터 공유는 모든 구성원이 동일한 정보를 기반으로 판단할 수 있게 만든다. 이러한 투명한 정보 환경은 불필요한 권위주의를 약화시키고, 구성원 간의 신뢰와 협업을 촉진한다. 즉, 디지털정부는 '정보를 가진 자가 권력을 가진다'는 기존의 행정 원리를 '모두가 정보를 공유하는 협력적 행정'으로 바꾸는 계기를 마련한다(Bryson, Crosby & Bloomberg, 2014).

셋째, 디지털기술은 조직 내 의사결정 구조의 분권화를 촉진한다. 클라우드 기반 업무 시스템, 협업 플랫폼, 인공지능 지원 의사결정 도구 등은 개별 부서나 공무원이 독립적으로 판단하고 조치를 취할 수 있는 환경을 조성한다. 이러한 구조는 상급자의 지시를 기다리는 수동적 행정이 아니라, 현장 중심의 능동적 행정을 가능하게 한다. 결과적으로 구성원들은 자신이 행정 과정의 주체라는 인식을 갖게 되고, 이는 민주적 리더십과 자율적 책임문화를 강화하는 효과로 이어진다.

그러나 이러한 민주적 정부 실현의 가능성에도 불구하고, 디지털정부가 가진 한계 또한 명확히 존재한다. 첫째, 기술 기반 행정이 오히려 형식적 참여에 그칠 위험이 있다. 디지털 플랫폼을 통한 의견 수렴이나 공청회가 활성화되더라도, 실제 정책결정 과정에서 국민의 의견이 반영되지 않는다면 이는 단지 '참여의 형식'만 제공하는 것에 불과하다. 따라서 참여 과정의 실질적 영향력 보장이 뒤따르지 않으면, 민주적 행정의 취지는 훼손될 수 있다.

둘째, 디지털 협업 환경이 확대됨에도 불구하고 여전히 조직 내부의 위계문화와 관료적 저항이 강하게 남아 있다. 일부 공무원들은 정보공유나 수평적 의사결정이 자신의 권한 약화로 이어질 것을 우려하며, 새로운 협업 방식을 수용하지 않으려는 경향을 보이기도 한다. 특히 중앙집권적 의사결정 구조와 성과평가 체계가 유지되는 한, 실질적 민주주의보다는 형식적 소통이 반복될 가능성이 높다.

셋째, 디지털기술의 활용이 민주적 가치와 충돌할 위험도 존재한다. 인공지능이나 자동화된 의사결정 시스템은 효율성을 높이지만, 투명성과 책임성 측면에서는 오히려 민주적 행정을 저해할 수 있다. 알고리즘의 불투명성, 개인정보보호 문제, 데이터 편향 등은 행정의 공정성과 시민의 권리를 침해할 가능성을 내포하고 있다. 따라서 기술의 발전이 곧 민주성의 강화로 이어진다고 단정하기 어렵다.

디지털정부는 정부 조직의 수직적 위계질서를 완화하고, 구성원의 자율적 참여와 투명한 소통을 촉진함으로써 민주적 정부로의 조직문화 혁신을 실현할 수 있는 강력한 잠재력을 지닌다. 그러나 이러한 변화가 단순히 기술의 도입만으로 이루어지지는 않는다. 민주적 정부의 핵심은 '소통과 참여의 제도화', 그리고 '권위보다 협력, 명령보다 신뢰'를 중시하는 문화의 정착에 있다. 즉, 디지털기술은 민주적 행정을 위한 도구일 뿐이며, 그 성공 여부는 이를 운영하는 사람들의 인식 변화와 조직 전체의 가치 혁신에 달려 있다. 진정한 의미의 민주적 정부는 디지털기술 위에 세워지되, 인간의 존중과 참여의 정신을 잃지 않는 정부일 때 비로소 완성될 것이다(Bryson, Crosby & Bloomberg, 2014).

3 효율적 정부

디지털정부의 확산은 행정의 효율성을 근본적으로 제고하는 중요한 전환점이 되고 있다. 과거의 정부 조직은 절차와 형식을 중시하는 관료제적 성격이 강했으며, 이러한 형식주의는 행정의 신속성과 유연성을 저해하는 주요 요인으로 작용해 왔다. 문서 결재 중심의 행정 절차, 불필요한 보고와 회의, 성과보다 과정에 집착하는 행정문화는 효율적 정부 구현을 가로막는 전형적인 문제였다. 그러나 디지털정부는 기술과 데이터, 네트워크를 기반으로 한 새로운 행정 패러다임을 제시함으로써 이러한 형식주의를 타파하고 실질적 성과 중심의 효율적 행정을 가능하게 하고 있다. 따라서 디지털정부의 도입은 단순한 정보화 수준을 넘어, 정부 조직의 운영 방식과 문화 전반을 재구조화하는 계기가 되었다.

우선, 디지털정부는 업무 처리의 자동화와 통합화를 통해 행정의 효율성을 비약적으로 향상시킬 수 있다. 과거에는 문서 작성, 결재, 전달 등 행정의 대부분이 수작업으로 이루어져 불필요한 인력과 시간이 낭비되었다. 그러나 전자결재, 클라우드 행정 시스템, 인공지능 기반 행정지원 서비스의 도입으로 업무 흐름이 단축되고, 반복적이고 단순한 업무가 자동화되었다. 그 결과 공무원은 단순 행정처리에서 벗어나 정책 기획과 문제해결 등 고부가가치 업무에 집중할 수 있게 되었다. 예를 들어, 민원처리 시스템의 자동 분류와 응답 기능은 행정의 신속성을 높이는 동시에 국민 만족도를 향상시킨다. 이러한 변화는 형식적 절차보다 실질적 결과를 중시하는 효율적 행정문화를 정착시키는 기반이 된다.

둘째, 디지털정부는 데이터 기반 의사결정을 통해 행정의 합리성과 효율성을 높인다. 과거의 정책결정은 경험이나 관행에 의존하는 경우가 많았고, 그 결과 비효율적 자원 배분과 정책 실패가 발생하기도 했다. 하지만 디지털정부에서는 빅데이터 분석, 인공지능 예측 모델, 행정 및 공공데이터 연계 시스템 등을 활용하여 객관적 근거에 기반한 정책결정을 내릴 수 있다. 예컨대 복지 정책을 설계할 때 국민의 소득, 지역, 연령별 데이터를 통합 분석하면, 지원의 중복과 누락을 줄이고 정책의 효율성을 극대화할 수 있다. 이러한 데이터 중심 행정은 '형식적 보고' 대신 '성과 중심 행정'으로의 전환을 가능하게 한다.

셋째, 디지털정부는 부처 간 협업과 자원공유를 촉진함으로써 행정의 중복과 낭비를 줄인다. 전통적 행정 조직은 칸막이식 구조로 인해 각 부처가 유사한 업무를 중복 수행하거나, 정보가 부서 간에 원활히 공유되지 않는 비효율이 존재했다. 그러나 디지털 플랫폼을 통한 상호운용성과 정보 연계는 이러한 구조적 한계를 극복하게 한다. 부처 간 실시간 데이터 공유와 공동 의사결정 시스템은 업무의 속도와 일관성을 높이고, 국가 전체 차원의 행정 효율성을 제고한다. 이는 곧 자원의 절감과 함께 국민에게 빠르고 통합된 서비스를 제공할 수 있음을 의미한다.

그러나 디지털정부가 효율적 정부를 완전히 실현하기에는 여전히 한계와 도전 과제가 존재한다. 첫째, 기술 중심의 행정이 오히려 새로운 형태의 형식주의를 낳을 위험이 있다. 전자결재나 디지털 보고체계가 형식적으로 운영된다면, 문서 중심 행정이 '시스템 중심 행정'으로 바뀌는 데 그칠 수 있다. 즉, 기술의 도입이 곧 효율성을 보장하지는 않는다. 데이터 입력, 시스템 인증, 형식적 절차 이행에 지나치게 의존할 경우, 행정의 본질적 목표인 '문제해결'이 아닌 '시스템 준수'가 우선되는 역효과가 발생할 수 있다.

둘째, 효율성 추구 과정에서 공공성의 가치가 훼손될 가능성도 존재한다. 디지털정부는 신속성과 비용 절감을 중시하지만, 모든 행정이 단순히 '속도와 성과'만으로 평가될 수는 없다. 행정은 국민의 권익 보호와 사회적 형평성 확보라는 공공적 목적을 지니기 때문에 효율성만을 절대적 기준으로 삼을 경우, 소외 계층이나 정보 취약계층이 배제될 우려가 있다. 가령 온라인 행정 서비스 확대가 오히려 디지털 접근이 어려운 고령층에게 불편을 초래할 수 있다. 따라서 효율성은 반드시 포용성과 균형을 이룰 때 진정한 행정 혁신으로 이어질 수 있다.

셋째, 디지털정부의 효율적 운영을 위해서는 조직 구성원의 인식과 역량 변화가 필수적이다. 아무리 첨단 시스템이 구축되더라도, 이를 운영하는 공무원이 여전히 과거의 관행적 사고방식에 머문다면 효율성은 실현되기 어렵다. 기술을 도입하는 것보다 중요한 것은 그것을 어떻게 활용하고, 성과로 연결할 수 있는가에 대한 이해와 의지이다. 즉, '절차를 따르는 행정'에서 '가치를 창출하는 행정'으로의 인식 전환이 효율적 정부의 핵심 요건이라 할 수 있다(West, 2007).

디지털정부는 업무자동화, 데이터 기반 행정, 부처 간 연계 강화 등을 통해 형식주의를 극복하고 실질적 효율성을 제고할 수 있는 강력한 가능성을 지니고 있다. 그러나 그 효율성이 진정한 의미를 가지려면 기술적 혁신뿐 아니라, 행정의 목적과 가치를 재정립하는 조직문화의 혁신이 병행되어야 한다. 효율적 정부란 단순히 빠르고 편리한 정부가 아니라, 국민의 삶에 실질적 가치를 창출하는 정부이다. 따라서 디지털정부의 성공은 기술의 발전 속도보다 사람과 조직이 변화를 수용하고 이를 성과로 전환하는 능력에 달려 있다. 진정한 효율적 정부는 시스템이 아니라, 그 시스템을 인간 중심의 가치로 운용할 수 있는 성숙한 조직문화 위에서 완성될 것이다.

제4절 디지털정부의 전망

인공지능(AI)의 급속한 발전은 디지털정부의 방향과 성격을 근본적으로 바꾸고 있다. 기존의 디지털정부가 정보화와 행정 절차의 전산화를 중심으로 발전해 왔다면, 인공지능 전환 시대의 디지털정부는 데이터를 분석하고 예측하며, 스스로 판단해 의사결정을 지원하는 지능형 행정체제로의 진화가 전망된다. 이러한 변화는 행정의 효율성과 국민 편의성을 극대화하는 새로운 가능성을 열어주는 동시에, 공공성, 책임성, 신뢰성 측면에서 새로운 도전과 우려를 낳고 있다. 따라서 인공지능 전환의 맥락에서 디지털정부의 전망을 논의할 때 기대와 한계를 균형 있게 바라보면서 법제적 대응 노력이 요구된다(이유봉, 2022; 한세억, 2024).

우선, 인공지능 전환이 가져올 가장 큰 기대 효과는 행정의 효율성과 정밀성 향상이다. 인공지능은 방대한 데이터를 분석해 최적의 정책 대안을 제시하고, 복잡한 행정 절차를 자동화함으로써 행정의 속도와 정확성을 비약적으로 높일 수 있다. 가령, 복지 정책에서는 국민 개개인의 소득, 연령, 가족 구성, 주거 형태 등 다양한 데이터를 종합해 맞춤형 지원 방안을 자동으로 설계할 수 있다. 과거에는 수작업으로 이루어지던 민원처리나 자료 검토도 AI를 통해 즉각적으로 이뤄지며, 공무원은 단순한 절차 수행에서 벗어나 기획과 전략 수립 등 고차원적 업무에 집중할 수 있게 된다. 이는 행정 자원의 낭비를 줄이고, 국민에게 더 신속하고 정확한 서비스를 제공하는 스마트 행정의 기반이 된다.

둘째, 인공지능은 디지털정부의 합리성과 예측가능성을 강화한다. 기존의 행정은 통계나 경험적 판단에 의존해 정책을 수립하는 경향이 있었지만, AI는 실시간 데이터를 분석해 사회 변화와 위험 요인을 조기에 감지할 수 있다. 가령, 교통혼잡, 재난 발생, 감염병 확산 등과 같은 문제를 사전에 예측하고 대응할 수 있으며, 이는 '사후적 행정'에서 '선제적 행정'으로의 전환을 의미한다. 또한 AI 기반 행정은 정책의 효과를 실시간으로 평가하고 보완할 수 있는 체계를 마련함으로써, 더 과학적이고 합리적인 의사결정을 가능하게 한다.

셋째, 인공지능은 국민참여와 소통의 방식을 확장함으로써 정부의 접근성을 높인다. 챗봇이나 AI 상담 시스템을 통해 국민은 24시간 행정 서비스를 이용할 수 있고, 음성인식이나 번역 기능을 활용하면 외국인이나 장애인 등 정보 취약 계층도 쉽게 행정정보에 접근할 수 있다. 또한 AI는 국민 의견을 자동으로 분류·분석하여 정책 개선에 반영할 수 있어, 디지털 민주주의의 실현에도 이바지할 수 있다. 즉, 인공지능 전환은 국민 중심 행정, 참여 기반 거버넌스를 강화하는 수단이 될 수 있다.

그러나 이러한 기대와 함께 심각한 우려가 존재한다. 첫째, 인공지능의 결정 과정이 불투명할 경우, 행정의 책임성과 신뢰성이 약화될 수 있다. AI가 제시한 판단이 오류를 일으키거나 불공정한 결과를 초래했을 때, 그 책임을 누구에게 물을 것인가 하는 문제가 발생한다. 알고리즘이 학습하는 데이터에 편향이 존재한다면, AI는 특정 집단을 차별하거나 왜곡된 판단을 내릴 위험이 있다. 이는 행정의 공정성과 인권 보장이라는 정부의 핵심 가치를 위협할 수 있다. 따라서 인공지능을 활용하되, 그 결정 과정과 데이터의 투명성을 확보하는 것이 중요하다.

둘째, 인공지능 전환은 공공 부문의 일자리 구조와 역할 변화라는 문제를 초래한다. 자동화가 확대되면 단순 행정 업무가 감소하는 반면, 데이터 관리나 AI 시스템 운영과 같은 새로운 전문직이 필요하다. 그러나 이러한 변화는 공무원 간의 역할 불균형과 기술 격차를 심화시킬 수 있다. 특히 디지털 역량이 부족한 인력은 소외될 가능성이 높다. 따라서 인공지능 전환의 효과가 조직 내부의 혁신으로 이어지기 위해서는 인력 재교육과 역할 재정립이 필수적이다.

셋째, 인공지능에 대한 과도한 의존은 인간적 판단력의 약화로 이어질 수 있다. 행정은 단순한 기술적 효율성을 넘어, 사회적 가치와 윤리를 고려한 판단이 필요하다. 그러나 AI는 데이터에 기반한 확률적 결정을 내릴 뿐, 인간의 감정이나 도덕적 판단을 반영하지 못한다. 예를 들어, 복지 수급 결정 과정에서 데이터상 기준에는 부합하지 않지만, 실제로는 긴급한 도움이 필요한 국민이 배제될 가능성이 존재한다. 결국 인공지능은 보조 도구일 뿐, 최종적인 판단과 책임은 인간이 맡아야 한다는 원칙이 확립되어야 한다.

넷째, 개인정보보호와 보안 문제도 간과할 수 없다. 인공지능 기반의 디지털정부는 대규모 데이터를 수집·분석해야 한다. 이에 따라 예기치 못한 해킹이나 정보 유출의 위험이 증가할 것이다. 공공데이터는 국민의 삶과 직결된 민감한 정보인 만큼, 데이터 관리와 보안 체계를 강화하지 않으면 정부 신뢰가 심각하게 훼손될 수 있다.

인공지능 전환은 디지털정부의 효율성, 합리성, 그리고 국민 중심 행정의 실현을 위한 커다란 기회를 제공한다. 그러나 동시에 투명성, 책임성, 윤리성 등 공공 행정의 본질적 가치가 훼손될 우려도 내포하고 있다. 따라서 미래의 디지털정부는 기술 중심이 아니라 인간 중심의 AI 행정을 지향해야 한다. 인공지능은 정부의 판단을 대신하는 존재가 아니라, 인간의 공감과 도덕적 통찰을 보완하는 도구로 활용되어야 한다. 기술적 혁신과 사회적 가치가 조화를 이루는 방향으로 발전할 때, 디지털정부는 진정한 의미에서 국민을 위한 지능형 민주정부로 완성될 것이다(UNESCO, 2021).

참고문헌

디지털플랫폼정부위원회(2023). 디지털플랫폼정부 실현계획.

이유봉(2022). AI기반 행정을 위한 입법방안 연구, 연구보고 22-01, 한국법제연구원.

정부전자문서유통지원센터:(GovernmentDOcumentCenter),https://gdoc.go.kr/cview/center01.html, 2020.1.8.

정부혁신지방분권위원회(2008). 참여정부의 전자정부.

한세억(2024). AI 정부. 커뮤니케이션북스.

행정안전부(2024) 제2차데이터기반행정 활성화 기본계획(2024~2026)

행정안전부(2023). 디지털플랫폼정부 추진계획(2023~2027). 서울: 행정안전부.

Bryson, J., Crosby, B. C., & Bloomberg, L.(2014). Public Value Governance: Moving Beyond Traditional Public Administration and the New Public Management. *Public Administration Review*, 80(4), 665-674.

David Griffin, Philippa Trevorrow and Edward Halpin eds.(2007). *Development in E-Government*, IOS Press, Amsterdam · Berlin · Oxford · Tokyo · Washington DC.

Margetts, H., & Dunleavy, P.(2013). The Second Wave of Digital-era Governance: A Quasi-paradigm for Government on the Web. *Philosophical Transactions of the Royal Society A*, 371(1987).

OECD(2005). E-Government for Better Government, OECD, Paris.

OECD(2021). The OECD Digital Government Policy Framework: Six dimensions of a Digital Government. Paris: OECD Publishing. https://www.oecd.org/

Svenja Falk, Andrea Römmele & Michael Silverman eds. (2017). *Digital Govrtnment: Leveraging Innovation to Improve Public Sector Performance and Outcomes for Citizens*, Springer International Publisher, Cham

UNESCO.(2021). Ethics of Artificial Intelligence in Public Administration. Paris: UNESCO Publishing.

West, D. M.(2007). *Digital Government: Technology and Public Sector Performance*. Princeton: Princeton University Press.

Index

ㄷ

Index

기타

저자 소개

정명주

- (현) 부산대학교 공공정책학부 교수
- (현) 중소벤처기업부 자문위원
- (현) 부산시 정책자문위원
- (전) 서울행정학회 회장
- (전) 행정안전부 전자정부성과관리위원
- 서울대학교 행정대학원 박사
- e-mail: mjch@pusan.ac.kr

김준형

- (현) 국립순천대학교 행정학전공 교수
- (현) 순천시 정보공개심의회 위원
- (현) 행정안전부 성과관리심의위원회 위원
- (현) 한국거버넌스학회보 연구위원장
- (전) 한국행정연구원 부연구위원
- 서울대학교 행정대학원 박사
- e-mail: clemence03@scnu.ac.kr

최연태

- (현) 경남대학교 행정학과 교수
- (현) 창원시 적극행정위원회 위원
- (현) 진주시 정책자문위원
- (현) 한국행정학회 총무위원장
- (현) 한국전력공사감사실 정책 · 사업성과 평가 자문위원
- 서울대학교 행정대학원 박사
- e-mail: mooboolcyt@hanmail.net

성욱준

- (현) 서울과학기술대학교 IT정책대학원 부교수
- (현) 공공데이터 전략위원회 품질·공유 전문위원회 위원
- (전) 국무조정실 정부업무평가단 평가위원
- (전) 정부혁신평가단 위원
- (전) 한국디지털정부학회 학회장
- 서울대학교 행정대학원 박사
- e-mail: wjsung@seoultech.ac.kr

송석현

- (현) 국립경국대학교 전자기계공학부 교수
- (현) 한국디지털정부학회 회장
- (현) 행정안전부, 과학기술정보통신부 자문위원
- (전) 국가정보화전략위원회 전자정부특위 위원
- (전) 공공데이터전략위원회 전문위원
- 연세대학교 공학박사
- e-mail: ssh0423@gknu.ac.kr

김경아

- (현) 전북대학교 행정학과 교수
- (현) 자치경찰위원회 위원
- (현) 기반시설관리위원회
- (전) 한국자치행정학회 회장
- (전) 정보통신전략위원회
- 이화여자대학교 행정학 박사
- e-mail: innovation@jbnu.ac.kr

신영진

- (현) 배재대학교 소프트웨어공학부 교수
- (현) 개인정보보호위원회 기술포럼 위원
- (현) 한국디지털정부학회 부회장
- (현) 한국사회안전범죄정보학회 부회장
- (현) 한국인터넷진흥원 ISMS-P인증위원회 인증위원
- 성균관대학교 행정학 박사
- e-mail: jinsyj@pcu.ac.kr

최한별

- (현) 전북대학교 행정학과 교수
- (현) 행정안전부 범정부데이터기반행정 평가위원
- 서울대학교 행정학대학원 박사
- e-mail: chb@jbnu.ac.kr

이향수

- (현) 건국대학교 공공인재학부 교수
- (현) 행정안전부 정부혁신평가단 분과장
- (현) 한국지방자치학회 회장
- (전) 지방공기업평가단 단장
- (전) 국방부 적극행정위원회 위원장
- 이화여자대학교 행정학 박사
- e-mail: yun7ju7@kku.ac.kr

한세억

- (현) 동아대학교 행정학과 교수
- (현) 관세청 정책자문위원
- (현) 인공지능정부연구소장
- (전) 한국지역정보화학회 회장
- (전) 국민권익위원회 자문위원
- 서울대학교 행정대학원 박사
- e-mail: sehan@donga.ac.kr

디지털정부론

펴낸날 제1판 제1쇄 2026년 2월 20일
지은이 정명주 · 김준형 · 최연태 · 성욱준 · 송석현
김경아 · 신영진 · 최한별 · 이향수 · 한세억
펴낸곳 도서출판 **대영문화사**
주소 (본사) 사무실: 경기도 고양시 일산서구 주화로 70
우신프라자 307호 (우) 10387)
(본사) 물류센터: 경기도 고양시 일산서구 덕산로
107번길 68-50 (우) 10205)
등록 1975년 12월 26일 제3-16호
전화 (031) 913-3062, (031) 914-3884~5
팩스 (031) 913-3839
홈페이지 http://www.dymbook.co.kr

ISBN 979-11-24343-02-9
값 25,000원